다산번역총서

譯註
論語古今註
논어고금주

정약용 저
이지형 역주

②

이지형

1931년 경남 밀양에서 태어나 성균관대학교 교수와 같은 대학교 사범대학장을 역임하였다.
많은 유학 경전 및 경학 관계 문헌을 정리·해제하였으며 평생을 다산학 연구에 바쳤다.
주요 역주서로 『역주 목민심서』(공역), 『역주 맹자요의』, 『역주 매씨서평』 등이 있고, 주요 저서로 『다산 경학 연구』가 있다.
2000년에 다산학술문화재단이 수여하는 제1회 다산학술상 학술 대상을 수상하였다.

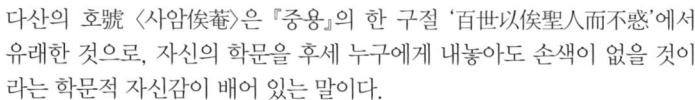

다산의 호號 〈사암俟菴〉은 『중용』의 한 구절 '百世以俟聖人而不惑'에서 유래한 것으로, 자신의 학문을 후세 누구에게 내놓아도 손색이 없을 것이라는 학문적 자신감이 배어 있는 말이다.

이 책은 SK 네트웍스의 지원을 받아 출간되었다.

譯註 論語古今註
논어고금주

책을 내면서

　이 책은 다산茶山 정약용丁若鏞(1762~1836) 선생의 저술인《논어고금주論語古今註》를 역주한 것이다. 다산의《논어고금주》는 유가儒家의 기본 경전經典인《논어》에 대한 고금의 주석을 광범하게 수집하여, 이를 논평하면서 자신의 독창적인 경학經學의 견해를 밝힌 저술이다. 다산의 저술 가운데서도 이《논어고금주》는 그가 가장 심혈을 기울여 다룬 역작이며, 특히 이 저술은 우리나라뿐만 아니라 동양 삼국三國의 학술사와 경학사經學史에서 일정한 위치를 점유하는 보전寶典이라고 감히 단언할 수 있는 저작이다.

　다산은 조선왕조 후기의 봉건사회가 붕괴되던 시대를 살면서 실학實學을 토대로 한 사회 개혁을 주창하며 양심적으로 살아간 실학자이자 경학자이다. 나는《논어고금주》의 해제에서 구체적으로 언급하였지만, 유교 경전을 연구하고 주석하는 학문인 경학이 다산 이전의 학자들에서는 대체로 한漢·당唐의 구주舊注와 송대宋代의 신주新注(今注)를 따라서 양분되는 경향이었으며, 사고도 그 범주를 탈피하지 못하였다. 그러나 다산의 경학은 근대지향적인 사고에 입각하여 관념적 사고에서 경험적 사고로 전환하여, 그의 경전 주석은 실학에 바탕을 둔 창의적인 경학관에서 도출되었다.

나는 다산의 경학에 관심을 가지고 연구한 지도 꽤 오래되었다. 그 동안 《맹자요의孟子要義》와 《매씨서평梅氏書評》을 역주하였고, 뒤를 이어 이번에 《논어고금주》의 역주를 탈고하였다. 《논어고금주》는 책의 분량이 방대하므로 이를 우리말로 번역하고 주석을 내는 일이 쉽지 않았는데, 다행히도 이 작업을 무난히 완수할 수 있었던 것은 다산학술문화재단에서 물심으로 지원해 주었기에 가능하였다. 재단에 진심으로 감사를 드리는 바이다.

《논어고금주》를 역주하면서 대본으로 사용한 신조선사본新朝鮮社本과 규장각본奎章閣本에는 오자낙서가 많아, 이를 원전과 대교하여 하나하나 교감을 하였으나 그래도 미진한 곳이 있을 것이다. 또한 번역도 완벽을 기하려고 치력하였으나 더러는 오역도 있을 것이다. 사계와 동학의 질정을 바란다.

끝으로 이 역주본을 책으로 내는 데에 정성을 다해 준 도서출판 사암의 여러분께 고마운 마음을 전한다.

2010년 2월
竹夫之室에서 李篪衡

일러두기

1. 이《역주 논어고금주》는 신조선사新朝鮮社에서 간행한《여유당전서與猶堂全書》속에 들어 있는《논어고금주論語古今註》(全 5冊 10卷 1936년 간행)를 대본으로 하여 번역·주석한 것이다.
2. 한문 원문은 다산학술문화재단에서 새로이 작업한 정본定本《여유당전서》의 표점본을 수록하였다.
3. 원문에 충실한 번역을 위해 직역直譯을 위주로 하였으나, 경우에 따라서는 혹 의역意譯도 하였다.
4. 《논어論語》원문의 번역에는 다산茶山의 견해를 반영하였다.
5. 인명人名·서명書名·지명地名 등에서 역자 나름대로 각주가 필요하다고 판단되는 것과 학술學術상 중요한 용어에 대해서는 각주를 붙였다.
6. 《논어고금주》에 인용된 글에서 그 출전出典을 밝힐 수 있는 것은 가급적 각주에서 밝혀 놓았다.
7. 번역에서는 한글 전용을 원칙으로 하였으되, 이해를 돕기 위하여 한자漢字를 병기하기도 하였다. 그러나 원주原註와 각주에서는 한자 표기를 우선시하였다.
8. 원문의 약자·속자·고자 등은 현재 독자를 위해 가급적 정자正字로 바꾸었으나, 고자古字는 특별한 경우 그대로 두어야 하기 때문에 글자를 만들었다.
9. 인명·서명·지명 및 중요한 용어에 대해서는 뒤에 찾아보기를 작성하여 붙였다.

10. 이 책에 나오는 표기 부호는 다음과 같이 사용하였다.

《 》: 서명.

〈 〉: 편명.

( ) : 번역한 글의 원문을 제시할 경우 또는 내용의 이해를 돕기 위해 넣은 글.

[ ] : 원주原註로 처리한 글.

" " : 인용 또는 대화.

' ' : 강조 또는 인용 속의 인용.

{ } : 인용문 또는 대화의 안에 3차 인용문.

차 례

- 책을 내면서 …………………………………… 4
- 일러두기 ……………………………………… 6

《논어고금주》 권3
- 12. 옹야雍也 中 ………………………………… 9
- 13. 옹야雍也 下 ………………………………… 68
- 14. 술이述而 제칠 ……………………………… 139
- 15. 술이述而 下 ………………………………… 208
- 16. 태백泰伯 제팔 ……………………………… 263

《논어고금주》 권4
- 17. 태백泰伯 下 ………………………………… 278
- 18. 자한子罕 제구 ……………………………… 335
- 19. 자한子罕 中 ………………………………… 352
- 20. 자한子罕 下 ………………………………… 426
- 21. 향당鄕黨 제십 ……………………………… 441

- 색인 …………………………………………… 495

雍也 第六

雍也 (中)

子華使於齊, 冉子爲其母請粟. 子曰: "與之釜." 請益. 曰: "與之庾." 冉子與之粟五秉. 子曰: "赤之適齊也, 乘肥馬, 衣輕裘. 吾聞之也: '君子周急, 不繼富.'" 【衣, 去聲】

馬曰: "子華, 弟子公西華赤之字." 【邢云: "《史記》云, '公西赤, 字子華.'"】 ○鄭玄曰: "魯人, 少孔子四十二歲."

○邢曰: "冉子卽冉有也. 子華時仕魯, 爲魯使適於齊, 爲其母請粟者, 其子出使而家貧也."
○補曰 夫子時爲大司寇, 冉子爲家宰管財粟.
○馬曰: "六斗四升曰釜." 【邢云: "昭三年《左傳》注云, '四升爲豆, 四豆爲區, 四區爲釜.'"】
○包曰: "十六斗曰庾." 【邢云, "〈聘禮記〉云, '十六斗曰籔.' 鄭注云, '今文籔爲逾, 是庾逾籔, 其數同.'"】

---

1) '衣'가 去聲일 때는 '입는다'는 동사이다.
2) 馬融의 說을 邢昺은 "馬曰, 子華, 弟子公西華赤之字"라고 引用하였고, 皇侃은 "馬融曰, 子華, 弟子公西華, 赤, 字也"라고 引用하였다. 또 劉寶楠의 《論語正義》와 程樹德의 《論語集釋》에는 "子華, 弟子公西赤之字"라고 引用하는 등 一定하지 않다.
3) 《正義》6.
4) 同上.
5) 同上.
6) 《儀禮》〈聘禮〉편을 말함.
7) 《正義》6.

옹야 (중)

자화子華가 제齊나라에 사자使者로 가자, 염자冉子가 자화의 어머니를 위해 곡식을 주도록 청하였는데, 공자가 말하기를 "부釜를 주어라." 하였다. 더 줄 것을 요청하자, 공자는 "유庾를 주어라." 하였는데, 염자는 (이보다 많이) 곡식 5병秉을 주었다. 공자는 말하기를 "적赤이 제나라에 갈 때 살찐 말을 타고 가벼운 갖옷을 입었다. 내가 들으니 '군자는 궁박한 자를 도와주고, 부유한 자를 계속 대주지 않는다'고 하더라." 하였다. ['衣'는 去聲이다.[1]]

○마융: 자화는 공자의 제자인 공서화적公西華赤의 자字이다.[2] [邢昺은 이르기를 "《史記》에 '公西赤의 字가 子華이다'라 했다"[3]고 하였다. ○鄭玄은 이르기를 "魯人이니, 孔子보다 42세 적다"고 하였다.]

○형병: 염자는 염유冉有이다. 자화가 당시 노魯나라에서 벼슬하면서 노나라의 사신이 되어 제齊나라에 갔는데, 자화의 어머니를 위하여 곡식을 청한 것은 그 아들이 사신으로 나가고 집이 가난했기 때문이다.[4]

○보충: 공자는 당시에 대사구大司寇가 되고, 염자는 가재家宰가 되어 재물과 곡식을 관장하고 있었다.

○마융: 6두斗 4승升을 부釜라고 한다. [邢昺은 이르기를 "昭公 3년《左傳》註에 '4升을 1豆, 4豆를 1區, 4區를 1釜라 한다'고 했다"[5]라 하였다.]

○포함: 16두를 1유庾라 한다. [邢昺은 이르기를 "〈聘禮〉[6]의 기록에 '16斗를 1籔라 한다' 하고, 鄭玄의 注에 '《儀禮》의 今文에 籔가 逾로 되어 있다'고 하였으니, 庾·逾·籔는 그 수량이 같다"[7]고 하였다.]

○馬曰, "十六斛曰秉."【邢云, "〈聘禮記〉云, '十斗曰斛, 十籔曰秉.' 鄭云, '秉十六斛.'"】

○補曰 周·賙通. 朱子曰: "周者, 補不足; 繼者, 續有餘."

○補曰 不留親養而美其裘馬, 非子道也. 裘馬旣美則其富可知, 故曰不繼富也. 子華素貧, 職當敝裘羸馬, 慮其親養, 子華不然, 故深責之也.

○紘父曰: "釜庾至少, 不可以遺人母. 冉子知與釜與庾乃夫子微言, 不可奉承, 故與之五秉. 適中孔子之旨, 非擅與也."

鄭曰: "非冉有所之太多."【邢云: "子華家富, 而多與之粟, 是繼富故非之."】

○駁曰 非也. 子華誠富則冉子豈有請粟之理? 孔子之意, 蓋云世未有美裘馬而忘菽水者, 裘馬旣美則其富可知, 吾何爲繼富哉?▶

---

8) 《正義》6.
9) 同上.

○마융: 16곡斛을 병秉이라 한다. [邢昺은 이르기를 "〈聘禮〉에 '10斗를 斛이라 하고, 10籔를 秉이라 한다' 하고, 鄭玄은 '秉은 16斛이다'라 했다"[8]고 하였다.]

○보충: '주周'는 주賙와 그 뜻이 통한다. 주자는 이르기를 "주賙는 부족한 것을 도와주는 것이요, 계繼는 여유 있는 것을 이어주는 것이다"라고 하였다.

○보충: 어버이 봉양할 것을 유념하지 않고 그 갖옷과 말을 아름답게 꾸미는 것은 자식의 도리가 아니다. 갖옷과 말이 이미 아름다우면 그가 부유하다는 것을 알 만하기 때문에 '부유한 자에게는 계속 대주지 않는다'고 한 것이다. 자화子華는 본래 가난했으니, 마땅히 해진 옷을 입고 여윈 말을 타며 어버이 봉양을 염려해야 했을 터인데, 자화는 그렇지 않았기 때문에 그를 심히 꾸짖었다.

○이굉보: 부釜와 유庾는 지극히 적은 분량이니 남의 어머니에게 보낼 수 없었으므로, 염자冉子는 '부를 주어라' '유를 주어라' 하는 말이 곧 공자의 은미한 뜻이 담긴 말임을 알고, 그 말대로 받들어 보낼 수는 없었기 때문에 곡식 5병秉을 주어 공자가 간직한 뜻에 맞게 한 것이지, 염자가 독단적으로 준 것이 아니다.

○정현: 염유가 준 것이 너무 많았던 것은 아니다. [邢昺은 이르기를 "子華는 집이 부유한데 곡식을 많이 주는 것은 부유함을 이어주는 것이므로 이를 나무랐다"[9]고 하였다.]

○반박: 아니다. 자화가 진실로 부유하였다면 염자가 어찌 그에게 곡식을 주자고 청할 리가 있었겠는가? 공자의 뜻은 대개 생각하건대, 세상에는 갖옷과 말을 아름답게 꾸미면서 콩과 물로 끼니를 잇는 자신의 가난한 처지를 망각하는 자는 있지 않으니, 갖옷과 말이 이미 아름다우면 그 부유함을 알 만한데, 여기에 어찌 내가 부유한 자에게 더 대줄 수 있겠느냐는 말인 듯하다.

◁夫子之怒, 專在於美裘馬而忘菽水, 非以五秉之粟, 謂不當與也. 始言與釜, 一示意也; 次言與庾, 再示意也. 冉子旣知夫子之意, 則內領其意, 待子華而誦之, 外厚其遺, 宣夫子之禮貌, 此賢弟子之事也. 先儒眞以五秉指爲太多, 一則曰不當與, 二則曰不當多與, 惟以粟之多少, 爭立義理, 不亦謬乎? 夫五秉之粟, 舂之爲米, 不過爲數十斛, 措大眼孔雖小, 以此瑣瑣看作大物, 何其拙矣?

質疑 輔曰: "大夫無私交, 此必未爲大夫時事. 又孔子將之荊, 先之以子路, 申之以冉有, 皆使之類也."

○案 子華之爲公使私使, 雖不可定, 若是私事則輕裘肥馬, 尤不合理.

金曰: "請粟與秉, 皆出冉子, 則是其時爲夫子宰財者冉子也. 如伯高之喪, 冉子攝束帛, 乘馬而將之, 可見也."【見《通義》】

---

10) 輔廣: 南宋 慶源人. 輔逵의 아들. 字는 漢卿, 號는 潛庵. 처음에는 呂祖謙에게 사사하고, 뒤에는 朱子에게 사사하였다. 官은 保義郎忠訓郎. 저술로는 《論孟學庸答問》·《四書纂疏》·《六經集解》 등이 있음.
11) 伯高: 孔子와 同時代 사람인데, 出身國과 姓名은 未詳이며 衛나라에서 죽었다. 《禮記》〈檀弓〉上篇 鄭玄의 注에는 "未聞何國人"이라고 되어 있음.
12) 束帛: 1束의 비단. 여기서는 1束의 비단을 賻儀로 한 것을 말함.
13) 《禮記》〈檀弓〉上篇에 나온다.
14) 이 글은 金履祥의 《論語集註考證》 卷3 10b에 나와 있는데, 여기에서는 《通義》에 보인다고 하였으나 《通義》가 어떤 책인지 未詳.

◀공자의 노여움은 오로지 갖옷과 말을 아름답게 꾸미면서 콩과 물로 끼니를 잇는 자신의 가난한 처지를 망각하고 있는 데에 있지, 5병秉의 곡식을 그에게 준 것이 마땅하지 않다고 말한 것이 아니다. 처음 '부釜를 주어라' 말한 것은 한 번 그 뜻을 보인 것이며, 다음에 '유庾를 주어라' 말한 것은 재차 그 뜻을 보인 것이다. 염자는 이미 공자의 뜻을 알았으므로 마음속에는 그 뜻을 받들고 자화가 돌아오기를 기다려 그것을 전하기로 하고, 밖으로는 그 보내주는 것을 후하게 하여 공자의 예모禮貌를 선양宣揚하였으니, 이렇게 한 것은 어진 제자다운 일이다. 그런데 선유先儒들은 5병을 너무 많은 수량이라고 지적하여, 한편으로는 그에게 준 것이 부당하다 하고, 다른 한편으로는 많이 준 것이 부당하다고 하면서 오직 곡식을 많이 주고 적게 준 것으로써 다투어 서로 의리를 세웠으니, 또한 잘못이 아니겠는가? 대저 5병의 곡식을 찧어서 쌀을 만들면 겨우 수십 곡斛이 될 뿐이다. 선비의 안목이 비록 작더라도 이 얼마 되지 않는 적은 것을 큰 물량인 듯이 보니, 어찌 그다지도 졸렬한가?

【질의】 보광:[10] 대부는 사적인 외교는 없는 법이니, 이는 반드시 대부 때의 일이 되지는 않는다. 또 공자는 장차 형荊 땅으로 가려고 할 때 자로子路를 먼저 보내고 그 뒤 염유冉有를 다시 보냈으니, 이 모두가 사자使者로 간 한 유類이다.

○살펴보건대, 자화가 공적인 사신이었는지 사적인 사자였는지는 비록 확정할 수 없으나, 만약 이것이 사사로운 일이라면 가벼운 갖옷과 살찐 말은 더욱더 이치에 맞지 않는다.

○김이상: 곡식을 주자고 청하고 5병을 준 것은 모두 염자에게서 나왔으니, 이는 그 당시 공자의 재물 관리자가 된 이는 염자이다. 예를 들면 '백고伯高[11]의 상喪에 염자가 속백束帛[12]과 타는 말을 빌려 가서 죽은 이에게 조문하였다'[13]는 글에서 볼 수 있다. [《通義》에 보인다.[14]]

雍也中

倪曰:"案包注十六斗爲庾, 與賈氏注《國語》同, 而不合《周禮》.《周禮》〈旊人職〉云,'豆實三而成觳.'【鄭云:"豆實四升則觳實一斗二升也."】又〈陶人職〉云,'庾實二觳.'案〈陶〉·〈旊〉二文則庾二斗四升矣. 而包氏注曰, '十六斗爲庾.' 即是〈聘禮〉之籔也.〈聘禮〉十六斗曰籔, 不知包·賈當別有所出耳."【旊①方往反, 觳讀爲斛】

○案 此當以〈聘禮〉注爲正.【毛云:"〈聘禮〉諸侯之使, 皆粟十車, 列館門外, 據《禮》注每車一秉有五籔, 是館廩之粟, 計十車有十五秉, 故冉有據此以三分之一, 子其家, 此亦準〈聘禮〉而行之者."○案, 毛說亦非也.〈聘禮〉賓餼, 是主國之事, 何與於是】

原思爲之宰, 與之粟九百, 辭. 子曰:"毋,【句】以與爾鄰里鄉黨乎!"【《集注》連上爲一章】

---

① 旊: 奎章本에는 '複'으로 되어 있다.
15) 賈氏: 後漢의 賈逵를 가리킴. 賈逵의《國語解詁》21권이 있었으나 지금은 傳하지 않음.
16)《周禮》의〈陶人〉과〈旊人〉의 鄭玄 注에 나온다.
17)《義疏》3-70.
18)《周禮》의〈陶人〉과〈旊人〉의 鄭玄 注에 나온다.
19) 館廩: 館舍에 備蓄하는 食糧.
20) 賓餼: 賓客 접대용 식량과 肉類 및 馬餼 등을 말함.
1) 宰: 采邑의 邑長.

○황간: 포함包咸의 주를 살펴보니, 16두斗를 유庾라 하였는데, 이는 가씨 賈氏[15]의 《국어國語》의 주注와는 같으나 《주례周禮》와는 맞지 않는다. 《주 례》의 방인旅人이란 직직에 "3두豆를 채우면 1곡斛을 이룬다" 하였고, [鄭 玄은 이르기를 "1豆의 量은 4升이니, 1斛의 量은 1斗 2升이다"[16]라 하였다.] 또 도인陶人 의 직에 "1유庾의 양은 2곡斛이다" 라 하였다. 여기〈도인陶人〉과〈방인旅 人〉의 글을 살펴보면 1유庾는 2두 4승인데 포함의 주에서는 "16두가 1유 가 된다"고 하였으니, 이는 곧〈빙례聘禮〉에서 말한 수籔라는 양의 단위 와 같다.〈빙례〉에서는 16두를 1수籔라 하였다. 모르는 일이기는 하지만 포함과 가규賈逵는 따로 근거하여 산출한 바가 있는 것이다.[17] [旅는 方과 往 의 半切音이고, 斛은 斛으로 읽는다.[18]]

○살펴보건대, 이는 마땅히〈빙례〉의 주注에서 말한 것이 바르다고 해야 할 것이다. [毛奇齡은 이르기를 "〈聘禮〉에 따르면 諸侯의 사신에게는 모두 곡식 열 수레 를 실어서 舘門 밖에 늘어세우고,《禮記》의 注에 의거하면 한 수레마다 곡식 1秉 5籔를 실 었으니, 이것들은 舘廩[19]의 곡식이다. 열 수레의 곡식을 계산하면 15秉이기 때문에 冉有 가 이에 근거하여 그 3분의 1을 그 집에 준 것이니, 이는 또한〈聘禮〉에 준하여 행한 것이 다"라 하였다. ○살펴보건대, 毛奇齡의 說은 또한 그르다.〈聘禮〉의 賓饌[20]는 王國의 일 인데, 어찌 이에 연관이 되겠는가?]

원사原思가 (공자 채읍采邑의) 재宰[1]가 되니, 그에게 곡식 구백九百 을 주었는데 사양하였다. 공자가 말하기를 "사양하지 말라. 그 것을 너의 인隣·리里·향鄕·당黨의 사람들에게 주려무나!" 하였다. [《集註》에는 위의 장과 연결하여 한 장으로 만들었다.]

17

包曰: "弟子原憲, 思, 字也." 【邢云: "《史記》云, '原憲字子思.'" ○鄭玄曰: "魯人."】 孔子爲魯司寇, 以原憲爲家邑宰. 【邢云: "大夫必有采邑."】

○孔曰: "九百, 九百斗."

○邢曰: "毋, 禁辭."

○鄭曰: "五家爲鄰, 五鄰爲里. 萬二千五百家爲鄉, 五百家爲黨."

孔曰: "祿法所得, 當受無讓."

○駁曰 非也. 仲氏曰: "粟非常祿也. 若是常祿, 不當言與也. 原思雖廉, 亦不得辭矣."

○案 原憲至貧, 而孔子使與其鄰里鄉黨, 則九百之外, 本有常祿, 庇其十口可知.

子謂仲弓曰: "犂牛之子, 騂且角, 雖欲勿用, 山川其舍諸?"

補曰 犂牛, 黑牛也. 【《史記索隱》云: "犂, 黑也."】《周禮》〈牧人〉云: "陰祀用黝牲." 【黝, 黑也】▶

---

2) 《正義》6.
3) 同上.
4) 仲氏: 茶山의 仲氏인 巽菴 丁若銓을 가리킴.
1) 黝牲: 祭物로 바치는 검은 牛羊의 犧牲物.

○포함: 공자의 제자 원헌原憲이니, 사思는 자字이다. [邢昺은 이르기를 "《史記》에는 '原憲의 字가 子思이다'라 했다"[2)]고 하였다. ○鄭玄은 "魯나라 사람이다"라고 하였다.] 공자가 노魯나라 사구司寇가 되었을 때 원헌을 공자 가읍家邑의 재宰로 삼았다. [邢昺은 "大夫는 반드시 采邑이 있다"[3)]고 하였다.]
○공안국: 구백이란 900두斗이다.
○형병: '무毋'는 금지사이다.
○정현: 5가家가 1린隣이 되고, 5린이 1리里가 되며, 12,500가家가 향鄕이 되고, 500가가 당黨이 된다.
○공안국: 녹법祿法에 봉록에서 얻은 것은 마땅히 받아야 하고 사양해서는 안 된다.
○반박: 아니다. 중씨仲氏[4)]가 말하기를 "속粟이란 일정하게 정해서 주는 봉록이 아니다. 만약 이것이 일정한 봉록이라면 '여與' 자를 써서 말하는 것은 부당하고, 원사原思가 비록 청렴하더라도 또한 사양해서는 안 될 것이다"라고 하였다.
○살펴보건대, 원헌原憲이 지극히 가난한데 공자가 그에게 인리향당隣里鄕黨에 나누어주라고 한 것은, 구백九百 밖에 본래 일정한 봉록이 있어 그 열 식구를 봉양하였음을 알 수 있다.

공자가 중궁仲弓을 평하여 말하기를 "검은 소의 새끼가 붉고 또 뿔이 있으면, 비록 쓰지 않으려 하더라도 산천의 신神이야 그것을 버리겠는가?" 하였다.

○보충: 이우犁牛는 검은 소이다. [《史記索隱》에 이르기를 "犁는 검은 것이다" 하였다.] 《주례周禮》〈목인牧人〉에 이르기를 "음사陰祀에는 유생黝牲[1)] [黝는 黑色이다.] 을 쓴다"고 하였다. ▶

◀陰祀者, 地示之祭, 社稷·五祀·五嶽是也.【大宗伯】陽祀雖用騂牲,【陽祀者, 天神之祭】祭天地¹之牛, 又用繭栗.【見〈王制〉】騂且角則祭地祭天, 俱無用矣.【宗廟之牛角握, 握者, 四指也. 角已成則宗廟之祭, 亦不可用】然《周禮》〈牧人〉云: "凡外祭毀事, 用尨可也." 毀事者, 庪縣·疈辜.【毀牲而用之】秩亞於血祭, 即山林川澤之祭也.【鄭云: "外祭, 謂王所過山川."】尨者, 雜也,【鄭玄云】謂不拘毛色, 雜用諸色也. 犁牛之子騂且角, 則祭地【謂社稷·五祀·五嶽】祭天, 俱不可用. 然至於山川之祭, 亦當棄之乎? 仲弓賢父之子,【說見下】時人謂仲弓之賢, 不如其父, 無所用. 孔子若曰: "賢不如父, 則雖不堪大用, 獨不得降一等而用之乎?" 凡牲騂者易得, 犁者難得, 故以犁牛喻賢父.

○純曰: "諸, 之乎也."【出《小爾雅》, 如盍之謂何不】

何曰: "犁, 雜文. 角者, 角周,【角之圜】正中犧牲."

---

① 地: 新朝本·奎章本에는 빠져 있으나 《禮記》〈王制〉에 따라 보충한다.
2)《禮記》〈王制〉에 나온다.
3) 毀事: 神에게 빌어 재앙을 제거하는 일. 또는 犧牲을 잘라 찢어 놓는 것(毀折).
4) 庪縣: 山에 제사지내는 것.
5) 血祭: 산 짐승의 피를 바쳐 제사지내는 것.《周禮》에 보면 社稷·五祀·五嶽에는 血祭로써 한다고 되어 있음.
6)《周禮注疏》第13〈地官·牧人〉편 鄭玄 注에 나온다.
7) 之乎: '이것을 ~겠는가?'로 해석된다는 말이다.
8) 太宰純,《論語古訓外傳》6-9b.

◀음사란 지신地神의 제사이니, 사직社稷·오사五祀·오악五嶽이 그것이다. [《周禮》〈大宗伯〉에 나온다.] 양사陽祀에는 비록 붉은 희생을 쓰더라도 [陽祀란 天神의 제사이다.] 천지天地를 제사하는 소는 또 뿔이 누에고치나 밤만큼 나온 것이라야 하니, [《禮記》〈王制〉에 보인다.] 붉고 또 뿔이 있으면 지신과 천신의 제사에는 모두 사용할 수 없다. [宗廟의 제사에 쓰는 희생의 소는 뿔이 握이 되어야 한다²⁾ 하였으니, 握은 길이가 네 손가락 정도의 조그마한 것을 말한다. 뿔이 이미 크게 자랐으면 宗廟의 제사에는 또한 쓸 수 없다.] 그러나 《주례》〈목인〉에 "무릇 외제外祭의 훼사毁事³⁾에는 털이 얼룩 빛인 소를 써도 된다"고 하였다. 훼사란 기현庪縣⁴⁾의 벽고疈辜이며, [犧牲을 잘라 찢어서 祭에 쓰는 것.] (훼사로 하는 외제는) 그 등질等秩이 혈제血祭⁵⁾ 다음이니, 곧 산림천택의 제사이다. [鄭玄은 이르기를 "外祭는 王이 통과하는 山川에 지내는 祭를 말한다"⁶⁾고 하였다.] 방尨이란 여러 가지 무늬가 섞인 것이니, [鄭玄이 말하였다.] 이는 일반적인 털 빛깔에 구애받지 않고 여러 색을 잡용雜用한 것을 말한다. 검은 소의 새끼가 붉고 또 뿔이 있으면 지신地神 [社稷·五祀·五嶽을 가리킨다.] 을 제사하고 천신天神을 제사하는 데 모두 쓸 수 없다. 그러나 산천의 제사에까지도 또한 마땅히 이를 버려야 하겠는가? 중궁仲弓은 어진 아버지의 아들이다. [설명은 아래에 나온다.] 당시 사람들이 "중궁의 어짊이 그 아버지보다 못하여 쓸모가 없다"고 평하였는데, 이에 공자는 "그의 어짊이 아버지보다 못하다면 비록 크게 쓰일 수는 없더라도 어찌 다만 한 등급 낮추어서 쓸 수 없겠는가?" 라 말한 듯하다. 무릇 붉은 것을 희생으로 하는 것은 얻기 쉬우나 검은 것은 얻기 어렵기 때문에 검은 소로써 어진 아버지에 비유한 것이다.

○태재순(다자이 준): '저諸'는 그 용법이 '지호之乎'⁷⁾와 같다.⁸⁾ [《小爾雅》에 나오는데, 예를 들어 '盍'을 '何不'이라고 하는 것과 같다.]

○하안: '이犁'는 여러 무늬가 섞인 것이며, '각角'은 뿔이 둥글고 [뿔이 둥근 것.] 바르게 되어 있어 희생의 규격에 알맞은 것이다.

○駁曰 非也. 犂與犁通.【見字書】犁者, 黎牛也, 黎者, 黑也.【堯典】注鴑驁等字, 凡從利者皆黑, 未聞其以駁雜爲犂也.《國語》云:"播棄犂老." 犂老者, 顏色垢黑也. 犂之爲黑, 不旣明乎? 且孔子祇言角耳, 何平叔何以知此角一字之中, 含有角周正中犧牲之意耶? 其義無所立矣.【韻會云: "犂者, 牛駁文." 此見《論語》注而言之者, 不足據也】

何曰:"雖欲以其所生犂而不用, 山川寧肯舍之乎?"

○駁曰 非也. 人苟不用, 山川之神, 安得不舍之, 其將夢告以求之乎? 且如平叔之說則不但山川不合, 抑亦百神皆不舍矣.

何曰:"父雖不善, 不害於子之美."【邢云:"仲弓父不善."】

○駁曰 非也. 仲弓之父雖不善, 指斥譏罵曰犂牛之子, 必非君子之言, 孔子豈爲是也? 王充《論衡》, 以仲弓爲伯牛之子, 必有所據. 伯牛與顏淵·閔子騫, 同入德行之科, 及其寢疾, 孔子甚惜之曰:"斯人有斯疾, 其賢可知."【如曾晳父子, 同游聖門】

---

9) 《國語》〈魯語〉에 나온다. 《尚書》〈秦誓〉中에도 이 말이 나오나, 茶山은 僞古文으로 보았기 때문에 〈魯語〉의 것을 인용하였다.
10) 何平叔: 何晏. 平叔은 그의 字.
11) 《正義》6.
12) 王充, 《論衡》 제85권 〈自紀〉편에 나온다.
13) 〈雍也〉편에 나온다.

○반박: 아니다. 이犂는 여犛와 통하는 글자이다. [字書에 보인다.] 여犛란 여우黎牛이니, 여黎는 검은 것이다. [《尚書》〈堯典〉의 注에 나온다.] 여鷚와 여鰲 등의 글자처럼 무릇 (한 글자의 형성에) 이犂를 따른 글자는 모두 검다는 뜻이 있으니, 아직까지 그 색이 얼룩져 뒤섞여 있는 것을 이犂라고 하는 것은 듣지 못하였다. 《국어國語》에 "이로犂老를 내쳐 버리다"[9]라고 하였는데, 이로는 얼굴에 검버섯이 있는 노인이니, 이犂가 검다는 것은 이미 분명하지 않겠는가? 또 공자는 다만 뿔만 말하였을 뿐인데, 하평숙何平叔[10]은 어째서 이 하나의 '각角'이란 글자에 '각이 둥글고 단정하여 희생의 규격에 알맞음이 있다'는 뜻이 포함되었음을 알 수 있는 것인가? 그 주장은 성립될 수 없다. [《韻會》에 "犂란 소의 얼룩진 무늬이다"라 하였으나, 이는 《論語》의 注를 보고 말한 것이니 증거가 될 수 없다.]

○하안: 비록 그것을 얼룩소의 소생이라고 해서 쓰지 않고자 하더라도 산천의 신이 어찌 결코 이것을 버리겠는가?

○반박: 아니다. 사람이 만약에 쓰지 않으려 한다면 산천의 신이 어떻게 이것을 버리지 않을 수 있겠는가? 그 산천의 신이 꿈에 나타나 말하면서 구하려고 하였던가? 또 하평숙의 설과 같다면, 비단 산천뿐만 아니라 또한 모든 신이 모두 버리지 않을 것이다.

○하안: 아버지가 비록 착하지 않았더라도 그것이 아들의 아름다움에 해가 되지 않는다. [邢昺은 이르기를 "仲弓의 아버지는 착하지 않았다"[11]고 하였다.]

○반박: 아니다. 중궁의 아버지가 비록 착하지 않았더라도 그를 '검은 소의 새끼'라고 배척하여 매도하는 것은 반드시 군자의 말이 아니니, 공자가 어떻게 이렇게 말하였겠는가? 왕충王充의 《논형論衡》에 중궁을 염백우冉伯牛의 아들로 한 것[12]은 반드시 근거한 바가 있다. 염백우는 안연顔淵·민자건閔子騫과 함께 덕행과德行科에 들어 있고, 또 그가 병석에 누워 있을 때 공자가 심히 애석하게 여기면서 "이 사람에게 이런 병이 있다니!"[13]라고 하였으니, 그의 어짊을 가히 알 만하다. [曾晳의 父子가 함께 聖門에 놀았던 것과 같다.]

《家語》曰: "冉雍, 字仲弓, 伯牛之宗族. 生於不肖之父, 以德行著名."【〈七十二弟子解〉】

○《史記》〈弟子傳〉亦同.【解其父行賤】

○駁曰 非也. 西京官學, 原由誤解, 故誣云不肖, 或云行賤, 皆不足據.【《家語》者, 僞書】

《漢書》〈樊酈傳〉贊曰: "仲尼稱犂牛之子騂且角, 雖欲勿用, 山川其舍諸, 言士不繫于世類也."

○案 漢儒於此, 從來誤解.

王充《論衡》云: "母犂犢騂, 無害犧牲; 祖濁裔清, 不妨奇人. 鯀惡禹聖, 周頑舜神, 伯牛寢疾, 仲弓潔全. 顏路庸固, 回傑超倫, 孔·墨祖愚, 丘·翟聖賢."

---

14) 西京: 여기서는 前漢(西漢)을 가리키는 말이다.
15) 〈樊酈傳〉:《漢書》卷41의〈樊·酈·滕·灌傳·靳·周傳〉을 말함.
16) 王充,《論衡》제85권〈自紀〉편에 나온다.

○《공자가어》: 염옹冉雍은 자字가 중궁仲弓이니, 백우伯牛의 종족宗族이다. 불초不肖한 아버지에게서 태어났으나 덕행으로써 명성이 드러났다. [《孔子家語》〈七十二弟子解〉에 나온다.]

○《사기》〈중니제자열전〉: 역시 같은 말이다. [그 아버지가 행실이 미천하다고 일컬었다.]

○반박: 아니다. 서경西京[14]의 관학官學에서는 원래 잘못 해석하였기 때문에 '불초하다'느니 '행실이 미천하다'느니 하고 속였으나, 이는 모두 증거를 대기에는 부족하다. [《孔子家語》는 僞書이다.]

○《한서》〈번력전〉[15]의 찬: 공자가 "얼룩소의 새끼가 붉고 또 뿔이 있으면 비록 희생으로 쓰지 말고자 하더라도 산천의 신이 그것을 버리겠는가?"라고 하였으니, 이는 선비의 쓰임은 세속의 일상적인 관례에 얽매이지 않는다는 것을 말함이다.

○살펴보건대, 한유漢儒들은 이에 대해 전통적으로 내려오면서부터 잘못 해석하고 있다.

○왕충의《논형》: 어미 소가 검더라도 송아지가 붉으면 희생으로 쓰는 데에 아무 지장이 없고, 선조가 혼탁하더라도 후손이 청렴하면 훌륭한 인물임에는 아무 지장이 없다. 곤鯀은 악인이었으나 아들 우禹는 성인聖人이었으며, 고수瞽瞍는 완악하였으나 아들 순舜은 신성神聖이었으며, 염백우冉伯牛는 병석에 누워 있었으나 중궁仲弓은 깨끗하고 온전하였으며, 안로顔路는 용렬하고 완고하였으나 안회顔回는 걸출하여 무리에서 뛰어났으며, 공자와 묵자의 선조는 우매하였으나 공자와 묵자 자신은 성현聖賢이었다.[16]

雍也 中

○案 王充, 漢人, 博通墳典, 仲弓之爲伯牛之子, 必有所據, 但其父子優
劣, 仍同注說. 然其所短者, 惟寢疾, 寢疾豈惡行乎? 誠若伯牛之子, 則
賢父之子也.

許東陽云: "犂訓襍②文無據, 當是負犂而耕之牛, 非楅衡之牛也. 騂且
角者, 有重騂字看者亦偏."

○駁曰 非也. 然其所以起疑之端則精確.

毛曰: "如③司馬牛本名耕, 而孔安國謂名犁字子牛, 以耕卽犂也, 則伯④
牛本名犁. 其曰犂牛之子者, 但言⑤耕牛以暗刺其名與氏, 所云色雜, 旁
見也."

○駁曰 非也. 譏刺人父之名氏, 非聖人之言行也.

吳程曰: "犂與黎通, 黑黃然."

○駁曰⑥ 非也. 鶯黃亦稱黧黃, 蓋以黧之爲鳥, 黑處深黑, 黃處鮮黃也.
其可曰黑黃色乎?

伊川云: "多日字."【子謂仲弓曰】

---

② 襍: 奎章本에는 '集'으로 되어 있다.
③ 如: 新朝本·奎章本에는 빠져 있으나 《四書賸言》卷1에 따라 보충한다.
④ 伯: 新朝本·奎章本에는 빠져 있으나 《四書賸言》卷1에 따라 보충한다.
⑤ 言: 新朝本에는 빠져 있으나 奎章本과 《四書賸言》卷1에 따라 보충한다.
⑥ 曰: 新朝本에는 빠져 있으나 奎章本에 따라 보충한다.
17) 三墳五典: 三皇五帝 때의 典籍.
18) 注의 說과 동일하지만: 王充의 說이 漢儒들의 說에 아들이 아버지보다 낫다는 說과 동일하다는 것.
19) 楅衡: 犧牲에 쓸 소의 뿔에 나무를 가로로 묶어 사람을 떠받지 않도록 하는 장치. 後漢 때 張衡의 〈東京賦〉에 "物牲辯省, 設其楅衡"이란 글이 있는데, 犧牲에 쓸 소는 잘 골라 살펴서 뿔에 楅衡을 설치한다는 말이다.
20) 鶯黃 또는 黧黃: 꾀꼬리의 일종.
21) 《二程全書》에 나오는 伊川의 〈經說〉과 《論語集註大全》〈雍也〉편 小註에 있다. 伊川은 日 字가 들어 있는 것에 의문을 제기하였음.

○살펴보건대, 왕충은 한漢나라 사람으로서 삼분오전三墳五典[17] 같은 옛 전적에 박통博通하였으니, 중궁을 염백우의 아들이라 한 것은 반드시 근거한 바가 있다. 다만 그 부자의 우열은 주注의 설과 동일하지만[18] 그 단점은 오직 병석에 누워 있는 것이었으니, 병석에 누워 있는 것이 어찌 악행이겠는가? 진실로 만약 백우伯牛의 아들일 것 같으면 그는 현부賢父의 아들이다.

○허동양: '이犁'의 뜻이 여러 무늬가 섞인 것이란 말은 근거가 없다. 이는 마땅히 쟁기를 끌고 밭을 가는 소이지 (희생에 쓰는) 복형楅衡[19]의 소는 아니다. '성차각騂且角'이란 말에서, '성騂' 자에 무게를 두고 보는 것은 또한 편협하다.

○반박: 아니다. 그러나 그가 의문의 단서를 제기한 것은 정확하게 보았다.

○모기령: 예를 들면 사마우司馬牛의 본명이 경耕인데, 공안국은 이름이 이犁이고 자字가 자오子午라 하여 경耕을 이犁로 한 것과 같다. 그러니 백우伯牛의 본명이 이犁이며, 경문에 '이우지자犁牛之子'라고 한 것은 다만 밭가는 소를 말하여 은연중에 그의 이름과 성씨를 풍자한 것이며, 이른바 빛깔이 얼룩진 것이라는 말은 부차적인 견해이다.

○반박: 아니다. 남의 아버지의 이름과 성씨를 기롱하고 풍자하는 것은 성인聖人의 언행이 아니다.

○오정: 이犁와 여黎는 통하는 글자로서 흑황색黑黃色을 말한다.

○반박: 아니다. 여황鸝黃을 또한 여황鸝黃[20]이라고 부르기도 한다. 대개 꾀꼬리라는 새는 검은 곳은 매우 검고 누런 곳은 연하게 누러니, 이를 흑황색이라고 할 수 있겠는가?

○정이천: '왈曰' 자가 더 들어가 있다.[21] ['子謂仲弓曰'에서 曰字를 말한다.]

○金曰: "此與第九篇 '子謂顏淵' 句同. '曰'字似無疑⑦." 【見《通義》】
○案 '曰'字不必去. 與 '子謂南容', '子謂子賤', 文勢不同. 【〈子罕〉篇 '子謂顏淵曰', 亦非對顏子而言之】

子曰: "回也, 其心三月不違仁, 其餘則①日月至焉而已矣."

朱子曰: "三月, 言其久." 【非謂三月後必違】
○補曰 違猶離也. 【上篇云: "君子無終食之間違仁."】仁者, 嚮人之愛也. 子嚮父, 弟嚮兄, 臣嚮君, 牧嚮民, 凡人與人之相嚮而藹然其愛者, 謂之仁也. 其心不違, 則不止顯於行事而已, 中心實然也.
○補曰 其餘, 謂諸弟子. 日月至, 謂不違仁. 或引至一月, 或引至數日也.

---

⑦ 疑: 新朝本·奎章本에는 '嫌'으로 되어 있으나 金履祥의 《論語集註考證》에 따라 바로잡는다.
① 則: 新朝本·奎章本에는 빠져 있으나 《論語》〈雍也〉의 經文에 따라 보충한다.
22) 〈公冶長〉편에 나온다.
23) 同上.

○김이상: 이것은 제9편인 〈자한子罕〉편의 '자위안연子謂顏淵'의 구句와 같으니, '왈' 자가 들어간 것을 의심할 것이 없을 듯하다. [《通義》에 보인다.]
○살펴보건대, '왈曰' 자를 없앨 필요가 없다. '자위남용子謂南容'[22]이라 하고 '자위자천子謂子賤'[23]이라 한 것과는 그 문세文勢가 같지 않다. [〈子罕〉편에 '子謂顏淵曰'이라고 한 것도 역시 顏淵을 직접 대면하여 그에게 말한 것이 아니다.]

공자는 말하기를 "안회顏回는 그 마음이 석 달 동안 인仁을 떠나지 않았고, 그 나머지 여러 제자들은 며칠 또는 한 달 인에 이를 뿐이다."라고 하였다.

○주자: 석 달은 그 오랜 기간을 말한다. [석 달 뒤에는 반드시 仁을 떠난다는 것을 말함이 아니다.]
○보충: '위違'는 떠날 리離 자와 같은 뜻이다. [위의 〈里仁〉편에 "군자는 밥을 먹는 동안에도 仁을 떠남이 없다"고 하였다.] '인仁'이란 다른 사람에게 향하는 사랑이다. 자식은 아버지에게, 아우는 형에게, 신하는 군주에게, 목민관은 백성에게 향해 베푸는 사랑이니, 무릇 사람과 사람이 서로 향하여 화기애애하게 베푸는 그 사랑을 인仁이라 한다. 그 마음이 인을 떠나지 않으면 행사에 나타나는 데만 그치지 아니할 뿐만 아니라 마음 가운데가 실상으로 그렇게 된다.
○보충: '기여其餘'라는 말은 여러 제자들을 가리키는 것이며, '일월지日月至'란 인仁에서 떠나지 않는 것이 혹 한 달에 이르는 것을 끌어오기도 하고, 혹 며칠에 이르는 것을 끌어오기도 하는 것을 말한다.

雍也中

○案〈中庸〉曰: "民鮮能久矣." 能久則聖人也. 顏子不能無過, 故曰: "不貳過." 不能無過則不能無間斷, 但其間斷甚疏, 故曰: "三月不違." 何曰: "餘人暫有至仁時."【邢說同】
○駁曰 非也. 暫至旋退, 則其所以違於惡者幾希. 孔門諸弟, 雖不及顏子, 其不仁何至如是? 蕭山曰: "日月至三字, 當是一日至一月至, 不當日日一至月一至也." 一字顚倒, 相去萬里, 其言, 是也.
○李南黎云: "日月至焉, 謂或一日在仁上, 或一月在仁上, 非謂日一至月一至."

季康子問: "仲由可使從政也與?" 子曰: "由也果, 於從政乎何有?" 曰: "賜也可使從政也①與?" 曰: "賜也達, 於從政乎何有?" 曰: "求也可使從政也與?" 曰: "求也藝, 於從政乎何有?"

---

① 也: 新朝本에는 빠져 있으나 《論語》〈雍也〉편의 經文에 따라 바로잡는다.
24) 蕭山: 毛奇齡의 號.
25) '一' 字를 顚倒시키면: 一日(하루 동안)을 日一(하루에 한 번)로 뒤집어 놓는다는 말.
26) 李南黎: 未詳.
1) 賜: 孔子의 弟子인 子貢의 이름.

○살펴보건대, 〈중용中庸〉에 "백성은 능히 오래 하는 이가 드물다"고 하였으니, 능히 오래 하는 것은 성인聖人이다. 안자顔子는 허물이 없을 수 없으므로 "허물을 고치는데 망설이지 않는다"고 하였다. 허물이 없을 수 없으면 중간에 단절이 없을 수 없는데, 다만 그 중간의 단절이 심히 성글기 때문에 "석 달을 떠나지 않는다"고 하였다.
○하안: 나머지 사람들은 잠시 인仁에 이를 때가 있었다. [邢昺의 說도 같다.]
○반박: 아니다. 잠시 이르렀다가 곧바로 물러나면 악을 떠남이 드물 것이다. 공문孔門의 제자들은 비록 안자에게는 미치지 못하였지만, 그 불인不仁이 어찌 이런 지경에까지 이르겠는가? 소산蕭山[24]은 말하기를 "'일월지日月至' 석 자는 마땅히 하루 동안 이르고 한 달 동안 이르는 것으로 해석해야지, 하루에 한 번 이르고 한 달에 한 번 이르는 것이라고 해서는 안 된다. '일一' 자를 전도顚倒시키면[25] 그 뜻이 서로 엄청나게 차이가 난다"고 하였으니, 그 말이 옳다.
○이남려:[26] '일월지언日月至焉'이란 혹 하루 인仁을 하는 데 있기도 하고 혹 한 달 인을 하는 데 있기도 한 것을 말하지, 하루에 한 번 인에 이르고 한 달에 한 번 인에 이르는 것을 두고 말함이 아니다.

계강자季康子가 묻기를 "중유仲由는 정사에 종사하게 할 만합니까?" 하니, 공자가 "중유는 과단성이 있으니 정사에 종사하게 하는 데 무슨 어려움이 있겠는가?" 하였다. "사賜[1]는 정사에 종사하게 할 만합니까?" 하니, "사는 사리에 통달하였으니 정사에 종사하게 하는 데 무슨 어려움이 있겠는가?" 하였다. "염구冉求는 정사에 종사하게 할 만합니까?" 하니, "염구는 재능이 있으니 정사에 종사하게 하는 데 무슨 어려움이 있겠는가?" 하였다.

補曰 從政, 謂仕而行政也.【如從事於斯之從】

○朱子曰: "果, 有決斷.【包亦云】達, 通事理.【孔亦云】藝, 多才能."【孔亦云】

○補曰 何有, 言不難也.

荻曰: "爲政者大夫, 從政者士."【純云: "春秋之世, 諸侯之國, 爲政者必其正卿一人."】

○駁曰 非也. 楚狂接輿曰: "今之從政者殆而."【見下篇】《春秋傳》曰: "晉之從政者新, 未能行令."【宣十二】《晉語》, 趙宣子曰: "事君而黨, 吾何以從政?" 此皆指大夫之操政柄者, 況 '鄭子產從政一年, 輿人誦之',【襄三十】正是純所謂正卿一人爲政者. 今必欲一反朱子之說, 壓之曰 '爲政者大夫, 從政者士', 亦豈非心術之病乎?

---

2) 太宰純, 《論語古訓外傳》 6-10b.
3) 제18편 〈微子〉편을 말함.
4) 趙宣子: 春秋時代 晉나라의 趙盾. 趙衰의 아들이며, 一名 趙孟이라고도 한다.
5) 《國語》 卷第11 〈晉語〉 5에 나온다.

○보충: '종정從政'은 벼슬하여 정사를 행하는 것을 이른다. [예를 들면 '이에 從事한다' 할 때의 '從'과 같다.]

○주자: '과果'는 결단성이 있는 것이요, [包咸도 역시 그렇게 말하였다.] '달達'은 사리에 통달한 것이며, [孔安國도 역시 그렇게 말하였다.] '예藝'는 재능이 많은 것이다. [孔安國도 역시 그렇게 말하였다.]

○보충: '하유何有'는 어렵지 않음을 말한다.

○적생조래(오규 소라이): 정사政事를 하는 자(爲政者)는 대부大夫이며, 정사에 종사하는 자(從政者)는 사士이다. [太宰純이 이르기를 "春秋時代에 諸侯 나라의 爲政者는 반드시 正卿 한 사람이었다"[2]고 하였다.]

○반박: 아니다. 초楚나라의 광인狂人인 접여接輿가 이르기를 "오늘날 정사에 종사하는 자(從政者)들은 위태롭구나!"라 하였고, [下篇[3]에 보인다.]《춘추전春秋傳》에는 "진晉나라의 정사에 종사하는 자(從政者)가 새로 임명되어 아직 그의 영令이 행해지지 않는다"고 하였으며, [宣公 12년조에 있다.]《국어國語》〈진어晉語〉에는 조선자趙宣子[4]가 "임금을 섬기면서 편당偏黨을 지으면, 내가 어떻게 정사에 종사할 수 있겠는가?"[5]라고 하였다. 여기의 종정자從政者는 모두 대부大夫로서 정권을 잡은 자를 가리키며, 더욱이 "정자산鄭子産은 종정從政한 지 1년 만에 중인衆人들이 그를 칭송하였다"고 하는 것은, [襄公 13년에 있다.] 바로 태재순太宰純의 이른바 정경正卿 한 사람이라는 위정자爲政者를 가리키는 말이다. 그런데 오늘날 보면 반드시 주자朱子의 설을 한 번 반대하고자 하는 의도가 있어, 이를 억눌러 "위정자爲政者는 대부大夫이며, 종정자從政者는 사士이다"라 하니, 이 또한 어찌 심술心術의 병이 아니겠는가?▶

雍也中

◀〈雜記〉曰: "期之喪, 卒哭而從政; 九月之喪, 旣葬而從政."【〈王制〉云: "父母之喪, 三年不從政; 齊衰大功之喪, 三月不從政."】〈王制〉曰: "將徙於諸侯, 三月不從政; 自諸侯來徙家, 朞不從政."【義詳余《禮箋》】此皆士大夫之通禮, 則經云'從政'者, 亦不宜偏主一論, 然三子之才, 方蔚有聲譽, 卑位小官, 不必擬議. 當以朱子說爲正.

季氏使閔子騫爲費宰. 閔子騫曰: "善爲我辭焉. 如有復我者, 則吾必在汶上矣."【復, 入聲】

朱子曰: "閔子騫, 弟子, 名損."【魯人也】
○補曰 費, 魯東郊地名.【伯禽誓師于費, 又費㐌父 魯大夫. 事見隱二年】季氏取之爲己邑.▶

---

6)《禮記》〈雜記〉下에 나온다.
7) 三子: 仲由(子路)·端木賜(子貢)·冉求를 가리킴.
1) '復'은 入聲이다: 復이 入聲일 때는 '告한다' '알린다'의 뜻으로 音은 '복'이며, 去聲일 때는 '다시'의 뜻으로 音은 '부'이다. 茶山은 여기 '如有復我者'에서 '復'을 종래의 言解本처럼 '부'로 읽지 않고 '복'으로 읽었다.
2) 伯禽: 魯나라에 封해진 周公의 아들을 가리키는 듯하다.
3) 費㐌父: 春秋時代 魯나라 大夫인 費伯. 그는 費 땅을 그의 采邑으로 하였음.

◀《예기》〈잡기雜記〉에 이르기를 "기년상期年喪에는 졸곡卒哭 뒤에 정사에 종사하고, 구월상九月喪에는 장사를 지낸 뒤에 정사에 종사한다"⁶⁾고 하였고, [《禮記》〈王制〉에 이르기를 "부모의 喪에는 삼 년을 정사에 종사하지 않고, 齊衰와 大功의 喪에는 석 달을 정사에 종사하지 않는다"고 하였다.] 〈왕제王制〉에 이르기를 "장차 (신분을 가家에서) 제후로 옮기려고 하는 자는 석 달을 정사에 종사하지 않으며, 제후에서 대부의 가家로 옮기려고 하는 자는 기년朞年을 정사에 종사하지 않는다"고 하였으니, [나의《喪禮四箋》에 상세하게 나타나 있다.] 이는 모두 사士와 대부大夫에게 통용되는 예禮이다. 그러니 경문經文에서 말하는 '종정從政'이란 것을 또한 마땅히 하나의 논론에 치우쳐 주장해서는 안 된다. 그러나 삼자三子⁷⁾의 재능은 바야흐로 울연蔚然히 명성이 있었던 때이므로 낮고 작은 벼슬자리로써 논의할 필요가 없으니, 마땅히 주자의 설을 바른 것으로 삼아야 한다.

계씨季氏가 민자건閔子騫을 비읍費邑의 재宰로 삼으려 하자, 민자건이 (사자에게) 이르기를 "나를 위해 사양한다는 말을 잘 해주오. 만약 또 와서 내게 고한다면 나는 반드시 문수汶水 가에 있을 것이다."라 하였다. ['復'은 入聲이다.¹⁾]

○주자: 민자건은 공자의 제자이니, 이름은 손損이다. [魯人이다.]

○보충: 비費는 노魯나라 동쪽 교외의 지명이다. [伯禽²⁾이 費 땅에서 군사들에게 盟約을 하였고, 또 費/夸父³⁾는 魯나라 大夫였다. 사실은《左傳》隱公 2년에 보인다.] 계씨가 이곳을 빼앗아 자기의 사읍私邑을 삼았다.▶

◀襄七年, 南遺爲費宰, 請城費. 昭十三年, 南蒯以費畔, 【畔季氏】又公山弗擾以費畔. 【畔季氏】定十二年, 孔子【時爲大司寇】使仲由爲季氏宰, 墮三都, 收其甲兵, 【墮者, 毁其城邑也】費, 其一也.

○孔曰: "季氏以邑宰數畔, 聞子騫賢, 故欲用之."

○補曰 善爲我辭, 託使者善其辭令. 【爲, 去聲】復, 往來也. 《說文》云 汶, 水名, 在齊·魯之境. 【邢云: "〈地理志〉云, '汶水出泰山 萊蕪西南入濟①, 在齊南魯北.'"】

○孔曰: "去之汶水上, 欲北如齊." 【陳云: "辭之雖婉, 絶之甚決."】

孔曰: "季氏不臣." 又曰: "不欲爲季氏宰." 【邢云: "僭禮樂, 逐昭公, 是不臣也."】

○案 費者, 魯之巖邑, 季氏之兎窟也. 【《楚語》, 范無宇曰: "國有大城②, 未有利者, 昔鄭③有京·櫟, 魯有弁·費."】▶

---

① 濟: 新朝本에는 '齊'로 되어 있으나 奎章本과 《論語注疏》卷6에 따라 바로잡는다.
② 城: 新朝本에는 '成'으로 되어 있으나 奎章本과 《國語》卷17〈楚語〉上에 따라 바로잡는다.
③ 鄭: 新朝本·奎章本에는 '齊'로 되어 있으나 《國語》卷17〈楚語〉上에 따라 바로잡는다.
4) 南遺: 春秋時代 魯나라 사람.
5) 南蒯: 春秋時代 魯나라 사람. 南遺의 아들. 당시 季氏의 采邑인 費의 邑宰로 있었음.
6) 公山不擾: 春秋時代 魯나라 사람. 季氏의 家臣으로 費의 邑宰로 있다가 叛旗를 들어 季氏를 죽이려 하였으나 실패하였음.
7) 三都: 季孫氏의 采邑인 費와 孟孫氏의 采邑인 成과 叔孫氏의 采邑인 郈를 말함.
8) 《正義》6.
9) 《論語集註大全》卷6〈雍也〉제6 小註에 나온다.
10) 《正義》6.
11) 巖邑: 사면이 山으로 둘러싸인 險한 要地가 되는 고을.
12) 兎窟: 토끼가 棲息하는 窟. 轉하여 隱身處에 비유.
13) 范無宇: 春秋時代 楚나라 大夫. 《左傳》에 나오는 申無宇와 芋尹無宇는 모두 范無宇와 같은 사람이다.

◀노나라 양공襄公 7년(B.C. 566)에 남유南遺⁴⁾가 비읍費邑의 재宰가 되어 비읍에 성城을 쌓겠다고 청하였고, 소공昭公 13년(B.C. 529)에 남괴南蒯⁵⁾가 비費를 근거지로 하여 반기를 들었으며, [季氏에게 叛旗를 들었다.] 또 공산불요公山不擾⁶⁾가 비를 근거지로 하여 반기를 들었다. [季氏에게 叛旗를 들었다.] 정공定公 12년(B.C. 498)에 공자 [당시 大司寇였다.] 가 중유仲由를 계씨의 읍재가 되게 하여 삼도三都⁷⁾를 무너뜨려 ['墮'란 그 城邑을 헐어 버리는 것이다.] 그들의 갑옷과 병기를 거둬들이려고 하였다. 비費는 삼도三都의 하나이다.

○공안국: 계씨는 (비費의) 읍재邑宰가 자주 반기를 들기에 민자건이 어질다는 것을 들어서 그를 기용하려고 하였다.

○보충: '선위아사善爲我辭'는 사자使者에게 그 사양하는 말을 잘 해달라고 부탁하는 것이고, ['爲'는 去聲이다.] '복復'은 왕래往來한다는 뜻이며, [《說文》에 그렇게 말하였다.] '문汶'은 물 이름이니 제齊와 노魯나라의 경계에 위치해 있다. [邢昺은 이르기를 "《漢書》〈地理志〉에 '汶水는 泰山 萊蕪縣의 서남에서 발원하여 濟水로 흘러 들어가니, 齊나라 남쪽 魯나라 북쪽에 위치해 있다'고 한다"⁸⁾하였다.]

○공안국: 문수汶水 가로 간다는 것은 북쪽으로 제나라에 가고자 한 것이다. [新安 陳氏는 이르기를 "사양하는 말은 비록 순하였으나, 거절하는 뜻은 심히 決斷的이었다"⁹⁾라 하였다.]

○공안국: 계씨季氏는 신하답지 못하였다. 또 공안국: (민자건은) 계씨의 읍재邑宰가 되려고 하지 아니하였다. [邢昺은 이르기를 "참람하게 천자의 禮樂을 함부로 쓰고 魯나라의 昭公을 축출하였으니, 이것이 신하답지 못한 것이다"¹⁰⁾라고 하였다.]

○살펴보건대, 비費는 노나라의 암읍巖邑¹¹⁾이며 계씨의 토굴兎窟¹²⁾이다. [《國語》〈楚語〉에 范無宇¹³⁾가 이르기를 "나라에 큰 성城이 있으면 이로울 것이 없다. 옛날에 鄭나라에 京·櫟이 있었고, 魯나라에 弁·費가 있었다"고 하였다.]▶

雍也 中

◀季氏居費則不能執國命, 在國則不能制費畔④, 其勢兩難. 若得賢者而爲之宰, 則季氏之利也. 季氏之利, 公家之削也. 君子爲人謀忠, 旣受其任, 治之不得不忠, 忠於費則害於魯, 此子騫之所以辭也. 故孔子爲大司寇, 使仲由爲季氏宰, 先墮費邑, 外輔季氏, 其實所以存魯也. 季氏之召子騫, 雖不知在於何年, 要在子路墮費之先. 若云子騫以季氏不臣之故, 而不欲爲宰, 則孔子·子路目見子騫之守義, 猶復不覺, 同陷不義, 有是理乎? 仕於季氏, 非孔門之所恥也.

毛曰: "夫子一門, 多仕⑤季氏, 卽夫子已先爲季氏史, 爲季氏司職吏. 如孟子所云 '爲委吏爲乘田'者, 不可以事犬彘詬之."

○毛述齋曰: "由·求事季氏, 不特夫子許之, 且欲倚之以行道. 觀公伯寮愬子路于季孫, 而夫子以道之將行, 道之將廢, 陰折伯寮, 此明明見之《論語》者."

---

④ 畔: 新朝本에는 '半'으로 되어 있으나 奎章本에 따라 바로잡는다.
⑤ 仕: 新朝本·奎章本에는 '事'로 되어 있으나 《四書改錯》에 따라 바로잡는다.
14) 司職吏: 犧牲을 사육하는 牧場의 役人.
15) 委吏: 租稅의 출납을 맡은 役人.
16) 乘田: 朱子의 註에 보면 苑囿와 芻牧을 주관하는 官吏로 되어 있음. 公園과 그 안의 동물 사육을 맡은 役人인 듯하다.
17) 北宋의 學者 謝良佐가 季氏에게 벼슬하는 것을 개와 돼지를 섬기는 것이라고 꾸짖었다. 그리고 毛奇齡의 이 글은 그의 《四書改錯》에 나온다.
18) 毛述齋: 毛奇齡의 아들. 이름은 遠宗. 述齋는 그의 號.
19) 公伯寮: 春秋時代 魯나라 사람.
20) 《論語》〈憲問〉편에 보인다.

◂계씨가 비읍費邑에 웅거해 있으면 국명國命을 집행할 수 없고, 계씨가 노나라에 있으면 비읍의 반란을 제지할 수 없으니, 그 상황이 진퇴양난이었다. 만약에 어진 이를 얻어서 읍재邑宰로 삼으면 계씨에게는 이로운 일이나, 계씨에게 이로우면 공가公家에게는 해로운 일이다. 군자는 남을 위해 일을 도모할 때는 충심으로 한다. 이미 그 소임을 맡았으면 다스리는 데에 충심을 다하지 아니함이 없다. 비읍에 충심을 다하면 노나라에 해로우니, 이것이 민자건이 사양한 이유이다. 그러므로 공자는 대사구大司寇가 되어 중유仲由를 계씨의 읍재가 되게 하여 먼저 비읍의 성을 헐어 버렸으니, 이는 겉으로는 계씨를 보필한 것처럼 보이나 실제로는 노나라를 보존하기 위한 것이다. 계씨가 민자건을 불렀던 것이 어느 해인지는 비록 알 수 없으나, 요컨대 자로子路가 비읍의 성을 헐기 이전에 있었던 일이다. 만약 (공안국의 말처럼) "민자건이 계씨가 신하답지 못하다는 것 때문에 읍재가 되려고 하지 않았다"고 한다면, 공자와 자로는 눈으로 직접 민자건이 의義를 지키는 것을 보고서도 오히려 이를 깨닫지 못하고 (계씨에게 벼슬하여) 함께 불의不義에 빠진 것이니, 이럴 리가 있겠는가? 계씨에게 벼슬한 것은 공문孔門에서 수치로 여기는 바가 아니었다.

○모기령: 공자의 문하에서는 계씨에게 벼슬한 이가 많았다. 공자가 이미 먼저 계씨의 사史가 되고 계씨의 사직리司職吏[14]가 되었다. 예를 들면 맹자가 말한 바의 "위리委吏[15]가 되고 승전乘田[16]이 되었다"는 것과 같다. 그러니 (계씨에게 벼슬하는 것이) 개와 돼지를 섬기는 것이라고 꾸짖어서는 안 된다.[17]

○모술재:[18] 중유仲由와 염구冉求가 계씨를 섬기는 것을 공자가 허여하였을 뿐만 아니라, 또 그를 의지하여 도를 실현하려고 하였다. 공백료公伯寮[19]가 자로子路를 계손季孫에게 참소하는 것을 보고서 공자는 도道가 장차 행해지고 폐해지는 것이 모두 명命이라는 것을 가지고 공백료의 행포를 은근히 꺾어 놓은 것도 이것이 《논어》에 분명히 나타나 있다.[20]

《集注》釋音云: "復, 扶又反."

○案 復若非入聲, 則復我二字, 不成文. 孟子云: "有復於王者曰, '力足以舉百鈞.'" 非必復命而後謂之復也. 復者, 往來相告之義也.

○《家語》〈執轡〉篇云: "閔子騫爲費宰, 問政於孔子. 孔子曰, '爲政猶御也.'"【其文甚長, 今刪之】

○案 觀於子騫之答, 必無始辭終赴之理.《家語》者僞書.【楊見宇云: "費, 巖邑也. 子路治之三月無成, 子羔治之九月無功, 宜閔子之不就也."】

伯牛有疾, 子問之, 自牖執其手, 曰: "亡之, 命矣夫! 斯人也而有斯疾也! 斯人也而有斯疾也!"

馬曰: "伯牛, 弟子冉耕."【邢云: "《史記》云, '冉耕, 字伯牛.'" ○鄭玄曰: "魯人."】

---

21) 朱子가《論語集註》에서 音에 대해 말해 놓은 것이다.
22) '복復'을 '다시 부復'의 뜻으로 하면 '復我' 두 자와 결합된 '如有復我者'는 문장이 성립되지 않는다는 말이다.
23) 〈梁惠王〉上 제7장에 나온다.
24) 楊見宇: 未詳.
25) 子羔: 孔子의 弟子인 高柴.
1)《正義》6.

○《논어집주》의 석음:[21] '부復'는 부扶와 우又의 반절음‸切音이다.
○살펴보건대, '복復'이 만약 입성入聲이 아니면, '복아復我' 두 자는 글을 이루지 못한다.[22] 맹자는 이르기를 "어떤 이가 왕에게 아뢰어 말하기를 '힘이 족히 100균鈞의 무게를 들 수 있습니다'라 했다"[23]고 하였으니, ('복復' 자는) 반드시 복명復命이라고 말한 뒤에라야 이를 복復이라고 이르는 것이 아니다. (이 경문에서) '복復'이란 것은 왕래하며 서로 고한다는 뜻이다.
○《공자가어》〈집비〉: 민자건閔子騫이 비읍費邑의 재宰가 되어 공자에게 정사를 물으니, 공자가 "정사를 하는 것은 말을 모는 것과 같다"고 하였다. [그 글이 너무 길어 여기에서는 삭제한다.]
○살펴보건대, 민자건의 답변에서 보면 반드시 처음에는 (계씨에게 벼슬하기)를 사양했다가 나중에 (그에게 벼슬하러) 나아갔을 리가 없다. 《공자가어》라는 책은 위서僞書이다. [楊見宇[24]는 이르기를 "費는 嚴邑이다. 子路가 이 고을을 석 달 다스렸으나 성공하지 못하였고, 子羔[25]가 이 고을을 아홉 달 다스렸으나 성공하지 못하였으니, 마땅히 閔子騫은 이 고을을 맡아 다스리려고 나아가지 않았을 것이다"라 하였다.]

백우伯牛가 중병을 앓고 있을 때 공자가 문병을 가서 창문에서 그의 손을 잡고 말하기를, "이 사람을 잃다니, 명命이로다! 이 사람이 이런 병에 걸리다니! 이 사람이 이런 병에 걸리다니!"라고 하였다.

○마융: 백우는 공자의 제자 염경冉耕이다. [邢昺은 이르기를 《史記》에 '冉耕의 字가 伯牛이다'라 했다"고 하였다.[1] ○鄭玄은 이르기를 "魯나라 사람이다"라 하였다.]

○朱子曰:“牖, 南牖也.【說文》云: "穿壁爲窓曰牖."】禮, 病者居北牖下.
【〈士喪禮〉, 牖作墉】君視之, 則遷於南牖下, 使君得以南面視已.【本出〈喪大記〉孔疏】時伯牛家以此禮尊孔子, 孔子不敢當, 故不入其室, 而自牖執其手."

○補曰 亡之, 猶言失之.【孔云: "亡, 喪也."】謂將失吾賢友也.

○朱子曰: "命, 謂天命."

○補曰 斯人, 難得之人也. 斯疾, 必死之疾也.【包云: "再言之者, 痛惜之甚."】

包曰: "牛有惡疾, 不欲見人."【邢云: "《淮南子》云, '伯牛癩.'"】

○毛曰:"古以惡疾爲癩,《禮》'婦人有惡疾去', 以其癩也. 故《韓詩》解〈芣苢〉之詩, 謂'蔡人之妻, 傷夫惡疾, 雖遇癩而不忍絕'. 劉孝標作〈辨命論〉, 遂謂'冉耕歌其〈芣苢〉', 正指是也."

---

2)《正義》6.
3) 劉孝標: 梁나라 사람. 名은 峻, 孝標는 그의 字, 諡는 玄靖. 好學者로 名聲이 있었음. 官은 典校秘書. 저술로는《辨命論》및《世說新語》의 注가 있다.
4) 毛奇齡,《四書賸言》卷2에 나온다.

○주자: '유牖'는 남쪽 창이다. [《說文》에 "벽을 뚫어 만든 창을 牖라 한다"고 하였다.] 예禮에 보면 "병자가 북쪽 창 아래에 있다가 [《儀禮》〈士喪禮〉에는 牖가 墉으로 되어 있다.] 임금이 그를 보려고 오면 남쪽 창 아래로 옮겨 임금으로 하여금 남면하여 자기를 볼 수 있도록 한다"고 되어 있다. [본래《禮記》〈喪大記〉의 孔穎達 疏에 나오는 말이다.] 당시 백우의 집에서는 이 예禮로써 공자를 높이니, 공자는 감히 감당할 수 없어서 그 방에 들어가지 않고 창에서 그의 손을 잡았다.

○보충: '망지亡之'는 그를 잃을 것을 말한 것과 같으니, [孔安國은 이르기를 "亡은 잃는다는 뜻이다"고 하였다.] 이는 장차 나의 어진 벗을 잃을 것임을 가리킨다.

○주자: '명命'은 천명天命을 이른다.

○보충: '사인斯人'은 얻기 어려운 사람이란 말이고, '사질斯疾'은 반드시 죽을병이라는 말이다. [包咸은 이르기를 "두 번 그렇게 말한 것은 痛惜함이 심했던 것이다"라고 하였다.]

○포함: 백우는 악한 병이 있어 다른 사람에게 보이려고 하지 않았다. [邢昺은 이르기를 "《淮南子》에 '伯牛는 癩病 환자이다'고 했다"라 하였다.[2)]]

○모기령: 옛날에는 나병癩病을 악한 병이라고 하였다. 예禮에 보면 '부인婦人이 악한 병이 있으면 내보낸다'고 하였는데, 그 병은 나병이기 때문이다. 그러므로《한시외전韓詩外傳》에《시경詩經》의〈부이芣苢〉란 시를 풀이하여, 채蔡나라 사람의 아내가 남편의 악한 병을 슬퍼하여 비록 나병에 걸리더라도 차마 그를 끊지 못한다는 것을 이른다고 하였다. 유효표劉孝標[3)]가〈변명론辨命論〉을 지어서 드디어 '염경冉耕이 그〈부이〉를 노래하였다'고 했으니, 이것은 바로 백우伯牛가 나병이었던 것을 가리킨다.[4)]

○案 斯人斯疾, 語意惻怛, 故漢儒執此文, 演之爲說耳. 若是癩瘡, 孔子雖愛之如骨肉, 無緣親執其手, 只是必死之疾, 未見其爲癩也.
○又按 伯牛之家, 若以惡疾之故, 使孔子隔壁而視疾, 則孔子不當執手. 孔子旣有執手之愛, 則又何不入室而撫之乎? 孔子有必不得入室之故, 然後方可以自牖執手. 朱子之義不可易. 【君師同尊, 故冉氏用其禮】

引證 《漢書》〈龔勝傳〉云: "勝稱病篤, 爲牀室中戶西南牖下, 東首加朝服扡紳, 使者南面立致詔."
○案 〈鄕黨〉篇 '加朝服' 之注, 亦與 〈喪大記〉疏相合.

引證 《淮南子》〈精神訓①〉篇曰: "子夏失明, 伯牛爲厲." 【厲, 癩也】
○王充 《論衡》曰: "伯牛寢疾, 仲弓潔全."
○案 仲弓潔全者, 謂伯牛癩也. 牲全曰牷, 是又陰用騂角之事也. 誤讀《論語》, 演出妄言, 以誣先賢, 何益矣?

---

① 訓: 新朝本·奎章本에는 빠져 있으나 《淮南子》 卷7에 따라 보충한다.
5) 《漢書》 卷72 〈王貢兩龔鮑傳〉에 나온다.
6) 《論衡》 〈自紀〉편에 나온다.
7) 〈雍也〉편의 "子謂仲弓曰: 犁牛之子, 騂且角, 雖欲勿用, 山川其舍諸"에 대한 茶山의 註釋을 참조.

○살펴보건대, '사인사인斯人'과 '사질사질斯疾'이란 그 말뜻이 측달惻怛하기 때문에 한유漢儒들이 이 글을 가지고서 부연하여 만든 말이다. 만약 그가 나병이었다면 공자가 비록 골육처럼 사랑했더라도 친히 그 손을 잡을 연유가 없다. 다만 이는 반드시 죽을병이기는 하지만 그것이 나병으로 보이지는 않는다.

○또 살펴보건대, 백우의 집에서 만약 악한 병이란 이유 때문에 공자로 하여금 벽을 사이에 두고 병자를 보게 하였다면, 공자는 마땅히 손을 잡지 말았어야 한다. 그런데 공자가 이미 손을 잡을 정도의 사랑함이 있었다면, 또 어떻게 방에 들어가 그를 어루만지지 않았을까? 공자는 반드시 방에 들어갈 수 없던 까닭이 있었기 때문이다. 그래서 창문에서 바야흐로 손을 잡으려고 한 것이다. 주자가 풀이한 뜻은 바꿀 수 없다. [임금과 스승을 같이 높이기 때문에 冉伯牛의 집에서는 그 禮를 쓴 것이다.]

【인증】《한서》〈공승전〉: 공승龔勝이 병이 위독함을 핑계하여 방에 평상을 만들어 지게문 서쪽 방 남창 아래에서 머리를 동쪽으로 하고 누워 조복을 입고서 그 위에 띠를 두르고 있으니, 사자使者가 남면하여 서서 조서詔書를 전하였다.[5]

○살펴보건대, 《논어》〈향당鄕黨〉편에 나오는 '가조복加朝服'의 주注는 또한 《예기》〈상대기喪大記〉의 소疏와 서로 부합한다.

【인증】《회남자》〈정신훈〉: 자하子夏는 실명失明하였고, 백우伯牛는 여厲에 걸렸다. [厲는 癩病이다.]

○왕충의 《논형》: 백우는 못생기고 병이 있었으나, 중궁仲弓은 청결하고 몸이 온전하였다.[6]

○살펴보건대, '중궁이 청결하고 몸이 온전하였다'는 것은 백우에게는 나병癩病이 있었음을 말한다. 희생犧牲의 온전한 것을 전牷이라 하는데, 여기에 또 성각騂角의 일[7]을 몰래 써먹었다. 《논어》를 잘못 읽고 망발되는 말을 내놓아 선현先賢을 무고誣告하고 있으니, 무슨 유익함이 있겠는가?

毛曰: "亳社北牖, 謂病者居其下, 誤矣."
○案 北本無牖, 但當曰北牖, 當作北墉而已. 盛氣憤罵何故也? 豈〈喪大記〉之誤字, 朱子誤之耶?

子曰: "賢哉, 回也! 一簞食, 一瓢飲, 在陋巷, 人不堪其憂, 回也不改其樂. 賢哉, 回也!"

補曰 簞, 竹筐也.【〈士冠禮〉, 櫛實于簞】瓢, 匏勺也.【剖瓠而取其半也.《莊子》云: "剖之以爲瓢."】食, 飯也. 飲, 水漿之屬.《周禮》〈漿人〉曰: "王之六飲, 水·漿·醴·涼·醫·酏."】陋, 隘也. 巷, 里塗也.
○邢曰: "他人見之, 不任其憂, 回也不改其樂道之志."【孔亦云樂道】
○純曰: "孟子曰, '伊尹耕有莘之野, 而樂堯·舜之道焉.' 顏子亦猶是也."
張南軒曰: "簞瓢①之貧, 人所不堪."

---

① 瓢: 奎章本에는 '瓠'로 되어 있다.
8) 亳社의 北牖:《禮記》〈郊特牲〉에 나오는 말인데, 거기에는 亳社를 薄社라고 했으나 같은 말이다. 亳社는 殷나라의 社稷이다.
9) 病者가 그 아래에 거처한다고 한 말:《禮記》〈喪大記〉의 "寢東首于北牖下"에 대한 鄭玄의 注이다. 여기에 나오는 北牖를 다산은 北墉(북쪽 담장)의 誤字로 보고 있음.
10) 毛奇齡,《四書賸言》卷2.
1)《正義》6.
2) 有莘: 上古時代의 國名이라고 注를 내놓고 있음.
3)《孟子》〈萬章〉上에 나온다.
4) 太宰純,《論語古訓外傳》6-14a.
5) 張南軒: 南宋 때 經學家. 漢州 綿竹人(지금의 四川省 廣漢). 字는 敬夫, 名은 栻, 南軒은 그의 號. 官은 吏部 員外郎·右文殿 修撰. 朱子와 깊은 交遊가 있었으며, 저술로는《論語解》·《孟子解》·《南軒易說》등이 있다.
6)《論語集註大全》卷6〈雍也〉제6 小註에 나온다.

○모기령: 박사亳社의 북유北牖8)라는 말에서, 북유는 병자가 그 아래에 거처한다고 한 말9)은 잘못된 것이다.10)
○살펴보건대, 북쪽에는 본래 창문(牖)이 없으니, 다만 북유北牖라고 한 것은 마땅히 북용北墉이 되어야 할 뿐이니, (모기령이) 기를 쓰고 분개·매도하는 것은 무엇 때문인가? 《예기》〈상대기喪大記〉의 오자가 어찌 주자朱子의 잘못이겠는가?

공자가 말하기를 "어질다, 안회顔回여! 한 대광주리의 밥과 한 표주박의 물로써 누추한 곳에 사는 것을 사람들이 그 근심을 견디지 못하는데, 안회는 그 즐거움을 고치지 않으니, 어질다, 안회여!"라고 하였다.

○보충: '단簞'은 대광주리이고, [《儀禮》〈士冠禮〉에 보면 비녀는 簞에 담는다는 말이 있다.] '표瓢'는 바가지이며, [박을 잘라 두 쪽을 낸 것이다. 《莊子》에 "박을 잘라서 표주박을 만든다"고 하였다.] '사食'는 밥이고, '음飮'은 물과 간장 따위이다. [《周禮》〈漿人〉에 "王의 六飮은 水·漿·醴·涼·醫·酏이다"라 하였다.] '누陋'는 좁은 것이고, '항巷'은 마을길이다.
○형병: 남들은 이런 처지를 보고 그 근심을 참지 못하는데, 안회는 그 도道를 즐기는 뜻을 고치지 아니하였다.1) [孔安國도 또한 "顔淵이 道를 즐겼다"고 하였다.]
○태재순: 맹자가 "이윤伊尹이 유신有莘2)의 들에서 밭을 갈면서도 요·순의 도를 즐겼다"3)고 하였는데, 안자顔子도 또한 이와 같았다.4)
○장남헌:5) 한 대광주리의 밥과 한 표주박의 물로써 지내는 가난함이란 사람으로서는 견딜 수 없는 것이다.6)

○案 邢疏之意, 謂旁人來見而代憂也; 南軒之意, 謂他人易地則不堪也. 二者未知孰勝, 姑從舊說.

王草堂曰: "《語類》云, '若說樂天知命四字, 又壞②了這樂, 則禪和子矣.'"

○案 禪家有話③頭禪法, 出一題, 使人窮究, 終不明言.【如庭前柏樹子類】此, 所謂禪和子也. 周茂叔令人尋孔·顏樂處, 且云所樂何事, 明有條路可尋, 豈與禪法同乎? 王草堂必陸學也.

引證 《莊子》〈讓王〉篇云: "顏回曰, '回有郭外之田五十畝, 足以給飦鬻; 郭內之田十畝, 足以爲絲麻; 鼓琴足以自娛, 所學夫子之道者, 足以自樂也.'"

○案 敦匜不具, 故曰一簞, 尊罍不備, 故曰一瓢, 安有田六十畝乎? 恐非也.

---

② 壤: 新朝本에는 '壞'로 되어 있으나 奎章本에 따라 바로잡는다.
③ 話: 奎章本에는 '語'로 되어 있다.
7) 舊說을 따른다: 邢昺의 說을 따른다는 말이다.
8) 禪和子: 參禪하는 僧侶.
9) 周茂叔: 北宋 때의 經學家. 道州 營道人(지금의 湖南省 道縣). 名은 敦頤, 茂叔은 그의 字, 號는 濂溪, 諡는 元公. 官은 南昌縣令·虔州通判 등을 지냈으며, 文廟에 배향되었음. 濂學의 창시자로서 程顥·程頤·邵雍·張載와 함께 北宋 五子의 한 사람으로 불림. 저서로는 《太極圖說》·《通書》가 있다.
10) 敦匜: 貴重한 그릇의 일종.
11) 尊·罍: 貴重한 술잔의 일종.

○살펴보건대, 형병의 소疏에 나와 있는 뜻은 곁에 있는 사람이 와서 보고 대신 근심하는 것을 말하고, 장남헌의 뜻은 다른 사람으로서 입장을 바꾸어 그 처지에 놓인다면 견디지 못하리라는 것을 말한 것이다. 두 사람의 해석에서 누구의 말이 나은지 모르겠으나, 그것은 잠시 두고 여기서는 구설舊說을 따른다.[7]

○왕초당:《주자어류朱子語類》에 이르기를 "만약 낙천지명樂天知命의 넉 자를 말하면서 또 이 즐거움을 얻지 못하면, 이는 선화자禪和子[8]일 것이다"라 하였다.

○살펴보건대, 선가禪家에서는 참선參禪에 드는 실마리로 삼는 말(話頭)이 있는데, 그 실마리가 되는 말을 내놓아 사람으로 하여금 궁리하게 할 뿐 끝내 이에 대한 분명한 대답을 하지 않는다. [예를 들면 '뜰 앞의 잣나무'라고 하는 따위와 같은 것이다.] 이것이 이른바 선화자이다. 주무숙周茂叔[9]은 사람들로 하여금 공자와 안회의 즐거운 곳을 찾게 하였고, 또 무슨 일이 즐거운 것인가를 분명히 그 조목과 길을 찾을 수 있도록 말하였으니, 이것이 어찌 참선하는 법과 같겠는가? 왕초당은 반드시 육상산陸象山의 학문일 것이다.

【인증】《장자》〈양왕〉: 안회顏回가 말하기를 "나는 성곽 밖에 밭 50묘畝가 있으니, 여기에서 나는 수확으로써 족히 죽을 끓여 먹을 수 있고, 성곽 안의 전택田宅 10묘에는 뽕과 삼을 심어 족히 실과 삼베를 만들 수 있으며, 여기에다 거문고를 타면 족히 스스로 마음을 위로할 수 있으며, 공자에게 배운 바의 도道로써는 족히 스스로 마음을 즐길 수 있다"고 하였다.

○살펴보건대, 대敦·이匜[10] 같은 그릇을 구비하지 않았기 때문에 하나의 대광주리라 하였고, 준尊·뢰罍[11] 같은 술잔을 구비하지 않았기 때문에 하나의 표주박이라고 한 것이니, 어떻게 밭 60묘를 소유하였겠는가? 아마도 아닌 듯싶다.

冉求曰: "非不說子之道, 力不足也." 子曰: "力不足者, 中道而廢. 今女畫."

補曰 中道, 中行也.【〈復〉卦云: "中行獨復."】廢, 傾頹也.【《說文》云: "屋傾曰廢."】畫者, 劃之爲線, 以爲限界也. 冉子多藝, 而先言力不足, 是自畫也.

饒曰: "中道而廢者, 如人擔重擔行遠路, 行到中途, 氣匱力竭, 十分去不得, 方始放下."

○駁曰 非也. 放下者, 謂停廢也. 是讀之如大功廢業之廢也, 不亦謬乎? 廢當讀之如荊軻廢之廢, 謂力盡而身頹也.【《左傳》定三年, 邾子自投於牀, 廢於爐炭. ○廢, 謂頹墮也】豈停行之謂乎?

引證〈中庸〉曰: "君子遵道而行, 半塗而廢, 吾不能已矣."【鄭云: "廢猶罷止也."】

1) 中行: 途中.
2) 饒雙峯: 南宋 때의 經學家. 饒州 餘干人. 字는 仲元, 名은 魯, 雙峯은 그의 號, 私諡는 文元이다. 石洞書院을 세워 後學를 가르치고, 朱子의 理學을 계승하였음. 저술로는 《五經講義》·《論孟紀聞》·《近思錄注》·《饒雙峯講義》등이 있다.
3) 《論語集註大全》卷6 小註에 나온다.
4) 荊軻: 戰國時代 齊나라 사람. 뒤에 衛나라에 가서 衛人으로부터 慶卿이라고 불렸고, 燕나라에 가서는 荊卿이라고 불렸으며, 讀書와 劍術를 좋아하였다. 燕나라 太子 丹의 刺客으로서 秦王을 殺害하려다 실패하여 드디어 죽임을 당하였음. (《史記》卷86 참조.)
5) 邾子: 春秋時代 邾나라의 莊公이다. 여기의 子는 爵位임.

염구冉求가 말하기를 "선생님의 도를 좋아하지 않는 것은 아니나, 힘이 부족합니다." 하니, 공자가 말하기를 "힘이 부족한 자는 중도에서 쓰러진다. 그런데 지금 너는 (해보지도 않고) 한계를 긋는 것이다."라 하였다.

○보충: '중도中道'는 중행中行[1]이란 뜻이고, [《周易》〈復卦〉에 "中行에서 홀로 돌아오다"라 하였다.] '폐廢'는 넘어져 쓰러진다는 뜻이며, [《說文》에 "집이 넘어지는 것을 廢라 한다"고 하였다.] '획畫'은 선을 그어서 한계를 짓는 것이다. 염구冉求는 재능이 많은데도 먼저 '힘이 부족하다'고 말한 것은 스스로 그 한계를 그은 것이다.

○요쌍봉:[2] '중도이폐中道而廢'란 예를 들면 사람이 무거운 짐을 지고 먼 길을 가는데, 걸음이 중도中途에 이르러 기운이 다하고 힘이 빠져 더 이상 갈 수 없어, 거기에서 바야흐로 짐을 내려놓는 것과 같다.[3]

○반박: 짐을 내려놓는다는 것은 정폐停廢한다는 것을 말한다. 이는 '폐廢' 자를 마치 '대공폐업大功廢業'이라고 할 때의 '폐廢' 자로 읽은 것이니, 또한 잘못되지 아니하였는가? '폐廢'는 마땅히 '형가荊軻[4]가 폐廢하다'고 할 때의 '폐廢'의 뜻처럼 읽어야 하니, 이 '폐廢' 자는 힘이 다하여 몸이 쓰러지는 것이다. [《左傳》定公 3년에 보면, 邾子[5]가 스스로 평상에서 뛰어내리다가 화로의 숯불에 떨어졌다. ○'廢'는 쓰러지고 떨어지는 것을 이른다.] 어찌 가다가 그만두는 정행停行을 말하겠는가?

【인증】《예기》〈중용〉: 군자가 도를 따라 행하다가 중도에서 쓰러지나니, 나는 능히 그렇게 할 수 없다. [鄭玄은 이르기를 "廢란 그만두는 것이다"라 하였다.]

○案 鄭注, 非也. 君子雖八十而死, 亦半塗而廢也. 半塗而廢者, 力盡氣竭, 身自崩頹而死也. 此是至死不已之至言, 其言惻怛激烈, 豈罷止之意乎?

引證 〈表記〉曰: "〈小雅〉曰, '高山仰止, 景行行止.' 子曰, '詩之好仁如此, 鄕道而行, 中道而廢, 忘身之老也. 不知年數之不足也. 俛焉日有孶孶, 斃而后已.'"

○鄭曰: "廢喩力極罷頓, 不能復行則止也."

○案 鄭注, 非也. 廢之爲字從广, 本是屋宇傾頹之名. 鄭氏每以罷止爲言, 豈不謬哉? 但〈表記〉·〈中庸〉, 皆以中道而廢喩人之嚮道而死, 《論語》以中道而廢喩力弱者之頹仆, 其言有大小也.

引證 揚[①]子曰: "百川學海而至于海, 丘陵學山而不至于山, 是故惡夫畫也."【〈學行〉篇】

---

① 揚: 新朝本에는 '楊'으로 되어 있으나 奎章本에 따라 바로잡는다.
6) 《詩經》〈小雅·車舝〉에 나오는 말인데, 높은 산과 같은 高德이 있으면 사람들이 그를 우러러보고, 大道를 걸어가는 것처럼 훌륭한 행실이 있으면 사람들이 그를 사모하여 이를 행한다는 뜻이다.

○살펴보건대, 정현의 주석은 잘못되었다. 군자가 비록 여든의 고령에 죽는다 하더라도 이는 또한 중도에서 쓰러지는 것이다. '반도이폐半塗而廢'란 힘이 다하고 기운이 다하여 몸이 스스로 쓰러져 죽는 것이다. 이 (반도이폐는) 죽음에 이르러도 그만두지 않는다는 지극한 말이다. 그 말이야말로 측달惻怛하고도 격렬한 것인데, 어찌 '폐廢'가 그만둔다는 뜻이겠는가?
【인증】《예기》〈표기〉:《시경詩經》〈소아小雅〉에 이르기를 "고산高山은 우러러보고, 경행景行은 이를 행하도다"[6)] 하였는데, 공자는 말하기를 "시詩가 인덕仁德을 좋아함이 이와 같다. 도道를 향해 가다가 중도에서 쓰러지는 사람은 몸이 노쇠老衰한 것도 잊어버리고, 죽음에 이를 남은 연령의 짧음도 깨닫지 못하며, 부지런히 날마다 인仁에 힘쓰다가 죽은 뒤에 그만둔다"고 하였다.

○정현: '폐廢'는 힘이 다하고 피로하여 다시 행할 수 없으면 그만두는 것이다.

○살펴보건대, 정현의 주석은 잘못되었다. 폐廢 자의 글자 되어 있는 것이 엄厂을 따른 글자이니, 이는 본래 집이 기울어 쓰러지는 것을 뜻하는 말이다. 정현은 매양 그만두는 것이라고 해석하니, 어찌 잘못되지 아니하겠는가? 다만《예기》의〈표기〉와〈중용〉의 글은 모두 '중도이폐中道而廢'로써 사람이 도를 향해 가다가 죽는 것에다 비유하였고,《논어》의 글은 '중도이폐'로써 힘이 약한 자가 쓰러지는 것에다 비유하였으니, 그 말에 대소大小의 차이가 있을 뿐이다.

【인증】양자: 모든 시냇물은 바다를 배워서 바다에 이르지만, 구릉丘陵은 산을 배워도 산에 이르지 못한다. 그러므로 (안 된다고) 그어서 한계를 만들어 버리는 것을 미워한다. [《法言》〈學行〉에 있다.]

雍也中

子謂子夏曰: "女爲君子儒, 無爲小人儒."

朱子曰: "儒, 學者之稱."【《周禮》〈冢宰〉云: "儒者, 以道得民."】
○孔曰: "君子爲儒, 將以明道; 小人爲儒, 則矜其名."【皇氏本作 '馬融曰'】
王草堂曰: "此大·小當以度量規模言."
○駁曰 非也. 儒者, 學道之人, 所習者詩·書·禮·樂·典章·法度. 然其習之也, 其心爲道則君子儒也, 其心爲名則小人儒也. 舊說雖若平常, 深得本旨.《集注》以義利公私別其同異, 亦殊明白, 豈但以大小言哉?

子游爲武城宰. 子曰: "女得人焉耳乎?" 曰: "有澹臺滅明者, 行不由徑, 非公事, 未嘗至於偃之室也."

包曰: "武城, 魯下邑."
○補曰 得人, 謂得賢者以爲丞佐也.【如今之鄕亭之職】

---

7) 大小: 君子와 小人을 가리킨 말.
1) 下邑: 國都(首都)를 上이라 하고 邑을 下라 하기 때문에, 國都에 對稱해서 일반 邑을 下邑이라 하기도 하고, 邊方의 邑을 下邑이라 하기도 한다.

공자가 자하子夏에게 말하기를 "너는 군자의 유儒가 되고, 소인의 유儒가 되지 말라."고 하였다.

○주자: '유儒'는 학자學者를 일컫는 말이다. [《周禮》〈冢宰〉에 "儒者는 道로써 백성을 얻는다"고 하였다.]
○공안국: 군자가 유儒가 되면 장차 도道를 밝히려고 할 것이며, 소인이 유儒가 되면 그 이름을 자랑하려고 할 것이다. [皇侃의 本에는 '孔曰'이 '馬融曰'이라고 되어 있다.]
○왕초당: 여기 '대소大小'[7]는 마땅히 도량과 규모로써 말한 것이다.
○반박: 아니다. 유자儒者는 도를 배우는 사람이니, 그 익히는 바의 대상이 시詩·서書·예禮·악樂·전장典章·법도法度이다. 그러나 그 익힘에 그 마음이 도道를 위하면 군자의 유儒이고, 그 마음이 명예를 위하면 소인의 유儒이다. 구설舊說은 비록 평범한 것 같으나 깊이 본뜻을 얻었고, 주자의 《집주集註》는 의리공사義理公私로써 그 같고 다른 것을 구별하여서 또한 그 뜻이 분명하게 드러나 있으니, 어찌 다만 대소大小로써만 말하겠는가?

자유子游가 무성武城의 읍재邑宰가 되었는데, 공자가 말하기를 "너는 사람을 얻었는가?" 하니, 그는 말하기를 "담대멸명澹臺滅明이라는 자가 있는데, 길을 갈 때 지름길로 가지 않고, 공사公事가 아니면 일찍이 저의 방에 오는 일이 없습니다." 하였다.

○포함: 무성은 노魯나라의 하읍下邑[1]이다.
○보충: '득인得人'은 어진 인재를 얻어서 승좌丞佐로 삼는 것을 이른다. [丞佐는 예를 들면 지금의 鄕亭의 직책과 같다.]

○孔曰: "焉·耳·乎, 皆辭." 【案, 記者形容夫子詞氣之緩】
○包曰: "澹臺, 姓. 滅明, 名. 字子羽."
○補曰 後爲孔子弟子. 【邢云: "《史記》云: '澹臺滅明, 武城人, 字子羽, 少孔子三十九歲.'"】
○補曰 行不由徑, 謂入公署由正路也. 【其朝謁不由微徑】公事, 公家之事, 【武城乃公邑, 不屬三家】牧民奉公是也. 偃之室, 如今之政堂.
邢曰: "行遵大道, 不由小徑."
○駁曰 非也. 大道迂回, 小徑直捷, 則卑賤徒行者, 不妨由徑. 此云不由徑者, 謂無私謁也. 【《祭義》云: "君子道而不徑." 〈伯夷傳〉云: "行不由徑."《家語》, 高柴云: "君子不徑." 皆從此經①出】
楊曰: "爲政以人才爲先."
○蔡淸曰: "聞爾爲宰於彼, 曾得有立心制行之好人否? 不必說爲政以人才爲先, 子游不是取滅明輔政."

---

① 經: 新朝本에는 '徑'으로 되어 있으나 奎章本에 따라 바로잡는다.
2) 《正義》6.
3) 同上.
4) 蔡淸, 《四書蒙引》에 나온다.

○공안국: '언이호焉耳乎'는 글자가 모두 어조사이다. [살펴보건대, 기록하는 자가 孔子의 詞氣가 느린 것을 형용한 것이다.]

○포함: 담대는 성姓이요, 멸명은 이름이며, 자字는 자우子羽이다.

○보충: 뒤에 와서 공자의 제자가 되었다. [邢昺은 이르기를 "《史記》에 '澹臺滅明은 武城 사람으로 字가 子羽이며, 孔子보다 39세가 적다'라 했다"고 하였다.²⁾]

○보충: '길을 갈 때 지름길로 가지 않는다(行不由徑)'란 관공서官公署에 들어갈 때는 정로正路를 통해 들어간다는 말이고, [朝謁할 때는 좁은 지름길을 통해 들어가지 않는다.] '공사公事'는 공가公家의 공적인 일이니, [武城은 公邑이며 三家에 소속된 邑이 아니다.] 목민봉공牧民奉公하는 것이 바로 이것이며, '언偃(子游의 이름)의 방(偃之室)'은 지금의 정당政堂과 같은 곳이다.

○형병: 길을 갈 때는 큰길을 따라 가고 작은 길을 통해서 가지 않는다.³⁾

○반박: 아니다. 큰길은 멀리 돌아가고 작은 길은 곧장 가로질러 가니, 신분이 낮은 처지로서 걸어가는 자는 지름길을 통해서 가도 무방하지만, 여기에 '지름길로 가지 않는다(不由徑)'는 것은 사사로이 알현謁見하지 않는다는 말이다. [《禮記》〈祭義〉에 "君子는 바른 길로 걸어가고 지름길로 걸어가지 않는다"고 하였고, 《史記》〈伯夷傳〉에 "걸어갈 때는 지름길로 가지 않는다"고 하였으며, 《孔子家語》에 高柴가 "君子는 지름길로 가지 않는다"고 하였으니, 여기에 말한 이것들은 모두 이 《論語》의 經文으로부터 나온 것이다.]

○양시: 정치를 하는 데에는 인재를 얻는 것이 최우선이다.

○채청: 네가 저 무성武城의 읍재邑宰가 되었다는 말을 듣고 일찍이 마음을 세우고 행실을 절제하는 좋은 사람을 얻었느냐 얻지 못했느냐고 물은 것은, 정치를 하는 데에 반드시 인재를 얻는 것이 최우선이라고 말한 것은 아니다. 자유子游는 담대멸명澹臺滅明을 얻어 정사를 보필하게 하지는 않았다.⁴⁾

○駁曰 非也. 非公事, 未嘗至於偃之室, 則與議公事也. 非輔政而何? 飮射讀法, 恐非公事.

王應麟曰:"孔門弟子, 惟言偃 吳人, 而澹臺滅明南游至江.《史記正義》'蘇州城②南五里有澹臺湖',〈儒林傳〉'澹臺子羽居楚'."

引證 哀八年《左傳》云:"吳伐魯, 子洩【即公山不狃】率, 故道險, 伐武城. 克之. 王犯【吳大夫】嘗爲之宰,【嘗奔魯爲武城宰】澹臺子羽之父好焉,【與王犯相好】國人懼."【恐其爲內應】

○案 澹臺子羽, 世居武城.

子曰:"孟之反不伐. 奔而殿, 將入門, 策其馬, 曰, '非敢後也, 馬不進也.'"

孔曰:"孟之反, 魯大夫孟之側."【杜預云:"之側, 孟氏族, 字反."】

---

② 城: 新朝本·奎章本에는 빠져 있으나《困學紀聞》卷7〈論語〉에 따라 바로잡는다.
5) 言偃: 言은 子游의 姓이요, 偃은 이름이며, 子游는 그의 字이다.
6)《史記正義》:《史記》에는 三家의 注가 있는데, 劉宋의 裴駰이 注한《史記集解》, 唐代 司馬貞의《史記索隱》, 張守節의《史記正義》가 있다.
7) 王應麟,《困學紀聞》卷7〈論語〉에 나온다.
8) 公山不狃: 春秋時代 魯나라 사람. 한때 季氏의 臣으로 費邑의 宰가 된 일이 있음.《論語》에는 公山不擾로 되어 있음.《左傳》의 哀公 8年條의 記事를 보면 이 시기에 잠시 吳나라에 亡命해 있었다.
1)《春秋左傳正義》卷第58 哀公 11年條 杜預의 注에 나온다.

○반박: 아니다. 공사公事가 아니면 일찍이 언偃(子游)의 방에 가는 일이 없었다면 그와 더불어 공사를 의논한 것이니, 정사를 보필한 것이 아니고 무엇이겠는가? 술을 마시고 활을 쏘고 글을 읽는 것은 아마도 공사公事가 아닐 것이다.

○왕응린: 공문孔門 제자에 오직 언언言偃[5]만이 오吳나라 사람인데, 담대멸명이 남쪽으로 유람을 가서 장강長江에 이르렀다.《사기정의史記正義》[6]에는 소주성蘇州城의 남쪽 5리에 담대호澹臺湖가 있다고 하였고,《사기》〈유림열전儒林列傳〉에는 담대자우澹臺子羽가 초楚나라에 살았다고 하였다.[7]

【인증】《좌전》애공 8년조: 오吳나라가 노魯나라를 칠 때, 자설子洩 [곧 公山不狃[8]이다.] 이 길을 안내하여 일부러 험한 길을 택해 갔으나 (오나라는) 무성武城을 쳐서 이겼다. 왕범王犯 [吳나라 大夫이다.] 이 일찍이 이곳에 읍재邑宰가 된 일이 있는데, [일찍이 魯나라에 도망을 와서 武城邑의 宰가 된 일이 있다.] 담대자우의 아비가 그를 좋아하여 [王犯과 서로 좋아하였다.] 나라 사람들이 두려워하였다. [그와 內應할까 두려워하였다.]

○살펴보건대, 담대자우는 대대로 무성에 살았다.

공자가 말하기를 "맹지반孟之反은 공을 자랑하지 않았다. 패하여 달아나면서 뒤에 쳐져 오다가, 장차 도성의 문을 들어가려고 할 때는 말을 채찍질하며 말하기를, '내가 감히 뒤에 쳐져 있으려고 한 것이 아니요, 말이 앞으로 나아가지 못했기 때문이다'라 했다."라고 하였다.

○공안국: 맹지반은 노魯나라 대부인 맹지측孟之側이다. [杜預는 이르기를 "之側은 (三桓氏 가운데) 孟氏의 族이며, 字가 反이다"[1] 라 하였다.]

○朱子曰: "伐, 誇功也."
○補曰 伐, 猶鳴也.【凡戰有鍾鼓曰伐, 故自鳴者謂之伐】
○朱子曰: "奔, 敗走也. 軍後曰殿. 策, 鞭也. 戰敗而還,【音旋】以後爲功, 反奔而殿, 故以此言自揜其功也."
《左傳》哀公十一年, 齊 國書帥師伐我, 孟孺子 洩帥右師, 冉求帥左師, 師及齊師, 戰于郊. 右師奔, 齊人從之. 孟之側後入以爲殿, 抽矢策其馬, 曰: "馬不進也."
○艾千子云: "當時用矛①而入, 三刻而踰者, 皆季氏也. 激而蒐乘, 五日而始從者, 皆孟氏也. 務人爲此泣也, 孺子爲此奔也, 則諸孟之心, 已可知矣. 反之言, 若不欲自同于季, 似重有尤者然; 若不欲立異于族, 似欲分謗者然."▶

---

① 矛: 新朝本·奎章本에는 '茅'로 되어 있으나《春秋左傳》哀公 11年에 따라 바로잡는다.
2) 國書: 春秋時代 齊나라 사람.
3) 孟孺子 洩: 春秋時代 魯나라 사람. 孟懿子의 아들 武伯彘이다.
4) 郊: 魯나라의 都城 바깥의 郊外를 말함.
5) 艾千子: 明代 江西 東鄕人. 名은 南英, 號는 天傭子, 千子는 그의 字. 7歲에〈竹林七賢論〉을 지을 정도로 學을 좋아하였으며 文名이 있었음. 官은 御史. 저서로는《天傭子·集》이 있다.
6) 公叔務人: 春秋時代 魯나라 사람. 昭公의 아들 公爲이다.
7) 당시에 창을 사용하여 … 후미에 처져 왔으니: 이 글에 대한 상세한 내용은《左傳》哀公 11년 조에 나타나 있다.

○주자: '벌伐'은 공功을 자랑하는 것이다.

○보충: '벌伐'은 울 명鳴 자의 뜻과 같다. [무릇 戰爭에는 鐘鼓의 소리가 있는데 이를 '伐'이라고 한다. 그러므로 스스로 우는 것을 두고 '伐'이라고 한다.]

○주자: '분奔'은 패하여 달아나는 것이다. 군대의 후미를 '전殿'이라 하고, '책策'은 채찍질하는 것이다. 싸움에 패하여 돌아올 때 후미에 처져 뒤에 오는 것을 공으로 삼는데, 맹지반孟之反이 도망하면서 처져서 뒤에 왔기 때문에 (말을 채찍질하며 말하기를, "내가 감히 뒤에 처져 있으려고 한 것이 아니요, 말이 나아가지 않았다"고 한) 이 말로써 스스로 그 공을 가린 것이다.

○《좌전》애공 11년조: 제齊나라 국서國書[2]가 군사를 거느리고 우리나라를 치려고 하였다. 맹유자孟儒子 설洩[3]은 우군右軍의 장수로서 우사右師를 거느리고, 염구冉求는 좌군左軍의 장수로서 좌사左師를 거느리고 가서 우리 군사와 제나라 군사가 교郊[4]에서 싸웠다. 그런데 우사가 패하여 도망가니 제나라 군사가 뒤쫓아 왔는데, 이때 우군의 맹지측孟之側이 도망가는 군사의 뒤에 들어오면서 전殿(군사의 후미)이 되어 (군사를 엄호하고 도성에 들어와서는) 화살을 뽑아 그 말을 채찍질하면서 말하기를, "말이 앞으로 나아가지 않았다"고 하였다.

○애천자:[5] 당시에 창을 사용하여 쳐들어가게 하고 (상벌에 대한) 약속을 세 번이나 하고 나서 개천을 넘게 한 것은 모두 계씨季氏이며, 격분하여 군사를 모아 닷새 만에 우사右師가 따르게 한 것은 모두 맹씨孟氏이다. 공숙무인公叔務人[6]은 이 일 때문에 울었고, 맹유자 설은 이 일 때문에 패하여 달아나는 군사를 엄호하면서 후미에 처져 왔으니,[7] 이러한 것을 볼 때 여러 맹씨孟氏들의 마음을 가히 알 만하다. 맹지반孟之反의 말이 만약 스스로 계씨季氏와 같게 하려고 하지 않았다면 자기에게 돌아오는 허물이 무거울 것 같고, 만약 맹씨孟氏의 일가들에게 그 입장을 달리하려고 하지 않았다면 자기에 대한 비방을 남에게 전가시키려고 한 것처럼 되었을 것이다.▶

雍也中

◀夫子目擊時艱, 推原魯事, 若曰, '人人如反之不爭也, 何憂魯哉?' 不然, 奔也殿也, 功罪半也, 何以稱也?"

子曰: "不有祝鮀之佞, 而有宋朝之美, 難乎免於今之世矣."

朱子曰: "祝, 宗廟之官."【下篇云: "祝鮀治宗廟."】
○孔曰: "祝鮀, 衛大夫子魚."【子魚於皐鼬之盟, 乃長衛侯. 事見定四年】
○補曰 佞, 辯慧如婦人也.
○朱子曰: "宋朝, 宋公子, 有美色.【定十四年《左傳》云: "衛侯爲夫人南子, 召宋朝." 杜注云: "南子, 宋女也. 朝, 宋公子, 舊通於南子."】哀世好諛悅色, 非此難免, 蓋傷之也."
○補曰 而有, 猶言或有也.【一不字, 冠兩有字】難乎免, 謂易罹於殃咎也.

---

1) 下篇: 《論語》〈憲問〉편을 가리킨다.
2) 皐鼬: 지금의 河南省 臨潁 부근.
3) 《正義》6.

◀공자孔子는 당시의 어려움을 목격하고 노魯나라의 당시 일을 미루어 더듬어 보고서, "사람들이 만약에 맹지반처럼 다투지 않았다면 어찌 노나라를 근심하였겠는가?"라고 한 듯하다. 그렇지 않고서야 달아날 때 맨 뒤에서 엄호하며 오는 것은 공과 죄가 반반인데, 그를 어찌 칭찬할 수 있겠는가?

공자는 말하기를 "축관祝官인 타鮀의 말재주와 송宋나라의 조朝와 같은 미모를 갖고 있지 않으면, 지금의 세상에서 재앙을 면하기 어렵다."고 하였다.

雍也中

○주자: '축祝'은 종묘宗廟의 관원이다. [下篇¹⁾에 이르기를 "祝鮀는 宗廟를 다스린다"고 하였다.]
○공안국: 축타祝鮀는 위衛나라 대부인 자어子魚이다. [子魚가 皐鼬²⁾의 盟約에서 自國의 衛나라 諸侯를 蔡나라 앞에 있게 하였다. 그 사실은 《左傳》定公 4年條에 나타나 있다.]
○보충: '영佞'은 부인들처럼 말솜씨가 교巧한 것이다.
○주자: 송조宋朝는 송나라 공자公子로서 미색이 있었다. [《左傳》定公 14년조에 이르기를 "衛侯는 부인 南子를 위하여 宋나라의 朝를 불러들였다"고 했다. 杜預의 注에는 "南子는 송나라의 여인이며 朝는 송나라 公子인데, 예전에 南子와 간통했다"고 하였다.³⁾] 쇠퇴한 세상에서는 아첨을 좋아하고 미색을 기뻐하여, 이것이 아니면 재난을 면하기 어렵다는 말이니, 이는 대개 (당시 세상에 대해) 이를 상심한 것이다.
○보충: '이유而有'는 '혹유或有'라고 하는 것과 같고, [하나의 不 字가 양쪽 有 字의 앞에 관련되어 있기 때문이다.] '난호면難乎免'은 재앙에 걸리기 쉽다는 말이다.

孔曰: "當如祝鮀之佞, 而反如宋 朝之美, 難免於今之世害." 【邢云: "若無祝鮀之佞, 而反有宋 朝之美, 難免於今之世害."】

○駁曰 非也. 苟如是也, 孔子之言, 爲慕祝鮀之口給, 而哀宋 朝之柱羅也, 豈當於理乎? 經文 '而有' 二字, 或似衍文, 故穿鑿至此. 然 '而有' 者, 或有也. 孔子蓋云: "今人若不能素有祝鮀之佞, 或有宋 朝之美, 則難免殃咎也." 又何疑焉?

毛曰: "此寓言也. 言無希世之資, 而徒抱美質, 以游于人, 鮮有不爲世害者. 以佞比阿世, 以美比賢質."

○駁曰 非也. 以此怪談欲攻朱子, 難矣.

金曰: "而有 '而' 字, 猶 '與' 字. 古書① 兩事相兼者, 以 '而' 字中遞之."
○案 此說亦通.

子曰: "誰能出不由戶? 何莫由斯道也?"

---

① 書: 新朝本·奎章本에는 '者'로 되어 있으나《論語集註考證》卷3에 따라 바로잡는다.
4)《正義》6.
5) 毛奇齡,《論語稽求篇》〈不有祝鮀節〉에 나온다.
6) 金履祥,《論語集註考證》卷3 13b에 나온다.

○공안국: 마땅히 축타祝鮀 같은 말솜씨가 있어야 하는데, 도리어 송나라의 조朝 같은 미색이 있다면 지금의 세상에서 해를 면하기가 어렵다. [邢昺은 이르기를 "만약 祝鮀의 말솜씨가 없고 도리어 宋나라 朝의 美色이 있다면 지금의 세상에서 해를 면하기가 어려울 것이다"⁴⁾라고 하였다.]
○반박: 아니다. 진실로 이와 같은 뜻이라면, 공자의 말은 축타의 말솜씨 있는 것을 사모하고 송나라 조朝의 억울하게 재앙에 걸린 것을 슬퍼하는 것이니, 어찌 이치에 합당하겠는가? 경문經文에 나온 '이유而有' 두 자는 혹 연문衍文인 듯하기 때문에 천착穿鑿하는 것이 여기에까지 이르렀다. 그러나 '이유而有'란 '혹유或有'라는 말이다. 공자는 대개 "지금 사람이 축타의 말솜씨와 혹 송나라 조의 미색이 있지 않다면 재앙을 면하기 어렵다"고 한 것이니, 여기에 또 무슨 의심할 것이 있겠는가?
○모기령: 이것은 우언寓言이다. 세상에 보기 드문 그런 자질은 없으면서 한갓 미모의 바탕만 품고 사람들과 놀면 세상에 해가 되지 아니함이 드물다는 것을 말함이다. 말솜씨가 교한 것을 세상에 아부하는 것에다 비유하고, 얼굴이 미모인 것을 좋은 바탕에다 비유하였다.⁵⁾

○반박: 아니다. 이러한 괴담怪談을 가지고 주자朱子를 공격하려고 하니 곤란한 일이다.

○김인산: '이유而有'라 할 때 여기의 '이而'는 '여與'와 뜻이 같다. 고서古書에서는 두 일이 서로 겸하고 있는 것은 '이而' 자를 그 가운데 넣는다.⁶⁾
○살펴보건대, 이 설도 또한 통한다.

공자는 말하기를 "누가 능히 지게문을 통하지 않고 밖으로 나갈 수 있겠는가? (그런데) 어찌하여 이 도道를 통해 가지 아니하는가?"라고 하였다.

補曰 古者室制, 西北全塞.【皆土墉】南牖以納明,【穿壁而安牕, 不可出入】惟東有戶.【當東壁之南】以通出入, 自室而出者, 惟此一路而已.

○補曰 天命之謂性, 率性之謂道.【〈中庸〉文】自生至死, 所由行也.

○補曰 何莫者, 焦燥之辭, 如識路者, 憂人之陷澤也.

孔曰:"言人立身成功當由道."

○駁曰 非也. 漢儒不知道, 習章句以取功名而已, 故其言如此.

引證 〈禮器〉曰:"未有入室而不由戶者."

○보충: 옛날에는 방의 구조가 서북은 모두 막고, [모두 흙담이다.] 남쪽 창으로 밝은 햇빛을 받아들이며, [벽을 뚫어 창을 만들었으나 사람이 출입할 수는 없다.] 오직 동쪽에만 지게문이 있어 [동쪽 벽의 남쪽에 해당한다.] 이를 통해 사람이 출입하였으니, 방에서 나오는 것은 오직 이 한 길뿐이다.

○보충: 하늘이 명한 것을 성性이라 하고, 성을 따르는 것을 도道라 한다. [《禮記》〈中庸〉의 글이다.] (이 도는) 태어나서부터 죽을 때까지 말미암아 행할 바이다.

○보충: '어찌하여 ~아니하는가(何莫)'란 초조하게 애가 탄다는 말인데, 예를 들면 길을 아는 자가 (길을 모르는) 다른 사람이 연못에 빠질까 근심하는 모습을 형용한 것이다.

○공안국: 사람이 입신立身하여 성공하려면 마땅히 도道를 말미암아야 한다.

○반박: 아니다. 한유漢儒들은 도를 알지 못하고 장구章句를 익혀서 공명功名만 취하였을 뿐이다. 그러므로 그 말이 이와 같다.

【인증】《예기》〈예기〉: 방에 들어갈 때에는 지게문을 통하지 않고 들어가는 자가 없다.

雍也 (下)

子曰: "質勝文則野, 文勝質則史. 文·質彬彬, 然後君子."

補曰 質, 謂本之以德行;【忠信之人可學禮】文, 謂飾之以禮樂.【學先王之道】
○包曰: "野如野人, 言鄙略也."
○補曰 史掌文書.《周禮》〈序官〉云: "胥幾人, 史幾人."【鄭云: "史掌書."】
○朱子曰: "彬彬猶班班, 物相雜而均適之貌."
輔曰: "史如周官大史·小史之屬."
○駁曰 非也. 大史·小史, 不但掌文書而已.【大史下大夫】周官三百, 各有胥史, 史之爲職, 但知謄傳, 故常全無義理, 所以賤也.〈郊特牲〉曰: "失其義, 陳其數, 祝史之事也." 然太史·小史, 職事猶廣, 又未必失其義也.

---

1)《周禮》〈天官·冢宰〉의 設官分職에 기록되어 있는 말이다.
2)《論語集註大全》卷6〈雍也〉제6 小註에 나온다.

옹야 (하)

공자는 말하기를 "질質이 문文을 이기면 야인野人처럼 촌스럽고, 문文이 질質을 이기면 사史처럼 번지레하니, 문과 질이 알맞게 어우러진 뒤에라야 군자이다."라 하였다.

○보충: '질質'은 덕행으로써 근본을 삼는 것을 이르고, [바탕이 충성스럽고 신실한 사람은 禮를 배울 수 있다.] '문文'은 예악禮樂으로써 꾸미는 것을 이른다. [先王의 道를 배우는 것이다.]
○포함: '야野'는 야인野人이니, 촌스럽고 투박함을 말한다.
○보충: '사史'는 문서를 관장하는 관리이다. 《주례周禮》에 관직의 서열을 설치하여 이르기를 "서胥는 몇 명, 사史는 몇 명이다"[1]라 하였다. [鄭玄은 "史는 文書를 관장한다"고 하였다.]
○주자: '빈빈彬彬'은 반반班班과 같은 뜻이니, 물건이 서로 섞여 고루 어우러져 적당한 모양이다.
○보광: '사史'는 《주례》에 나오는 주관周官의 태사大史와 소사小史 같은 것 등에 속하는 것이다.[2]
○반박: 아니다. 태사와 소사는 문서를 관장할 뿐만은 아니다. [大史는 下大夫이다.] 주관周官의 삼백 관직 가운데 그 속관으로 각각 서胥와 사史가 있는데, 사史의 직책은 다만 등사謄寫하고 전초傳鈔하는 것만 알기 때문에 그들에게는 항상 전혀 의리義理라는 것이 없으니 신분이 천해진 것이다. 《예기》〈교특생郊特牲〉에 이르기를 "그 (존중해야 할) 의리義理를 잃어버리고 그 (형식적인) 숫자만 진열하는 것은 축사祝史의 일이다"라 하였다. 그러나 태사와 소사는 그 직책의 일이 오히려 넓고, 또 반드시 그 의리를 잃지 아니한다.

輔曰: "野猶近本, 史則徇末矣."

○毛遂齋曰: "文·質不是本·末. 若是本末, 則商尚本, 周尚末, 必無是理."

○駁曰 非也. 夏·殷·周忠·質·文, 本是漢儒讖緯雜說. 孔子之所不言, 孟子之所不道. 二千年來, 儒者蒙此大瞶, 不知解脫, 將何以議文·質乎? 誠若殷人尚質, 是質勝文而野也; 又若周人尚文, 是文勝質而史也. 即此一言, 都把禹·湯·文·武·伊尹·周公, 皆作野人·胥·史, 豈儒者之所屑言者乎? 聖人欲曉後學, 分言文·質, 苟非其質, 文無所施, 故所先者質, 非謂徒質可以爲成人也. 以一身則徒質無文者, 不免爲野人; 在一國則徒質無文者, 不免爲仁夷. 然文者待質而成, 若本無質, 仍亦無文, 旣名爲文, 其本有質可知也.▶

---

3) 《論語集註大全》卷6〈雍也〉제6 小註에 나온다.
4) 毛遂齋: 毛奇齡의 아들. 앞에 나왔음.
5) 仁夷: 마음이 어진 夷族을 뜻하는 듯하나 未詳.

○보광: 야野는 오히려 (본말本末이라고 할 때의) 본本에 가깝고, 사史는 말末을 따른다.³⁾

○모술재:⁴⁾ 문文과 질質은 본本과 말末이 아니다. 만약 이것이 본과 말이라면, 상商나라는 본을 숭상하고 주周나라는 말을 숭상한 것이 되니, 반드시 이럴 리가 없다.

○반박: 아니다. 하夏나라는 충忠을 숭상하고, 은殷나라는 질質을 숭상하고, 주나라는 문文을 숭상하였다는 것은 본시 한유漢儒들의 참위讖緯에서 온 잡설이니, 공자가 말하지 아니한 바이며 맹자도 말하지 아니한 바이다. 그러나 2000년을 내려오면서 유자儒者들은 이 큰 폐단에 피해를 입어 이에서 벗어날 줄 모르니, 장차 어떻게 문질文質을 의논할 수 있겠는가? 진실로 만약 은나라 사람들이 질質을 숭상하였다면, 이는 질이 문을 이겨 야인野人처럼 촌스러워지고, 또 만약 주나라 사람들이 문文을 숭상하였다면 이는 문이 질을 이겨 사史처럼 번지레해지는 격이다. 이 한마디 말에 관련짓는다면 우禹·탕湯·문文·무武·이윤伊尹·주공周公을 모두 야인野人과 서서胥·사사史로 만드는 것이니, 어찌 유자儒者로서 가벼이 함부로 말할 수 있겠는가? 성인聖人(孔子를 가리킴)이 후학後學을 가르치고자 하여 문질文質을 나누어 말한 것이다. 진실로 그 질質이 아니면 문文은 베풀 바가 없기 때문에 먼저 할 것이 질質이다. 그러나 한갓 질만으로 성인成人이 될 수 있음을 말하는 것은 아니다. 사람의 한 몸으로써 말하자면 한갓 질質만 있고 문文이 없는 자는 야인野人이 됨을 면하지 못하고, 한 나라에서 보면 한갓 질만 있고 문이 없는 나라는 인이仁夷⁵⁾가 됨을 면하지 못한다. 그러나 문文이란 질質을 기다린 뒤에 이루어지는 것이니, 만약 본래 질이 없다면 따라서 또한 문도 없다. 이미 문文이라고 명칭을 한다면 그 바탕에는 질質이 있음을 알 수 있다. ▶

◀比之畫然, 雖無丹碧, 猶有絹本. 若本無絹, 何有丹碧? 徒丹徒碧, 不名爲文, 何則? 不斑斑故也. 由是觀之, 周旣有文, 驗其有質. 惟殷亦然, 特其文采不能盡美. 故孔子每取周文, 非謂殷人以不尚文自命也. 文盛則爲文·武·成·康, 文衰則爲幽·厲·平·桓. 今之陋儒, 每云周末文勝, 不亦謬乎? 誠若周末文勝, 周其再昌矣. 文之爲物, 盛於西周, 衰於東周, 滅於秦, 熄於漢, 冷於唐, 惟其文滅也. 故德教·禮樂·典章·法度, 不可復興, 而君不君臣不臣父不父子不子, 郊不郊禘不禘, 祖不祖宗不宗, 陵夷晦盲, 不可復尋, 是則文亡之故質亦亡也. 古者欲成其文者, 宜先務其質, 今也則不然, 欲反其質者, 宜先修其文.▶

◂이것을 그림 같은 것에 비유한다면, 비록 붉고 푸른 채색을 하지 않았더라도 오히려 견絹(명주 비단)의 바탕은 있는 것과 같으니, 만약 바탕으로 견絹이 없다면 어떻게 붉고 푸른 채색을 할 수 있겠는가? 한갓 붉고 푸르게 채색하는 것만으로는 문文이라고 명칭을 붙일 수 없는 것은 무엇 때문인가? 이는 (견絹의 바탕과 채색이) 반반班班하게 고루 어우러져 있지 않기 때문이다. 이러한 것을 통해 살펴보건대, 주나라에 이미 문文이 있음은 거기에 질質이 있음을 징험하는 것이고, 오직 은殷나라도 또한 그러하나 다만 은나라는 그 문채文采가 아름다움을 능히 다하지 못하였기 때문에 공자가 매양 주나라의 문文을 취한 것이며, 은나라 사람들이 문文을 숭상하지 않았다고 스스로 판단하여 말한 것은 아니다. 문文이 흥성하면 문왕文王·무왕武王·성왕成王·강왕康王처럼 성군聖君이 되고, 문이 쇠퇴하면 유왕幽王·여왕厲王·평왕平王·난왕赧王처럼 혼군昏君이 되는 것이다. 지금의 비루한 선비들은 매양 이르기를 "주나라의 말엽에는 문文이 이겼다"고 하니, 이 또한 잘못이 아니겠는가? 진실로 만약 주나라 말엽에 문文이 이겼으면, 주나라는 다시 창성하였을 것이다. 문文이라고 하는 이것은 서주西周에서 흥성하였으나 동주東周에서 쇠퇴하고, 진秦나라 때 멸망하였으며, 한漢나라 때에는 불이 꺼지듯 꺼지고, 당唐나라 때에는 사그라졌다. 오직 그 문文이 멸망하였기 때문에 덕교德敎·예악禮樂·전장典章·법도法度가 다시 흥성할 수 없어, 임금은 임금답지 못하고, 신하는 신하답지 못하고, 아비는 아비답지 못하고, 자식은 자식답지 못하고, 교체郊禘의 제사는 교체郊禘답지 못하고, 조종祖宗의 종통宗統은 조종祖宗답지 못하게 되어, 질서가 무너지고 도리가 어두워져 다시는 이를 회복하여 찾을 수가 없었으니, 이는 곧 문文이 망하였기 때문에 질質도 또한 망한 것이다. 옛날에는 그 문文을 이루고자 하면 마땅히 먼저 그 질質에 힘써야 했으나 지금에는 그렇지 아니하고, 그 질質을 돌이키고자 하면 마땅히 먼저 그 문文을 닦아야 한다.▸

雍也下

◁何者? 先王之道不明, 卒無以反乎質也. 其勢之相乘相滅如此, 而儒者一開口, 輒以抑文爲主, 豈所謂識時務者乎? 凡言殷尚質周尚文者, 皆蒙蔀之不撥者也.【其說本由於〈表記〉之誤讀】

引證〈表記〉, 子曰: "虞·夏之質, 殷·周之文, 至矣. 虞·夏之文, 不勝其質; 殷·周之質, 不勝其文."

○案 漢儒文·質之說, 其千枝萬葉, 皆以〈表記〉爲根氐. 然文不勝質, 則其文·質彬彬然也; 質不勝文, 則其文·質彬彬然也. 文不勝質, 非質勝文也;【勝者, 一克而一負也; 不勝者, 相敵而止】質不勝文, 非文勝質也. 孔子嘗言堯之爲君, 煥乎其有文章, 則虞者文盛之時也. 孔子嘗言殷已慤, 則殷者質厚之時也. 煥乎有文而卒無以克其質, 則其文·質彬彬然也; 純乎其慤而卒無以蔽其文, 則文質彬彬然也. 孔子通執四代, 並以爲文質彬彬, 特其中有氣味之不同, 故虞·夏以質見稱, 殷·周以文見稱而已.▷

---

6) 《論語》〈泰伯〉편에 나온다.
7) 《禮記》〈檀弓〉下에 나온다.

◀이는 무엇 때문인가 하면, 선왕先王의 도道에 밝지 못하면 마침내 그 질質을 돌이킬 수 없기 때문이다. 그 형세의 상승相乘 상멸相滅하는 것이 이와 같은데도 유자儒者들은 한 번 입만 열었다 하면 문득 문文을 억누르는 것을 주로 삼으니, 어찌 이른바 시무時務를 아는 사람이라고 하겠는가? 무릇 "은나라는 질質을 숭상하고, 주나라는 문文을 숭상하였다"고 말하는 자들은, 모두 이러한 병폐의 덮개를 뒤집어쓰고 벗지 못한 자들이다. [그러한 말들은 본래 《禮記》〈表記〉편의 글을 잘못 읽은 데에서 연유한 것이다.]

【인증】《예기》〈표기〉: 공자가 말하기를 "우虞·하夏의 질質과 은殷·주周의 문文은 지극한 것이다. 우·하의 문은 그 질을 이기지 못하고, 은·주의 질은 그 문을 이기지 못한다"고 하였다.

○살펴보건대, 한유漢儒들의 문질설文質說은 그것이 천 갈래 만 갈래이지만, 모두 《예기》〈표기表記〉에 근거하고 있다. 그러나 문이 질을 이기지 못하는 것은 곧 문질文質이 빈빈彬彬한 것이며, 질이 문을 이기지 못하는 것도 곧 문질이 빈빈한 것이다. 문이 질을 이기지 못한다는 것은 질이 문을 이긴다는 것이 아니며, [이긴다는 것은 한 사람은 이기고 한 사람은 진다는 것이며, 이기지 못한다는 것은 서로 대적이 되고 마는 것이다.] 질이 문을 이기지 못한다는 것은 문이 질을 이긴다는 것이 아니다. 공자는 일찍이 "요堯의 임금됨이여! 찬란하다 문文의 빛남이 있구나"[6]라고 하였으니, 우虞나라는 문文이 성하던 때이다. 공자는 또 일찍이 "은나라는 너무 질박하다"[7]라고 하였으니, 은나라는 질이 후박하던 때이다. 찬란하게 문文이 있어도 마침내 그 질質을 이길 수 없으면 그것은 문질이 빈빈한 것이며, 순일純一하게 질박하여도 마침내 그 문文을 가릴 수 없으면 그것은 문질이 빈빈한 것이다. 공자는 사대四代를 통틀어서 모두 문질이 빈빈하다고 하였으며, 다만 그 가운데 기미氣味가 같지 않음이 있기 때문에 우虞·하夏는 질로써 일컫고, 은殷·주周는 문으로써 일컬었을 뿐이다.▶

雍也下

◀然且殷·周之文, 孔子並稱, 則所謂殷尚質周尚文者, 漢儒之自撰也. 總之曰質曰文, 皆後世之人執其成效而評之者, 豈有立國之初, 先以尚文自命, 或以尚質爲法者乎?
○又案〈表記〉上文云: "虞·夏之道, 寡怨於民; 殷·周之道, 不勝其敝." 此以鬼神之瀆與不瀆言之, 與文質無涉.

子曰: "人之生也直, 罔之生也, 幸而免."

補曰 罔, 欺也, 誣也.【孟子云: "難罔以非其道."】人之所以胥匡以生者, 直道而已.【子曰: "斯民也①, 三代之所以直道而行也."】其或誣罔以得生者, 倖而免禍也. 時有人坐獄訟, 以誣罔得生者, 人皆與之. 孔子明其不然.

---

① 也: 新朝本·奎章本에는 '者'로 되어 있으나《論語》〈雍也〉의 經文에 따라 바로잡는다.
1)《孟子》〈萬章〉上에 나온다.
2)《論語》〈衛靈公〉편에 나온다.

◀그러나 또 은·주를 문으로써 공자가 아울러 일컬었으니, 이른바 "은殷은 질을 숭상하고 주周는 문을 숭상한다"고 하는 것은 한유의 조작이다. 이를 종합하면, 질質이니 문文이니 하는 것은 모두 후세 사람들이 그 시기의 성효成效에 집착해서 평가한 것이니, 어찌 나라를 세우는 처음에 먼저 문文을 숭상하는 것으로써 스스로 명명해 버리겠는가? 아니면 질質을 숭상하는 것으로써 법을 삼아 버리겠는가?

○또 살펴보건대, 《예기》〈표기表記〉편의 윗글에 이르기를 "우虞·하夏의 도는 백성들에게 원망이 적었고, 은殷·주周의 도는 그 폐단을 견디지 못하였다"고 하였는데, 이는 귀신을 모독하고 모독하지 않는 것으로써 말한 것이지 문질文質과는 아무 관련이 없다.

공자는 말하기를 "사람이 살아갈 때는 곧게 사는 것이니, (곧지 않고) 속이면서 살아가는 것은 요행히 화禍를 면하는 것이다." 라 하였다.

○보충: '망罔'은 속인다는 뜻으로, 기欺나 무誣와 같다. [孟子는 이르기를 "그 道가 아닌 것으로써 속이기는 어렵다"¹⁾고 하였다.] 사람으로서 서로 바로잡아 주면서 살아가는 이유는 도道를 곧게 하기 위함이니, [孔子는 말하기를 "이 백성들은 三代 以來 곧은 道로써 행해 온 이들이다"²⁾고 하였다.] 그 가운데 혹 속이면서 살아가는 자는 요행히 화禍를 면하는 것이다. 당시 어떤 한 사람이 죄에 걸려 옥송獄訟에서 속임수로써 살아난 자가 있었는데, 이때 사람들은 모두 그를 이해하였으나 공자는 그것이 그렇지 않다는 것을 밝힌 것이다.

雍也下

○案〈中庸〉曰: "君子居易以俟命, 小人行險而徼幸." 居易者直也, 行險者罔也."
馬曰: "人所生於世而自終者, 以其正直."【邢云: "人自壽終, 不橫夭者, 以其正直."】
○駁曰 非也. 壽夭非所論也.
韓曰: "直, 讀作德."【見《筆解》】
○駁曰 非也.

子曰: "知之者不如好之者, 好之者不如樂之者."

補曰 知者聞而識其善也, 好者行而悅其味也, 樂者得而享其充也.
○張南軒云: "知者知其可食者也, 好者食而嗜之者也, 樂者嗜之而飽者也."

子曰: "中人以上, 可以語上也; 中人以下, 不可以語上也."

---

3)《正義》6.
4) 韓愈가 '直'을 '德'의 誤字로 보는 것은 德의 古字가 悳인데, 아래의 心을 빼고 直으로 잘못 傳寫했다는 이론이다.
5)《論語筆解》上〈雍也〉제6에 나온다.

○살펴보건대, 〈중용中庸〉에 말하기를 "군자는 평이平易함에 처하여 천명天命을 기다리고, 소인은 위험한 것을 행하여 요행을 바란다"고 하였으니, 여기 평이함에 처한다는 것은 곧은 것이며, 위험한 것을 행한다는 것은 속이는 것이다.
○마융: 사람이 세상에 태어나서 스스로 그 삶을 제대로 마칠 수 있는 것은 정직하기 때문이다. [邢昺은 이르기를 "사람이 스스로 壽를 하여 삶을 마치고 橫夭하지 않는 이는 정직하기 때문이다"³⁾고 하였다.]
○반박: 아니다. 여기에서는 장수하고 요절하는 것을 논할 바가 아니다.
○한유: '직直'은 덕德 자로 만들어 읽어야 한다.⁴⁾ [《論語筆解》에 보인다.⁵⁾]
○반박: 아니다.

공자는 말하기를 "도를 아는 자는 좋아하는 자만 같지 못하고, 좋아하는 자는 즐기는 자만 같지 못하다." 하였다.

○보충: 안다는 것은 듣고 그 착함을 아는 것이고, 좋아한다는 것은 행하여 그 맛을 기뻐하는 것이며, 즐긴다는 것은 얻어서 그 만족함을 누리는 것이다.
○장남헌: 안다는 것은 그 먹을 만함을 아는 것이고, 좋아한다는 것은 먹어서 즐기는 것이며, 즐긴다는 것은 즐겨 먹고 배부른 것이다.

공자는 말하기를 "중등 이상의 사람에게는 높은 도리를 말해줄 수 있고, 중등 이하의 사람에게는 높은 도리를 말해줄 수 없다."고 하였다.

雍也下

朱子曰: "語, 告也." 【教人當隨其高下告語之】

○王曰: "上, 謂上知之所知也.【釋'語上'之上】兩舉中人, 以其可上可下."

○邢曰: "人之才識, 凡有九等. 上上則聖人也, 下下則愚人也, 皆不可移也. 其上中以下, 下中①以上, 是可教之人也. 中人, 謂第五中中之人也. 以上, 謂上中·上下·中上之人也, 以其才識優長, 故可以告語上知之所知也. 中人以下, 謂中下·下上·下中之人也, 以其才識暗劣, 故不可以告語上知之所知也. 言此中人, 若才性稍優, 則可以語上; 才性稍劣, 則不可以語上, 是其可上可下也."

饒曰: "中人以下, 非是終不可以語上. 且使之切問近思, 由下以進於中, 則亦漸可以語上矣."

○案 不設九等, 則只是三等. 若只三等, 即此中人不可聞道, 亦可聞道, 豈可以兩用之乎?▶

---

① 下中: 新朝本·奎章本에는 '中上'으로 되어 있으나 《論語注疏》 卷6 〈雍也〉에 따라 바로잡는다.
1) 《論語集註》 〈雍也〉에 나오는 朱子의 말이다.
2) 《正義》 6.
3) 《論語集註大全》 卷6 〈雍也〉 제6 小註에 나온다.

○주자: '어語'는 말해주는 것이다. [사람을 가르칠 때는 마땅히 그 수준의 고하에 따라 말해주어야 한다.[1]]

○왕숙: '상上'은 상지上知의 사람이 알고 있는 바를 말한다. ['語上'이라고 한 것에서 '上' 字를 해석한 것이다.] 두 번이나 중인中人을 든 것은 (중인은) 상등 上等으로 향상할 수도 있고 하등으로 격하할 수도 있기 때문이다.

○형병: 사람의 재주와 식견은 대체로 9등분이 있다. 상上의 상上은 성인 聖人이고, 하下의 하下는 우인愚人이니, 이는 모두 옮길 수 없는 사람이다. 상上의 중中 이하에서 하下의 중中 이상은 가르칠 수 있는 사람이다. 중인 中人은 제5등에 해당하는 중中의 중中 사람이며, 중인中人 이상은 상중上中·상하上下·중상中上의 사람이다. 이들은 재주와 식견이 우수하고 넉넉하기 때문에 상지上知의 사람이 알고 있는 바를 말해줄 수 있다. 그러나 중인中 人 이하는 중하中下·하상下上·하중下中의 사람을 말하는데, 이들은 그 재주와 식견이 어둡고 모자라기 때문에 상지上知의 사람이 알고 있는 바를 말해줄 수 없다. 여기에 중인을 말한 것은 만약 (중인의) 재성才性이 조금 우수하면 상지上知의 사람이 알고 있는 바를 말해줄 수 있고, 재성이 조금 열등하면 상지의 사람이 알고 있는 바를 말해줄 수 없으니, 이것이 상등으로 향상할 수도 있고 하등으로 격하할 수도 있다는 것이다.[2]

○요쌍봉: 중인中人 이하는 끝내 상上을 말해줄 수 없는 것이 아니다. 장차 그들로 하여금 절실하게 묻고 자기 자신에 가까운 것을 생각하여 하下로부터 중中으로 향상하면 또한 점차 상上을 말해줄 수 있다.[3]

○살펴보건대, 9등으로 나누어 놓지 않으면 다만 3등으로 나누는 것뿐이다. 만약 다만 3등으로만 나누어 놓으면 곧 이 중인은 도를 듣지 못할 수도 있고 또한 도를 들을 수도 있는 위치이니, 어찌 양쪽으로 중인을 쓸 수 있겠는가?▶

雍也下

◀若云'除了中人, 取其上下', 則以上語上, 相爲平等, 又不可曰以聖而敎凡也. 邢氏九等之說, 精懿詳明, 深中經旨, 不可易也. 皐陶設九德之科, 則唐·虞以九等選人矣. 醫師著差祿之法, 則周人以九等考績矣. 班固之〈古今人表〉, 非其所刱, 則夫子所稱中人, 爲九等之第五等無疑.

引證 東方朔〈非有先生論〉, 吳王曰: "何爲其然也? 中人以上, 可以語上也. 先生試言, 寡人將聽焉."

樊遲問知. 子曰: "務民之義, 敬鬼神而遠之, 可謂知矣." 問仁. 曰: "仁者先難而後獲, 可謂仁矣." 【知·遠, 皆去聲】

補曰 爲善去惡曰義. 【制其宜以善我】 務, 專力也.
○包曰: "敬鬼神而不黷."

---

4) 皐陶: 전설적 인물로 舜의 臣.
5) 九德:《尙書》〈皐陶謨〉에 나오는 아홉 가지 德. 곧 寬而栗·柔而立·愿而恭·亂而敬·擾而毅·直而溫·簡而廉·剛而塞·彊而義이다.
6) 醫師:《周禮》〈天官〉에 나오는 官名.
7) 班固: 32~92. 後漢의 經學家. 扶風 安陵人. 字는 孟堅. 官은 蘭臺令史·郞官 등을 지냄. 章帝 때 王命으로《白虎通義》의 편찬을 주도하였는데, 이 책은 諸儒들과 함께 五經의 異同을 논한 결과를 기록한 것이다. 저술로는《白虎通德論》·《漢書》등이 있음.
8)〈古今人表〉:《漢書》의 卷20인〈古今人表〉인데, 여기에 사람을 9등분하여 上上(聖人)·上中(仁人)·上下(智人)·中上·中中·中下·下上·下中·下下(愚人)로 해 놓았다.
9) 東方朔: B.C. 161~B.C. 94?. 前漢 齊人. 名은 朔, 字는 曼倩. 武帝 때 文章으로 발탁되어 官이 太中大夫·給事中에 이름. 저술로는 문학작품으로〈答客難〉·〈非有先生論〉이 있다.
10)〈非有先生論〉: '非有'는 있는 것이 아니라는 뜻인데, 현실에는 존재하지 않는 인물을 假想하여 이 사람을 吳나라에 出仕한 인물로 만들어 놓고는 이를 토대로 하여 君臣 사이에 있어야 할 道를 論한 글이다.
11)《漢書》卷65〈東方朔傳〉과《文選》卷第51〈論〉1에 나온다.
1) '知'가 去聲이면 智慧 또는 지혜롭다는 뜻이고, '遠'이 去聲이면 멀리한다는 뜻이다.

◀만약 중인을 제외하고 상·하등의 사람만 취급한 것이라고 한다면, ('어상語上'은) 상上으로써 상上을 말해주는 것으로 서로 평등한 것이 되어 버리니, 또 성인聖人으로서 범인凡人을 가르치는 것이라고 말할 수 없다. 형병의 구등설九等說은 정확하고 상명詳明하여 깊이 경문의 뜻에 적중하므로 바꿀 수 없다. 고요皐陶[4]가 구덕九德[5]의 과정을 설정하여 당唐·우虞 시대에 9등으로써 인재를 뽑고, 의사醫師[6]가 차록법差祿法을 만들어 주周나라 사람들을 9등으로써 관리의 업적을 고과考課하였다. 반고班固[7]의 〈고금인표古今人表〉[8]는 그가 처음으로 만든 것이 아니니, 공자가 말한 바의 중인은 사람을 9등분한 가운데 제5등에 해당된다는 것은 의심할 여지가 없다.

【인증】 동방삭[9]의 〈비유선생론〉:[10] 오吳나라 왕이 말하기를 "어떻게 그리 하겠습니까? '중인中人 이상에게는 높은 도리를 말해줄 수 있다'는 말이 있으니, 선생은 시험 삼아 말해 보세요. 나는 장차 그것을 듣겠습니다"라고 하였다.[11]

雍也下

번지樊遲가 지知에 대해 물으니, 공자가 말하기를 "사람이 해야 할 도리에 힘쓰고, 귀신을 공경하되 멀리하면 지知라고 이를 수 있다."고 하였다. 인仁에 대해 물으니, 말하기를 "인자仁者는 어려운 것을 먼저 하고 얻는 것을 뒤에 하니, 이렇게 하면 인仁이라고 이를 수 있다."고 하였다. ['知'와 '遠'은 모두 去聲이다.[1]]

○보충: 선善을 행하고 악惡을 버리는 것을 의義라 하고, [일의 마땅함에 따라 마음을 재제하여 나를 착하게 하는 것이다.] '무務'는 전력專力하는 것이다.
○포함: 귀신을 공경하되 함부로 친압하지 아니한다.

○補曰 難者, 艱苦也; 獲者, 得利也. 艱苦之事先於人, 得利之事後於人 則恕也. 強恕而行, 求仁莫近焉.【樊遲從游舞雩, 子曰: "先事後得, 非崇德與?" 亦此意】

王曰: "無所以化道民之義."

○駁曰 非也. 孟子以羞惡之心, 爲義之端,【羞者, 羞己之惡. 惡者, 惡人之惡】則義者本是去惡爲善之名. 當務之宜, 莫急於去惡, 此朱子所謂人道之所宜也. 知天下之務莫及於去惡, 則智者也.

孔曰: "先勞苦而後得功, 此所以爲仁."

○駁曰 非也. 仁者, 嚮人之愛也. 勞苦得功, 皆屬自己, 則仍是雞鳴而起, 孳孳爲利者, 何以謂之仁也? 耕者盡力於粗穢, 賈人冒險於風濤, 亦莫不先其所難而後其所得, 將皆謂之仁者乎? 恕而後成仁, 此仲尼氏之恒言也.

○紘父云: "灑掃糞除, 先於人則仁也; 觴酒豆肉, 後於人則仁也."

---

2) 《論語》〈顏淵〉편에 나온다.
3) 朱子가《論語集註》에서 이 經文의 註에 언급한 것이다.

○보충: '난難'이란 어렵고 고된 것이요, '획獲'이란 소득이 되어 이로운 것이다. 어렵고 고된 일은 남보다 앞서서 하고, 소득이 되어 이로운 일은 남보다 뒤에 하면 이는 서恕이다. 힘써서 서恕를 행하면 인仁을 구함이 이보다 더 가까운 것이 없다. [樊遲가 孔子를 따라서 舞雩의 아래에서 놀 때, 孔子가 "일을 먼저 하고 소득을 뒤에 함이 덕을 높이는 것이 아니겠는가?"2)라고 한 것도 이 뜻이다.]

○왕숙: 백성을 교화하고 인도하기 위한 도리에 힘쓰는 것이다.

○반박: 아니다. 맹자는 수오지심羞惡之心을 의의 단서端緖로 삼았으니, [부끄러워한다는 것은 자기의 惡을 부끄러워하는 것이며, 미워한다는 것은 남의 惡을 미워하는 것이다.] 의義란 본시 악을 버리고 선을 행하는 것을 말하는 것이므로, 마땅히 힘써야 할 일은 악을 버리는 것보다 급한 것이 없다. 이것이 주자의 이른바 '인도人道의 마땅히 해야 할 바이다.'3) 천하의 일 가운데 악을 제거하는 것보다 더 급한 일이 없음을 알면 이는 지혜로운 자이다.

○공안국: 수고롭고 괴로운 것을 먼저 하고 소득과 공功이 되는 것을 뒤에 하면 이는 인仁을 행하는 것이다.

○반박: 아니다. 인仁이란 남을 향한 사랑이요, 수고롭고 괴로운 것이나 소득과 공은 모두 자기에게 속하는 것이다. 그래서 첫 닭이 울면 일어나 부지런히 자신에게 이로운 것을 하는 자를 어떻게 인仁이라고 이를 수 있겠는가? 밭가는 농부는 김매는 데 힘을 다하고, 장사하는 상인은 바람과 파도에 모험을 하고, 또한 그 어려운 바를 먼저하고 이득이 되는 바를 뒤에 하지 않음이 없는데, 장차 이들을 모두 인자仁者라고 이를 수 있겠는가? 서恕를 행한 이후에 인仁을 이룰 수 있으니, 이는 공자가 항상 말하던 것이다.

○이굉보: 물 뿌리고 쓸고 더러운 걸 청소하기를 남보다 먼저 하면 인仁이고, 술과 고기 등을 남에게 양보하여 뒤에 먹으면 인仁이다.

雍也下

引證 〈表記〉, 子曰: "夏道尊命, 事鬼敬神而遠之.【節】殷人尊神, 率民而事神, 先鬼而後禮.【節】周人尊禮尚施, 事鬼敬神而遠之."

子曰: "知者樂水, 仁者樂山; 知者動, 仁者靜; 知者樂, 仁者壽."

補曰 樂, 樂之也.【五教反】水之爲物, 循理以行己;【朱子云: "周流無滯."】山之爲物, 厚德以澤物,【草木生焉, 禽獸歸焉】此其別也. 無入而不自得, 故其象爲動而樂; 與物而無所競, 故其象爲靜而壽.【《老子》曰: "知人者智, 知足者富, 死而不亡者壽."】

包曰: "知者, 樂運其才智以治世, 如水流而不知已."
○駁曰 非也. 知者利仁, 仁者安仁, 其立心雖異, 其成效皆同. 非於行仁之外, 別有所謂智者自立其門戶也.

---

1) 五와 教의 半切音은 '요'이다. 茶山은 樂山·樂水라 할 때의 音은 '요'로 하고 뜻은 '즐긴다'로 한 듯하다.
2) 《道德經》 제33장.

【인증】《예기》〈표기〉: 공자가 말하기를 "하夏나라의 도는 (정교政敎의) 명령을 존중한다. 그래서 귀신을 섬기고 공경하되 이를 멀리하며 …, 은殷나라 사람은 신神을 존중한다. 그래서 백성을 인도하여 신을 섬기며 귀신을 먼저 하고 예禮를 뒤에 하며 …, 주周나라 사람은 예禮를 존중하고 예물 베풀기를 숭상한다. 그래서 귀신을 섬기고 공경하되 이를 멀리 한다"고 하였다.

공자는 말하기를 "지자知者는 물을 즐기고 인자仁者는 산을 즐기며, 지자는 동적動的이고 인자는 정적靜的이며, 지자는 즐거워하고 인자는 수壽를 한다."고 하였다.

○보충: '요樂'는 즐기는 것이다. [五와 敎의 半切音이다.[1]] 물이란 순리대로 흘러가는 것이고, [朱子는 이르기를 "두루 流通하여 막힘이 없다"고 하였다.] 산이란 후한 덕德으로 만물에 혜택을 주는 것이니, [草木이 거기에서 나고 새와 짐승이 거기로 돌아간다.] 이것이 서로 구분되는 점이다. (지자知者는) 아무 데나 들어가도 자득하지 아니함이 없기 때문에 그 기상은 동적動的이며 즐거워하고, (인자仁者는) 만물과 더불어 아무것도 다투는 바가 없기 때문에 그 기상은 정적靜的이며 수壽를 한다. [老子는 말하기를 "사람을 아는 자는 지혜롭고, 만족한 줄 아는 자는 부유하며, 죽어도 망하지 않는 자는 壽를 한다"[2]고 하였다.]

○포함: 지자知者는 자신의 재주와 지혜를 운용하여 세상 다스리기를 즐거워함이 마치 물이 흘러가 그칠 줄 모르는 것과 같다.

○반박: 아니다. 지자知者는 인仁을 이롭게 여기고, 인자仁者는 인仁에 편안하다. 이들이 그 마음 세움은 비록 다르더라도 그 성과成果는 모두 같으니, 인仁을 행하는 것 밖에 따로 이른바 지혜로운 자는 스스로 그 다른 문호門戶를 세운 것이 있지 않다. ▶

◂知者所求, 亦不外乎成己, 包以治世爲智, 失之遠矣.

孔曰: "無欲故靜."

○駁曰 非也. 仁者強恕而行, 故所求乎子以事父, 所求乎弟以事兄, 所求乎臣以事君, 所求乎朋友先施之, 此不求於物而先自我施之也. 其象爲厚德以澤物, 故曰靜.

鄭曰: "知者, 自役得其志, 故樂."【邢云: "役用才知, 成功得志, 故歡樂."】

○駁曰 非也. 此蘇·張·申·韓之徒, 權謀術數之知, 非聖門之所謂知也. 聖門之所謂知者, 擇術以居仁, 順理以行己, 明別利害, 無所碍滯.【天下之利於己者, 莫如居仁】無入而不自得焉, 故曰樂.

包曰: "性靜者, 多壽考."【邢云: "少思寡欲, 性常安靜, 故多壽考."】

○駁曰 非也. 此醫家之養生方也, 豈所以論道乎? 壽之爲言久也.【《說文》云】知者遭喪, 不能常樂; 仁者短命, 不能皆壽, 行仁非鍊①丹之類也.▸

---

① 鍊: 新朝本에는 '諫'으로 되어 있으나 奎章本에 따라 바로잡는다.
3) 《正義》6.
4) 同上.
5) 鍊丹: 道家에서 나온 것인데, 長壽하는 방법이라면서 몸의 기운을 丹田에 모아서 몸과 마음을 닦는 일. 또는 道家에서 丹藥, 곧 不老長生한다는 仙藥을 만드는 일.

◀지자知者가 구하는 것도 성기成己에서 벗어나지 아니하는데 포함은 세상 다스리는 것을 지혜로 삼고 있으니, 이는 그 본뜻과는 거리가 멀다.
○공안국: 탐욕이 없기 때문에 고요하다.
○반박: 아니다. 인자仁者는 힘써서 서恕를 행하기 때문에 자식에게 바라는 바로써 아비를 섬기고, 아우에게 바라는 바로써 형을 섬기고, 신하에게 바라는 바로써 임금을 섬기고, 벗에게 바라는 바로써 벗에게 먼저 베푼다. 이것은 자신이 다른 사람에게 요구하지 않고 먼저 나로부터 베풀어 나가는 것이니, 그 기상이 후한 덕으로 만물에 혜택을 주는 것이므로 정靜이라고 한 것이다.
○정현: 지혜로운 자는 스스로 일을 하여 그 뜻을 얻기 때문에 즐겁다. [邢昺은 이르기를 "재주와 지혜를 활용하여 功을 이루고 뜻을 얻기 때문에 즐거워한다"[3]고 하였다.]

○반박: 아니다. 이는 소진蘇秦·장의張儀·신불해申不害·한비韓非 등의 무리로 권모술수權謀術數의 지知이며, 성문聖門의 이른바 지知는 아니다. 성문의 이른바 지知라는 것은 사람이 해야 할 일을 가려서 인仁에 거居하고, 이치에 순하여 자신을 행하며, 밝게 이해利害를 구분하여 막히는 바가 없다. [天下에서 자신에게 이로운 것은 仁에 居하는 것만 같은 것이 없다.] 그리하여 아무 데나 들어가도 자득自得하지 않음이 없기 때문에 즐거워한다.
○포함: 성품이 고요한 자는 장수長壽함이 많다. [邢昺은 이르기를 "생각을 조금하고 욕심을 적게 하면, 성품이 항상 편안하고 고요하기 때문에 長壽함이 많다"[4]고 하였다.]
○반박: 아니다. 이것은 의가醫家에서 말하는 양생법養生法이다. 어찌 도를 논하는 것이겠는가? '수壽'라는 말은 오래라는 뜻이다. [《說文》에 그렇게 말하였다.] 지자知者도 상고喪故를 만나면 즐거워할 수 없고, 인자仁者도 명이 짧은 이가 있어 모두 수壽를 할 수는 없으니, 인仁을 행하는 것은 연단鍊丹[5] 따위와 같은 것이 아니다.▶

◀仁之爲道, 可久可長, 不動其身, 而天下化之, 其氣象久遠, 故曰仁者壽.【朱子云: "靜而有常故壽."】

引證《韓詩外傳》, 問者②曰: "夫智者何以樂於水也?" 曰: "夫水者, 緣理而行, 不遺小間③, 似有智者; 動而下之, 似有禮者; 蹈深不疑, 似有勇者; 漳汸而淸, 似知命者; 歷險致遠, 卒成不毁, 似有德者. 天地以成, 群物以生, 國家以寧, 萬事以平, 品物以正, 此智者所以樂於水也.《詩》曰, '思樂泮水, 薄采其茆. 魯侯戾止, 在泮飮酒.' 樂水之謂也." 問者曰: "夫仁者, 何以樂於山也?" 曰: "夫山者, 萬民之所瞻仰也. 草木生焉, 萬物植焉, 飛鳥集焉, 走獸休焉, 四方益取與焉. 出雲道風, 從乎天地之間, 天地以成, 國家以寧, 此仁者所以樂於山也.《詩》曰, '泰山巖巖, 魯邦所瞻.' 樂山之謂也."【第三卷】

---

② 者: 新朝本·奎章本에는 빠져 있으나《韓詩外傳》卷3에 따라 보충한다.
③ 間: 新朝本에는 '問'으로 되어 있으나 奎章本에 따라 바로잡는다.
6)《詩經》〈魯頌·駉之什·泮水〉에 나온다.
7)《詩經》〈魯頌·駉之什·閟宮〉에 나온다.

◀'인仁'이라는 도는 오래가고 길게 갈 수 있는 것으로서, 그 몸을 움직이지 않아도 천하가 이에 감화된다. 그래서 그 기상이 구원久遠하기 때문에 "인자仁者는 수壽를 한다"고 하였다. [朱子는 이르기를 "고요하여 떳떳함이 있기 때문에 壽를 한다"고 하였다.]

【인증】《한시외전》: 묻는 자가 말하기를 "대저 지혜로운 자는 어째서 물을 즐기는가?" 하니, 이에 대답하기를 "대저 물이란 물길을 따라 흘러가되 조그마한 틈도 남기지 않음은 마치 지혜로운 자와 같고, 움직여서 아래로 흘러내리는 것은 마치 예禮가 있는 자와 같고, 깊은 데에 뛰어들기를 주저하지 않는 것은 마치 용맹한 자와 같고, 제방堤防으로 막아도 맑은 것은 명命을 아는 자와 같고, 험한 데를 지나 먼 곳에 이르러도 마침내 이루어 훼손됨이 없는 것은 덕이 있는 자와 같다. 천지는 이것으로 이루어지고, 만물은 이것으로 살아가고, 국가는 이것으로 편안하고, 만사는 이것으로 공평해지고, 품물品物은 이것으로 바르게 되니, 이것이 지혜로운 자가 물을 즐기는 까닭이다. 《시경詩經》에 이르기를 '즐거운 반수泮水에서 잠깐 순채 잎을 따노라. 노魯나라 제후가 여기에 왔으니, 반궁泮宮에서 술잔치를 하리로다'6)라 하였으니, 이는 물을 즐기는 것을 이른다"고 하였다. 묻는 자가 말하기를 "대저 인仁한 자는 어째서 산을 즐기는가?" 하니, 이에 대답하기를 "대저 산이란 만민이 우러러보는 바이다. 초목이 여기에 살고, 만물이 여기에 심어지고, 나는 새가 여기에 모이고, 달리는 짐승이 여기에 쉬고, 사방이 모두 유익함을 여기에서 취한다. 구름을 내고 바람을 인도하며, 천지 사이에 우뚝 솟아 천지는 이것으로 이루어지고, 국가는 이것으로 편안하니, 이것이 인仁한 자가 산을 즐기는 까닭이다. 《시경》에 이르기를 '태산이 높고 높으니, 노魯나라가 우러러보는 바로다'7)라 하였으니, 이는 산을 즐기는 것을 이른다"고 하였다. [《韓詩外傳》제3권에 나온다.]

雍也下

○案 所論荒矣.

引證 《孔叢子》曰: "子張曰, '仁者何樂於山?' 孔子曰, '夫山者巋然高.' 子張曰, '高則何樂爾?' 孔子曰, '夫山, 草木植焉, 鳥獸蕃焉, 財用出焉, 直而無私焉, 四方皆伐焉. 直而無私, 興吐風雲, 以通乎天地之間, 陰陽和合, 雨露之澤, 萬物以成, 百姓咸饗, 此仁者之所以樂乎山也.'"

○案 《孔叢子》, 僞書也.

子曰: "齊一變, 至於魯; 魯一變, 至於道."

朱子曰: "道, 先王之道也."
○補曰 孔子之時, 齊·魯皆衰, 而魯猶近道.
包曰: "齊·魯有太公·周公之餘化. 太公, 大賢; 周公, 聖人. 今其政教雖衰, 若有明君興之, 齊可使如魯, 魯可使如大道行之時."

---

8) 《孔叢子》〈論書〉제2에 나온다.
1) 太公: 中國 古代 周나라 文王 때의 齊나라 사람으로 賢人이다. 名은 望, 字는 尙父, 氏는 呂, 姓은 姜이며, 呂尙이란 것은 氏와 字를 연관시켜 稱한 것이라고 함. 淸代의 學者 崔述의 說에 따르면, 太公이라 稱한 것은 齊나라에 최초로 封해진 君主이기에 齊人이 追稱한 것이다.

○살펴보건대, 논한 바가 황당하다.
【인증】《공총자》: 자장子張이 말하기를 "인자仁者는 어째서 산을 즐깁니까?" 하니, 공자가 말하기를 "대저 산이란 우뚝 높기 때문이다"라 하였다. 자장이 말하기를 "높으면 어찌 즐거워합니까?" 하니, 공자가 말하기를 "대저 산은 초목이 여기에 심어지고, 조수가 여기에서 번식하고, 재용財用이 여기에서 나오고, 정직하여 사사로움이 없고, 사방의 사람들이 모두 여기에서 나무를 한다. 정직하여 사사로움이 없고, 바람을 일으키고 구름을 토하여 천지 사이를 통하게 하며, 음양을 화합하게 하여 우로雨露의 혜택이 만물을 이루게 하고, 백성에게는 모두 그 혜택을 누리게 하니, 이것이 인자가 산을 즐기는 까닭이다"라 하였다.[8]
○살펴보건대, 《공총자》는 위서僞書이다.

공자는 말하기를 "제齊나라가 한 번 변하면 노魯나라에 이르고, 노魯나라가 한 번 변하면 도道에 이를 것이다."라 하였다.

○주자: '도道'는 선왕先王의 도이다.
○보충: 공자의 시대에는 제나라와 노나라가 모두 쇠퇴하였으나, 그래도 노나라가 오히려 도에 가까웠다.
○포함: 제나라와 노나라에는 태공太公[1]과 주공周公이 끼친 교화가 있었다. 태공은 대현大賢이며 주공은 성인이다. 지금에는 그 정교政敎가 비록 쇠퇴했더라도 만약 밝은 임금이 나온다면 제나라는 노나라와 같아질 수 있고, 노나라는 대도大道가 행해졌을 때와 같아질 수 있을 것이다.

○案 太公·周公, 雖皆聖人, 其樹立制作, 本自不同, 故其立國規模, 全不相類. 太公封齊, 擧賢而尙功; 周公治魯, 親親而尊尊. 不惟是也. 魯國純用周制, 以其同出於周公之手也. 齊國別自一法, 觀於《管子》一部 及《齊語》一篇, 可以知矣. 此是流來舊法, 管仲修而行之, 如所云鄕不越長, 朝不越爵, 罷士無伍, 罷女無家, 皆太公之舊法. 又如十邑爲卒, 十卒爲縣, 三鄕爲縣, 十縣爲屬, 皆與《周禮》不合, 亦非管仲刱爲之也. 故《史記》云 '桓公得管仲, 復修太公之法', 程子謂 '桓公盡變太公之法', 蓋未之深察也. 然孔子之言齊一變魯一變者, 擧末俗而言之, 非直泝本之論也. 若云泝本, 齊一變至於魯可, 魯一變至於道, 無乃不可乎? 魯雖伯禽始封, 其立國規模, 悉出周公之手, 何待一變而至道乎?

---

2) 罷士: 非行의 남자.
3) 伍: 鄕里의 行政 組織에서 五家를 一軌라 하고, 五人을 一伍라 하였음. (《國語》〈齊語〉와 《管子》〈小匡〉편 참조.)
4) 罷女: 非行의 여자.
5) 《國語》〈齊語〉편과 《管子》〈小匡〉편에 나온다.
6) 同上.
7) 桓公: 春秋時代 齊나라 桓公이다.
8) 《史記》卷32〈齊太公世家〉에 나온다.
9) 《論語集註》에 나온다.
10) 伯禽: 周나라 사람. 周公의 아들. 魯나라에 처음 封해졌음. 在位 46년.

○살펴보건대, 태공과 주공은 비록 모두 성인聖人이지만 그들이 수립한 제도는 본래 그 자체가 같지 않다. 그러므로 그들이 나라를 세운 규모는 전혀 서로 같지 않았다. 태공이 제齊나라에 봉해졌을 때 그는 어진 이를 기용하고 공功을 숭상하였으나, 주공周公이 노魯나라를 다스릴 때 그는 친족을 친애하고 존귀한 이를 높였다. 이것만이 아니다. 노나라는 순전히 주나라의 제도를 사용하였는데, 이는 그 제도가 함께 주공의 손에서 나왔기 때문이다. 제나라는 따로 그 자체 하나의 법을 두었는데, 이는《관자管子》와《국어國語》〈제어齊語〉편을 살펴보면 알 수 있다. 이렇게 유전流傳하여 내려온 구법舊法을 관중管仲이 수정하여 이를 행하였다. 예를 들면 이른바 향리鄕里에서는 연소자가 연장자를 넘어서지 못하고, 조정에서는 작위爵位의 서열을 넘어서지 못하며, 파사罷士[2]는 오伍[3]에 편입될 수 없고, 파녀罷女[4]는 시집갈 수 없다는 것[5]과 같은데, 이는 모두 태공의 구법이다. 또 예를 들면 10읍邑을 졸卒로 하고, 10졸을 향鄕으로 하며, 3향을 현縣으로 하고, 10현을 속屬으로 한 것[6]과 같은데, 모두 주나라 제도와는 합치하지 않으며 또한 관중이 처음으로 이를 만든 것도 아니다. 그러므로《사기》에 이르기를 "환공桓公[7]이 관중을 얻어 다시 태공의 법을 수정하였다"[8]고 하였다. 정자程子는 이르기를 "환공은 태공의 법을 다 바꾸어 버렸다"[9]고 하였는데, 이는 대개 깊이 살펴보지 못한 것이라고 생각한다. 그러나 공자가 '제나라가 한 번 변하고, 노나라가 한 번 변하면'이라고 한 것은 (춘추시대) 말엽의 습속을 들어서 말한 것이지, 바로 본래적本來的인 사실에 거슬러 올라가 논한 것은 아니다. 만약 본래적인 사실에 소급해서 말한다면 '제나라가 한 번 변하면 노나라에 이른다'고 한 것은 말이 되지만, '노나라가 한 번 변하면 도道에 이른다'고 한 것은 말이 되지 않는 것이 아니겠는가? 노나라는 비록 백금伯禽[10]이 처음 봉해진 나라이나, 그 입국立國의 규모는 모두 주공의 손에서 나왔으니 어찌 한 번 변함을 기다려 도道에 이르겠는가?

子曰: "觚不觚, 觚哉! 觚哉!"

補曰 上觚, 酒器也.【馬云: "一升曰爵, 二升曰觚."】○邢云: "〈特牲禮〉用二①爵二觚."】下觚, 八棱也.【〈郊祀志〉云: "八觚宣通, 象八方."】酒觚之得觚名, 以其有八棱也. 若削棱爲圜, 猶名爲觚, 則名實不相副矣. 孔子與人論名實, 適有酒觚在前, 指之以爲喩.

○程子曰: "觚而失其形制, 則非觚也. 擧一器, 而天下之物莫不皆然. 故君而失其君之道, 則爲不君; 臣而失其臣之職, 則爲虛位."

○案 器物皆各有其名, 簋·銒·籩·俎, 皆非假借. 惟酒觚以觚棱之故而得是名, 以喩名實莫切焉.

○馬曰: "以喩爲政不得其道則不成."

○駁曰 非也.

邢曰: "《韓詩說》, '一升曰爵. 爵, 盡也. 二升曰觚. 觚, 寡也, 飮當寡少.'"

---

① 二: 新朝本·奎章本에는 '三'으로 되어 있고 邢昺의 疏에도 '三'으로 되어 있으나, 《儀禮》〈特牲饋食禮〉에 따라 바로잡는다.

1) 《正義》6. '二爵과 二觚를 사용하였다'는 것은 獻爵에는 爵으로 두 번, 酬酢에는 觚로 두 번을 한다는 뜻인 듯하다. (《儀禮》〈特牲饋食禮〉참조.)

2) 簋·銒·籩·俎: 모두 祭器의 이름이다.

3) 《韓詩說》: 前漢 때 學者 韓嬰의 저술. 韓嬰은 韓詩學의 개창자이며, 《詩經》과 《周易》을 깊이 연구하였음. 저술로는 《韓詩內傳》·《韓詩外傳》·《韓詩故》·《韓詩說》·《周易韓氏傳》 등이 있으나 이 가운데 《韓詩外傳》 말고는 거의 散逸되었다.

4) 《正義》6.

공자는 말하기를 "고觚가 고觚답지 않으면 그것이 고觚이겠는 가! 고觚이겠는가!"라고 하였다.

○보충: 위의 '고觚' 자는 술그릇이고, [馬融은 이르기를 "한 되들이 술그릇을 爵이라 하고, 두 되들이 술그릇을 觚라 한다"고 하였다. ○邢昺은 이르기를 "《儀禮》〈特牲饋食禮〉에서는 二爵과 二觚를 사용했다"[1]고 하였다.] 아래의 '고觚' 자는 팔각으로 모가 난 것이다. [《漢書》〈郊祀志〉에 이르기를 "八觚로 한 것이 널리 퍼져 있는데, 이는 八方을 상징한다"고 하였다.] 술그릇으로서 고觚가 고觚란 명칭을 얻을 수 있는 것은 팔각이 있기 때문이다. 만약 팔각으로 된 부분을 깎아 둥글게 만들고 이를 고觚라 한다면, 이름(名)과 실상(實)이 서로 부합하지 않는다. 공자는 어떤 사람과 더불어 명名과 실實에 대해 논하다가 마침 술그릇인 고觚가 앞에 있어서 그것을 가리켜 비유한 것이다.

○정자: 고觚가 고觚의 형체로 만들어지지 않았으면 고觚가 아니다. 하나의 그릇을 예로 들었으나 천하의 물건이 모두 그렇지 않음이 없다. 그러므로 임금이면서 그 임금의 도리를 잃으면 임금답지 못한 것이 되고, 신하이면서 그 신하의 직분을 잃으면 그 자리는 헛된 자리가 된다.

○살펴보건대, 기물器物은 모두 제각기 그 이름이 있다. 궤簋·형鉶·변籩·조俎[2] 등은 그 이름이 모두 가차假借에서 온 것이 아닌데, 오직 술그릇으로서 고觚는 고觚라는 팔각으로 되어 있기 때문에 이 이름을 얻었으니, 명실名實을 비유하는 데는 이보다 절실한 것이 없다.

○마융: 이는 정사를 하되 그 도를 얻지 못하면 이루지 못한다는 것에 비유한 것이다.

○반박: 아니다.

○형병: 《한시설韓詩說》[3]에 "한 되들이 술그릇을 작爵이라 하니 작爵은 다한다는 뜻이요, 두 되들이 술그릇을 고觚라 하니 고觚는 적게 한다는 뜻이다. 이는 술을 마실 때 마땅히 적게 마셔야 한다는 것이다"라고 하였다.[4]

○毛曰: "觚不觚者, 戒酗也. 觚者, 寡也. 名雖爲觚, 飮常不寡, 實則不副, 何以稱名?"

○駁曰 非也. 孔子曰: "觚不觚." 未嘗云 '觚不寡'.

姚立方云: "觚②者, 酒器也. 上古器多用角, 故字從角瓜聲. 三代始範金爲之, 但其形本方. 方則隅, 隅有四棱③, 直下至足, 其腹又屹起四棱,【俗呼飛戟】橫亦有之,《通俗文》曰 '木四方爲棱, 八棱爲觚', 是也."

○駁曰 非也. 字從角者, 以其有棱角也. 又從瓜者, 以其知瓜瓣也. 其八觚六觚④, 今不可考.【漢有六觚算法, 見〈律歷志〉】

質疑《集注》云: "不觚者, 蓋當時失其制而不爲棱也."

○案《漢書》〈酷吏傳〉云: "破觚爲圜." 此所謂觚不觚也. 然觚失其制, 不關世道, 孔⑤子之歎, 豈爲是也?

---

② 觚: 新朝本에는 '酤'로 되어 있으나 奎章本과 《四書賸言》 卷2에 따라 바로잡는다.
③ 方則隅隅有四棱: 《四書賸言》에는 '方則隅有四棱'으로 되어 있으나, 문장의 구조로 보아 新朝本·奎章本이 낫기에 그대로 둔다.
④ 觚: 奎章本에는 '棱'으로 되어 있다.
⑤ 孔: 新朝本에는 '公'으로 되어 있으나 奎章本에 따라 바로잡는다.
5) 毛奇齡은 '觚가 觚답지 않으면'이라는 말에 대해, 이를 '觚라는 술잔이 술을 적게 마시는 구실을 하지 않으면'이라는 뜻으로 해석하였다.
6) 毛奇齡,《論語稽求篇》〈觚不觚節〉에 나온다.
7) 姚立方: 1647~약 1715. 淸代의 經學家. 安徽省 桐城人. 名은 際恒, 號는 善夫, 立方은 그의 字. 저서로는 《古文尙書》가 僞書임을 辨析한 《尙書通論辨僞例》를 비롯해 《詩經通論》·《庸言錄》 등이 있음.
8) 《通俗文》: 字學에 관한 책. 前漢 때 服虔의 저술이었으나 그 뒤 逸失되었는데, 淸代에 와서 任大椿이 《一切經音義》 등에서 輯逸하여 다시 책을 만들고, 그 뒤에 또 顧震福이 《慧琳音義》 등의 책을 참고하여 增補하였음.
9) 瓜瓣: 외의 씨를 말함.
10) 六觚의 算法: 《漢書》〈律歷志〉에 보면 '六觚로 이루어진 것을 一握이라 한다'고 되어 있음.
11) 破觚爲圜: 《漢書》에서 말한 것은 嚴刑을 버리고 簡易한 것을 따르며, 巧僞를 억제하고 敦厚에 힘씀을 비유한 것이다 (顏師古 註).

○모기령: '고觚가 고답지 않으면'[5]이라 하는 것은 술주정을 경계하는 것이다. 고觚란 적게 한다는 뜻이다. 이름은 비록 고觚가 되어 있으나, 술을 마실 때 항상 적게 마시지 아니하면 이는 실상과 부합하지 아니하니, 어떻게 그 이름을 부를 수 있겠는가?[6]

○반박: 아니다. 공자는 '고가 고답지 않으면(觚不觚)'이라고 말하였지 일찍이 '고가 적지 않으면(觚不寡)'이라고 말한 적은 없다.

○요립방:[7] 고觚란 술잔이다. 상고上古 때는 그릇으로 뿔을 쓰는 경우가 많았기 때문에, 고觚 자는 뿔 각角과 외 과瓜의 구조로 된 형성形聲 문자이다. 삼대三代에 와서 비로소 쇠를 녹여 본을 떠서 이 술잔을 만들었는데, 다만 그 형태는 본래 방형方形이었다. 방형이면 모가 나고, 모는 네 모(四棱)가 있으며, 이 네 모가 곧장 아래로 술잔의 발 부분에까지 이르고, 그 중간 복부에도 또 네 모로 우뚝 나와 있으며, [속칭 飛戟이라 한다.] 옆으로도 또한 이러한 모가 있으니, 《통속문通俗文》[8]에 "나무의 네모난 것을 능棱이라 하고, 팔릉八棱을 고觚라 한다"고 한 것이 바로 이것이다.

○반박: 아니다. 글자가 뿔 각角 자를 따른 것은 모가 나서 각角이 되어 있기 때문이며, 또 외 과瓜 자를 따른 것은 그 모양이 과판瓜瓣[9]과 같기 때문이다. 그러나 그것이 팔고八觚인지 육고六觚인지에 대해서는 지금 상고할 수 없다. [漢代에는 六觚의 算法[10]이 있었는데, 이것이 《漢書》〈律曆志〉에 보인다.]

【질의】《논어집주》: '고觚답지 않다'는 것은 대개 당시에 그 만들어진 제도를 잃어 모가 나지 않은 것이다.

○살펴보건대, 《한서漢書》〈혹리전酷吏傳〉에 "모난 것을 깨뜨리고 둥근 것을 만들었다(破觚爲圜)"[11]고 하였으니, 이것은 이른바 고觚가 고답지 않다는 것이다. 그러나 고觚가 그 모난 모형을 잃은 것은 세상의 도道와는 관련 없다. 공자의 탄식이 어찌 이 때문이었겠는가?

顏師古曰: "學書之牘, 或以記事. 削木爲之, 其形或六面或八面, 皆可書. 孔子歎即此也."
○馮椅曰: "木簡見於漢《急就章》. 竊謂爲木簡者, 秦·漢以後之稱, 非孔子所謂也. 木簡之觚, 今文從瓠."
洪興祖曰: "古者獻以爵而酬以觚. 此夫子因獻酬之際, 有所感也."
○駁曰 非也.
純曰: "觚之爲器有棱, 猶人之行有廉隅也. 砥厲廉隅, 禮之意也. 無廉隅則無禮. 此夫子所以因觚起歎也."
○駁曰 非也.

---

12) 史游,《急就章》卷1에 나오는 "急就奇觚與衆異"에 대한 顏師古의 註이다.《論語集註大全》卷6 '觚不觚' 章의 小註에 나온다.
13) 馮椅: 宋나라 때 經學家. 江西省 都昌人. 字는 奇之, 號는 厚齋. 官은 上高縣令. 朱子에게 受學하였으며, 易學에 精通하였음. 저서로는《厚齋易學》·《經說》·《孔子弟子傳》·《詩文志錄》등이 있다.
14)《急就章》: 前漢 元帝 때 黃門令으로 있던 史游가 저술한 字書의 一種인데, 一名《急就篇》이라고도 한다. 書名에 '急就'를 붙인 것은 篇首의 두 글자를 취한 것이다.
15)《論語集註大全》卷6 '觚不觚' 章의 小註에 나온다.
16) 洪興祖: 1090~1155. 南宋 때의 經學家. 鎭江 丹陽人. 字는 慶善, 號는 練塘. 官은 秘書省 正字·太常博士. 저술로는《周易通義》·《論語說》·《左氏通解》·《楚辭考異》등이 있다.
17) 이 말은《周禮》〈考工記·梓人〉에 나온다.
18)《論語集註大全》卷6 '觚不觚' 章에 나온다.
19) 廉隅: 品行이 方正한 것.《禮記》〈儒行〉편에 "砥厲廉隅"라는 말이 있다.
20) 太宰純,《論語古訓外傳》6-23a.

○안사고: (고觚란) 글씨를 배우는 목간木簡인데, 간혹 일을 기록하기도 한다. 나무를 깎아 만들며 그 형태는 6면 또는 8면으로서, 모두 글씨를 쓸 수 있다. 공자가 탄식한 것은 곧 이것이다.[12]

○풍의:[13] (고觚를) 목간木簡으로 한 것은 한대漢代의《급취장急就章》[14]에 보인다. 내가 생각하건대, 고觚를 목간으로 한 것은 진한秦漢 이후에 일컬어진 것이며 공자가 말한 바는 아니다. 목간인 고觚를 금문今文에서는 고觚로 하였다.[15]

○홍흥조:[16] 옛날에는 '헌작獻爵은 작爵으로 하고, 수작酬酌은 고觚로 하였다.'[17] 이는 공자가 헌수獻酬의 예禮를 행하던 때를 인해서 느낀 바가 있었던 것이다.[18]

○반박: 아니다.

○태재순: 고觚라는 그릇이 모가 난 것은, 마치 사람의 품행에 염우廉隅[19]가 있는 것과 같다. 품행에 염우가 있도록 닦아 나가는 것은 행실을 예의 바르게 한다는 뜻이다. 품행에 염우가 없으면 예의가 없는 것이다. 이는 공자가 고觚를 인해서 탄식을 일으킨 것이다.[20]

○반박: 아니다.

雍也下

宰我問曰: "仁者, 雖告之曰, '井有仁焉.' 其從之也?" 子曰: "何爲其然也? 君子可逝也, 不可陷也; 可欺也, 不可罔也."
【皇氏本作井有仁者焉 ○案, 孔注云: "仁人墮井." 皇本蓋據是也】

補曰 井, 古文作丼.【穴地出水曰丼】阱, 古文作汬.【字同丼】四字皆相通, 井者, 陷阱也. 逝者, 遠害而去也;【《詩》云: "逝將去女, 適彼樂土."】陷者, 見利而墮也.【如獸之陷於阱】欺者, 誑之以理所有也;【君子可欺以其方】罔者, 罩之以道所迷也.【如魚鳥之迷而入網】

○補曰 君子有殺身成仁之義. 宰我疑而問之曰: "今有必死之地, 無異陷阱, 而赴之可以殺身而成仁, 則仁者亦貪其名而從之乎?" 子曰: "不然. 君子可使之遠害而去, 不可使之見利而墮也. 可誑之以理之所有, 不可罩之以道之所迷. 豈有貪仁之名, 而陷身於必死之地者乎?"

---

1) 皇侃의 《論語義疏》를 가리킴.
2) 《詩經》〈魏風·碩鼠〉에 나온다.
3) 《孟子》〈萬章〉上에 나오는 말이다.

재아宰我가 묻기를 "인자仁者는 비록 함정陷阱에 사람이 떨어져 있더라도 곧 따라 들어가 구합니까?" 하자, 공자는 말하기를 "어찌 그러하겠는가? 군자는 (해害를 멀리하여 거기에서) 떠나게 할 수는 있으나 (이利를 만나 거기에) 빠지게 할 수는 없으며, (이치가 있는 바로써) 속일 수는 있으나 (도리의 미혹되는 바로써) 속일 수는 없다."고 하였다. [皇氏本[1)]에는 '井有仁者焉'이라고 되어 있다. ○살펴보건대, 孔安國의 注에 "仁人이 우물에 떨어졌다"고 하였으니, 皇氏本은 대개 이것에 근거한 것이다.]

○보충: '정井'은 고문古文에 정丼으로 되어 있고, [穴인 땅에서 물이 나오는 곳을 丼이라 한다.] '정阱'은 고문에 정汬으로 되어 있다. [丼과 같은 글자이다.] 네 글자는 모두 서로 통하니, '정井'이란 함정陷阱이다. '서逝'란 해害를 멀리하여 떠나가는 것이고, [《詩經》에 이르기를 "떠나서 장차 너를 버리고 저 樂土로 가리라"[2)]고 하였다.] '함陷'이란 이利를 만나서 함정에 떨어지는 것이며, [마치 짐승이 함정에 빠지는 것과 같다.] '기欺'란 이치가 있는 바로써 속이는 것이고, [君子는 이치가 있는 것으로써 속일 수는 있다.[3)]] '망罔'이란 도리의 미혹되는 바로써 가리질하는 것이다. [마치 물고기와 새가 홀려서 그물에 걸려드는 것과 같다.]

○보충: 군자는 '살신성인殺身成仁'의 의리가 있으므로 재아宰我가 이를 의심하여 묻기를, "지금 가령 여기에 반드시 죽을 만한 그런 처지가 있다고 하면 이는 함정과 다를 바가 없는데, 거기로 달려가 자신을 죽여 인仁을 이룰 수 있다면 인자仁者는 또한 그 명예를 탐하여 이를 좇아 합니까?" 하니, 공자가 말하기를 "그렇지 않다. 군자는 해害를 멀리하여 떠나게는 할 수 있어도 이利를 만나 거기에 떨어지게는 할 수 없으며, 이치가 있는 바로써 속일 수는 있어도 도리의 미혹되는 바로써 가리질할 수는 없다. 어찌 인仁의 이름을 탐하여 몸을 죽음의 땅으로 빠뜨리겠는가?"라고 하였다.

孔曰:"宰我以仁者必濟人於患難, 故問有仁人墮井, 將自投下從而出之不乎? 欲極觀仁者憂樂之所至."
○又曰:"逝, 往也. 言君子可使往觀之耳, 不肯自投從之."
○馬曰:"可欺者, 可使往也. 不可罔者, 不可得誣罔令自投下."
○駁曰 非也. 仁人墮井則仁者救之, 凡人墮井則仁者不救乎? 欲救其墮, 宜垂綆縮, 從而同死, 抑又何益? 雖非君子, 疇不往視? 借使惡人, 亦不可罔, 何必君子而後, 乃不可罔之使投下乎? 其義無所立矣.

質疑 劉勉之⁴⁾曰:"有仁之仁, 當作人."
○朱子曰:"逝, 謂使之往救."
○案 人墮於井, 無不往救, 使之從死, 無不掉頭, 斯不足以試仁者也.

---

4) 劉勉之: 南宋 때의 經學家. 建安 사람. 字는 致中, 號는 草堂. 朱子의 妻父인데,《論語集註》에서 劉聘君이라 한 것은 聘君이 隱逸의 賢者로 朝廷의 徵聘에 應하여 出仕하였기 때문에 붙여진 것이다.

○공안국: 재아가 인자仁者는 반드시 사람을 환난에서 구제한다고 여겼기 때문에, 어떤 어진 사람이 우물에 떨어져 있으면 (인자는) 장차 스스로 몸을 던져 내려가 구출하는지 하지 않는지를 물어서 인자가 근심하고 즐거워하는 것이 어디에까지 가 있는지 모두 보고자 하였다.

○또 공안국: '서逝'는 거기까지 간다는 뜻이다. 군자는 가서 그 장면을 보게 할 수 있을 뿐이며, 스스로 몸을 던져 구출하기를 달갑게 여기지 않음을 말한다.

○마융: '속일 수 있다(可欺)'는 것은 거기까지 가게 할 수 있다는 것이며, '속일 수 없다(不可罔)'는 것은 속여서 그에게 스스로 몸을 던져 내려가게 할 수 없다는 것이다.

○반박: 아니다. 어진 사람(仁人)이 우물에 떨어지면 인자仁者가 그를 구제하고, 보통 사람이 우물에 떨어지면 인자가 그를 구제하지 않겠는가? 그 떨어진 사람을 구제하려면 마땅히 두레박줄을 드리워 주어야 하는데, 이에 따라서 같이 빠져 죽는다면 아니 또 무슨 유익함이 있겠는가? 비록 군자가 아니더라도 (사람이 우물에 떨어지면) 어느 누가 달려가지 않겠는가? 가령 악한 사람이더라도 또한 그를 속여서 몸을 던져 내려가게 할 수 없는데, 어찌 반드시 군자인 뒤에라야 이에 그를 속여서 몸을 던져 내려가게 할 수 없는 것이겠는가? 그 주장은 성립될 수 없다.

【질의】 유면지:[4] '정유인언井有仁焉'이라고 한 '인仁'은 마땅히 '인人' 자가 되어야 한다.

○주자: '서逝'는 가서 구하게 하는 것을 이른다.

○살펴보건대, 사람이 우물에 빠지면 가서 구제하지 않음이 없을 텐데, 가령 같이 따라 죽게 하면 머리를 흔들지 않을 사람이 없을 터이니, 이것으로 인자仁者를 시험할 수는 없다.

○又案 逝者, 遠害而去也. 子產放魚, 魚然而逝.【見《孟子》】〈鹽鐵論〉
曰: "香餌非不美也. 龜龍聞而深藏, 鸞鳳見而高逝." 賈誼〈吊屈原賦〉
曰: "鳳縹縹其高逝, 固自引而遠去." 盧思道〈孤鴻賦〉曰: "行離離而高
逝."

子曰: "君子博學於文, 約之以禮, 亦可以弗畔矣夫."

補曰 博, 大通也.【《說文》云】約, 束而小之也.【纏束之】
○邢曰: "文, 先王之遺文."【如《左傳》所謂三墳·五典·九丘·八索之類】
○補曰 約之以禮, 謂非禮勿視聽言動也.【邢云: "用禮以自①檢約."】畔, 背
也, 界也.【《說文》云: "田界."】與道違背, 以自界別也.【鄭云: "弗畔, 不違道."】
韓曰: "畔當讀如偏畔之畔, 弗偏則得中道."

---

① 自: 新朝本·奎章本에는 '資'로 되어 있으나《論語注疏》卷6〈雍也〉에 따라 바로잡는다.
5)《孟子》〈萬章〉上에 나온다.
6)《鹽鐵論》: 前漢 때 桓寬이 지은 書名인데, 모두 12卷으로 되어 있음.
7)《漢書》卷48〈賈誼傳〉에 나온다.
8) 盧思道: 南北朝時代 隋나라 사람. 字는 子行. 別稱 八米盧郎이라고도 함. 河間의 刑子才에 師事하고 才學이 兼備하였음. 官은 齊나라에서는 散騎常侍, 周나라에서는 儀同三司, 隋나라에서는 散騎侍郎. 문학작품으로〈孤鴻賦〉가 유명하다.
9)《隋書》卷57〈列傳〉第22〈盧思道〉에 나온다.
1)《正義》6.
2) 三墳·五典·九丘·八索: 所謂 三皇五帝 때의 典籍을 말함.
3)《正義》6.
4) 韓愈,《論語筆解》上에 나온다.

○또 살펴보건대, '서逝'란 해害를 멀리하여 떠나가는 것이다. "자산子産이 물고기를 물에 놓아주니 물고기가 유유히 떠나갔다(魚攸然而逝)"라 하고, [《孟子》에 보인다.⁵⁾]《염철론鹽鐵論》⁶⁾에 "향기로운 떡이 아름답지 않은 것은 아니나 거북과 용은 냄새를 맡고 깊숙이 몸을 감추고, 난새와 봉황은 이를 보고 높이 떠나간다(鸞鳳見而高逝)"라 하고, 가의賈誼의〈조굴원부弔屈原賦〉에 "봉황이 훌쩍 날아 높이 떠나가네(鳳縹縹其高逝)! 진실로 스스로 제 몸을 이끌고 멀리 가네"⁷⁾라 하고, 노사도盧思道⁸⁾의〈고홍부孤鴻賦〉에 "줄지어 날아서 높이 떠난다(行離離而高逝)"⁹⁾고 하였다.

공자는 말하기를 "군자가 문文에 박학博學하고 예禮로써 자신을 단속한다면, 또한 도道에 위배될 수 없을 것이다!"라고 하였다.

雍也下

○보충: '박博'은 크게 통한다는 뜻이고, [《說文》에 그렇게 말하였다.] '약約'은 묶어서 작게 한다는 뜻이다. [동여 묶는 것이다.]
○형병: 글(文)은 선왕先王의 유문遺文이다.¹⁾ [예를 들면《左傳》의 이른바 三墳·五典·九丘·八索²⁾과 같은 유이다.]
○보충: '예로써 자신을 단속한다(約之以禮)'란 '예禮가 아니면 보지 말고 듣지 말고 말하지 말고 움직이지 말라'는 것을 이른다. [邢昺은 이르기를 "禮로써 스스로 檢約하는 것이다"³⁾라 하였다.] '반畔'은 위배된다는 뜻이며 경계境界를 짓는다는 뜻이니, [《說文》에 이르기를 "밭의 경계이다"라 하였다.] 이는 도道와는 위배되게 스스로 경계를 지어 구분하는 것이다. [鄭玄은 이르기를 "弗畔은 道를 어기지 않는 것이다"라 하였다.]
○한유: '반畔'은 마땅히 '편반偏畔'이라 할 때 반畔의 뜻처럼 읽어야 한다. 치우치지 아니하면 중도中道를 얻는다.⁴⁾

○駁曰 非也. 博學則不能不汎濫, 易背先王之道, 故欲束之以禮法也.
引證 顏淵曰: "夫子博我以文, 約我以禮."【見下篇】

子見南子, 子路不說. 夫子矢之曰: "予所否者, 天厭之! 天厭之!"

補曰 南子, 衛 靈公之夫人.【宋女也, 子姓】素與宋 朝通,【宋之公子朝】召而淫之, 宋人譏之. 衛太子蒯聵, 恥其母淫, 將殺之, 事敗奔宋.【定十四年事】魯 哀公二年, 衛 靈公卒, 南子欲立公子郢,【亦靈公之子】郢固辭, 立亡人之子輒, 孔子時在衛.【見《綱目前編》】見倫紀斁絕, 衛國將亂, 入見南子, 意欲召聵絕後患也.
○朱子曰: "古者仕於其國, 有見其小君之禮."【見《左傳》】

---

5)〈子罕〉편을 가리킴.

○반박: 아니다. 박학博學하면 넘치지 않을 수 없어 선왕의 도道를 쉽게 배반하게 된다. 그러므로 예법으로써 이를 단속하고자 한 것이다.
【인증】안연: 공자는 문文으로써 나를 넓혀주고, 예禮로써 나를 단속해주었다. [아래 篇에 보인다.[5)]

공자가 남자南子를 만나자, 자로子路가 기뻐하지 않았다. 공자가 맹세하여 말하기를 "내가 만약 만나지 아니한다면 하늘이 나를 싫어하리라! 하늘이 나를 싫어하리라!" 하였다.

○보충: 남자는 위衛나라 영공靈公의 부인이다. [宋나라 여자인데, 南子의 子는 姓이다.] 평소에 송조宋朝 [宋나라의 公子인 朝이다.] 와 간통이 있어 그를 불러들여 음란한 짓을 하였기에 송나라 사람들이 그를 기롱하였다. 위나라 태자 괴외蒯聵는 그 어머니의 음란한 행실을 부끄러워하여 그를 죽이려 하였는데, 일이 실패하여 송나라로 도망쳤다. [定公 14년의 일이다.] 노魯나라 애공哀公 2년에 위나라 영공이 죽자 남자는 공자公子 영郢 [역시 靈公의 아들이다.] 을 왕위에 세우려고 하였는데, 영이 굳이 사양하여 도망간 괴외의 아들 첩輒을 세우려고 하였다. 공자는 이때 위나라에 있었다. [《綱目前編》에 보인다.] 윤기倫紀가 끊어져 위나라가 장차 어지러워질 것을 예견하고는 들어가 남자를 만난 것이니, 이는 공자의 뜻이 괴외를 불러들여 후환을 없애려고 한 것이다.
○주자: 예전에는 그 나라에 벼슬하면 그 소군小君(제후의 부인)을 찾아보는 예가 있었다. [《左傳》에 보인다.]

雍也下

○補曰 子路不說①者, 以蒯聵謀殺其母, 爲父所逐, 義不當復主衛國, 故不悅孔子之所爲也.

○朱子曰: "矢, 誓也. 【〈盤庚〉云: "出②矢言." 〈鄘風〉云: "矢靡他."】 所, 誓辭也, 如云 '所不與崔·慶'者之類." 【〈左傳〉襄二十五③年, 崔杼盟國人曰: "所不與崔·慶者, 有如上帝." ○又晉 重耳誓曰: "所不與舅氏同心者④, 有如白水."】

○補曰 否, 謂不見也. 厭, 猶惡也. 孔子之見南子, 必有以全其骨肉之恩 而利其社稷者, 故曰予若不見, 天必厭之矣. 重言之者, 明其必然. 孔子〈序說〉云: "孔子始適衛, 主顏濁鄒家, 再適衛, 主蘧伯玉家, 見南子, 有矢子路之語."

○案 孔子之始適衛, 在定十三年, 【見《前編》】厥明年秋, 蒯聵謀殺南子, 事敗奔宋, 南子之淫罪始彰, 何面目願見孔子?▶

---

① 說: 奎章本에는 '悅'로 되어 있다.
② 出: 新朝本·奎章本에는 '發'로 되어 있으나 《尚書》〈盤庚〉에 따라 바로잡는다.
③ 二十五: 新朝本·奎章本에는 '十五'로 되어 있으나, 아래 崔杼의 맹세가 《春秋左傳注疏》襄公 25年에 실려 있으므로 바로잡는다.
④ 者: 新朝本·奎章本에는 빠져 있으나 《春秋左傳注疏》僖公 24年에 따라 보충한다.

1) 《詩經》〈鄘·柏舟〉에 나온다.
2) 慶封: 春秋時代 齊나라 大夫. 字는 子家.
3) 重耳: 春秋時代 晉나라 文公. 字는 仇, 諡는 文. 晉나라 穆侯의 아들이다.
4) 舅氏: 여기서는 重耳의 외숙인 子犯을 가리킴
5) 白水와 같음이 있을 것이다: 白水는 河伯, 곧 黃河의 水神인데, 黃河의 水神에게 罰을 받을 것이라는 말이다.
6) 孔子의〈序說〉: 朱子의《論語集註》〈序說〉인 듯하다.
7) 顏濁鄒: 孔子와 同時代의 衛나라 사람. 顏은 姓, 濁鄒는 名. 衛의 賢大夫.
8) 蘧伯玉: 孔子와 同時代의 衛나라 사람. 蘧는 姓, 伯玉은 字, 名은 瑗. 衛의 賢大夫.

○보충: '자로가 기뻐하지 않았다(子路不說)'는 것은 괴외가 그 어머니를 죽이려고 꾀하다가 아버지에게 추방당하게 되어, 의리상으로 볼 때 돌아와 위나라의 군주가 되기에는 부당하다고 여겼기 때문에 공자가 하는 바를 기뻐하지 않았던 것이다.

○주자: '시矢'는 맹세한다는 뜻이고, [《尙書》〈盤庚〉에 "맹세하는 말을 내놓다"라 하였고, 《詩經》〈鄘風〉에 "맹세코 다른 데로 가지 않으리라"[1]고 하였다.] '소所'는 맹세하는 말이니, 예를 들면 "만약 최저崔杼·경봉慶封[2]과 함께하지 않는 자가 있다면(所不與崔·慶者)"이라고 말하는 데서 '소所(만약이란 뜻. 이 '所' 字 아래는 맹세하는 말이다)'와 같은 유이다. [《左傳》襄公 25년에 崔杼가 나라 사람들에게 맹세하여 말하기를 "만약 崔杼·慶封과 함께하지 않는 자가 있다면 天罰을 받을 것이다"라 하였다. ○또 晉나라의 重耳[3]가 맹세하여 말하기를 "만약 舅氏[4]와 마음을 같이하지 않는 자가 있으면 白水와 같음이 있을 것이다"[5]라 하였다.]

○보충: '부否'는 보지 않는 것을 이르고, '염厭'은 오惡의 뜻과 같다. 공자가 남자南子를 만난 것은 반드시 그 골육骨肉의 은혜를 온전하게 하고 사직社稷을 이롭게 하기 위한 이유가 있었기 때문에 "내가 만약 만나지 않는다면 하늘이 반드시 싫어할 것이다"라 하였으니, '하늘이 싫어할 것이다(天厭之)'를 거듭 말한 것은 반드시 그러함을 밝힌 것이다.

○공자의 〈서설〉:[6] 공자가 처음에 위衛나라에 가서 안탁추顔濁鄒[7]의 집에 주인을 정하여 묵고, 두 번째로 위나라에 가서 거백옥蘧伯玉[8]의 집에 주인을 정하여 묵고 남자를 만났는데, 이때 자로에게 맹세한 말이 있다.

○살펴보건대, 공자가 처음으로 위나라에 간 것은 정공定公 13년(B.C. 497)이고, [《綱目前編》에 보인다.] 이듬해 가을에 괴외蒯聵가 남자를 죽이려고 꾀하다가 일이 실패하여 송宋나라로 달아나고 남자의 음란하였던 죄가 이때 비로소 드러났는데, 무슨 면목으로 공자를 만나고자 원하였겠는가?

◀魯 哀公二年, 孔子再適衛, 是年靈公卒, 孔子禮當入弔, 因見南子, 必其立君之議, 有所與聞也. 《史記》亦以爲是時見南子有矢語, 則因弔以見, 又明矣.

〈孔子世家〉云: "孔子至衛, 南子使人謂孔子曰, '四方之君子, 不辱欲與寡君爲兄弟者, 必見寡小君, 寡小君願見.' 孔子辭謝, 不得已而見之, 夫人在絺帷中, 孔子入門, 北面稽首, 夫人自帷中⑤再拜, 環珮璆然. 子曰, '吾鄕爲不見, 見之禮答焉.'"

○案 此回護之言也.

孔曰: "舊以南子淫亂, 而靈公惑之. 孔子見之者, 欲因以說靈公使行治道. 行道, 旣非婦人之事, 而弟子不說, 與之呪誓, 義可疑焉."【邢云: "我見南子, 所不爲求行治道者, 願天厭棄我."】

○駁曰 非也. 孔子雖急於行道, 媚於南子, 以求行道, 野人之言也.【邢亦云: "不近人情."】

---

⑤ 夫人自帷中: 新朝本·奎章本에는 빠져 있으나 《史記》〈孔子世家〉에 따라 보충한다.
9) 《正義》6.
10) 同上.

112

◀노魯 애공哀公 2년(B.C. 493)에 공자가 다시 위衛나라에 가고 이 해에 위衛 영공靈公이 죽었다. 공자는 예의상 마땅히 들어가 조문해야 했고, 따라서 남자를 만나고 거기에서 반드시 군주를 옹립하는 의논에 참여하여 그 일을 들었던 것이다. 《사기史記》에도 또한 이때 남자를 만나고 (자로에게) 맹세하는 말이 있었다고 하니, 조문 때문에 만난 것이 또 분명하다.

○《사기》〈공자세가〉: 공자가 위나라에 가니, 남자가 사람을 보내 공자에게 일러 말하기를 "사방의 군자로서 내 군주君主와 형제처럼 되고자 함을 욕되게 여기지 않는 자는 반드시 내 소군小君(君主의 夫人인 南子)을 만날 것이고, 내 소군도 만나기를 바랍니다" 라 하였다. 공자는 사양하다가 어쩔 수 없이 그를 만나게 되었다. 부인夫人(南子를 가리킴)은 휘장 안에 있고, 공자가 문에 들어가 북쪽을 향해 머리를 조아리니, 부인은 휘장 안에서 절을 하는데 차고 있던 옥玉 장식의 소리가 은은하였다. 공자는 말하기를 "내가 처음에는 만나지 않으려고 여겼으나, 부득이 만남은 예답禮答입니다" 라 하였다.

○생각건대, 이것은 만난 것을 비호하는 말이다.

○공안국: (선유先儒들의) 구설舊說에는 남자南子가 음란하였으므로 영공靈公이 그에게 유혹된 것이며, 공자가 남자를 만난 것은 그를 통해 영공을 설득하여 치도治道를 행사하게 하고자 한 것이라고 하였다. 도道를 행하는 것은 이미 부인婦人의 일이 아닌데, 제자가 기뻐하지 아니하여 그에게 주문呪文으로 맹세한 것은 그 뜻이 의심스럽다. [邢昺은 이르기를 "내가 南子를 만나서 만약 治道를 행할 것을 구하지 않는다면 하늘이 싫어하여 나를 버리려고 할 것이다"⁹⁾라 하였다.]

○반박: 아니다. 공자가 아무리 도를 행하게 하는 데에 급급했더라도 남자에게 아첨하여 도를 행하게 함을 구했다고 하는 것은 (저속한) 야인野人의 말이다. [邢昺도 또한 이르기를 "人情에 가깝지 않다"¹⁰⁾고 하였다.]

雍也下

欒肇曰: "見南子者, 時不獲已, 猶文王之拘羑里也. 天厭之者, 言我之否屈乃天命所厭也."【見邢疏】

○繆播曰: "否, 不也. 言體聖而不爲聖者之事, 天其壓塞此道邪."【見皇疏】

○王弼曰: "否·泰有命, 我之所屈不用於世者, 乃天命壓之, 言非人事所免也."【見皇疏】

○李充曰: "道消運否, 則聖人亦否, 故曰, '子所否者, 天壓之.' 壓, 亦否也, 明聖人與天地同其否·泰耳, 豈區區自明於子路而已?"【見皇疏】

○韓愈曰: "否, 當爲否·泰之否. 厭, 當爲厭亂之厭. 後儒以矢爲誓. 又以厭爲撠, 益失之矣. 吾謂仲尼見南子用事, 乃陳衛之政理, 告子路云, '子道否不得行, 汝不須不悅也. 天將厭此亂世, 而終豈泰吾道乎?'"【見《筆解》】

---

11) 羑里: 殷代 獄舍의 이름. 또는 殷의 紂王이 周의 文王을 拘禁해 두었던 地名으로도 쓰이고 있음.
12) 繆播: 晉나라 때 蘭陵人. 字는 宣則, 官은 給事黃門侍郎·中書令을 역임. 저서로《論語旨序》가 있다.
13) 王弼: 226~249. 三國時代 魏나라 學者. 山陽 高平人. 字는 輔嗣. 官은 尙書郎. 老莊學에 깊이 趣하였으나 儒家 經典에도 精通하였음. 저서로는《周易注》·《周易略例》·《老子道德經注》·《論語釋疑》등이 있다.
14) 李充: 東晉 때의 學者. 江夏人. 字는 弘度. 官은 大著作郎·中書侍郎. 永嘉 年間(307~313) 이후로 전란이 잦아지자 典籍의 散逸을 우려하여 旣存의 典籍을 甲·乙·丙·丁의 네 부분으로 분류하여 정리하였음. 저서로는《尙書注》·《周易旨》가 있음.
15) 厭亂: 亂을 싫어한다는 뜻인 듯하다.
16) 用事: 政權을 제 마음대로 행사하는 것.
17)《論語筆解》上〈雍也〉第6.

○난조: 남자를 만난 것은 그 당시에는 어쩔 수 없었던 일이니, 이는 마치 주周 문왕文王이 유리羑里[11]에 구금되어 있었던 것과 같다. '천염지天厭之'란 내가 막혀 펴지 못하고 굽혀져 있는 것(否屈)은 곧 천명이 압박하고 있는 바(天命所厭)임을 말한 것이다. [邢昺의 疏에 보인다.]

○무파:[12] '부否'는 아니한다는 뜻이다. 성聖을 체득하고서 성자聖者의 일을 하지 아니하면 하늘이 이 도를 눌러 막아 버린다는 것을 말한다. [皇侃의 疏에 보인다.]

○왕필:[13] 막히고 통하는 것(否泰)은 명命이 있는 것이다. 내가 굽혀져서 세상에 쓰이지 못하는 것은 곧 천명天命이 이를 눌러 막는 것이니, 이는 사람으로서는 어떻게 면할 바가 아님을 말한 것이다. [皇侃의 疏에 보인다.]

○이충:[14] 도道가 사라지고 운이 막히면(運否) 성인聖人도 또한 모든 것이 막히게 된다(聖人亦否). 그러므로 "내가 막히는 것은 하늘이 눌러 막는 것이다(子所否者, 天厭之)"라고 하였으니, 여기의 '압厭' 자도 역시 '비否' 자의 뜻이다. 이는 성인이 천지와 더불어 그 막히고 통하는 비태否泰를 같이하고 있음을 밝힌 것이니, 어찌 구구하게 그것을 자로子路에게만 밝힐 뿐이겠는가? [皇侃의 疏에 보인다.]

○한유: '부否'는 마땅히 비태否泰의 비否가 되어야 하고, '염厭'은 마땅히 염란厭亂[15]의 염厭이 되어야 한다. 후세의 유가儒家들이 '시矢'를 서誓의 뜻으로 하고, 또 '염厭'을 압壓의 뜻으로 한 것은 더욱 그 본뜻을 상실한 것이다. 나의 생각에는 공자가 남자의 용사用事[16]를 보고는 이에 위衛나라의 정치 도리를 진술하고, 이를 자로子路에게 알려 이르기를 "나의 도道가 막혀 행해질 수 없으면 너는 모름지기 기뻐하지 아니함이 없겠으나, 하늘이 장차 이 혼란한 세상을 싫어하여 끝내려고 한다면 어찌 우리의 도를 통하게 하겠는가"라고 한 것으로 보인다. [《論語筆解》에 보인다.[17]]

○楊愼曰: "否, 音否塞之否. 古者仕於其國則見其小君, 子路意以孔子旣不仕衛而見其小君, 是求仕. 不說者, 不說夫子之仕, 非不說夫子之見也. 子直告之曰, '予道之否屈, 乃天棄絕也. 天之所棄, 豈南子所興哉? 見之者不過答其禮耳.' 如此則聖賢之心始白, 而王符之徒, 亦無所吠聲矣."【見《丹鉛餘錄》】○ '王符' 當作王充.

○駁曰 非也. 王充《論衡》〈問孔〉篇, 讀否爲鄙,【爲鄙陋之義】讀厭爲壓, 則欒肇以下, 皆王充之支流也. 解經不解, 但當闕疑, 顚頓狼狽, 一至是乎? 韓說尤不合理.

蔡謨曰: "矢, 陳也. 〈尚書敍〉曰, '皐陶矢厥謀.' 夫子爲子路陳天命也."【見皇疏】

○韓曰: "矢, 陳也."【見《筆解》】

○楊愼曰: "矢者, 直告之, 非誓也."

---

18) 楊愼: 明代의 學者. 四川省 新都人. 字는 用修, 號는 升庵, 諡는 文憲. 官은 翰林院 修撰. 李東陽을 師事하였고, 程朱의 理學과 陸王의 心學을 반대하였으며, 經書와 諸子百家의 書를 비롯해 天文地理·典章制度를 두루 연구하여 後進에게 考據 學風을 열어주었다. 저서로는 《丹鉛總錄》·《檀弓叢訓》·《古音略例》·《石鼓文音釋》·《經子難字》·《風雅逸篇》 등이 있음.
19) 楊愼은 '夫子矢之曰' 을 '子直告之曰(공자가 곧바로 알려 말하기를)' 이라 하여 '矢' 를 '誓' 로 보지 않았다.
20) 王充의《論衡》〈問孔〉편에서는《論語》의 "子所否者, 天厭之! 天厭之!" 의 句節을 "子所鄙者, 天厭之! 天厭之!" 로 고쳐 놓았는데, 그 뜻은 "나의 하는 바가 비루하면 하늘이 나를 압박하여 죽일 것이다" 라는 내용이다. 따라서 欒肇·繆播·王弼·李充 등도 이 句節 해석에서는 '厭' 을 '壓' 의 뜻으로 해석하고 있다.
21) 欒肇 이하는: 欒肇를 비롯해 繆播·王弼·李充·楊愼·韓愈 등을 가리킴.
22) 蔡謨: 281~356. 東晉 때 學者. 陳留 考城人. 字는 道明, 諡는 文穆. 官은 侍中·太傅. 저술로는 《論語蔡氏注》·《蔡氏喪服譜》·《禮記音》·《漢書集解》 등이 있다.
23) 〈尚書敍〉: 여기서는 《尚書》〈皐陶謨〉의 序를 가리킴.

○양신:[18] '부否' 자의 음音은 비색否塞이라 할 때의 비否이다. 옛날에는 그 나라에 벼슬하게 되면 그 나라의 소군小君을 찾아보았다. 자로子路는 공자가 이미 위衛나라에서 벼슬하고 있지 아니한데 소군을 만나는 것은 벼슬을 구하는 것으로 여겼다. 기뻐하지 아니한 것은 공자가 벼슬하려고 하는 것을 기뻐하지 않은 것이지, 공자가 남자를 만나는 것을 기뻐하지 않은 것은 아니다. 공자는 곧바로 자로에게 알려 말하기를[19] "나의 도道가 막혀 펴지 못하는 것은 곧 하늘이 버린 것이다. 하늘이 버린 것을 어떻게 남자南子가 일으켜 도를 행하게 하겠는가? 남자를 만난 것은 자신이 베푼 예의에 답례한 것에 불과할 뿐이다"라 하였다. 이와 같이 본다면 성현의 마음이 비로소 명백해지고, 왕부王符의 무리들도 또한 아무 소리도 지껄이는 바가 없을 것이다. [《丹鉛餘錄》에 보인다. ○王符는 마땅히 王充으로 되어야 한다.]

○반박: 아니다. 왕충王充의 《논형論衡》〈문공문공問孔〉편에 '부否'를 비鄙로 읽고, [鄙陋의 뜻으로 하였다.] '염厭'을 압壓으로 읽었으니,[20] 난조欒肇 이하는[21] 모두 왕충의 지류支流이다. 경전을 해석할 때 이해가 되지 않는 것은 다만 마땅히 의심나는 것으로 하여 빼놓아야 하거늘, 맞지도 않는 말이 한결같이 이 지경에까지 이르렀는가? 한유韓愈의 설은 더욱 이치에 합당하지 않다.

○채모:[22] '시矢'는 진술한다는 뜻이다. 〈상서서尙書敍〉[23]에 이르기를 "고요가 그 계책을 진술하다(皐陶矢厥謨)"라 하였다. 공자는 자로를 위해 천명天命을 진술한 것이다. [皇侃의 疏에 보인다.]

○한유: '시矢'는 진술한다는 뜻이다. [《論語筆解》에 보인다.]

○양신: '시矢'란 곧바로 고한다(直告之)는 것이며 맹세한다는 서誓의 뜻이 아니다.

○毛曰: "矢, 指也. 夫子以手指天曰 '吾敢不見乎', 言南子方得天也."
○駁曰 非也. 所云云者, 天必殃之, 本是誓辭之例. 朱子引崔杼之誓, 旣明白矣. 楊升菴又何爲從舊說也?
宋 孫奕《示兒編》云: "南子是南蒯, 蒯欲張公室以叛季氏, 此與夫子欲赴弗擾⁶·佛肸同意, 而子路不悅, 故矢之."
○張燧曰: "南蒯者, 魯人, 季氏 費邑宰. 昭公十二年, 以費叛, 夫子見之, 亦猶公山·佛肸召而欲往也."【書名曰《千百年眼》】
○駁曰 非也. 佛肸不可曰佛子, 南蒯可謂之南子乎? 王應麟曰: "以傳攷之, 昭公十二年南蒯叛, 孔子年方二十有二, 子路少孔子九歲, 年方十三, 其說鑿而不通矣."【駁陳自⁷明之說】
李充曰: "男女之別, 國之大節, 聖人明義敎正內外者也. 乃廢常違禮, 見淫亂之婦人者, 必以權道有由而然. 子路不悅, 固其宜也."【見皇疏】

⑥ 弗擾: 新朝本·奎章本에는 빠져 있다.
⑦ 自: 新朝本·奎章本에는 '子'로 되어 있으나《困學紀聞》卷7〈論語〉에 따라 바로잡는다.
24) 毛奇齡,《論語稽求篇》'子見南子'章에 나온다.
25) 楊升庵: 楊愼. 升庵은 그의 字.
26) 孫奕: 北宋 때 學者. 閩縣人. 字는 景山. 官은 監察御史·福建轉運使 등을 역임. 저서로는《示兒編》이 있다.
27) 孔子가 公山弗擾와 佛肸에게 달려가고자 한 것: 이 내용은《論語》〈陽貨〉편에 나온다. 公山弗擾는 春秋時代 魯나라 季氏의 家臣이며, 佛肸은 春秋時代 晋나라의 大夫였다. 公山은 費邑을 거점으로 하여 반기를 들어 孔子를 불렀고, 佛肸은 中牟를 거점으로 하여 반기를 들어 공자를 불렀다. 공자가 이때 가고자 한 일이 있다.
28) 張燧: 明代의 學者. 字는 和仲. 張燧가 편찬한 책이《千百年眼》인데, 12권으로 되어 있으며 그 내용은 經·子·史에 관한 考證 解說이다.
29) 佛肸: 佛戒를 받은 사람.
30) 陳自明: 未詳. 宋代의 學者인 陳自明이라면, 그는 臨川人으로서 字가 良甫이고, 官은 建府 醫學敎授였으며, 醫術에 정통하였다. 저술은《大全良方》·《外科精要》등이 있음.

○모기령: '시矢'는 가리킨다는 뜻이다. 공자가 손가락으로 하늘을 가리키면서 말하기를 "내가 감히 만나지 않겠는가? (만나지 않으면 하늘이 나를 싫어할 것이다)"라고 하였다. 이는 남자南子가 바야흐로 하늘을 얻었음을 말한다.[24]

○반박: 아니다. "만약 … 하면 하늘이 반드시 재앙을 내릴 것이다"고 한 것은 본시 서사誓辭의 예문例文이다. 주자가 최저崔杼의 서사를 끌어와서 이미 분명하게 밝혀 놓았는데, 양승암楊升庵[25]은 또 무엇 때문에 구설舊說을 추종하는가?

○송나라 손혁[26]의《시아편》: 남자는 바로 남괴南蒯이다. 남괴는 공실公室의 세를 확장하여 계씨季氏에게 반기를 들고자 하였다. 이때 남자를 만난 것은 공자가 공산불요公山弗擾와 필힐佛肸에게 달려가고자 한 것[27]과 그 뜻이 같은데, 자로가 기뻐하지 않았기 때문에 맹세를 하였던 것이다.

○장수:[28] 남괴南蒯라는 자는 노魯나라 사람으로 비費 땅의 읍재邑宰이다. 소공昭公 12년(B.C. 530)에 그가 비 땅을 거점으로 하여 반기를 들었을 때 공자가 그를 만난 것은, 또한 공산불요와 필힐이 불러서 공자가 가고자 한 것과 같다. [이 글이 실려 있는 책 이름은 《千百年眼》이다.]

○반박: 아니다. 필힐을 불자佛子[29]라고 할 수 없는데, 남괴를 남자南子라고 할 수 있겠는가? 왕응린王應麟이 말하기를 "《좌전左傳》에 상고詳考하니, 소공 12년에 남괴가 반기를 들었는데, 공자는 그때 나이 바야흐로 22세였고, 자로는 공자보다 9세가 적어 바야흐로 13세였다. 그러니 그 설은 천착한 것으로서 통할 수 없다"고 하였다. [陳自明[30]의 說을 반박한 것이다.]

○이충: 남녀가 유별한 것은 나라의 큰 예절이다. 성인은 의리를 밝혀 남녀의 내외를 가르쳐 바르게 해야 할 분이다. 그런데 이에 상도常道를 폐하고 예禮를 어겨 음란한 부인을 만난 것은 반드시 권도權道이며, 이유가 있어 그러하였을 것이다. 자로가 기뻐하지 않은 것은 진실로 그것은 마땅한 것이다. [皇侃의 疏에 보인다.]

○純曰: "朱注所謂 '有見小君之禮', 亦無所考. 朱子以意言之."
○駁曰 非也. 窮年矻矻, 尚不知古之大夫有見小君之禮, 猶欲哆口談經, 難矣. 古有五禮, 吉·凶·賓·嘉, 皆見小君, 惟軍禮未有所考耳.《禮》曰: "及時將祭, 先期旬有一日, 宮宰宿夫人."【〈祭統〉文】宿也者, 今之所謂誓戒也. 不見而戒, 理所難通.《禮》曰: "君·夫人會於太廟, 君純冕立於阼, 夫人副褘立於東房. 及⁸迎牲, 卿大夫從入, 而夫人薦涗水⁹, 夫人薦豆." 當此之時, 大夫·夫人不得不相見. 不惟是也, 尸酢夫人則尸自執柄,【爵之尾】夫人執足,【〈祭統〉文】是尸與夫人親相授受, 其禮親於嫂叔, 尸非卿大夫爲之乎? 吉禮之見小君, 如是也.▶

---

⑧ 及: 新朝本·奎章本에는 '旣'로 되어 있으나《禮記》〈祭統〉에 따라 바로잡는다.
⑨ 水: 新朝本·奎章本에는 빠져 있으나《禮記》〈祭統〉에 따라 보충한다.
31) 宮宰: 鄭玄의 注에 따르면 宮을 지키는 官員이다.
32) 宿: 鄭玄의 注에 따르면 宿은 肅의 뜻으로 읽어야 하고, 肅은 戒와 같다고 하였으니, 警戒의 말을 준다는 뜻이다.
33) 副: 婦人의 머리 裝飾品.
34) 褘衣: 王后의 祭服.
35) 涗水: 祭祀에 쓰려고 맑게 해 놓은 술과 물.

○태재순: 주자朱子의 주注에 이른바 "소군小君을 만나는 예가 있었다"고 하는 것도 또한 상고詳考할 바가 없으니, 이것은 주자가 자기 마음대로 말한 것이다.

○반박: 아니다. 한평생 부지런히 공부하고서 옛날의 대부大夫가 소군小君을 찾아보는 예가 있었다는 것조차도 알지 못하면서 오히려 입을 놀리며 경전의 글을 말하려고 하니, 곤란한 일이다. 옛날에 오례五禮가 있었는데, 그 가운데 길례吉禮·흉례凶禮·빈례賓禮·가례嘉禮에는 모두 소군을 보는데, 오직 군례軍禮에만 그것을 상고할 길이 없을 뿐이다. 《예기》에 "제삿날이 와서 제사를 지내려 할 때는, 먼저 그 11일 전에 궁재宮宰[31]가 부인夫人에게 숙宿[32]을 한다"고 하였으니, [〈祭統〉의 글이다.] '숙宿'이란 오늘날의 이른바 '서계誓戒'이다. 부인을 보지 않고 서계하는 것은 이치상 통하기 어려운 일이다. 《예기》에 "군주와 부인이 태묘太廟에서 만나서는 군주는 순견純絹의 제복을 입고 면관冕冠을 쓰고서 동쪽 계단에 서고, 부인은 머리를 장식하는 부副[33]를 쓰고 휘의褘衣[34]를 입고서 동방東房에 선다. 희생犧牲을 맞이할 때가 되면 경卿·대부大夫들이 따라 들어가고, 부인은 세수沇水[35]를 바치며 또 제수祭需를 담은 조두俎豆를 올린다"고 하였으니, 이때를 당해서 대부와 부인은 어쩔 수 없이 서로 보지 않을 수 없었다. 이뿐만도 아니다. 시동尸童이 부인에게 잔을 돌려 권할 때 시동은 스스로 잔의 자루[술잔의 꼬리 부분이다.]를 잡고, 부인은 시동으로부터 잔을 받을 때 그 잔의 발목 부분을 잡으니, [〈祭統〉의 글이다.] 이는 시동과 부인이 친히 서로 주고받는 일이며, 그 예禮는 수숙嫂叔 사이보다 더 친밀한 것으로서, 여기 시동은 경·대부가 이를 대신하는 것이 아니겠는가? 길례吉禮에서 소군小君을 보는 예禮가 이와 같다. ▶

雍也下

《禮》曰:"國君之喪, 旣正尸子, 坐于東方.【即世子】卿大夫立于東方, 夫人坐于西方, 內命婦立于西方."【〈喪大記〉】正尸者, 未小斂尸在室之時也. 大夫·夫人方且於一室之內, 隔以一尸, 東西相嚮, 以正哭位, 當此之時, 其密如母子, 見與不見, 遑可論乎?《禮》曰: "凡喪爲天王斬衰, 爲王后齊衰."【〈春官·司服〉文】傳曰: "爲王斬衰, 服父之義也; 爲后齊衰, 服母之義也."【〈昏義〉文】世有母子之義, 而面目不見者乎? 凶禮之見小君, 如是也.〈聘禮〉曰: "使者受命于朝, 其受夫人之聘璋·享琮皆如初."【鄭云: "夫人亦有聘享者, 以其與己同體, 爲國小君也."】如初者, 謂如受命于君也,【宋景公欲殺桓魋, 使夫人驟請享焉, 此又一驗】▶

---

36) 內命婦: 鄭玄의 注에 世婦로 되어 있다. 世婦는 宮中에서 天子 또는 諸侯에게 奉仕하는 女官이다.
37) 聘璋과 享琮: 君主의 夫人을 問安할 때 璋이라는 瑞玉을 바치는 것이 聘璋이고, 饗宴을 베풀 때 琮이라는 瑞玉을 바치는 것이 享琮이다. 《儀禮》〈聘禮〉에 보면, "聘於夫人用璋, 享用琮"이란 글이 나온다.
38) 桓魋: 春秋時代 宋나라의 大夫. 姓이 向이므로 向魋라고도 한다.
39) 《左傳》哀公 14년조에 나온다.

◀《예기》에 "국군國君의 초상에는 그 시신을 바르게 해 놓고서 아들 [곧 世子이다.] 은 동쪽에 앉고, 경·대부는 동쪽에 서며, 부인은 서쪽에 앉고, 내명부內命婦[36]는 서쪽에 선다"고 하였으니, [〈喪大記〉에 있다.] '시신을 바르게 해 놓는다(正尸)'는 것은 소렴小斂하기 이전에 시신이 방에 있을 때를 말한다. 대부와 부인이 바야흐로 한 방에서 하나의 시신을 사이에 두고 동서로 서로 향하도록 하여 곡哭하는 자리를 정해 놓은 것이다. 이때를 당해서는 그 친밀한 것이 모자母子 사이와도 같은 것인데, 보고 안 보는 것을 어느 겨를에 논할 수 있겠는가? 예禮에 이르기를 "무릇 상례喪禮에 천왕天王을 위해서는 참최복斬衰服을 입고, 왕후王后를 위해서는 재최복齊衰服을 입는다"고 하였고, [《周禮》〈春官·司服〉의 글이다.] 《전傳傳》에 이르기를 "천왕을 위해서 참최복을 입는 것은 아버지의 상喪에 복服을 입는 것과 같은 의미가 되고, 왕후를 위해서 재최복을 입는 것은 어머니의 상에 복을 입는 것과 같은 의미가 된다"고 하였으니, [《禮記》〈昏義〉의 글이다.] 세상에 (대부와 부인은) 모자의 의리가 있는데 얼굴을 대하여 보지 못하는 관계이겠는가? 흉례凶禮에서 소군小君을 보는 예禮가 이와 같다. 《의례儀禮》〈빙례聘禮〉에 "사신은 조정에서 왕명을 받으며, 그 부인이 빙장聘璋과 향종享琮[37]을 받는 것도 모두 처음처럼 하다"라 하였으니, [鄭玄은 이르기를 "夫人이 또한 聘璋과 享琮이 있는 것은 그가 君主와 같은 지체로서 나라의 小君이 되기 때문이다"라 하였다.] 여기 '처음처럼 하다(如初)'란 임금에게 왕명을 받는 것처럼 한다는 것을 이른다. [宋나라 景公이 桓魋[38]를 죽이려고 하여 夫人으로 하여금 자주 桓魋를 饗宴에 초대하도록 청하였는데,[39] 이것이 또 그 하나의 증거이다.]▶

◀豈惟本國之臣見其小君, 抑亦隣國之臣來見小君. 故〈聘禮〉, "使至隣國, 于其夫人, 聘用璋享用琮如初."【賓至郊, 夫人已使下大夫勞之】如初者, 謂如致聘于君也. "夕, 夫人又使下大夫韋弁歸禮."【鄭注云: "致辭當稱寡小君."】賓禮之見小君, 如是也. 紀 裂繻逆魯之伯姬.【隱二年】周 祭公逆紀之季姜.【桓八年】凡如是者不得不相見. 哀姜旣入, 魯 莊公使大夫覵用幣.【莊二十四年】杜注云: "禮, 小君至, 大夫執贄以見, 明臣子之道."《公羊》之義亦然. 故何休曰: "禮, 夫人至, 大夫皆郊迎." 惟《穀梁》固陋, 稱大夫不見夫人, 此何足取徵? 嘉禮之見小君, 如是也. 軍禮雖無正文, 然鄭 文⑩夫人芉氏·姜氏, 勞楚于柯澤, 楚子使師縉示之俘馘,【僖廿二】師縉非隣國之臣乎? 此雖非禮, 亦當時之俗例也.▶

⑩ 文: 新朝本·奎章本에는 빠져 있으나《春秋左傳注疏》僖公 22年에 따라 보충한다.
40) 韋弁:《儀禮》〈聘禮〉에 나오는 말인데, 高位 官職者가 착용하는 禮冠 또는 禮服의 一種.
41) 裂繻: 春秋時代 紀나라의 卿이었던 사람. 婚禮에 天子와 諸侯는 직접 親迎을 하지 않고 代理人을 閨秀의 집에 보내어 맞이해 왔는데, 裂繻가 이때 紀의 君主의 夫人이 될 伯姬를 맞이하러 魯나라에 갔다. 伯姬는 魯나라 隱公의 妹氏이다.
42) 祭公: 春秋時代 周나라 桓王의 卿士. 祭公이 桓王의 夫人이 될 紀나라의 季姜을 맞이하러 갔다.
43) 哀姜: 春秋時代 魯나라 桓公의 夫人이며 莊公의 母이다.
44) 柯澤: 春秋時代 鄭나라 땅이다.
45) 楚子: 楚나라 諸侯를 가리킴.
46) 師縉: 春秋時代 楚나라 사람.
47) 俘馘: 捕虜와 敵軍의 戰死者에게서 베어 온 귀.

◀그러니 어찌 본국의 신하만이 그 소군小君을 보았겠는가? 아니 또한 이웃나라의 신하들까지도 와서 소군을 보았기 때문에《의례》〈빙례〉에 보면 "사신이 이웃나라에 가면 그 나라의 부인에게 문안하여 장璋을 바치고 향연에 종琮을 바치기를 처음처럼 하다"라 하였으니, [他國의 賓客이 郊外에 이르면, 夫人은 몸소 下大夫를 시켜 그 노고를 위로하게 한다.] 여기 '처음처럼 하다(如初)'란 임금에게 빙문聘問하는 것처럼 한다는 것을 이르고, "저녁에는 부인이 또 하대부下大夫를 시켜 위변韋弁[40]의 차림으로 향연의 예를 베풀게 한다"고 하였으니, [鄭玄의 注에 이르기를 "夫人이란 말이 致辭로서는 마땅히 '寡小君'이라고 일컬어야 한다"고 하였다.] 빈례賓禮에서 소군小君을 보는 예禮가 이와 같다. 기紀나라 열수裂繻[41]는 노魯나라의 백희伯姬를 맞이하고, [隱公 2년이다.] 주周나라 채공祭公[42]은 기紀나라의 계강季姜을 맞이하였는데, [桓公 8년이다.] 무릇 이와 같은 경우는 서로 만나지 않을 수 없는 것이다. 애강哀姜[43]이 들어왔을 때 노나라 장공莊公이 대부들로 하여금 폐백을 바치며 보게 하였는데, [莊公 24년이다.] 두예杜預의 주注에 이르기를 "예禮에 소군이 오면 대부는 폐백을 가지고 와서 보는 것은 신하의 도리를 밝히는 것이다"라 하였고, 《춘추공양전春秋公羊傳》의 내용도 또한 그러하기 때문에 하휴何休는 말하기를 "예에 부인夫人이 오면 대부는 모두 교외에서 맞이한다"고 하였다. 그런데 다만《춘추곡량전春秋穀梁傳》만이 고루하여 "대부는 부인을 보지 않는다"고 하였으니, 이것을 어찌 족히 증거로 취할 수 있겠는가? 가례嘉禮에서 소군을 보는 예禮가 이와 같다. 군례軍禮에는 비록 (부인을 본다고 하는) 정문正文은 없으나, 정鄭나라 문공文公의 부인 간씨芊氏·강씨姜氏가 가택柯澤[44]에서 초자楚子[45]의 그 노고를 위로하자 초자는 사진師縉[46]에게 명하여 부인들에게 부괵俘馘[47]을 보여주었으니, [僖公 22년이다.] 사진은 이웃나라의 신하가 아니겠는가? 이것은 비록 예禮는 아니더라도 또한 그 당시의 속례俗例라고 볼 수 있다.▶

◀大夫之見小君, 若是明確, 而獨於孔子之見南子, 看作怪變, 摸撈塗抹, 彌縫遮掩, 有若孔子於此作一大戾, 遂成難洗之累, 而千方百計, 思所以文飾之, 豈不大可笑矣乎? 先儒皆謂南子淫亂, 不宜入見. 夫小君之淫與貞, 非大夫之所敢問者, 故哀姜·文姜·穆姜之等, 無不亂德, 而孔子作《春秋》, 必謹書之曰: "夫人某氏薨." 又謹書之曰: "葬我小君某氏." 明小君淫黷, 非臣子之所敢問也. 南子之行, 無以踰於三姜, 而於彼則信之爲恒禮, 於此則疑之爲怪變, 豈不惑與?《史記》稱'南子願見, 夫子辭謝, 不得已而見之', 其實此亦回護之言. 此時夫子在衛, 目見靈公新卒, 國嗣未定, 與其立輒以興亂, 不若召蒯聵而全恩. 南子之請見, 孔子之入[11]見, 必於此立嗣一事有所可否, 而子路之所不悅者, 謂蒯聵犯逆於其母, 被逐於其父, 不宜復主衛國也.▶

---

⑪ 入: 新朝本에는 '人'으로 되어 있으나 奎章本에 따라 바로잡는다.
48) 文姜: 春秋時代 魯나라 桓公 夫人.
49) 穆姜: 春秋時代 魯나라 宣公 夫人.
50) 三姜: 哀姜·文姜·穆姜을 가리킴.
51) 輒: 春秋時代 衛나라 靈公의 손자이며 蒯聵의 아들 出公 輒이다.
52) 蒯聵: 春秋時代 衛나라 靈公의 아들이며 出公 輒의 아비이다. 靈公·南子·蒯聵·出公 輒의 관계와 그 史實은《史記》〈衛康叔世家〉에 상세하게 나와 있음.

◀대부가 소군小君을 보는 것이 이처럼 명확한데, 유독 공자가 남자南子를 본 것만은 괴변怪變으로 간주하여 들추어내기도 하고 지우기도 하며 또 미봉하기도 하고 막아서 가리기도 하여, 마치 공자가 여기에 하나의 큰 잘못을 저질러 드디어 씻기 어려운 누를 이룬 것처럼 하고, 온갖 계책으로 이를 꾸미려고 생각하고 있으니, 어찌 크게 가소롭지 아니하겠는가? 선유先儒들은 모두 남자南子는 음란하니 마땅히 들어가 보지 않아야 한다고 말하였으나, 대저 소군의 음란함과 정숙에 대한 일은 대부大夫로서 감히 물을 바의 것이 아니다. 그러므로 애강哀姜·문강文姜[48]·목강穆姜[49] 등이 덕을 어지럽히지 아니함이 없었으나, 공자는 《춘추》를 지으면서 반드시 삼가 쓰기를 "부인 아무 씨가 돌아가다(夫人某氏薨)"라 하고, 또 삼가 쓰기를 "우리 소군 아무 씨를 장례하다(葬我小君某氏)"라 하였으니, 이는 소군의 음란한 행위에 대해 신하로서 감히 물을 바가 아님을 밝힌 것이다. 남자의 행실은 삼강三姜[50]의 음란함보다 지나칠 수 없는데, 저 삼강을 만나는 일에 대해서는 이를 믿어 항례恒禮로 보아주고 이 남자를 만나는 일에 대해서는 이를 의심하여 괴변怪變으로 만드니, 어찌 의혹스러운 일이 아니겠는가? 《사기》에서 "남자가 공자를 보기를 바라자, 공자가 사양하다가 부득이해서 그를 만났다"고 하였으니, 사실은 이것도 또한 만남을 비호하는 말이다. 이때 공자는 위衛나라에 있었다. 영공靈公 신新이 죽었는데 나라의 후사後嗣를 정하지 못한 것을 공자가 직접 눈으로 보고는, 첩輒[51]을 세워 난亂을 일으키기보다는 차라리 괴외蒯聵[52]를 불러들여 골육骨肉의 은혜를 온전하게 하는 것이 낫다고 여겨, 남자가 보기를 청하매 공자가 들어가 만난 것은 반드시 이 나라의 후사를 세우는 한 가지 일에 대해 가부可否를 논함이 있었을 것이다. 그런데 자로가 기뻐하지 않은 것은 괴외가 그 어머니에게 대들어 반항하여 아버지에게 추방을 당하였으므로, 마땅히 다시는 위衛나라의 군주가 될 수 없다고 여긴 것이다.▶

◀孔子·子路於此一事, 議本不合, 故孔子以夷·齊爲得仁, 子路以拒蕢至殺身, 日征月邁, 即此可知. 孔子解惑不得, 至發矢言, 其兩相牴牾, 不肯相降, 以至於指天爲誓, 皆爭此一事. 南子之淫與不淫, 小君之當見與不當見, 何與於是哉? 其所云 '天厭之'者, 以孔子旣居是邦, 目見其亂亡將至, 不肯一言以援救之, 則非仁人之所忍爲, 而天必厭之也. 若無故無例, 不見此淫惡之人, 則天何必厭之厭之, 豈孔子被執於子路, 窘遁慌張, 指天爲誓, 以明其本心耶? 誠如是也, 夫子不但無禮, 抑且慢天, 豈可爲聖人乎? 此大事, 不可不辨⑫.

質疑 《集注》云: "否謂不合於禮, 不由其道也."

○案 否一字, 無以含此八字意思. 子路之所不說, 本不過一見字, 則夫子之所自解, 亦不過一見字. 否者, 不見也.▶

---

⑫ 辨: 新朝本·奎章本에는 '辯'으로 되어 있으나 文理에 따라 바로잡는다.
53) 《論語》〈述而〉편에 "曰: 伯夷叔齊何人也? … 曰: 求仁而得仁, 又何怨?"라는 經文이 있다.
54) 이 여덟 자: "不合於禮, 不由其道"를 가리킴.

◂공자와 자로는 (후사를 세우는) 이 한 가지 일에 대해 의견이 본래 합치되지 않았다. 그러므로 공자는 백이伯夷·숙제叔齊처럼 인仁을 구하여 인을 얻었고,[53] 자로는 괴외를 배척하여 살신殺身할 지경에까지 이르도록 날마다 매진하였음을 여기에서 가히 알 수 있다. 공자는 자로의 의혹을 풀어주는 것이 제대로 되지 않아 맹세하는 말까지 하게 되었고, 두 사람의 의견이 서로 어긋나고 결코 승복하지 않자 심지어는 하늘을 가리켜 맹세하는 데까지 가게 되었으니, 이는 모두 이 (후사를 세우는) 한 가지 일에 대한 논쟁이다. 남자南子가 음란했는지 아닌지와 소군小君을 마땅히 보아야 하는지 아닌지 하는 문제가 여기에 무슨 상관이 있겠는가? 여기에 이른바 '천염지天厭之'란 공자가 이미 이 나라에 있으면서 직접 눈으로 나라가 어지러워 장차 망하려고 하는 것을 보고도 결코 한마디 말로나마 이를 구원하는 말이 없다면 인인仁人으로서 차마 할 바가 아니기 때문에, 하늘이 반드시 이를 싫어할 것임을 말한 것이다. 만약 아무 만날 이유도 없고 또 만난 그런 전례도 없어서 이 음악淫惡한 사람을 만나지 않았다면 하늘이 어찌 반드시 이를 싫어하고 싫어하겠으며, 또 어찌 공자가 자로에게 구실을 잡혀서 군색하게 피하느라 장황하게 하늘을 가리켜 맹세하면서 그 본심을 밝히겠는가? 진실로 아무 까닭 없이 이와 같이 했다면 공자는 무례할 뿐만 아니라 아마 또 하늘을 업신여긴 것이니, 어찌 성인聖人이 될 수 있겠는가? 이는 큰일이기에 논변하지 않을 수 없다.

【질의】《논어집주》: '부否'는 예禮에 합하지 않고 그 도道에 의거하지 아니한 것을 말한다.

○살펴보건대, '부否'라는 한 글자는 이 여덟 자[54]의 뜻을 내포해 있을 수 없는 것이다. 자로가 기뻐하지 아니한 바는 본래 하나의 '견見' 자에 불과하였으므로 공자가 스스로 해명한 것도 역시 하나의 '견見' 자에 불과하니, '부否'란 '보지 않는다(不見)'는 것이다.▸

雍也下

《易》曰:"見惡人无咎." 君子固有此義. 孔子不見南子, 則必有傷仁賊義, 大拂上天之心者, 故孔子之言如此, 合禮違禮, 恐非孔子之所宜自明也.

《孔叢子》〈儒服〉篇云:"平原君問子高曰, '吾聞子之先君, 親見衛夫人南子. 又云南游遇乎阿谷, 而交辭於漂女, 信有之乎?' 答曰, '士之相信, 聞流言而不信者, 以其所已行之事占之也. 昔先君在衛, 衛君問軍旅, 拒而不告, 攝駕而去, 衛君請見, 猶不能終, 何夫人之能覿乎? 古者大饗, 夫人與焉, 意衛君夫人饗夫子, 則夫子亦弗獲已矣.'"【子高名穿, 孔子六世孫也】

○案《孔叢子》, 僞書. 同出梅賾之手, 朱子明辨之矣.

子曰:"中庸之爲德也, 其至矣乎! 民鮮久矣."【〈中庸〉作 '鮮能久矣'】

---

55) 《易經》〈睽卦〉에 나온다.
56) 平原君: 戰國時代 趙나라 武靈王의 아들. 名은 勝이며 封號가 平原君이다. 그는 사람들이 찾아오는 것을 좋아하여 當時 門下에 食客이 數千 名에 이르렀다고 함. 《史記》卷76 참조.)

《역경易經》에 이르기를 "악인惡人을 보아도 허물될 것이 없다"[55]고 하였으니, 군자는 진실로 이런 도리가 있다. 공자가 남자南子를 만나지 않았으면 반드시 인의仁義를 손상하여 상천上天의 마음을 크게 거슬렀을 것이다. 그러므로 공자의 말이 이와 같으니, 예禮에 합하고 예에 위배되는 것은 아마도 공자가 마땅히 스스로 해명해야 할 바는 아닌 듯하다.

○《공총자》〈유복〉: 평원군平原君[56]이 자고子高에게 묻기를 "내가 들으니 그대의 선군先君이 친히 위衛나라 부인夫人 남자南子를 만났다고 하고, 또 남쪽 지방으로 유람하다가 아곡阿谷에서 빨래하는 여인을 만나 서로 말을 주고받았다고 하는데, 진실로 그러한 일이 있는가?" 하니, 자고가 대답하기를 "선비가 서로 믿게 되면 흘러간 말을 듣고 믿지 않는 경우가 있는데, 이는 평소에 이미 그 행동한 일로써 점쳐 보기 때문이다. 옛날에 선군이 위衛나라에 있을 때 위나라 군주가 군려軍旅에 대해 묻자, 거절하여 고하지 않고 말에 멍에를 메워 떠나버렸다. 위나라 군주가 보기를 청하였는데도 오히려 결국 이루지 못하였는데, 어찌 부인夫人이 볼 수 있었겠는가? 옛날에는 큰 향연에 부인이 참여하였다. 생각건대, 위나라 군주 부인이 부자夫子(공자)에게 향연을 베풀었으면 부자도 또한 어쩔 수 없이 부인을 보았을 것이다"라 하였다. [子高는 이름이 穿이니, 孔子의 六世孫이다.]

○살펴보건대, 《공총자孔叢子》는 위서僞書이다. 다른 위서와 같이 매색梅賾의 손에서 나왔다는 것을 주자가 명확히 논변했다.

공자는 말하기를 "중용中庸의 덕됨이 지극하도다! (그러나) 백성들 가운데 오래 지속하는 이가 드물다."고 하였다. [〈中庸〉에서는 '鮮能久矣'로 되어 있다.]

雍也下

131

朱子曰: "中者, 無過不及之名, 庸平常也.【何云: "中和, 可常行之德①."】至, 極也. 鮮, 少也."

○補曰 民鮮久矣, 謂不能朞月守也.【見〈中庸〉】

何曰: "世亂, 先王之道廢, 民鮮能行此道, 久矣."

○駁曰 非也.〈皐陶謨〉以日宣三德, 日嚴祗敬六德, 爲取人之科目, 而結之曰彰厥有常吉哉? 周公作〈立政〉, 歷言諸官, 而結之曰庶常吉士, 民之爲德, 以恆久有常爲準, 故《易》曰: "庸言之信, 庸行之謹."〈中庸〉曰: "擇乎中庸而不能朞月守." 孔子曰: "顏子其心三月不違仁." 皆此義也.〈中庸〉作鮮能久矣, 恐此經落一字.

引證《周禮》〈春官·大司樂〉, 以樂德敎國子, 中·和·祗·庸·孝·友.【鄭云: "中猶忠也. 和, 剛柔適也. 祗, 敬. 庸, 有常也."】

---

① 德: 新朝本·奎章本에는 '禮'로 되어 있으나《論語注疏》卷6〈雍也〉에 따라 바로잡는다.
1) 三德: 九德 가운데 三德. 九德은 寬而栗·柔而立·愿而恭·亂而敬·擾而毅·直而溫·簡而廉·剛而塞·彊而義이다.
2) 六德: 九德 가운데 六德.
3)《易經》〈乾卦〉에 나온다.
4)《論語》〈雍也〉편에 나온다.
5) 한 자가 빠진 듯하다: '鮮能久矣'에서 '能'이 빠졌다는 말이다.
6) 國子: 公卿大夫의 子弟.

○주자: '중中'이란 지나치거나 미치지 못함이 없음을 이르고, [何晏은 이르기를 "中和는 항상 행할 만한 德이다"라 하였다.] '용庸'은 공평하고 떳떳한 것이고, '지至'는 지극한 것이고, '선鮮'은 적은 것이다.
○보충: '민선구의民鮮久矣'는 '능히 한 달도 지키지 못한다(不能期月守也)'는 것을 이른다. [《禮記》〈中庸〉에 보인다.]
○하안: 세상이 어지러워 선왕先王의 도道가 폐해지고, 백성들이 이 도道를 능히 실행함이 적어진 지가 오래이다.
○반박: 아니다. 《상서尙書》〈고요모皐陶謨〉에는 날마다 세 가지 덕(三德)[1]을 베풀며 날마다 엄하게 여섯 가지 덕(六德)[2]을 공경히 행한다는 그것으로써 인재를 뽑는 과목으로 삼고 이에 결론을 지어 말하기를 "밝게 (이 구덕을) 떳떳이 지속하면 길吉하도다!"라 하였고, 주공周公은 《상서》〈입정立政〉편을 지어 여러 관직에 대해 두루 말하고 이에 결론을 지어 말하기를 "많은 그 떳떳함을 지속하는 길사吉士들이다"라 하였으니, 백성으로서의 그 덕은 항구적이고 떳떳함이 있는 것을 그 표준으로 삼는다. 그러므로 《역경易經》에 이르기를 "떳떳한 말을 신실히 하고 떳떳한 행실을 삼가다"[3]라 하였고, 〈중용中庸〉에 이르기를 "중용을 택하여 능히 한 달도 지키지 못한다"고 하였으며, 공자는 말하기를 "안자顔子는 그 마음이 석 달 동안이나 인仁을 떠나지 않았다"[4]고 하였으니, 이는 모두가 이 경문과 관련이 있는 내용이다. 《예기》〈중용〉에서는 '선능구의鮮能久矣'로 되어 있는데, 아마도 이 《논어》의 경문에서는 한 자가 빠진 듯하다.[5]
【인증】《주례》〈춘관·대사악〉: 악덕樂德으로써 국자國子[6]를 가르치는데, 그것이 중中·화和·지祇·용庸·효孝·우友이다. [鄭玄은 이르기를 "中은 忠과 같고, 和는 剛과 柔의 적절함이며, 祇는 敬이고, 庸은 떳떳함이 있는 것이다"라 하였다.]

雍也下

子貢曰: "如有博施於民, 而能濟衆, 何如? 可謂仁乎?" 子曰: "何事於仁? 必也聖乎! 堯·舜其猶病諸. 夫仁者, 己欲立而立人, 己欲達而達人. 能近取譬, 可謂仁之方也已."

補曰 博, 廣也, 普也. 布惠曰施,【《易》曰: "天施地生."】救患曰濟.【本涉水之稱】所施旣博, 則其及易薄, 無以濟衆, 兼者難也.【陳云: "濟衆難於博施."】仁者, 嚮人之愛①也;【君收仁於民】聖者, 達天之德也. 病, 猶患也.

○補曰 樹身得位曰立,【如所云立身揚名】遂性無閼曰達.【自此之彼謂之達】己之所欲, 先施於人, 恕也.

○朱子曰: "譬, 喻也. 方, 術也. 近取諸身, 以己所欲譬之他人, 知其所欲."

---

① 愛: 新朝本에는 '受'로 되어 있으나 奎章本에 따라 바로잡는다.
1) 능히 가까이 비유를 취하면: 가까운 자기 자신에 비유를 하여 이를 남의 처지에 잘 推及하는 것을 말함. 推己及人의 恕를 말함.
2) 《易經》〈益卦〉에 나온다.
3) 《論語集註大全》 卷6〈雍也〉제6 小註에 나온다.

자공子貢이 말하기를 "만약 널리 백성에게 은혜를 베풀어 대중을 능히 구제할 수 있다면 어떻겠습니까? 인仁이라고 이를 수 있겠습니까?" 하니, 공자는 말하기를 "어찌 인仁에 그치겠는가? 반드시 성聖이로다! 요堯·순舜도 오히려 그것을 근심으로 여기셨도다! 대저 인仁한 자는 자신이 서고자 하매 남도 서게 하고, 자신이 통달하고자 하매 남도 통달하게 한다. 능히 가까이 비유를 취하면[1] 인仁을 하는 방법이라고 이를 수 있다."고 하였다.

○보충: '박博'은 광廣의 뜻이며 보普의 뜻이다. 은혜를 베푸는 것을 '시施'라 하고, [《易經》에 이르기를 "하늘은 베풀고 땅은 낳는다"[2]고 하였다.] 환난을 구제하는 것을 '제濟'라 한다. [본래는 물을 건너는 것을 일컫는다.] 베푸는 바가 이미 넓으면 그 혜택이 미치는 것이 박薄하기 쉬우므로 많은 대중을 구제할 수 없으니, 이것을 겸하기는 어려운 것이다. [新安 陳氏는 이르기를 "많은 大衆을 구제하는 것은 널리 베푸는 것보다 어렵다"[3]라 하였다.] '인仁'이란 다른 사람에게 향하는 사랑이고, [君主는 民을 기르고 사랑하는 것이다.] '성聖'이란 하늘에 통달하는 덕이며, '병病'은 근심한다는 뜻과 같다.

○보충: 몸을 세우고 벼슬자리를 얻는 것을 '입立'이라 하고, [이른바 立身揚名과 같다.] 천성天性을 이루어 막힘이 없는 것을 '달達'이라 하며, [여기에서부터 저기에 가는 것을 達이라 한다.] 자신의 하고 싶은 바를 남에게 먼저 베푸는 것이 서恕이다.

○주자: '비譬'는 비유이고, '방方'은 방법이다. 가까이 자신에게서 취하여 자신이 하고 싶은 것을 가지고 다른 사람에게 비유하면, 그의 하고 싶은 것도 자신과 같음을 알게 된다.

○補曰 能近取譬者, 絜矩也. 取譬於下, 以事上; 取譬於左, 以交右也. 孔子曰:"強恕而行, 求仁莫近焉."

---

4)《孟子》〈盡心〉上에 나온다.

○보충: '능히 가까이 비유를 취한다(能近取譬)'는 것은 혈구絜矩이다. 아랫사람에게서 비유를 취하여 윗사람을 섬기며, 왼쪽 사람에게서 비유를 취하여 오른쪽 사람을 사귀는 것이다. 공자는 "힘써서 서恕를 행하면 인仁을 구함이 이보다 가까운 것이 없다"[4]고 하였다.

雍也 下

述而 第七

述而 第七
【凡三十九章】

子曰:"述而不作, 信而好古, 竊比於我老彭."

補曰 述者, 循而傳也.【命者旣命, 而筮者從而命之, 謂之述命. 見〈喪禮〉注】作者, 刱自造也.【〈樂記〉云: "作者之謂聖, 述者之謂明."】信, 謂篤信先王之道也. 竊比, 嫌辭.

○包曰: "老彭, 殷賢大夫."【邢云: "即莊子所謂彭祖."】
○補曰 孔子, 殷人,【見〈檀弓〉】故曰我老彭.
○朱子曰: "夫子刪《詩》·《書》, 定禮·樂, 贊《周易》, 修《春秋》, 皆傳先王之舊, 而未嘗有所作也."
鄭曰: "老, 老聃; 彭, 彭祖."【見《釋文》①】
○李曰: "老彭名鏗, 堯臣, 封於彭城. 歷虞·夏至商, 年七百歲, 故以久壽見聞."【見邢疏】

---

① 見釋文: 新朝本에는 '見皇疏'로 되어 있으나 皇侃의 疏에는 鄭玄의 이 말이 없고, 陸德明의 《經典釋文》에 鄭玄의 이 주를 인용하였으므로 '見釋文'으로 바로잡는다.
1) 述命: 명령을 따라서 다시 하는 것을 말함. 茶山이 '述命'이란 말을 여기에 自註를 하면서 인용한 것은 '述而不作'의 '述'을 해석하기 위해서이다.《儀禮》〈士喪禮〉에 '不述命'이란 말이 있는데, 그 注에 '旣受命而申言之曰述(이미 명령을 받았는데 이를 거듭 말하는 것을 述이라고 한다)'이라고 하였다.
2) 여기〈喪禮〉는《儀禮》〈士喪禮〉를 가리킴. (李學勤 主編,《儀禮注疏》下, p.715 참조. 北京大學出版社.)
3)《正義》7.
4) 李: 어느 시대의 누구인지 詳考할 수 없음.

술이 제칠
【모두 39장이다.】

공자는 말하기를 "그대로 따라 하여 전하기만 하고 창조하지 않으며, 믿고 옛것을 좋아하기를 내 가만히 우리 노팽老彭에게 견준다." 하였다.

○보충: '술述'은 그대로 따라 하여 전傳하는 것이며, [命하는 자가 이미 명령하였는데 시초로 점치는 자가 그대로 따라서 명령대로 다시 하는 것을 述命¹⁾이라 한다. 〈喪禮〉²⁾의 注에 보인다.] '작作'은 처음으로 스스로 만드는 것이다. [《禮記》〈樂記〉에 이르기를 "作者를 聖이라 하고, 述者를 明이라 한다"고 하였다.] '신信'은 선왕先王의 도를 돈독히 믿는 것이며, '절비竊比'는 겸양하는 말이다.
○포함: 노팽은 은殷나라의 어진 대부大夫이다. [邢昺은 이르기를 "老彭은 곧 《莊子》의 이른바 彭祖이다"³⁾라 하였다.]
○보충: 공자는 은殷나라 사람이므로 [《禮記》〈檀弓〉편에 보인다.] 우리 노팽이라고 말한 것이다.
○주자: 공자는 《시경》·《서경》을 산삭하고, 예禮·악樂을 정립하고, 《주역》을 찬술贊述하고, 《춘추》를 편수하였는데, 모두 선왕의 옛것을 전술傳述하였고 일찍이 창작한 것은 있지 않았다.
○정현: '노老'는 노담老聃이고, '팽彭'은 팽조彭祖이다. [《經典釋文》에 보인다.]
○이:⁴⁾ 노팽老彭의 이름은 갱鏗이다. 요堯임금의 신하로서 팽성彭城에 봉해졌으며, 우虞·하夏를 거쳐 상商에 이르기까지 그의 나이가 700세였다. 그러므로 장수한 이로서 소문이 났다. [邢昺의 疏에 보인다.]

述而 第七

《世本》云:"姓籛名鏗, 在商爲守藏史, 在周爲柱下史, 年八百歲.【籛, 音霸】一云即老子也."【見邢疏】

○崔云:"堯臣, 仕殷世, 其人甫壽七百年."【見邢疏】

○王弼云:"老是老聃, 彭是彭祖. 老子者, 楚 苦縣 厲鄕 曲仁里人也. 姓李氏, 名耳, 字伯陽, 諡曰聃, 周守藏室之史也."【見邢疏】

○楊龜山曰:"老氏以自然爲宗, 謂之不作可也."【朱子云:"以〈曾子問〉言禮證之, 述而不作, 信而好古, 皆可見."】

○王應麟曰:"聃, 周之史官, 掌國之典籍, 三皇·五帝之書, 故能述古事, 信好之. 如五千言, 或有是語而傳之.《列子》引黃帝書, 即〈谷神不死〉章也. 聃雖知禮, 謂行之反以多事, 故欲滅絕之.〈禮運〉'謀用是作, 岳由此起', 亦有此意."

---

5)《世本》: 先秦時代 史書의 하나. 이 책은 黃帝 以來로 春秋時代까지 帝王·公侯·卿大夫의 祖世의 내력을 기록해 놓았다.
6) 崔: 어느 시대 누구인지 詳考할 수 없음.
7) 王弼: 226~249. 三國時代 魏나라 學者. 山陽 高平人. 字는 輔嗣이다. 官은 尙書郞. 無爲思想을 근본으로 하는 老莊學에 심취하였음. 24세의 젊은 나이로 죽었지만, 그는 《周易注》·《周易略例》·《老子指略》·《老子道德經注》·《論語釋疑》등 많은 저술을 남겼다.
8) 楊龜山: 1053~1135. 北宋 때의 經學家. 南劍 將樂人. 字는 中立, 名은 時, 諡는 文靖이며, 龜山은 그의 號이다. 二程子 門下의 高弟로서 官은 著作郞·工部侍郞 등을 역임. 저서로는 《三經義辨》·《二程粹言》·《龜山語錄》이 있다.
9) 老氏: 老聃, 곧 老子를 말함.
10) 王應麟,《困學紀聞》卷7〈論語〉에 나온다.
11) 同上.
12) 五千言:《老子道德經》을 가리킴.
13) 王應麟,《困學紀聞》卷7〈論語〉에 나온다.

○《세본》:⁵⁾ 성姓은 전錢이며 이름은 갱鏗이니, 상商나라에서는 수장사守藏史였고 주周나라에서는 주하사柱下史였는데, 나이가 800세였다. [錢은 音이 翦이다.] 일설에는 곧 노자老子라고도 한다. [邢昺의 疏에 보인다.]

○최:⁶⁾ (노팽은) 요임금의 신하이니, 은殷나라 때에도 벼슬하였다. 그 사람은 겨우 수壽가 700세였다. [邢昺의 疏에 보인다.]

○왕필:⁷⁾ '노老'는 노담老聃이고, '팽彭'은 팽조彭祖이다. 노자老子는 초楚나라 고현苦縣 여향厲鄉의 곡인리曲仁里 사람이다. 성姓은 이씨李氏이니, 이름은 이耳요 자字는 백양伯陽이며 시호諡號는 담聃으로, 주周나라 수장실守藏室의 사관史官이었다. [邢昺의 疏에 보인다.]

○양구산:⁸⁾ 노씨老氏⁹⁾는 자연自然을 종宗으로 삼았으니, 그를 '창작하지 않는다(不作)'라고 말하는 것이 가할 것이다.¹⁰⁾ [朱子는 이르기를 "《禮記》〈曾子問〉에 禮를 말한 것으로써 입증한다면 (老聃의) '전술하기만 하고 창작하지 않으며, 믿고 옛것을 좋아함(述而不作, 信而好古)'을 모두 볼 수 있다"고 하였다.¹¹⁾]

○왕응린: 노담老聃은 주나라 사관史官이니, 나라의 전적典籍과 삼황三皇·오제五帝의 글들을 관장하였다. 그러므로 고사古事를 잘 서술하며 이를 믿고 좋아하였는데, 예를 들면 그의 오천언五千言¹²⁾에 혹 이런 말로 전술한 것이 있음과 같은 것이다. 《열자列子》에 황제黃帝의 글을 인용한 것은 곧 (《노자도덕경老子道德經》의) 〈곡신불사장谷神不死章〉이다. 노담은 사람이 비록 예禮를 알기는 하지만 행동이 많은 일을 통해 이에 반反한다고 여겼기 때문에, 욕심을 없애고 끊고자 하였던 것이다. 《예기》〈예운禮運〉편에 "모략이 이것 때문에 일어나고, 전쟁이 이것으로 말미암아 일어난다"고 한 것도 역시 이 욕심 때문이라는 그런 뜻이 있다.¹³⁾

述而 第七

引證 《大戴禮》〈虞戴德〉篇, 子曰: "昔商 老彭及仲傀, 政之教大夫, 官之教士, 技之教庶人, 揚則抑, 抑則揚, 綴以德行, 不任以言, 庶人以言, 猶以夏后氏之 '衸懷袍褐'也. 行不越境."

子曰: "默而識之, 學而不厭, 誨人不倦, 何有於我哉?"【識, 去聲】

補曰 默, 謂內而不出也.【《易》所云含章】識, 記也. 《易》曰: "多識前言往行, 以畜其德."【〈大畜〉文】默所以畜也.
○補曰 學, 謂考徵於典籍.
○補曰 '何有於我', 言我粗能爲此, 何足有無於我哉?
鄭曰: "無是行於我, 我獨有之."【邢云: "他①人無是行於我, 我獨有之②."】

---

① 他: 新朝本·奎章本에는 빠져 있으나《論語注疏》卷7〈述而〉에 따라 보충한다.
② 我獨有之: 新朝本·奎章本에는 빠져 있으나《論語注疏》卷7〈述而〉에 따라 보충한다.
14) 仲傀: 殷나라 成湯의 左相이었다는 仲虺와 同一한 사람이란 說이 있음.
15) 原文의 '庶人以言'에서 '行不越境'까지는 글의 內容이 未詳. 淸代의 學者인 孫詒讓은 '庶人以言'이라 할 때의 '庶'는 '度'의 誤字이고, '衸懷袍褐'이라 할 때의 '衸'는 '珩'의 誤字라고 하였기에 이에 따라 해석하였음.
1) 識는 去聲이다: 識가 去聲일 때는 기억하다 또는 기록하다의 뜻이 된다.
2) 含章: 아름다움을 안에 간직하여 나타내지 아니함. 《易經》〈姤卦〉에 나온다.
3) 鄭玄의 '無是行'이 皇侃本에는 '人無有是行'으로 되어 있어 번역은 이에 依함. 鄭玄의 注 '無是行' 다음의 '於我' 두 字를 衍字로 보는 學者도 있다.
4)《正義》7.

【인증】《대대례》〈우대덕〉: 공자는 말하기를 "옛날 상商나라의 노팽老彭과 중괴仲傀14)는 대부大夫에게 정사하는 법을 가르치고, 사士에게 관리 노릇하는 법을 가르치며, 서인庶人에게 기예를 가르쳤는데, 사람이 너무 지나치면 좀 억누르고 미치지 못하면 나아가도록 면려하여, 덕행德行으로써 배양시켜 나가고 말로써 신임하지 않았다. 말로써 사람을 평가하면, 이는 마치 하후씨夏后氏가 아름다운 형珩의 구슬을 갈포 옷에 품고 있는 것과 같아서 그 시행이 경계를 넘지 못한다(庶人以言, 猶以夏后氏之衻懷袍褐也, 行不越境)"15)라고 하였다.

공자는 말하기를 "묵묵히 기억하며 배워서 싫어하지 아니하며, 사람 가르치기를 게을리 하지 아니하는 이런 것이 어찌 내게 있다 없다 하겠는가?" 하였다. ['識'는 去聲이다.1)]

○보충: '묵默'은 안으로 간직하여 내놓지 않는 것이며, [《易經》의 이른바 '含章'2)이다.] '지識'는 기억하는 것이니, 《역경》에 "옛 성현의 말과 행동을 많이 기억하여 그것으로써 덕德을 축적蓄積해 나간다"고 하였다. [《易經》〈大畜〉의 글이다.] 이는 묵묵히 축양畜養하는 것이다.
○보충: '학學'은 전적典籍을 상고하여 실증하는 것이다.
○보충: '하유어아何有於我'는 내가 조금 이것을 할 수 있을 뿐인데, 어찌 내게 족히 있다 없다고 하겠느냐는 말이다.
○정현: (사람들은) 이러한 행실이 없고,3) 나에게는 나만 홀로 이러한 행실이 있는 것이다. [邢昺은 이르기를 "다른 사람은 이러한 행실이 없고, 나에게는 나만 홀로 이러한 행실이 있는 것이다"4)라 하였다.]

述而 第七

○侃曰: "言人無此諸行, 故天下貴於我耳. 若世人皆有此三行, 則何復貴有③於我乎?"

○毛曰: "何者, 誰也. 此非謙詞, 實勉辭."【從鄭義】

○駁曰 非也. 不知何說.

引證 子曰: "爲之不厭, 誨人不倦, 則可謂云爾已矣."【〈述而④〉篇】

○子曰: "我學不厭而教不倦."【見《孟子》】

○案 學不厭教不倦, 夫子平日所嘗自許者, 不應至此謙而不居, 況不爲酒困等數事, 尤是淺行, 必非謙辭. 何有於我者, 謂不足有無也.

純曰: "〈古擊壤歌〉云, '帝力何有於我?' 又《左傳》曰, '雖及胡耉, 獲則取之, 何有於二毛?'【僖卄二】 曰, '蒲人·翟⑤人, 余何有焉?'【僖卄四】 曰, '群臣若急, 君於何有?'【襄卄三】 曰, '何有於諸游?'【昭元年】▶

---

③ 有: 新朝本·奎章本에는 빠져 있으나《論語集解義疏》卷7〈述而〉에 따라 보충한다.
④ 述而: 新朝本·奎章本에는 모두 '子罕'으로 되어 있으나《論語》〈述而〉에 따라 바로잡는다.
⑤ 狄: 新朝本·奎章本에는 '翟'으로 되어 있으나《春秋左傳注疏》僖公 24年에 따라 바로잡는다.
5)《義疏》4-85.
6) 毛奇齡,《論語稽求篇》〈黙而識之〉에 나온다.
7)《孟子》〈公孫丑〉上에 나온다.
8)《帝王世紀》와《十八史略》에 나온다. 擊壤歌는 樂府·雜謠歌辭의 하나인데, 傳說의 인물인 帝堯의 시대의 太平을 謳歌한 노래이다.
9) 蒲: 春秋時代 晉나라 地名.
10) 狄: 春秋時代 齊나라 地名.

○황간: 사람들은 이러한 행실이 없었기 때문에 천하가 나를 귀하게 여겼던 것이다. 만약 세상 사람들이 모두 이 세 가지 행실이 있었다면, 어떻게 또 나에게 이것이 있는 것을 귀하게 여겼겠느냐는 것을 말한다.[5]
○모기령: '하何'란 '수誰'의 뜻이니, 이는 겸양하는 말이 아니라 실은 면려勉勵하는 말이다.[6] [鄭玄의 뜻을 따른 것이다.]
○반박: 아니다. 이는 무슨 말인지 알지 못하겠다.
【인증】 공자: (성聖과 인仁의 도를) 배우기를 싫어하지 않고 사람 가르치기를 게을리 하지 않는 것에 대해서만은 그렇다고 말할 수 있을 따름이다. [〈述而〉편에 나온다.]
○공자: 나는 배우기를 싫어하지 않고 가르치기를 게을리 하지 않는다. [《孟子》에 보인다.[7]]
○살펴보건대, 배우기를 싫어하지 않고 가르치기를 게을리 하지 않은 것은 공자가 평소 일찍이 자인하던 바의 일이지만, 이 경지에 온 것을 응낙하지 않고 겸양하여 자처하지 않았는데, 하물며 술로 고생하지 않는 것 등 몇 가지 일들은 더욱 이는 천행淺行으로서 반드시 겸양하는 말이 아니니, 여기 '하유어아何有於我'란 있다 없다고 하기에는 부족하다는 것을 말한다.
○태재순: 옛 격양가擊壤歌에 "제왕帝王의 혜택이 우리에게 무슨 상관이 있겠는가(帝力何有於我)"[8]라 하였고, 또 《좌전》에 "아무리 팔구십 되는 나이 많은 늙은이라도 손에 잡히면 붙잡아 죽여야 하는데, 이모二毛(斑白)의 늙은이에게야 어찌 걱정할 필요가 있겠는가(雖及胡耉, 獲則取之, 何有於二毛)"라 하였고, [僖公 22년에 나온다.] "포蒲[9]의 사람과 적狄[10]의 사람에 대해 내가 무슨 염려할 것이 있겠는가(蒲人狄人, 余何有焉)"라 하였고, [僖公 24년에 나온다.] "여러 신하들이 만약 위급함에 다다르면 군주에게 무슨 의리가 있겠는가(群臣若急, 君於何有)"라 하였고, [襄公 23년에 나온다.] "여러 유씨游氏의 사람들 가운데 어찌 가릴 것이 있겠는가(何有於諸游)"라 하였고, [昭公 元年에 나온다.]▶

述而 第七

◀又《國語》曰, '將奪其國, 何有於妻?'【〈晉語〉文】曰, '況蠻荊則何有於周室?'【〈吳語〉文】凡此諸文, 皆同一例, 言不以爲有焉."

○案 所引諸文, 亦其中語脉微有不同, 不可一槪言也.

質疑 王應麟曰: "默而識之, 朱子謂 '不言而存諸心', 不取虛中之說, 恐學者流於異端."

○案 朱子自解此注曰: "此是得一善, 拳拳服膺之意, 與坐禪不同." 王說, 非也.

子曰: "德之不脩, 學之不講, 聞義不能徙, 不善不能改, 是吾憂也."

補曰 德者, 本心之正直; 學者, 先王之道藝. 時廢而復治之曰脩, 時晦而復明之曰講.【《說文》云: "講, 解也."】如所謂講信修睦也.【〈禮運〉文】徙者, 遷善也.

---

11) '있다(有)'고 할 수 없음을 말한 것이다: '何有'라는 말이 '있다고 할 수 없다'는 말이라는 뜻. 太宰純,《論語古訓外傳》7-2b.
12) 王應麟,《困學紀聞》卷7〈論語〉에 나온다.
13)《禮記》〈中庸〉에 나오는 말.
14)《論語集註大全》卷7〈述而〉제7 小註에 나온다.

◀또 《국어》에 "장차 나라까지 빼앗으려고 하는데 아내에게 무슨 관심이 있겠는가(將奪其國, 何有於妻)"라 하였고, [〈晉語〉의 글이다.] "하물며 만형蠻荊이 주실周室에 대해 무슨 예의가 있겠는가(況蠻荊則何有於周室)"라 하였는데, [〈吳語〉의 글이다.] 무릇 이 여러 글은 모두 동일한 예문例文으로서 '있다(有)'고 할 수 없음을 말한 것이다.[11]

○살펴보건대, 여기 인용한 바의 여러 글은 또한 그 글 속의 어맥語脉이 조금은 같지 않음이 있으므로 한 가지로 개관槪觀하여 말해서는 안 된다.

【질의】왕응린: 주자는 묵묵히 기억하는 것을 말하지 않고 마음에 간직해 두는 것을 말한다고 하여 허중설虛中說을 취하지 않은 것은, 아마도 배우는 이들이 이단異端에 빠질까 염려해서이다.[12]

○살펴보건대, 주자는 스스로 자신의 이 주注를 풀이하여 말하기를 "이는 '하나의 선善을 얻으면 받들어 가슴속에 둔다'[13]고 하는 뜻이다"[14]라 하였다. 이는 좌선坐禪과는 같지 않으니, 왕응린王應麟의 설은 그르다.

공자는 말하기를 "덕德이 닦이지 못함과 학學이 강명講明되지 못함과 의義를 듣고 능히 옮기지 못함과 불선不善을 능히 고치지 못함, 이것이 나의 근심이다."라 하였다.

○보충: '덕德'이란 본심의 바르고 곧은 것이며, '학學'이란 선왕先王의 도예道藝이다. 한때 허물어졌던 것을 다시 손질하는 것을 '수修'라 하고, 한때 어두워졌던 것을 다시 밝히는 것을 '강講'이라 한다. [《說文》에 이르기를 "講은 푸는 것이다"라 하였다.] 예를 들면 이른바 '강신수목講信修睦' [《禮記》〈禮運〉편의 글이다.] 이라 할 때의 강講과 수修 같은 것이다. '사徙'란 선善한 데로 옮기는 것이다.

○補曰 吾, 猶己也, 所以戒學者.

孔曰: "夫子常以此四者爲憂."

○駁曰 非也. 學者群居, 或憂世或憂民, 憂至治之下復, 憂倫義之斁滅, 下焉者憂貧憂賤憂飢憂寒. 孔子聞之曰: "君輩之憂, 皆閒愁也. 其欲聞眞憂乎? 德之不修, 學之不講, 善之不徙, 過之不改, 是吾憂也."

子之燕居, 申申如也, 夭夭如也.

補曰 燕, 安也, 謂退朝而安居也.【〈仲尼燕居〉, 鄭注云: "退朝而處曰燕居."】申申, 言語之慈詳也;【申, 重也】夭夭, 顏色之和舒也.

馬曰: "申申夭夭, 和舒之貌."

○駁曰 非也. 出辭氣, 動容貌, 宜兩記之. 〈鄕黨〉篇云 '侃侃如也, 誾誾如也' 者, 辭氣也; '怡怡如也, 愉愉如也' 者, 容貌也, 何必此經獨記容貌乎?

○보충: '오吾'는 기己(자신)의 뜻과 같으니, 배우는 이를 경계한 것이다.
○공안국: 공자는 항상 이 네 가지를 근심으로 삼았다.
○반박: 아니다. 배우는 이들은 여럿이 있을 때 혹 세상을 근심하기도 하고 백성을 근심하기도 하며, 지극한 다스림이 회복되지 못할까 근심하고 윤리가 땅에 떨어질까 근심하며, 낮은 신분에 있는 자들은 가난과 천賤함을 근심하고 배고픔과 추위를 근심하는데, 공자는 이를 듣고 말하기를 "그대들의 근심은 모두 한가한 근심이다. 참다운 근심을 듣고 싶은가? 덕德이 닦이지 않고, 학學이 강명되지 않고, 선善이 옮겨지지 않고, 허물이 고쳐지지 않는 것, 이것이 나의 근심이다"라 하였다.

공자가 집에서 편안히 있을 때는 말이 자애롭고 자상하며 얼굴빛이 온화하고 확 펴져 있었다.

○보충: '연燕'은 안安의 뜻이니, 조정에서 물러나 편안히 있을 때를 말한다. [《禮記》〈仲尼燕居〉의 鄭玄의 注에 "朝廷에서 물러나 있을 때를 燕居라 한다"고 하였다.] '신신申申'은 말이 자애롭고 자상한 것이며 ['申'은 거듭 되풀이한다는 뜻이다.] '요요夭夭'는 얼굴빛이 온화하고 확 펴져 있는 것이다.
○마융: '신신申申'과 '요요夭夭'는 온화하고 펴져 있는 모습이다.
○반박: 아니다. 입에서 나오는 사기辭氣와 움직이는 용모는 마땅히 두 가지 다른 표현으로 기록되어야 한다. 《논어》〈향당鄕黨〉편에 "간간여야侃侃如也하고 은은여야誾誾如也하다"라고 한 것은 사기이며, "이이여야怡怡如也하고 유유여야愉愉如也하다"라고 한 것은 용모이다. 그런데 어찌 반드시 이 경문에서만 홀로 용모로 기록하였겠는가?▶

《書》曰: "申命羲叔."《易》曰: "重巽以申命."《楚辭》曰: "申申其詈予."
申申者, 言語之重複也. 孔子在鄉黨, 恂恂似不能言; 在朝廷, 便便言惟
謹; 獨於燕居, 與門弟子談誨之時, 其言辭申申然詳悉, 如云 '焉用佞',
'賢哉回也' 之類, 皆重言之, 所謂申申如也.

侃曰: "申申者, 心和也; 夭夭者, 貌舒也."

○孫綽曰: "燕居無事, 故云心內夷和, 外舒暢也."

○駁曰 非也. 心和非所記也. 夭夭者, 和好之貌, 又與舒暢微有不同.

子曰: "甚矣, 吾衰也! 久矣, 吾不復夢見周公."

孔曰: "盛時夢見周公, 欲行其道也."

---

1)《尚書》〈堯典〉에 나온다.
2)《易經》〈巽卦〉에 나온다.
3)《楚辭》〈離騷〉에 나온다.
4)《論語》〈鄉黨〉첫 장에 나온다.
5)《論語》〈公冶長〉편에 나온다.
6)《論語》〈雍也〉편에 나온다.
7)《義疏》4-86.
8) 孫綽: 320~377. 東晉 때 學者. 太原 中都人. 字는 興公. 官은 太學博士·尙書令 등을 거쳐 廷
   尉卿에 이르렀음. 儒·佛·道의 합일을 주장하였으며, 저술로는 〈遂初賦〉·〈遊天臺山賦〉등의
   작품이 있다.
9)《義疏》4-86.

◀《서경》에 이르기를 "거듭 희숙에게 명하다(申命羲叔)"¹⁾라 하고, 《역경》에 이르기를 "〈손괘巽卦〉는 (상괘上卦와 하괘下卦가 모두 손巽으로서) 손巽이 중복되어 명령을 거듭하는 상象이다(重巽以申命)"²⁾라 하고, 《초사楚辭》에 이르기를 "거듭거듭 그가 나를 책망하다(申申其詈予)"³⁾라 하였으니, '신신申申'이란 말이 거듭 되풀이되는 것이다. 공자가 향당鄕黨에 있을 때는 성실히 하여 말을 잘하지 못하는 것처럼 하였고, 조정에 있을 때는 말을 잘하되 오직 삼갔다.⁴⁾ 그러나 다만 연거燕居에서 제자들과 담론하고 가르칠 때는 그 언사가 거듭 되풀이되어 자상하였다. 예를 들면 "말재주 부리는 것을 어디에다 쓰겠는가?"⁵⁾ "어질도다, 안회顔回여!"⁶⁾ 하는 것과 같은 것들이 모두 자상하게 말이 거듭되었으니, 이것이 이른바 '신신여야申申如也'이다.
○황간: '신신申申'이란 마음이 화평한 것이며, '요요夭夭'란 얼굴 모습이 확 펴져 있는 것이다.⁷⁾
○손작:⁸⁾ 연거燕居하여 아무 일이 없기 때문에 마음속이 평화롭고 외모가 확 펴져 있다고 한 것이다.⁹⁾
○반박: 아니다. 마음의 화평함은 어떻게 표현하여 기록할 수 있는 바가 아니며, '요요夭夭'란 화평하고 좋은 모습이니, 이는 또 확 펴져 있는 서창舒暢과는 조금 다르다.

述而 第七

공자는 말하기를 "심하도다, 나의 노쇠함이여! 오래되었도다, 내 다시는 꿈속에서 주공周公을 보지 못했다."고 하였다.

○공안국: (공자는) 젊었을 때 꿈에서 주공周公을 보고서 그 도道를 행하고자 하였던 것이다.

○朱子曰: "至老無復是心, 亦無復是夢."

引證 《呂氏春秋》〈不苟論〉曰: "孔丘·墨翟, 晝日諷誦習業, 夜親見文王·周公旦而問焉."【注引《論語》'夢見周公.'】

○王符《潛夫論》曰: "孔子生於亂世, 日思周公之德, 夜即夢之, 此謂意精之夢也."〈夢列〉篇】

子曰: "志於道, 據於德, 依於仁, 游於藝."

補曰 自此至彼曰道,【〈表記〉云: "嚮道而行."】心之正直曰德.【從直心】仁者, 嚮人之愛也.

○何曰: "藝, 六藝也."【邢云: "謂禮·樂·射·御·書·數."】

○朱子曰: "志者, 心之所之."

○補曰 持守勿動曰據.【〈趙奢傳〉云: "先據北山者勝."】如衣坫身曰依,【朱子云: "不違."】如魚冰水曰游.

○案 據於德, 所以自修也; 依於仁, 所以接人也.

---

1) 《呂氏春秋》〈不苟論·博志〉에 나온다.
2) 王符: ?~162. 後漢 때 學者. 安定 臨涇人. 字는 節信. 馬融·張衡과 交遊하였으며, 평생 은거하여 학문과 저술에 몰두하였음. 저술로는 《潛夫論》이 있다.
1) 《正義》7.
2) 趙奢: 戰國時代 趙나라 사람. 趙 惠文王 때 田部吏. 平原君이 그를 어질다고 여겨 惠文王에게 추천하여 국가의 賦稅를 맡게 되었고, 秦이 韓을 치매 韓이 趙에 구원을 청하였는데, 이 때 趙奢가 장수로서 援兵을 나가 秦을 크게 擊破하였다.
3) 《史記》卷81〈廉頗·藺相如列傳〉에 나온다.

○주자: 늙음에 이르러서는 (도가 행해지지 못하게 되자) 다시 이러한 마음이 없었고, 따라서 또한 다시 이 꿈도 없었다.
【인증】《여씨춘추》〈불구론〉: 공구孔丘와 묵적墨翟은 낮에는 글을 외우고 학업을 익히며, 밤에는 친히 문왕文王과 주공周公 단旦을 만나서 물었다.[1]
[注에 《論語》의 "꿈에 周公을 보았다"는 구절을 인용하였다.]
○왕부[2]의 《잠부론》: 공자는 난세亂世에 태어나 날마다 주공의 덕을 생각하였으므로, 밤이면 그의 꿈을 꾼 것이다. 이를 뜻과 정신에서 오는 꿈이라고 한다. [〈夢列〉편에 나온다.]

공자는 말하기를 "도道에 뜻을 두고, 덕德을 지키고, 인仁에 의지하고, 예藝에 노닐어야 한다."고 하였다.

○여기에서부터 저기까지 가는 것을 '도道'라 하고, [《禮記》〈表記〉에 "길을 향해 가는 것이다"라 하였다.] 마음이 바르고 곧은 것을 '덕德'이라고 하며, [곧은 마음을 따른 것이다.] '인仁'이란 남에게 향하는 사랑이다.
○하안: '예藝'는 육예六藝이다. [邢昺은 이르기를 "禮·樂·射·御·書·數이다"[1]라 하였다.]
○주자: '지志'란 마음이 지향하는 것이다.
○보충: 지켜서 움직이지 않도록 하는 것을 '거據'라 하고, [〈趙奢傳〉[2]에 "먼저 北山을 굳게 지키는 자가 이긴다"[3]고 하였다.] 옷이 몸에 착 달라붙는 것과 같은 것을 '의依'라고 하며, [朱子는 "떠나지 않는 것이다"라 하였다.] 물고기가 물에서 헤엄치는 것을 '유游'라고 한다.
○살펴보건대, '거어덕據於德'은 스스로 자신을 닦는 것이며, '의어인依於仁'은 남을 접하여 사랑을 베푸는 것이다.

何曰: "依, 倚也. 仁者功施於人, 故可倚."
○駁曰 非也. 荻曰: "依者, 違之反, 言不相違離也. 如 '聲依永', 言絲竹之聲, 與歌詠上下不相離, 亦此意也."

引證 〈少儀〉曰: "士依於德, 游於藝."
○鄭曰: "德, 三德也, 一曰至德, 二曰敏德, 三曰孝德."【〈師氏〉文】
○案 鄭注未必然.

子曰: "自行束脩以上, 吾未嘗無誨焉."

邢曰: "束脩, 十脡脯也.【補云: "《禮》注曰, '物十曰束.'"】此是禮之薄者, 其厚則有玉帛之屬, 故云以上以包之."
○案 束脩之解, 凡有三部, 詳列于左.

引證 〈檀弓〉, 縣子曰: "古之大夫, 束脩之問, 不出竟."

---

4) 聲依永: 소리는 긴 音에 의지한다. 즉 소리는 긴 音에 따라 曲調(가락)가 정돈된다는 말인데, 이 말은 《尙書》〈堯典〉에 나온다. 僞古文에는 〈舜典〉으로 해 놓았다.
5) 太宰純, 《論語古訓外傳》7-5b.
6)《周禮》〈地官·師氏〉를 가리킴.
1)《正義》7.
2) 縣子: 魯나라의 大夫. 名은 瑣.
3)《禮記》〈檀弓〉上에 나온다.

○하안: '의依'는 의지하는 것이다. 인자仁者는 공功을 사람들에게 베풀게 되므로 이에 의지할 수 있다.
○반박: 아니다. 적생쌍송荻生雙松(오규 나베마츠)은 말하기를 "'의依'는 '위違(떠난다)'의 반대말이니, 서로 떠나지 않음을 말한다. 이는 '성의영성의영聲依永'[4]이라고 할 때의 '의依'와 같은 뜻이다. (성의영성의영聲依永은) 사죽絲竹의 풍악소리가 가영歌詠과 더불어 상하로 조화를 이루어 서로 떠나지 않는 것을 말하니, 그 또한 이러한 뜻이다"[5]라고 하였다.
【인증】《예기》〈소의〉: 선비는 덕德에 의지하며, 예藝에 노닌다.
○정현: 덕德은 삼덕三德이니, 하나는 지덕至德이고, 다른 하나는 민덕敏德이며, 또 하나는 효덕孝德이다. [〈師氏〉[6]의 글이다.]
○살펴보건대, 정현의 주注대로 반드시 그렇지는 않다.

공자는 말하기를 "마른 포脯 한 묶음 이상을 (예물로 가져와 집지執贄의 예를) 행한 자에게는 내 일찍이 가르쳐주지 않은 적이 없다."고 하였다.

○형병: '속수束脩'는 열 마리의 마른 포脯이니, [補充하여 말한다. 《禮記》의 注에 10개를 묶은 것을 束이라 한다고 하였다.] 이것은 이 (집지執贄의) 예禮 가운데서도 박薄薄한 예물이며, 그 후厚厚한 예물로는 옥백玉帛 따위도 있다. 그러므로 '이상以上'이라고 하여 옥백까지도 이에 포함시킨 것이다.[1]
○살펴보건대, '속수束脩'에 대한 해석은 세 가지가 있는데, 아래에 상세히 열거한다.
【인증】《예기》〈단궁〉: 현자縣子[2]가 말하기를 "옛날의 대부는 속수 같은 조그마한 예물도 국경國境을 벗어나지 않았다"[3]고 하였다.

○〈少儀〉曰: "其以乘壺酒·束脩·一犬賜人."
○《穀梁傳》曰: "束脩之問, 不行於竟中."
○《漢書》〈循吏傳〉云: "無疆外之交, 束脩之餽." 【又《後漢》〈第五倫傳〉有云: "束脩之餽."】
○《孔叢子》云: "子思居貧, 或致樽酒·束脩, 子思不爲當也."
○《晉書》〈慕容廆載記〉云: "劉讚爲東庠祭酒, 其世子皝率國胄, 束脩受業焉."
○《北史》云: "劉焯不行束脩, 未嘗有所教誨."【出王楙《野客叢書》】
○《北史》〈儒林傳〉云: "馮偉門徒束脩, 一毫不受."
○《北史》〈周武帝紀〉云: "詔諸胄子入學, 但束脩於師, 不勞釋奠."
○《隋①書》〈劉炫傳〉云: "博學後進, 質疑受業, 不遠千里, 然②嗇于財, 不行束脩者, 未嘗有所教."
○案 此云束脩, 皆十脡脯之謂也, 此一部也.

---

① 隋: 新朝本·奎章本에는 '漢'으로 되어 있으나 《四書賸言》 卷2에 따라 바로잡는다.
② 然: 新朝本에는 '無'로 되어 있으나 《四書賸言》 卷2에 따라 바로잡는다.
4) 第五倫: 後漢 때 京兆 長陵人. 字는 伯魚. 官은 會稽太守·司空.
5) 慕容廆: 前燕의 武宣帝. 본래 鮮卑族이며, 字는 弈洛瑰. 諡는 襄 또는 武宣皇帝. 廟號는 高祖. 在位 49년. (《晉書》 卷108과 《魏書》 卷95 참조).
6) 劉讚: 前燕 때 平原人. 字는 彦眞. 그는 儒學에 該博하여 門下에 모여드는 弟子가 항상 數百 名이었다고 함.
7) 皝: 前燕의 文明皇帝. 慕容廆의 셋째아들. 字는 元眞. 廟號는 太祖. 在位 15년.
8) 《晉書》 卷108 〈載記〉 제8에 나온다.
9) 劉焯: 544~610. 隋나라 때 經學家. 信都 昌亭人. 字는 士元. 博學通經하였으며, 劉炫과 교분이 깊어 世稱 '二劉'로 불렸다. 劉獻之의 三傳弟子로, 王命에 의해 劉炫 등과 함께 洛陽의 石經을 詳考하여 정리하였음. 官은 員外將軍·太學博士. 저술로는 《五經述議》·《曆書》·《稽極》 등이 있다. (《隋書》 卷75 참조.)
10) 《北史》 卷82에도 나온다.
11) 王楙: 宋代의 學者. 長洲人. 字는 勉夫. 杜門不出 著述에 힘씀. 世稱 講書君이라 하였음. 저술로 《野客叢書》가 있다.
12) 馮偉: 北齊의 學者. 中山 安喜人. 字는 偉節. 30년 동안 杜門不出하고 책을 읽어 無所不通하였다 함.
13) 〈周武帝記〉: 《北史》〈周本紀下第十·高祖武帝〉를 가리킴.
14) 劉炫: 隋나라 때 經學家. 河間 景城人. 字는 光伯. 私諡는 宣德. 官은 文帝 때 殿內將軍·太學博士. 劉獻之의 三傳弟子로, 劉焯과 함께 10여 년 동안 두문불출하고 독서하여 世稱 '二

○《예기》〈소의〉: 네 항아리의 술과 속수와 한 마리의 개를 사람에게 하사下賜하다.

○《곡량전》: 속수 같은 조그마한 예물도 경내境內에서는 행하지 않았다.

○《한서》〈순리전〉: 경외境外의 교제와 속수의 예물이 없었다. [또《後漢書》〈第五倫傳〉[4]에 '束脩之饋'라는 말이 있다.]

○《공총자》: 자사子思는 가난하게 살았으나 혹 통술(樽酒)과 속수를 보내오는 일이 있어도 이를 받지 않았다.

○《진서》〈모용외[5]재기〉: 유찬劉瓚[6]이 동상東庠의 좨주祭酒가 되니, 그 세자世子 황皝[7]이 국주國冑(여기서는 王侯 一族의 嫡子들을 말함)를 거느리고 속수의 예로써 수업을 받았다.[8]

○《북사》: 유작劉焯[9]은 속수의 예를 행하지 않는 사람에게는 일찍이 가르치는 바가 없었다.[10] [王楙[11]의《野客叢書》에 나온다.]

○《북사》〈유림전〉: 풍위馮偉[12]는 문도門徒에게 속수束脩를 하나도 받지 않았다.

○《북사》〈주무제기〉:[13] 모든 주자胄子에게 조서詔書를 내려, 태학에 입학하여 다만 스승에게 속수의 예만 행하고 석전釋奠은 행하지 않게 하였다.

○《수서》〈유현[14]전〉: 박학博學하였으므로 후진들이 의심나는 것을 묻고 학업을 받기 위해 천 리를 멀리 여기지 않고 달려왔다. 그러나 재물에 인색하며 속수의 예를 행하지 않는 자에게는 일찍이 가르치는 바가 없었다.

○살펴보건대, 여기에서 말한 속수束脩는 모두 열 마리의 마른 포脯를 두고 이르니, 이것이 (그 세 가지 가운데) 한 가지이다.

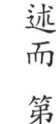

劉'로 불렸다. 저서로는《論語述議》·《孝經述議》·《尙書述議》·《春秋述議》·《毛詩述議》·《五經正名》등이 있다.

引證 《唐六典》云: "國子生初入學, 置束帛一篚·酒一壺·脩一案, 爲束脩之禮."

○《唐書》〈百官志〉云: "凡六學束脩之禮, 督課試擧, 皆如國子學③."

○韓愈曰: "說者謂'束爲束帛, 脩爲羞脯. 人能奉束脩於吾, 則皆敎誨之'. 此義失也."

○案 此又以束帛與脯, 謂之束修, 又一部也. 其義非.

引證 《後漢書》〈伏湛傳〉, 杜詩〈薦伏湛疏〉云: "自行束脩, 訖無毀玷."
【注云: "年十五以上, 自行束脩."】

○吳曾《漫錄》曰: "案《後漢書》〈馬援〉·〈杜詩〉·〈延篤傳〉注, 皆以束脩爲年十五束帶修飾之意, 乃知以束脩爲束脯者非是. 又觀《鹽鐵論》云, '桑弘羊曰, {臣結髮束修, 得宿衛.} 此正明驗. 漢人之語, 以束脩爲束帶修飾矣. 且在馬援諸人之先, 可無疑者.'" 【出王楙《野客叢書》】

---

③ 皆如國子學: 新朝本·奎章本에는 빠져 있으나 《後唐書》〈百官志〉에 따라 보충한다.
15) 六學: 唐代의 國子監에는 六學이 있었는데, 1. 國子學 2. 太學 3. 四門學 4. 律學 5. 書學 6. 算學이다.
16) 《新唐書》卷48〈志〉제38〈百官〉3에 나온다.
17) 《論語筆解》上〈述而第七〉에 나온다.
18) 伏湛: 後漢 때 學者. 字는 惠公. 伏理의 아들. 父業을 계승하여 門下에 數百 人을 敎授하였음. 官은 平原太守·尙書. (《後漢書》卷56.)
19) 杜詩: 後漢 때 學者. 汲人. 字는 君公. 官은 侍御史·汝南都尉·南陽太守 등을 역임. 지방 행정을 잘하여 당시 사람들이 杜母라 하였음. (《後漢書》卷61.)
20) 吳曾: 南宋 때 學者. 崇仁人. 字는 虎臣, 號는 能改齋. 高宗 때 著書를 바쳐 벼슬을 얻었는데, 官은 工部郎中과 地方官으로 全州·嚴州 등의 장관을 역임. 저서로는 《能改齋漫錄》이 있다.
21) 馬援: 後漢 茂陵人. 字는 文淵, 諡는 忠成. 少時 때부터 큰 뜻을 품었다. 官은 都督郵. 後漢의 建武 年間에는 伏波將軍이 되어 交趾를 정벌하여 平定하고 그 공으로 新息侯에 封해졌음.
22) 延篤: 後漢 때의 學者. 犨人. 字는 叔堅. 經傳과 百家書에 정통하였으며, 官은 京兆尹. 저술로는 詩文 등 20여 편이 있다.
23) 桑弘羊: 前漢 때 洛陽 商人 出身. 武帝 때 治粟都尉가 되어 전국의 鹽鐵을 관장하여 平準法을 만들었고, 元封 年間에 官이 御史大夫에 이르렀음.
24) 宿衛: 밤에 宿直하며 경비하는 직책.

【인증】《당육전》: 국자생國子生이 처음 국자감國子監에 입학하면 속백束帛 한 광주리, 술 한 병, 수수 한 꾸러미를 갖다 놓고 속수의 예를 행한다.

○《당서》〈백관지〉: 무릇 육학六學[15]의 속수례束脩禮와 일과日課를 감독하는 것과 과거를 시험하는 것은 모두 국자학國子學과 같았다.[16]

○한유: 어떤 설자說者가 "속束은 속백束帛이고, 수脩는 수포羞脯이다. 사람이 능히 나에게 속수束脩를 봉행한다면 그들을 모두 가르칠 것이다"라 하였는데, 이는 (속수 본래의) 그 뜻을 잃은 것이다.[17]

○살펴보건대, 이것은 또 속백과 포脯를 합쳐 속수라고 한 것으로, 이것도 또 (그 세 가지 가운데) 한 가지이나 그 뜻은 잘못되었다.

【인증】《후한서》〈복담[18]〉전: 두시杜詩[19]가 복담伏湛을 천거하는 상소에 이르기를 "속수束脩를 행한 이후로는 그에게 전혀 훼점毁玷(결점) 같은 것이 없습니다"라 하였다. [注에 "나이 15세 이상이 되면 스스로 속수束脩를 행한다"고 하였다.]

○오증[20]의 《만록》: 《후한서》의 〈마원전馬援傳〉[21]·〈두시전杜詩傳〉·〈연독전延篤傳〉[22]의 주注를 살펴보건대, 모두 속수束脩를 나이 15세에 속대束帶를 수식修飾하는 뜻으로 하여 이에 속수를 속포束脯로 알았으니, 이는 잘못된 것이다. 또 《염철론鹽鐵論》을 보니, 거기에 상홍양桑弘羊[23]이 말하기를 "신臣이 결발結髮 속수束脩를 하여 숙위宿衛[24]의 직임職任을 얻었다"고 하였으니, 이것이 바로 (속수를 속포束脯나 속대 수식으로 보는) 명확한 증거이다. 한漢나라 사람들의 말에서는 속수를 속대束帶 수식의 뜻으로도 사용한 것이다. 또 마원馬援 등 여러 사람의 앞에서도 (속수를 속포나 속대 수식으로 알고 있었던 것을) 의심할 수 없는 일이다. [王楙의 《野客叢書》에 나온다.]

述而 第七

○焦竑曰:"束脩非謂脯贄也. 蓋言自行束帶修飾之禮以上. 漢 延篤曰, '吾束脩以來爲人臣, 不陷於不忠.' 梁商曰, '王公束脩厲節.' 賈堅云, '吾束脩自立.' 此可證."【見《筆④乘》】

○案 此又以束脩爲年十五, 束帶修飾, 別一部也. 然梁商·賈堅之語, 又非年十五之意.

引證 後漢 章帝 元和, 詔云:"議郞鄭均, 束脩安貧, 恭儉節整."

○《後漢》〈鄧后紀〉云:"后詔從兄康等曰, '先公以文德敎化子孫, 故能束脩, 不觸羅網.'"【注云:"約束修整."】

○〈劉般傳〉云:"沛郡太守薦般束脩至行, 爲諸侯師."

○⑤〈鄭均傳〉云:"束脩安貧, 恭儉節整."

○〈馮衍傳〉云:"圭璧⑥其行, 束脩其心."

---

④ 筆: 新朝本에는 '華'로 되어 있으나 書名이《焦氏筆乘》이므로 奎章本에 따라 바로잡는다.
⑤ ○: 新朝本에는 빠져 있으나 奎章本에 따라 보충한다.
⑥ 璧: 新朝本·奎章本에는 '潔'로 되어 있으나《後漢書》〈馮衍傳〉에 따라 바로잡는다.
25) 焦竑: 1540~1620. 明代의 經學家. 江寧 旗手衛人(南京). 字는 弱侯, 號는 漪園·澹園, 諡는 文端·文憲. 官은 翰林院 修撰·東宮講讀官. 耿定向·羅汝芳을 師事하였으며, 李贄와 교유하여 그의 학문적 영향이 많았음. 그는 經史와 稗官 雜說을 두루 연구하였고, 儒·佛의 학설을 조화시키려 하였으며, 특히 字學에 뛰어났다. 저서로는《易筌》·《莊子闕誤》·《老子翼》·《莊子翼》·《禹貢解》·《國史經籍志》·《焦氏筆乘》·《澹園集》등이 있다.
26) 脯贄: 스승에게 執贄하기 위해 마른 魚脯 한 꾸러미를 가지고 가는 것을 말함.
27) 梁商: 後漢 때 사람. 梁疎의 孫子. 字는 伯夏, 諡는 忠. 官은 그의 딸이 順帝의 妃가 됨으로써 大將軍에 임명되었음. (《後漢書》卷64.)
28) 賈堅: 後漢 때 사람. 人的 事項은 未詳.
29) 元和의 詔告: 後漢 章帝의 元和 年間(84~87)의 詔告인데, 여기에 나오는 詔告는 元和 元年의 것이다.
30) 鄭均: 後漢 때 東平 任城人. 字는 仲虞. 性은 義를 좋아하고 篤實하였으며, 學은 黃老書를 좋아하였다고 함. 官은 尙書. (《後漢書》卷27.)
31)《後漢書》卷27〈鄭均傳〉에 나온다.
32)〈鄧后紀〉:《後漢書》卷10 上〈皇后紀〉第10 上에 나오는〈和熹鄧皇后〉를 가리킴. 여기 鄧后는 後漢 和帝(89~105)의 妃이다.
33) 康: 後漢 때 사람. 鄧禹의 孫이며, 鄧后의 從男(從兄)이다. 諡는 義. 어려서부터 操行이 있었고, 父 珍의 爵인 夷安侯를 계승하였으며, 越騎校尉가 되었음. 安帝 때는 侍中이 되고, 順帝 때는 太僕이 되었음.
34) 先公: 여기서는 後漢 때 和帝의 妃 鄧后의 祖인 鄧禹를 말함. 禹는 아들이 13명이었다.
35) 劉般: 後漢 때 사람. 宣帝의 玄孫. 字는 伯興, 封은 菖丘侯. 官은 宗正.

○초횡:²⁵⁾ 속수束脩는 포지脯贄²⁶⁾를 말하는 것이 아니다. 대개 ('자행속수이상自行束脩以上'이란) 스스로 속대束帶를 수식하는 예를 행할 연령 이상의 사람을 말한다. 한漢나라 연독延篤은 말하기를 "나는 속수束脩 이래로 남의 신하가 되어 불충不忠한 일에 빠지지 않았다"고 하였고, 양상梁商²⁷⁾은 말하기를 "왕공王公은 속수束脩에 절도를 엄하게 하였다"고 하였으며, 가견賈堅²⁸⁾은 말하기를 "나는 속수束脩하여 자립하였다"고 하였으니, 이것으로써 (속수의 뜻을) 증명할 수 있다. [《焦氏筆乘》에 보인다.]

○살펴보건대, 이것은 또 속수束脩를 나이 15세에 속대束帶를 수식하는 뜻으로 해석해 놓았으니, (그 세 가지 가운데) 다른 한 가지이다. 그러나 양상梁商과 가견賈堅의 말은 또 나이 15세를 가리키는 뜻은 아니다.

【인증】 후한 장제 원화의 조고:²⁹⁾ 의랑議郎 정균鄭均³⁰⁾은 속수束脩하고 안빈安貧하며, 공검恭儉하고 절정節整하다.³¹⁾

○《후한서》〈등후기〉:³²⁾ 황후皇后가 종형 강康³³⁾ 등에게 조칙을 내려 말하기를 "선공先公³⁴⁾이 문덕文德으로써 자손을 교화하였기 때문에, 자손이 능히 속수束脩하여 [注에 "자신을 단속하고 몸을 닦아 정돈하는 것이다"라 하였다.] 법망에 저촉되거나 걸리지를 않았다"고 하였다.

○〈유반³⁵⁾전〉: 패군태수沛郡太守가 유반劉般을 속수束脩 지행至行하다고 추천하여 제후諸侯의 스승으로 삼았다.³⁶⁾

○〈정균전〉: 속수束脩하고 안빈安貧하며, 공검恭儉하고 절정節整하다.³⁷⁾

○〈풍연³⁸⁾전〉: 그 행실을 규벽圭璧처럼 깨끗하게 하고, 그 마음을 속수束脩하였다.³⁹⁾

---

36) 《後漢書》卷39에 나온다.
37) 《後漢書》卷27〈鄭均傳〉에 나온다.
38) 馮衍: 後漢 때의 學者. 京兆 杜陵人. 馮野王의 孫. 字는 敬通. 어려서부터 奇才가 있었고, 나이 20세에 群書에 博通하였음. 官은 曲陽令·司隸從事. 저서로는 文集이 있었다고 함.
39) 《後漢書》卷28 上에 나온다.

○《三國志》云: "魏 桓範薦管寧, 束脩其躬."
○案 此又以束脩爲嚴束精修之意, 與年十五束帶者不同, 別一部也. 【徐奮鵬云: "漢疏云 '檢⑦束修治, 以上來進', 與 '人潔己以進' 意同." ○案, 漢疏, 漢之上疏】

韓曰: "仲尼言小子灑掃進退, 束脩末事, 但能勤行此小者, 則吾必教誨其大者." 【見《筆解》】

○駁曰 非也. 此乃年十五束帶之意. 總之, 孔子必受束脩之贄, 而後方纔有誨, 疑若貪財而賣道, 故回護遮掩, 以文孔子之過也. 不知古之禮俗, 與今不同, 凡非天屬之親者, 其始與相見, 必有贄物. 君臣也, 夫婦也, 朋友也, 此三者, 以義而合者也. 【非天屬】以義而合者, 苟無贄物, 不與之相見, 故爲人臣者, 出疆必載贄, 昏禮用鴈, 而男子束帛·儷皮, 婦人棗栗·腵脩. 【舅姑亦非天屬故】▶

---

⑦ 檢: 新朝本에는 '撿'으로 되어 있으나 奎章本에 따라 바로잡는다.
40) 桓範: 三國時代 魏나라 沛人. 字는 元則. 文學에 능하였고, 특히 曹爽에게 존경을 받았음. 官은 正始 年間(240~248)에 大司農. 뒤에 曹爽과 함께 司馬懿에게 誅殺되었다.
41) 管寧: 三國時代 魏나라 朱虛人. 字는 幼安. 그는 當時 사람들 가운데 平原의 華歆, 同鄕의 邴原과 交遊하며 학문에 정진하였다. 뒤에 黃巾賊의 亂이 일어나자 이를 피해 遼東으로 移住를 하였는데, 이때 그의 門下에 修學하기 위해 모인 자들이 많았다고 함. 文帝·明帝 때 太中大夫·光祿勳으로써 불렀으나 응하지 않았다.
42) 桓範이 管寧을 추천한 記事가 《三國志》〈魏書〉에는 보이지 않는다.
43) 徐奮鵬: 明代의 學者. 臨川人. 字는 自溟. 門徒이 筆峒先生이라 불렀다. 저술로는 《古今治統》·《辨俗》·《怡思集》이 있음.
44) 天屬之親: 父子·兄弟를 말함.
45) 儷皮: 婚禮의 納幣로 쓰이는 한 쌍의 가죽.
46) 腵脩: 藥脯를 말함.
47) 舅姑: 시아버지와 시어머니.

○《삼국지》: 위魏나라 환범桓範[40]이 관녕管寧[41]은 그 몸가짐을 속수束脩하는 사람이라고 하여 추천하였다.[42]

○살펴보건대, 이것은 또 속수로써 몸을 엄하게 단속하고 정수精修하는 뜻으로 하였다. 이는 속수를 나이 15세에 속대束帶하는 뜻으로 한 것과는 같지 않으니, 이것도 (그 세 가지 가운데) 다른 한 가지이다. [徐奮鵬[43]이 이르기를 "漢疏에 '檢束修治하여 바치다'고 하였는데, 이는 '사람이 몸을 깨끗이 하여 바치다'라는 뜻과 같다"고 하였다. ○살펴보건대 漢疏는 漢나라의 上疏이다.]

○한유: 중니仲尼가 소자小子의 물 뿌리고 쓸며 나아가고 물러가고 하는 것은 속수束脩의 말단의 일이지만, 능히 이 조그마한 일을 부지런히 행한다면 내 반드시 그 큰 것을 가르쳐주리라고 말한 것이다. [《論語筆解》에 보인다.]

○반박: 아니다. 이 (한유의 속수束脩 해석)은 곧 나이 15세 때 하는 속대束帶의 뜻이다. 총괄하건대, 공자는 반드시 속수束脩의 폐백을 받은 뒤에 바야흐로 비로소 가르쳤던 것인데, 이를 재물을 탐하고 도道를 파는 것처럼 의심들 하였기 때문에 이것을 비호하고 차단하여 공자가 그 허물로 여기는 것을 변명한 것이다. 알지 못하겠다. 옛날의 예속禮俗은 지금과 같지 않아, 무릇 천속지친天屬之親[44]이 아닐 경우에는 그들이 처음 서로 볼 때 반드시 폐백이 있어야 했던 것이다. 군신君臣과 부부夫婦와 붕우朋友 이 셋 사이는 의의로써 결합된 것이니, [天屬之親이 아니다.] 의로써 결합된 경우에는 만약 폐백이 없으면 서로 보지 못하였던 것이다. 그러므로 남의 신하 된 자가 국경을 나갈 때는 반드시 폐백을 싣고 가고, 혼례에는 기러기를 사용하며, 남자는 속백束帛과 여피儷皮,[45] 부인은 조율棗栗과 단수腶脩[46]의 폐백이 있었다. [舅姑[47]는 또한 天屬이 아니기 때문이다.]▶

述而 第七

◀凡非天屬而相見, 以結倫義者, 非贄不行, 故士相見之禮, 其首章首句曰: "贄, 冬用雉夏用腒." 及其相見, 主人曰: "吾子稱贄敢辭贄." 賓對曰: "某不以贄不敢見."【又云: "不依於贄, 不敢見."】凡三辭三請, 而後賓奉贄入門. 大夫相見以鴈, 飾之以布, 維之以索;【如執雉】上大夫相見以羔, 飾之以布, 維之結面; 士大夫始見于君, 執贄奠贄, 再拜稽首, 君必答拜. 古禮雖亡, 典籍猶存, 孔子非獨貪也. 以弟子而請學于賢師, 以結生三事一之義者, 安得無贄? 劉焯·劉炫, 蓋欲行古之道, 而得瑣謗者也. ○絃父云: "師弟不以贄成禮, 如夫婦不以贄成禮, 是名野合, 非夫婦也."

---

48) 生三事一: 나를 낳은 부모와 나를 먹여 살리는 임금과 나를 가르친 스승을 똑같이 섬긴다는 말이다.
49) 束脩에 관한 劉焯과 劉炫의 말은 이 글의 앞에 나와 있음.

◀무릇 천속이 아닌 사람으로서 서로 만나 윤의倫義를 맺는 사람들은 폐백이 아니면 이를 행하지 못한다. 그러므로 《의례儀禮》〈사상견례士相見禮〉의 그 첫 장 첫 구절에 "폐백으로 겨울에는 꿩을, 여름에는 말린 꿩의 포를 쓴다"고 하였고, 그들이 서로 만나서는 "주인은 '그대가 폐백을 가지고 왔으나 감히 폐백을 사양한다' 하고, 손님은 '나는 폐백을 받지 않으면 감히 보지 못하겠다'"고 하였으니, [또 이르기를 "폐백의 禮를 따르지 않으면 감히 보지 못하겠다"고 하였다.] 이처럼 무릇 세 번 사양하고 세 번 청한 뒤에 손님은 폐백을 받들고 문으로 들어간다. 대부大夫가 서로 만날 때는 기러기를 폐백으로 하는데, 그 기러기를 베로 싸고 새끼로 묶으며, [꿩을 폐백으로 할 때와 같다.] 상대부上大夫가 서로 만날 때는 염소를 폐백으로 하는데, 그 염소를 베로 싸고 끈으로 두면頭面을 결박하며, 사대부士大夫가 처음으로 임금을 만날 때 폐백을 가지고 가서 올리며 재배再拜하고 머리를 조아리면 임금은 반드시 답배答拜를 한다. 고례古禮는 비록 없어졌으나 전적典籍은 그래도 오히려 남아 있으니, 공자는 다만 재물을 탐한 것이 아니다. 제자의 자격으로 어진 스승에게 배움을 청하여 생삼사일生三事一[48]의 의리를 맺으려고 하는 사람이라면 어찌 폐백이 없을 수 있겠는가? 유작劉焯·유현劉炫은 대개 옛 도道를 행하려고 하다가 하찮은 비방을 듣게 된 사람들이다.[49]

○이굉보: 스승과 제자가 폐백으로써 예를 이루지 않는 것은 마치 부부가 폐백으로써 예를 이루지 않으면 이를 야합野合이라고 하여 부부가 아닌 것과 같다.

子曰: "不憤不啓, 不悱不發, 擧一隅不以三隅反, 則不復也."【復, 入聲】

補曰 憤, 心之怒也.【《莊子》云: "草木怒生."】悱, 心之悲也.【恐本是同字】啓, 開其塞也.【〈學記〉云: "開而弗達."】發, 撥其蒙也.【〈蒙〉卦云: "發蒙."】隅, 廉角也.【室四角曰隅】反, 猶還之也. 復, 再告也.【孟子曰: "有復於王者." 閔子騫曰: "如有復我者."】學者自怒其錮塞則師啓之, 自悲其蒙蔽則師發之, 教人之法也. 然其姿質本魯下, 不能推通者, 雖憤悱, 亦不必再告也.

○補曰 聞舜東巡之禮, 不知南西北亦當一例; 聞所求乎子以事父, 不知兄弟君臣朋友亦當一例, 是擧一隅, 不以三隅反也.

---

1)〈雍也〉'季氏使閔子騫爲費宰' 章 脚註 1) 참조.
2) 怒生: 기세가 성하게 생장하는 것.
3)《莊子》〈外物〉편에 나온다.
4)《孟子》〈梁惠王〉上에 나온다.
5)《論語》〈雍也〉편에 나온다.

공자는 말하기를 "(배우는 이가 그의 막힘에 대해) 마음의 분노가 없으면 열어주지 않고, (그의 몽매함에 대해) 마음의 슬픔이 없으면 계발해주지 않으며, 한 모서리를 들어주었는데 세 모서리로 반응하지 않으면 다시 더 알려주지 않는다."고 하였다. ['復'은 入聲이다.[1]]

○보충: '분憤'은 마음이 노하는 것이고, [《莊子》에 이르기를 "草木이 怒生[2]하다"라고 하였다.[3]] '비悱'는 마음이 슬퍼하는 것이며, [아마도 (悱와 悲는) 본래 같은 글자인 듯하다.] '계啓'는 그 막힘을 열어주는 것이고, [《禮記》〈學記〉에 "열어주되 통달케 해주지는 않는다"고 하였다.] '발發'은 그 어둠을 열어주는 것이며, [《周易》〈蒙卦〉에 "蒙昧한 것을 啓發시키다"라 하였다.] '우隅'는 모서리이고, [방의 네 모서리를 隅라고 한다.] '반反'은 돌이킨다는 뜻과 같으며, '복復'은 다시 고한다는 뜻이다. [孟子가 말하기를 "王에게 告하는 자가 있다"[4]고 하였고, 閔子騫이 말하기를 "만약 나에게 告하는 자가 있다면 …"[5]이라고 하였다.] 배우는 이가 스스로 그의 막힘에 대해 분노憤怒하면 스승이 그를 열어주고, 스스로 그의 몽매함에 대해 슬퍼하면 스승이 그를 계발해주는 것이 사람을 가르치는 법이다. 그러나 그 자질이 본래 노둔하고 낮아서 미루어 통할 수 없는 사람은, 비록 자신의 막힘에 분노하고 자신의 몽매함에 슬퍼한다 하더라도 또한 다시 고해줄 필요는 없다.

○보충: 순舜임금이 동쪽으로 순수巡守한 예禮를 듣고서 남·서·북으로 순수하는 예도 또한 이와 같은 예에 해당함을 알지 못하는 것과 자식에게 바라는 바로써 부모를 섬겨야 함을 듣고서 형제·군신·붕우에서도 또한 이와 같은 것에 해당되는 것임을 알지 못하는 것은, 이것이 한 모서리를 들어주었는데 세 모서리로써 반응하지 않는 것이다.

鄭曰:"必待其人心憤憤口悱悱, 乃後啓發."
○駁曰 非也. 心知苟明, 口必宣之, 心無所悟, 口徒悱悱, 則又奚取焉?

子食於有喪者之側, 未嘗飽也.

補曰 有喪者, 謂未葬者之主人也. 體其哀, 故不多食.
引證〈檀弓〉云:"食於有喪者之側, 未嘗飽也."

子於是日哭, 則不歌.【皇氏本, 連上爲一章.《集注》亦然】

朱子曰:"哭, 謂弔哭."
○補曰 歌者, 長言以誦詩也. 哀樂不同日者, 忠也. 若先歌而後哭者無傷.

○정현: 반드시 그 사람이 분한 마음으로 무언가 말하고 싶어 애태우기를 기다린 뒤에 계발해준다.
○반박: 아니다. 마음의 앎이 진실로 밝으면 입으로 반드시 표현할 수 있고, 마음에 깨달은 바가 없는데 입으로 한갓 표현하지 못해 애태운다는 것은 또 어떻게 (이치상) 이를 받아들일 수 있겠는가?

공자는 상사喪事가 있는 사람의 곁에서 음식을 먹을 때에는 배부르게 먹어본 적이 없다.

○보충: '상사가 있는 사람(有喪者)'이란 장례를 아직 치르지 않은 집의 상주喪主이다. 그 슬픔을 몸으로 직접 느끼기 때문에 음식을 많이 먹지 못한다.
【인증】《예기》〈단궁〉: 상사喪事가 있는 사람의 곁에서 음식을 먹을 때에는 배부르게 먹어본 적이 없다.

공자는 조문을 가서 곡哭을 한 날에는 노래를 부르지 않았다. [皇氏本에는 위의 글과 연결하여 한 章을 만들고, 《論語集註》도 역시 그러하다.]

○주자: '곡哭'은 조문을 가서 곡함을 말한다.
○보충: 노래란 말을 길게 하여 시를 읊조리는 것이다. 슬픔과 즐거움을 같은 날에 하지 않는 것은 (마음이 지니고 있는) 충忠이다. 만약 먼저 노래하고 그 뒤에 곡을 할 것 같으면 슬픔이 없어진다.

何曰:"一日之中, 或哭或歌, 是褻於禮容."
○案 此義亦通, 但先歌而聞喪者, 一日之中, 不得不或哭或歌, 其言未備也.

引證 〈檀弓〉云:"弔於人, 是日不樂, 不飲酒不食肉."
○案 是日不樂, 謂不聽樂不奏樂.

子謂顏淵曰:"用之則行, 舍之則藏, 惟我與爾有是夫." 子路曰:"子行三軍則誰與?" 子曰:"暴虎馮河, 死而無悔者, 吾不與也. 必也臨事而懼, 好謀而成者也."

補曰 行·藏二句, 蓋古語.【行與藏, 叶韻】用之而不行, 則潔身亂倫者也; 舍之而不藏, 則無恥干祿者也.

○하안: 같은 하루에 곡을 하기도 하고 노래를 하기도 하면, 이는 예용禮容을 더럽히는 것이다.
○살펴보건대, 이 주장도 또한 통하지만, 다만 먼저 노래하고 초상난 것을 들었을 경우 같은 날에 곡도 하고 노래도 하지 않을 수 없으니, 하안의 말은 미비한 점이 있다.
【인증】《예기》〈단궁〉: 남에게 조문하고 이 날에 즐기지 않고, 술을 마시지 않으며 고기를 먹지 아니한다.
○살펴보건대, '이 날에 즐기지 않는다(是日不樂)'는 것은 풍악을 듣지 않고 풍악을 연주하지 않는다는 말이다.

述而 第七

공자가 안연顏淵에게 말하기를 "등용하면 나아가 도를 행하고, 버리면 물러나 자신을 감출 수 있는 것은 오직 나와 너만 그렇게 할 수 있겠구나!" 하니, 자로子路가 말하기를 "선생님께서 삼군三軍을 거느리고 출정하신다면 누구와 함께하시겠습니까?" 하였다. 공자는 말하기를 "맨손으로 범을 쳐서 잡으려 하고 배가 없이 하수河水를 건너려 하여, 죽어도 후회하지 않을 자와는 내가 함께하지 않을 것이다. 반드시 일에 임해서는 두려워하고, 계획하기를 좋아해서 성취하는 자와 함께하겠다."고 하였다.

○보충: '용지즉행用之則行'과 '사지즉장舍之則藏' 두 구句는 대개 옛말인 듯하다. ['行' 字와 '藏' 字는 叶韻이다.] 등용하였는데도 도를 행하지 않으면 이는 자신을 깨끗이 하고자 하여 인륜을 어지럽히는 자이며, 버렸는데도 자신을 감추지 않으면 이는 부끄러움 없이 녹祿만 구하는 자이다.

○孔曰: "大國三軍." 【朱子云: "萬二千五百人爲軍."】

○補曰 誰與, 謂誰與共也. 徒手搏獸曰暴, 【〈鄭風〉云: "袒裼①暴虎."】 無舟渡水曰馮. 【馮者, 乘陵也】

○朱子曰: "抑其勇."

孔曰: "馮河徒涉②." 【邢云: "《爾雅》〈釋訓〉文也." ○郭璞曰: "無舟楫."】

○駁曰 非也. 《爾雅》亦誤. 徒涉者, 徒步而涉淺水也. 馮者, 乘陵波濤, 以犯必死之地者也. 〈小旻〉詩云: "不敢暴虎, 不敢馮河." 〈毛傳〉云: "馮, 陵也." 《易》曰: "用馮河." 孔疏云: "馮河者, 無舟渡水."

子曰: "富, 【句】 而可求也, 雖執鞭之士, 吾亦爲之. 如不可求, 從吾所好." 【〈伯夷傳〉云: "富貴如可求."】

補曰 古者分田制祿, 非仕不富, 故獨言富, 言富而貴在其中.

---

① 裼: 新朝本에는 '褐'로 되어 있으나 奎章本에 따라 바로잡는다.
② 涉: 奎章本에는 '步'로 되어 있으나 《論語注疏》卷7〈述而〉에 따라 바로잡는다.
1) 《詩經》〈鄭風·大叔于田〉에 나온다.
2) 徒涉: 배 없이 물을 건너는 것.
3) 《正義》7.
4) 同上.
5) 《毛傳》:《毛詩》의 鄭玄의 箋을 가리킴.
6) 《易經》〈泰卦〉에 나온다.
7) 孔疏: 孔疏라고 하면 孔穎達의 疏라는 말인데, 여기 孔穎達의 疏는《周易》〈泰卦〉의 "包荒, 用馮河"라는 말에 나오는 '馮河'에 대한 疏이다.
1) 《史記》卷61〈伯夷列傳〉에 나온다.

○공안국: 큰 나라(大國)는 삼군三軍이다. [朱子는 12,500명을 一軍이라 하였다.]
○보충: '수여誰與'는 누구와 함께하겠느냐는 말이다. 맨손으로 짐승을 치는 것을 포暴라 하고, [《詩經》〈鄭風〉에 "웃통을 벗고 맨손으로 범을 때려잡다"[1]고 하였다.] 배가 없이 물을 건너는 것을 빙馮이라 한다. ['馮'은 업신여기는 것이다.]
○주자: (이는 모두) 그 용맹을 억제하는 것이다.
○공안국: '빙하馮河'는 도섭徒涉[2]이란 뜻이다. [邢昺은 이르기를 "《爾雅》〈釋訓〉의 글이다"[3]라 하였다. ○郭璞은 말하기를 "배와 노 없이 건너는 것이다"[4]라 하였다.]
○반박: 아니다. 《이아》도 또한 잘못되었다. 도섭徒涉이란 걸어서 얕은 물을 건너는 것인데, '빙馮'이란 파도를 업신여기고 반드시 죽을 곳에 뛰어드는 것이다. 《시경》〈소아小雅·소민小旻〉에 "감히 범을 맨손으로 쳐서 잡지 못하며, 감히 하수河水를 배 없이 건널 수 없다"고 하였고, 《모전毛傳》[5]에는 "빙馮은 업신여기는 것이다"라 하였으며, 《역경易經》에는 "빙하馮河의 용맹을 쓰다"[6]라 하였고, 공소孔疏[7]에는 "빙하馮河란 배 없이 물을 건너는 것이다"라 하였다.

述而 第七

공자는 말하기를 "부富는 구할 만한 (치세治世) 때이면 비록 채찍을 잡는 천직賤職이더라도 내가 또한 하겠지만, 만약 구해서는 안 되는 (난세亂世) 때이면 내가 좋아하는 바를 따르겠다."고 하였다. [〈伯夷傳〉에 이르기를 "富貴를 만약 구해서 얻을 수 있다면 …"[1]이라고 하였다.]

○보충: 옛날에는 전지田地를 나누어서 녹祿을 제정하였으니, 벼슬하지 않으면 부富를 얻을 수 없었다. 그러므로 (부귀富貴에서) 다만 부富만을 말하였으나, 부富를 말하면 귀貴는 따라서 그 안에 있는 것이다.

○補曰 可求, 謂治世.【可以仕則仕】不可求, 謂亂世.【可以止則止】
○邢曰: "《周禮》〈秋官〉, '條狼氏掌執鞭以趨辟, 王出入則八人夾道, 公則六人, 侯伯則四人, 子男則二人.'【注云: "趨辟, 趨而辟行人."】〈序官〉云 '條狼氏下士', 是賤職也."
○孔曰: "所好者古人之道."
鄭曰: "富貴不可求而得之, 當修德而得之."
○駁曰 非也. 可求不可求之理, 聖人講之已熟, 何乃曰 '雖執鞭之士, 吾亦爲之' 乎? 若如先儒之說, 孔子當曰 '富而可求, 雖天官冢宰, 吾亦爲之', 豈宜以執鞭之士爲準乎? 其言若曰: "若當可仕之世, 則雖卑官末職, 吾當仕焉. 若當不可仕之世, 則雖召我以三公, 不如修道而自樂也." 語勢不然乎?

---

2) 條狼氏: 道路의 청소를 맡은 官名.
3) 《周禮》〈秋官·條狼氏〉에 나온다.
4) 만약 先儒들의 說과 같다면: 先儒들은 '可求'와 '不可求'를 治世와 亂世에 결부시키지 않았음.

○보충: '구할 만하다(可求)'는 것은 치세治世 때를 가리키고, ['벼슬할 만하면 벼슬한다'는 것이다.] '구해서는 안 된다(不可求)'는 것은 난세亂世 때를 말한다. ['그만둘 만하면 그만둔다'는 것이다.]

○형병:《주례》〈추관秋官〉에 보면, 조랑씨條狼氏[2]는 채찍을 잡고 달려가 행인 벽제辟除하는 것(趨辟)을 관장하는데, 왕이 출입할 때에는 8인이 길을 따라가면서 이 일을 맡고, 공공에게는 6인, 후백侯伯에게는 4인, 자남子男에게는 2인이 이를 맡는다.[3] [注에 이르기를 "趨辟은 달려 나가 行人을 辟除하는 것이다"라 하였다.]《주례》〈추관〉의 서관序官에 이르기를 "조랑씨條狼氏는 하사下士이다"라 하였으니, 이는 천직賤職이다.

○공안국: '좋아하는 바(所好)'란 옛사람의 도道이다.

○정현: 부귀富貴는 구해서 얻을 수 없으니, 마땅히 덕을 닦아 이를 얻어야 한다.

○반박: 아니다. '가구可求'와 '불가구不可求'의 이치는 성인聖人이 이에 대해 강론한 것이 이미 익숙해져 있는데, 어찌하여 이에 "비록 채찍을 잡는 천직이더라도 내 또한 하겠다"고 말하였겠는가? 만약 선유先儒들의 설과 같다면,[4] 공자는 당연히 "부富를 구해서 얻을 수 있다면 비록 (천관天官의) 총재冢宰라 하더라도 내 또한 하겠다"고 하였을 것인데, 어찌 여기에 '집편지사執鞭之士'를 기준으로 삼아야 했겠는가? 이 경문의 말뜻은 "만약 벼슬할 만한 세상을 만난다면 비록 비관말직卑官末職이더라도 내 마땅히 벼슬하겠지만, 만약 벼슬해서는 안 되는 세상을 만난다면 비록 나를 삼공三公으로써 부르더라도 도道를 닦으면서 스스로 즐기는 것만 같지 못하다"고 하는 것과 같은 말이다. 어세語勢가 그렇지 아니한가?

子之所愼, 齊·戰·疾.

朱子曰:"齊之爲言, 齊也. 將祭而齊其思慮, 以交於神明也."
○補曰 交兵曰戰.【《左傳》云:"皆陳曰戰."】古人疾病亦齊, 其愼可知.
引證 孔子曰:"我戰則克, 祭則受福."【〈禮器〉文,〈郊特牲〉亦云】

子在齊聞〈韶〉, 三月不知肉味, 曰:"不圖爲樂之至於斯也."

【《史記》云:"學之三月, 不知肉味."】

補曰 在齊者, 魯 昭公二十五年, 孔子年三十五, 而昭公奔齊,【爲季氏所逐】孔子亦適齊留數年也.〈韶〉, 舜樂.
○周曰:"〈韶〉樂盛美, 故忽忘於肉味."
○補曰 不圖, 猶不意.【圖, 慮也】至於斯, 謂盡善盡美.

---

1)《左傳》莊公 11年條에 나온다.
1)《史記》卷47〈孔子世家〉에 나온다.

공자가 삼간 바는 재계齋戒와 전쟁과 질병이었다.

○주자: '재齊'라는 말은 가지런하게 한다는 뜻이니, 장차 제사를 지내려 할 때 그 사려思慮를 가지런하게 하여 신명神明과 사귀는 것이다.
○보충: 병기兵器를 서로 부딪히게 하는 것을 전戰이라 한다. [《左傳》에 이르기를 "모두가 함께 陳을 쳐서 싸우는 것을 戰이라 한다"[1]고 하였다.] 옛사람은 질병에도 또한 재계하였으니, 병에 삼간 것을 알 수 있다.
【인증】공자: 나는 싸우면 이기고, 제사를 지내면 복을 받는다. [《禮記》〈禮器〉의 글이다. 〈郊特牲〉에도 역시 그렇게 말하였다.]

공자가 제齊나라에 있을 때 소악韶樂을 듣고서 석 달 동안 고기 맛을 몰랐다. 그리고 말하기를 "소악을 연주하는 것이 이런 정도에까지 이르렀을 줄은 생각하지 못하였다."고 하였다. [《史記》에 이르기를 "(韶樂을 듣고) 이를 배울 때 석 달 동안 고기 맛을 몰랐다"[1]고 하였다.]

○보충: '제나라에 있을 때'란 노魯나라 소공昭公 25년(B.C. 517) 공자 나이 35세 때인데, (이때) 소공이 제나라로 출분出奔하고, [季氏에게 追放당했다.] 공자도 또한 제나라에 가서 몇 년을 머물렀다. 소韶는 순임금의 음악이다.
○주생렬: 소악韶樂이 훌륭하고 아름다웠기 때문에 홀연히 고기 맛을 잊은 것이다.
○보충: '생각하지 못하였다(不圖)'는 것은 '뜻하지 못하였다(不意)'와 같으며, ['圖'는 생각할 '慮'字의 뜻이다.] '이 정도에 이르렀다(至於斯)'란 진선盡善진미盡美함을 말한다.

王曰: "爲, 作也. 不圖作〈韶〉樂至於此. 此, 齊①."

○侃曰: "孔子至齊, 聞齊君奏〈韶〉樂之盛, 而心爲痛傷, 故口忘肉味. 至於一時, 乃止也. 三月, 一時也, 何以然也? 齊是無道之君, 而濫奏聖王之樂, 器存人乖, 所以傷慨也."

○宋 孫奕《示兒編》云: "怒其在齊, 故忘味."

○楊愼曰: "不意齊之爲樂至此."

○駁曰 非也. 齊是太公之國, 固不可慢, 況聲明文物, 洋溢於四海者, 聖人之極功也. 誠若無道之國, 亦奏〈韶〉樂, 舜之榮也, 孔子何怒焉?

韓曰: "三月, 卽音字之誤."

○仲和卿云: "三月, 一本作音字."【出《四書備考》】

○駁曰 非也.《史記》云 '聞〈韶〉音, 學之三月', 是音與三月連文各出, 焉得形誤?

邢曰: "春秋時, 陳公子完奔齊. 陳, 舜之後, 〈韶〉樂存焉."

---

① 此齊: 新朝本에는 빠져 있으나 奎章本과《論語注疏》卷7〈述而〉에 따라 보충한다.

2) 太公: 太公望 呂尙을 말함.

3) 淸代의 經學家 翟灝의《四書考異》에 보면, 韓愈는 "子在齊聞韶, 三月不知肉味"를 "子在齊, 聞韶音, 不知肉味"로, '三月'은 '音'의 誤字라고 말하였다. 程子가 이를 따랐는데, 지금 韓愈의《論語筆解》를 검토하니 그런 말이 없다고 하였다.《皇淸經解》卷457,《四書考異》〈論語〉〈子在齊聞韶三月不知肉味節〉에 나온다.

4) 仲和卿: 翟灝의《四書考異》에 仲和卿의《四書備考》가 인용되어 있으나 仲和卿의 인물에 대해서는 未詳.

○왕숙: (위악爲樂이라 할 때의) '위爲'는 만든다는 '작作'의 뜻이니, "소악韶樂을 만들어서 여기에까지 오게 한 것은 생각하지 못하였다(不圖作韶樂至於此)"는 말이다. '여기(此)'는 제齊나라를 가리킨다.

○황간: 공자는 제나라에 가서 제나라 군주가 연주하는 소악의 그 훌륭함을 듣고 마음이 아프고 상했기 때문에 입에 고기 맛을 잊었는데, 이것이 한 계절에 이르러서야 그쳤다. 석 달이면 한 계절이다. 무슨 까닭으로 그러하였는가? 제나라는 그야말로 무도한 군주였는데, 성왕聖王의 음악을 함부로 연주하니, 악기樂器는 그대로 보존되어 있으나 사람은 틀렸다. 그러므로 마음이 상해 개탄한 것이다.

○송나라 손혁의 《시아편》: 그 소악韶樂이 제나라에 있는 것에 노怒하였기 때문에 고기 맛을 잊은 것이다.

○양신: 제나라의 음악이 이 정도에까지 이르렀을 줄은 생각하지 못하였다.

○반박: 아니다. 제나라는 태공太公[2]의 나라이니, 본래 가벼이 볼 수 없다. 더구나 그 명성과 문물이 사해四海(天下)에 넘쳐흐르게 된 것은 성인聖人의 지극한 공이다. 진실로 만약에 무도한 나라라도 또한 소악韶樂을 연주하였다면, 이는 순舜임금의 영광인데 공자가 어찌 노하였겠는가?

○한유: '삼월三月'로 되어 있는 것은 '음音'이라는 글자의 오자誤字이다.[3]

○중화경:[4] '삼월三月'이 다른 한 본본에는 '음音' 자로 되어 있다. [《四書備考》에 나온다.]

○반박: 아니다. 《사기》에 이르기를 "소음韶音을 듣고 이를 배울 때 석 달 동안 …"이라고 하였으니, 이는 '음音' 자와 '삼월三月'은 연결된 글로서 글자가 각각 나와 있는데, 어떻게 글자의 형태가 잘못될 수 있겠는가?

○형병: 춘추시대에 진陳나라 공자公子인 완完이 제齊나라에 망명하였다. 진陳은 순舜임금의 후예이니, 소악韶樂이 거기에 보존되어 있었던 것이다.

述而 第七

○馮椅曰: "舜之後封於陳, 爲之後者得用先代之樂, 自陳 敬仲奔齊, 而
〈韶〉樂有傳. 當是時, 魯具四代之樂, 然恐不無差舛, 〈韶〉之來最遠, 而
獨得其傳."

○駁曰 非也. 有虞之後, 厥有虞思, 見於《國語》. 其後滅絕, 周 武王時,
帝舜之胄, 有虞閼父, 爲周陶正, 武王賴其利, 以元女大姬妻其子滿而
封之于陳, 是爲胡公. 此事見於〈樂記〉, 見於〈周本紀〉, 見於〈田敬仲世
家〉, 見於鄭玄《詩譜》. 乃邢·馮二子之言如此, 有若商均以來, 世世不
絕, 以至于陳 敬仲者然, 豈不迂哉? 諸侯之國, 未嘗無樂, 故學樂習舞,
得爲吾人之恒禮. 若惟天子之國, 乃有先王之樂, 則〈內則〉所云 '十有三
年舞〈勺〉, 成童舞〈象〉, 二十而冠, 舞〈大夏〉', 是惟周人能爲之. 列國
之人, 皆不得按年肄業, 豈可通耶? 豈〈勺〉·〈象〉·〈大夏〉, 皆非天子之樂
乎?▶

---

5) 馮椅: 宋나라 學者. 都昌人. 字는 奇之 또는 儀之, 號는 厚齋. 性이 穎敏하고 博學하였으며,
官은 江西運幹. 훗날 집에서 많은 弟子를 養成하였음. 저서로는《厚齋易學》·《周易輯說明解》·
《經說》등이 있다.
6)《論語集註大全》卷7〈述而〉제7 小註에 나온다.
7) 虞思: 中國 古代 夏나라 有虞의 君主였다는 기록이《左傳》哀公 元年에 보임.
8) 商均: 전설의 인물인데 舜의 아들로 전해짐.
9) 勺: 주공의 악무의 이름. 이는 文武의 樂舞에서 武舞이다.
10) 成童: 15歲가 된 사내.
11) 象: 문왕의 악무의 이름. 이는 文舞이다.
12) 大夏: 禹의 樂舞 이름. 文武를 兼備하고 있음.

○풍의:⁵⁾ 순임금의 후예가 진陳에 봉해졌는데, 그 후예 되는 자가 선대의 음악을 얻어 사용하고 있었던 것이다. 진陳의 경중敬仲(公子인 完이다)이 제나라로 망명한 이후부터 소악이 제나라에 전해졌다. 이 당시에 노魯나라는 4대代의 음악을 구비하였다. 그러나 (거기에는 본래의 음악과는) 어긋남도 없지 않은 듯하나, 소악韶樂의 전래가 가장 오래되고 유독 그것을 전수할 수 있었던 것이다.⁶⁾

○반박: 아니다. 유우有虞(舜을 가리킴)의 후예로 우사虞思⁷⁾가 있었는데, 이는 《국어》에 보인다. 그 뒤 끊겼다가 주周나라 무왕武王 때 순임금의 주손冑孫으로 우알보虞閼父가 있어 주나라의 도정陶正이 되었다. 무왕은 그의 이롭게 해주는 것에 힘을 입어 그 공으로 맏딸 대희大姬를 그의 아들 만滿에게 시집보내고 진陳에 봉해주었으니, 이가 호공胡公이다. 이 일에 대해서는 《예기》〈악기樂記〉·《사기》〈주본기周本紀〉및〈전경중세가田敬仲世家〉·정현鄭玄의 《시보詩譜》등에 보인다. 그런데 이에 형병邢昺과 풍의馮椅 두 사람의 말은 이와 같이 마치 상균商均⁸⁾ 이래로 대대로 끊이지 않고 진陳의 경중敬仲에까지 이르게 된 것 같으나, 이것이 어찌 그 사실과는 거리가 멀지 않겠는가? 제후의 나라에는 일찍이 음악이 없을 수 없으므로, 음악을 배우고 춤을 익히는 것은 우리들의 항례恒禮가 되었다. 만약 오직 천자의 나라에만 이에 선왕先王의 음악이 있다면, 《예기》〈내칙內則〉에서 말한 "13세가 되면 〈작勺〉⁹⁾의 악무樂舞를 익히고, 성동成童¹⁰⁾이 되면 〈상象〉¹¹⁾의 악무를 익히고, 20세가 되면 관례冠禮를 올리고 〈대하大夏〉¹²⁾의 악무를 익힌다"는 것은, 이것이 오직 주周나라 사람만 능히 할 수 있고 열국의 사람들은 모두 나이에 따라 그 업業을 익히는 것을 할 수 없으니, 어찌 통하겠는가? 그렇고 또 어찌〈작勺〉·〈상象〉·〈대하大夏〉가 모두 천자의 음악이 아니겠는가?▶

述而 第七

◀魏 文侯問於子夏曰: "吾端冕而聽古樂, 則惟恐臥."【〈樂記〉文】其臥則非矣. 其有古樂則不可諱也. 梁 惠王曰: "寡人非能好先王之樂." 其非能好則非矣. 若使先王之樂非分之所敢好, 則惠王何至愧赧如此?《楚辭》云: "奏九歌而舞〈韶〉, 聊暇日以媮樂." 〈韶〉固楚人之所恒舞, 故屈原得願之如此. 〈邶風〉云: "碩人俁俁, 公庭〈萬〉舞." 又云: "左手執籥, 右手秉翟." 〈萬〉者, 〈大武〉之舞也; 籥者, 〈大象〉之舞也. 若云諸侯之國皆無天子之樂, 衛之伶人, 何以萬舞籥舞? 〈樂記〉曰: "齊者, 三代之遺聲也. 齊人識之, 故謂之齊." 明三代之樂, 齊固習之, 雖非敬仲, 齊其無樂乎? 由是觀之, 四代之樂, 國國有之, 特不以爲廟樂而已.▶

---

13) 端冕: 祭服의 일종. 玄衣와 纁裳의 冕服.
14) 梁惠王: 戰國時代 魏나라 諸侯인 罃을 가리킴. 大梁에 都邑을 하였기 때문에 梁惠王이라 불렀다.
15) 《孟子》〈梁惠王〉下에 나온다.
16) 《楚辭》〈離騷〉第 15段의 글이다.
17) 屈原: 紀元前 4世紀 무렵 楚나라 公室의 一族으로 태어나 官이 三閭大夫에까지 이르렀으나, 性이 淸廉潔白하였기 때문에 이로 인해 참소를 당해 江南에 유배되었음. 그의 〈傳〉은 《史記》〈屈原·賈生列傳〉에 있다.
18) 《詩經》〈邶風·簡兮〉에 나온다.
19) 同上.
20) 大武: 周나라 武王의 樂名 또는 舞名인데, 武王이 殷을 征伐한 것이 武功으로 천하를 平定한 것임을 나타낸다. 다만 武라고도 한다.
21) 大象: 周나라 武王이 殷에 이겨서 지은 樂의 이름 또는 舞名.
22) 伶人: 樂官.
23) 齊: 樂曲의 一種인 듯하다.
24) 四代: 虞·夏·殷·周를 말함.

◀위魏나라 문후文侯가 자하子夏에게 묻기를 "나는 단면端冕[13]의 제복祭服을 입고 고악古樂을 들으면 졸려서 드러누울까 두렵다"고 하였으니, [《禮記》〈樂記〉의 글이다.] 그 드러눕는다면 이는 잘못이다. (이런 것을 보면) 고악古樂이 있었던 것은 숨길 수 없는 사실이다. 양혜왕梁惠王[14]이 말하기를 "나는 선왕先王의 음악을 능히 좋아하는 것이 아니다"[15]라 하였으니, 그가 능히 좋아한 것이 아니라면 이는 잘못이다. 만약 선왕先王의 음악이 자신의 분수에 감히 좋아할 바가 아니었다면, 혜왕惠王이 어떻게 이처럼 부끄러워하기까지 하였겠는가? 《초사楚辭》에 이르기를 "구가九歌를 연주하고 소악韶樂을 춤추며, 얼마간 날을 빌려 여기서 놀고 즐기세"[16]라고 하였으니, 소악은 본래 초楚나라 사람들이 항상 춤추던 것이다. 그러므로 굴원屈原[17]이 염원하였던 것이 이와 같았던 것이다. 《시경》〈패풍邶風〉에 이르기를 "석인碩人이 크기도 하니, 공정公庭에서 만萬으로 춤을 추도다(碩人俁俁, 公庭萬舞)"[18]라 하고, 또 이르기를 "왼손에는 피리를 잡고, 오른손에는 꿩 깃을 잡았노라(左手執籥, 右手秉翟)"[19] 하였으니, '만萬'이란 〈대무大武〉[20]의 춤이고, '약籥'이란 〈대상大象〉[21]의 춤이다. 만약 제후의 나라에는 모두 천자의 음악이 없었다고 한다면 위衛나라의 영인伶人[22]이 어떻게 만무萬舞와 약무籥舞를 할 수 있었겠는가? 《예기》〈악기〉에 이르기를 "제齊[23]란 삼대三代의 유성遺聲인데, 제齊나라 사람들이 이를 알고 있었기 때문에 이것을 제齊라 한다"고 하였으니, 삼대三代의 음악으로서 제齊가 본래 익혀져 왔던 것이 분명하다. 비록 경중敬仲이 아니더라도 제齊나라에 그러한 음악이 없었겠는가? 이를 통해 보건대, 사대四代[24]의 음악은 나라마다 있었던 것이며, 다만 종묘宗廟의 음악으로만 사용하였던 것이 아니다.▶

述而 第七

◀後世通儒苦少, 惟知成王賜魯以天子之樂, 故四代之樂, 惟魯有之. 又謂杞·宋·陳三國, 特以天子之後, 故得有古樂, 豈不固哉?

引證《說苑》曰: "孔子至齊郭門之外, 遇一嬰兒挈一壺, 相與俱行, 其視精, 其心正, 其行端. 孔子謂御曰, '趣驅之! 趣驅之!〈韶〉樂方作.' 孔子至彼, 聞〈韶〉三月, 不知肉味, 故樂非獨以自樂也. 又以樂人非獨以自正也, 又以正人【缺】矣哉? 於此樂者, 不圖爲樂至於此."【〈修文〉篇】

冉有曰: "夫子爲衛君乎?" 子貢曰: "諾. 吾將問之." 入, 曰: "伯夷·叔齊, 何人也?" 曰: "古之賢人也." 曰: "怨乎?" 曰: "求仁而得仁, 又何怨?" 出, 曰: "夫子不爲也."

---

1) 蒯聵: 春秋時代 衛나라 公子. 蒯聵의 아들 出公 輒. 輒과 蒯聵는 앞에 나왔음.

◀후세에는 통유通儒들이 매우 적어 오직 주周나라의 성왕成王만이 천자의 악樂을 노魯나라에 주었다는 것을 알았기 때문에 사대四代의 음악은 오직 노나라에만 있다고 여겼고, 또 기杞·송宋·진陳 세 나라는 특히 천자의 후예국이기 때문에 고악古樂이 있었다고 생각하였으니, 이것이 어찌 고루하지 아니하겠는가?

【인증】《설원》: 공자가 제齊나라 성문城門 밖에 이르러 손에 병을 쥐고 있는 한 어린이를 만나 서로 함께 가게 되었는데, 그 아이의 눈은 정精하고 마음은 올바르며 행실은 단정하였다. 공자는 말을 모는 사람에게 말하기를 "빨리 몰아라! 빨리 몰아라! 소악韶樂이 바야흐로 연주되고 있다"고 하였다. 공자는 제나라에 이르러 소악을 듣고 석 달 동안 고기 맛을 알지 못하였다. 그러므로 음악이란 홀로 자신만을 즐겁게 할 수 있는 것이 아니라 또 남을 즐겁게도 할 수 있고, 음악이란 홀로 자신만을 바르게 할 수 있는 것이 아니라 또 남을 바르게 할 수 있는 것이다. … 이로다! [原典에 글자가 빠져 있다.] 이들 음악에서 소악을 연주하는 것이 이 정도에까지 이를 줄은 생각하지 못하였다. [〈修文〉편에 나온다.]

염유冉有가 말하기를 "부자夫子께서 (만약 괴첩蒯輒[1]의 처지라면) 위衛나라 군주를 하시겠는가?"라고 하자, 자공子貢이 말하기를 "좋아, 내가 장차 물어보리라."라고 하였다. 들어가서 말하기를 "백이伯夷와 숙제叔齊는 어떤 사람입니까?" 하니, (부자가) 말하기를 "옛날의 현인賢人이다."라고 하였다. 말하기를 "원망하였습니까?"라고 하니, 말하기를 "인仁을 구하여 인을 얻었으니, 또 무엇을 원망하였겠는가?"라고 하였다. (자공이) 나와서 말하기를 "부자께서는 (위衛나라 군주를) 하지 않을 것이다."라고 하였다.

補曰 夫子爲衛君, 謂若使夫子處蒯聵之地, 將亦立爲衛君乎?【爲當讀之如 '管仲·曾西之所不爲' 之爲】疑而問也. 衛 靈公之太子①蒯聵, 欲殺其母南子, 事敗奔宋. 及靈公卒, 南子欲立公子郢, 郢固辭, 請立蒯聵之子輒, 輒卽位.

○補曰 欲知此事, 詭問夷·齊者, 語夫子設以身處其地, 則言辭褻慢, 故求其類以問之, 探其所以處是也.

○補曰 怨乎者, 上怨父, 下而兄弟胥怨也. 仁者, 人倫之至善也. 伯夷求父子之間盡其分, 叔齊求兄弟之間盡其分, 是求仁也. 卒成其志, 是得仁也. 仁者, 天下之至善, 得仁, 賢於得國, 又何怨?

○補曰 夫子以夷·齊之事, 爲求仁得仁, 則設以身處衛 輒之地, 必讓國逃身, 以全父子之愛而成其仁矣, 故知夫子不爲衛 輒之所爲也.【衛 輒拒父而不納, 此其父子胥怨也】

---

① 子: 新朝本에는 '月'로 되어 있으나 奎章本에 따라 바로잡는다.
2) 曾西: 朱子는 曾子의 孫子라고 하였는데, 一說에는 曾子의 아들이란 말도 있음.
3) 《孟子》〈公孫丑〉上에 나오는 말.
4) 衛輒: 蒯聵를 말함.

○보충: '부자위위군夫子爲衛君'이란 만약 부자夫子가 괴첩蒯輒의 처지에 놓였다면 장차 왕위에 올라 위衛나라 군주를 할 것인지를 말한 것이니, ['爲'는 마땅히 "管仲은 曾西도 하지 않는 바이다(管仲曾西之所不爲)"라 할 때의 '爲'와 같이 읽어야 한다.] 이는 (가설적으로) 의문을 제기하여 물은 것이다. 위나라 영공靈公의 태자인 괴외蒯聵가 그 어미 남자南子를 죽이려다가 일이 실패하여 송宋나라로 도망쳤는데, 영공이 죽자 남자가 공자公子인 영郢을 왕위에 세우고자 하였으나 영郢은 굳이 사양하고 괴외의 아들인 첩輒을 세울 것을 청하여, 첩이 즉위하게 되었다.

○보충: (괴외와 첩의) 이러한 일을 알고자 하여 백이·숙제의 일을 가지고 괴이하게 물은 것이다. "부자께서 가령 몸소 그 처지에 놓였다면"하고 말한다면 이는 언사가 무례하게 되므로, 그와 비슷한 경우를 찾아 질문하여 이러한 처지에 처하였을 때 어떻게 대처할 것인지 그 방법을 알아본 것이다.

○보충: '원망하였습니까(怨乎)?'란 위로는 아비를 원망하고 아래로는 형제가 서로 원망하는 것이다. 인仁이란 인륜人倫의 지선至善이다. 백이는 부자父子 사이에 그 분수 다하기를 구하였고, 숙제는 형제 사이에 그 분수 다하기를 구하였으니, 이것이 '인을 구하다(求仁)'이며, 마침내 그 뜻을 이루면 이것이 '인을 얻다(得仁)'이다. 인仁이란 천하의 지선至善이니, 인을 얻는 것(得仁)은 나라를 얻는 것보다 좋은 일인데, 또 어찌 원망하겠는가?

○보충: 공자는 백이·숙제의 일을 '인을 구하는 것(求仁)' '인을 얻는 것(得仁)'으로 삼았으니, 가령 자신이 위衛나라 첩輒의 처지에 처하였다면 반드시 나라를 사양하고 몸을 도망쳐서 부자 사이의 사랑을 온전히 하여 그 인仁을 이루었을 것이다. 그러므로 공자가 위첩衛輒이 하였던 바를 하지 않을 사람임을 안 것이다. [衛輒은 (아비가 亡命에서 돌아오는 것을) 거역하여 받아들이지 않았으니, 이는 그 父子 사이에 서로 원망한 것이다.]

述而 第七

鄭曰: "爲, 猶助也. 晉 趙鞅納蒯聵於戚, 衛 石曼姑帥師圍之, 故問其意助輒否②乎."

○駁曰 非也. 魯 哀公二年夏四月, 衛 靈公卒, 衛人立輒. 六月, 晉人納聵. 孔子雖以是年適衛, 原不久留, 旋又適曹適宋, 厥明年石曼姑圍戚, 而是時孔子去衛已久, 自宋適鄭, 以至于陳.【皆哀三年事】孔子·心中無衛, 久矣, 助與不助, 何議之有? 鄭所謂助者, 猶言爲蒯輒左袒, 非謂出力以相助也. 然蒯輒尸居君位, 坐見石曼姑之拒父, 而靦然在位, 天下有爲蒯輒左袒者乎? 冉子所疑者, 特原初嗣位爲君, 其義理當否, 猶在可疑也. 朱子謂 '居是邦, 不非其大夫, 故子貢不斥衛君, 而以夷·齊爲問'. ▶

---

② 否: 新朝本에는 '不'로 되어 있으나 奎章本에 따라 바로잡는다.
5) 趙鞅: 春秋時代 晉나라 사람. 武의 孫인 趙簡子. 謚는 簡. 定公 때 宰相을 지냈음.
6) 石曼姑: 春秋時代 衛나라 사람.

○정현: '위爲'는 돕다(助)의 뜻과 같다. 진晉나라 조앙趙鞅[5]이 괴외蒯聵를 척읍戚邑으로 들여보내자 위衛나라 석만고石曼姑[6]가 군사를 거느리고 그를 포위하였던 것이다. 그러므로 공자에게 첩輒을 도울 것인지 아닌지에 대해 그 뜻을 물었다.

○반박: 아니다. 노魯나라 애공哀公 2년 여름 4월에 위衛나라 영공靈公이 죽자 위나라 사람들이 첩輒을 세웠으며, 6월에 진晉나라 사람들이 괴외蒯聵를 위나라에 들여보냈던 것이다. 공자가 비록 이 해에 위나라에 갔다고 하더라도 원래 오래 머물지 않고 곧바로 또 조曹나라로 가고 송宋나라로 갔던 것이며, 그 이듬해에 석만고가 척읍戚邑을 포위하였다. 그러나 이때에 공자는 위나라를 떠난 지가 이미 오래되었다. 송나라에서 정鄭나라로 가서 다시 이미 진陳나라에 이르렀던 것이니, [모두 哀公 3년의 일이다.] 공자의 마음속에는 위나라 생각이 없었던 것이 오래된 것이다. 그런데 여기에 도울 것인가 돕지 않을 것인가를 어찌 의논할 것이 있겠는가? 정현의 이른바 ('위爲'를) '조助'의 뜻이라고 하는 것은 괴첩蒯輒의 좌단左袒(편드는 것)이 됨을 말하는 것과 같지, 힘을 내서 서로 돕는 것을 말한 것이 아니다. 그러나 괴첩은 군주의 자리에 시동처럼 거居하여 석만고가 자신의 아비를 거역하는 것을 앉아서 보면서 부끄럽게도 군주의 자리에 있다면, 천하에 누가 괴첩의 좌단이 될 자가 있겠는가? 염유冉有가 의심한 바는 다만 원초原初에 왕위를 계승하여 군주가 되는 것이 그 의리에 마땅한지 아닌지에 대해 오히려 의심할 만한 것이 있었던 것인데, 주자는 "(군자가) 그 나라에 머물 때는 그 나라의 대부大夫를 비난하지 않는 법이다. 그러므로 자공子貢이 위衛나라 군주를 곧바로 배척하지 아니하고, 백이·숙제를 들어 질문한 것이다"라 하였다.

◀然蒯輒拒父之年, 孔子明不在衛, 不可曰居是邦, 且助與不助, 與非議君父者, 原不相類, 子貢之詭問, 豈爲是也? 冉有所疑者, 只是辭位當否, 拒與不拒, 非所問也. 若云 '子路拒蕢以死, 爲孔子助輒之證', 則孔子·子路於此一事, 秉義本不相合, 故子見南子, 明是爲蒯聵釋難【義見前】而子路弗說, 孔子解惑不得, 至發矢言, 豈以子路之誤身, 並疑孔子之陰助乎?

《公羊傳》曰: "'輒之義, 可以立乎?' 曰: '可.' '其可奈何?' '不以父命辭王父命, 以王父命辭父命, 是父之行乎子也. 不以家事辭王事, 以王事辭家事, 是上之行乎下也.'"

---

7)《論語》〈雍也〉편 '子見南子' 章에 茶山의 註釋에 나타나 있음.
8)《公羊傳》哀公 3년조에 나온다.

◀그러나 괴첩이 그의 아비를 거역한 해에는 공자가 분명히 위나라에 있지 않았으니, '그 나라에 머물다(居是邦)'라 할 수 없고, 또 도울 것인가 돕지 않을 것인가 하는 것은 임금과 아비를 비방하여 논의하는 것과는 근본적으로 서로 다른 성질의 것이니, 자공子貢이 (백이·숙제를 가지고) 괴이하게 물은 것이 어찌 이 때문이겠는가? 염유가 의심한 바는 다만 왕위를 사양하는 것이 당연한지 아닌지에 있었던 것이지, 아비를 거역하느냐 받아들이느냐에 대해서 물은 바는 아니다. 만약 자로子路가 괴외蒯聵를 막다가 죽은 것을 공자가 첩輒을 도운 증거로 삼는다면, 이는 이 하나의 일에 대해 공자와 자로가 생각하고 있었던 주장이 본래 서로 합치되지 않았던 것이다. 그러므로 공자가 남자南子를 만난 것은 분명히 이것이 괴외蒯聵를 위해 환난을 풀려고 한 것인데, [그 내용은 앞에 나타나 있다.7)] 자로는 기뻐하지 아니하였고 공자는 그의 의혹을 풀어주지 못하여 맹세하는 말을 하기에까지 이르렀으니, 어찌 자로의 잘못된 처신을 가지고 공자가 은근히 (위첩衛輒을) 도와주는 것으로 이를 함께 의심하는가?

○《공양전》: 첩輒의 도리로써 군주의 자리에 설 수 있겠는가? 설 수 있다. 설 수 있는 것은 무엇 때문인가? 부父의 명령 때문에 왕부王父(祖父)의 명령을 사양할 수는 없지만 왕부의 명령 때문에 부의 명령을 사양할 수는 있는 것이니, 이는 아비가 자식에게 행하는 법이며, 또 가사家事 때문에 왕사王事(나라의 일)를 사양할 수는 없지만 왕사 때문에 가사를 사양할 수는 있는 것이니, 이는 윗자리가 아랫자리에게 행하는 법이다.8)

○案《公羊》之義, 悖理亂常, 不可述也. 衛靈公生時, 謂公子郢曰: "余無子, 將立女." 凡再命而再辭之. 衛靈公旣卒, 夫人曰: "命公子郢爲太子, 君命也." 郢辭曰: "君沒於吾手, 【言扶體】若有君命, 郢必聞之." 且曰: "亡人之子輒在." 於是立輒. 【《左傳》哀二年】 此《春秋》之策書也, 不容有誤. 《公羊》所謂王父之命, 原是白撰, 藉使有之, 不足引重, 何者? 伯夷·叔齊, 明明有父命, 棄而違之, 孔子猶謂之求仁得仁, 則蒯輒之罪, 無所逃於天地之間矣.

毛曰: "觀《春秋》經文及《左傳》策書, 知衛人與夫子, 皆有實爲衛君之事與意. 【節】趙鞅用陽虎計, 借納蒯聵, 以伐衛喪, 帥師入戚, 是伐喪當拒, 借納君以報宿怨, 其意回測, 又當拒, 且晉所怨者靈也."

---

9) 亡人: 亡命한 사람이란 뜻인데, 여기 亡人은 衛靈公의 太子인 蒯聵를 가리킴. 蒯聵는 定公 14년에 宋나라에 亡命하였다.
10) 陽虎: 春秋時代 魯나라 사람. 字는 貨.

○살펴보건대,《공양전》의 주장은 도리를 거스르고 윤상倫常을 어지럽히니 서술할 수 없는 것이다. 위衛나라 영공靈公이 살아 있을 때 공자公子 영郢에게 말하기를 "내가 자식이 없으니 장차 너를 세우리라"고 하였는데, 무릇 이 말로써 두 번 명령하였으나 이를 두 번 사양하였다. 위나라 영공이 죽자 부인夫人이 말하기를 "공자 영을 명하여 태자로 삼는 것은, 이는 군주의 유명遺命이다" 라 하니, 영郢이 사양하여 말하기를 "임금께서 내 손안에서 돌아가셨으니, [몸을 보호받고 있었음을 말한다.] 만약 군명이 있었다면 내가 반드시 그 말을 들었을 것이다" 라 하고, 또 말하기를 "망인亡人⁹⁾의 아들 첩輒이 있습니다" 라 하였다. 그래서 첩을 세운 것이다. [《左傳》哀公 2년이다.] 이는《춘추春秋》의 책서策書이다. 그런데 잘못됨이 있는 것을 용납하지 못하니, 여기《공양전》에서 이른바 '왕부의 명령(王父之命)'이라고 말한 것은 원래 이것은 아무 근거 없이 거짓으로 만든 것이다. 가령 이러한 일이 있었더라도 비중 있게 인용할 수 없다. 왜냐하면 백이·숙제는 분명히 부명父命이 있었는데도 버리고 이를 어겼으나 공자는 오히려 '인仁을 구하여 인을 얻었다'고 하였으니, 그렇다면 괴첩蒯輒의 죄는 천지 사이에서 도망칠 곳이 없다.

○모기령:《춘추春秋》의 경문과《좌전左傳》의 책서策書를 살펴보면, 위衛나라 사람들과 공자孔子는 모두 실제로 위나라 군주의 일과 그 뜻을 도운 적이 있음을 알 수 있다. … 조앙趙鞅이 양호陽虎¹⁰⁾의 계략을 써서 괴외蒯聵를 위衛에 들여보내기로 하고 상중喪中에 위衛를 치면서 군사를 거느리고 척읍戚邑에 들어갔던 것이다. 이 상중에 치는 것은 마땅히 막아야 할 일이며, 군주를 들여보내기로 하여 오래 묵은 원한을 갚으려 한 것은 그 의도를 헤아릴 수 없으니, 이것도 또 마땅히 막아야 할 일이다. 또 진晉나라가 원한을 품은 자는 위衛의 영공靈公이다. ▶

◀靈甫在殯, 而報怨者已在境, 雖非納君, 亦定無拱手而聽之者, 是不可不拒, 況晉爲齊·魯·衛所共讎, 衛礙世子, 齊·魯不礙世子也, 則又不得不拒, 故當時衛人無不以拒晉爲能事者.【節】若夫子之爲衛君, 則其意顯然. 哀二年書晉 趙鞅帥師納衛世子蒯聵于戚.【節】至三年始書齊 國夏·衛 石曼姑帥師圍戚, 其歷惡鞅·蒯, 斥晉爲衛, 明見簡書.【節】其後哀八年, 夫子還衛, 且與出公相周旋, 亦皆此意."

○駁曰 非也. 衛人拒蒯, 勢也, 非義也. 蒯聵出奔之初, 靈公盡逐其黨, 【公孟彄奔鄭之時】則凡不在逐中者, 皆非蒯聵之黨. 石曼姑·孔悝之等, 方且惴惴慄慄, 惟恐太子之復入也. 其心何嘗顧社稷耶? 衛之社稷, 輒在未必安, 聵入未必亡, 旁觀之有公心者, 何苦助輒而擠聵乎?▶

---

11) 《春秋》의 經文에 있는 말이다.
12) 國夏: 春秋時代 齊나라 사람.
13) 《春秋》의 經文에 있는 말이다.
14) 毛奇齡, 《四書賸言》과 《論語稽求篇》에 나온다.
15) 公孟彄: 春秋時代 衛나라 사람.
16) 孔悝: 春秋時代 衛나라 正卿, 輒을 追放하고 蒯聵(衛 莊公)를 擁立한 공이 있음.

◁영공이 이제 겨우 그 시신이 빈소殯所에 있는데, 원한을 갚으려는 자가 이미 국경國境에 와 있으니, 비록 군주를 들여보내는 일이 아니더라도 또한 팔짱을 끼고 이를 들어줄 사람은 정녕 아무도 없을 것이다. 그러므로 이는 막지 않을 수 없었던 것인데, 하물며 진晉나라는 제齊·노魯·위衛 세 나라의 공동 원수가 된다. 위나라는 세자世子를 막는데 제·노나라가 함께 세자를 막지 않는다면 위나라는 부득불 막지 않을 수 없는 것이다. 그러므로 당시에 위나라 사람들은 진晉나라 막는 것을 최선의 일로 삼지 않을 수 없었다. … 만약 공자가 위나라 군주를 도왔다면 그 뜻이 뚜렷이 드러나 있을 것이다. 애공哀公 2년조에 "진晉나라 조앙趙鞅이 군사를 거느리고 가서 위衛 세자 괴외蒯聵를 척읍戚邑에 들여보내다"[11]라 기록하고, … 3년조에 와서는 비로소 "제齊나라의 국하國夏[12]와 위衛나라의 석만고石曼姑가 군사를 거느리고 가서 척읍을 포위하였다"[13]고 기록하였으니, 이것은 역연히 조앙과 괴외를 미워하고 진나라를 배척하여 위나라 군주를 도운 사실로서 간서簡書에 분명히 나타나 있는 것이다. … 그 뒤 애공哀公 8년에 공자는 위衛나라에 돌아왔으며, 또 출공出公 첩輒과 더불어 서로 주선한 것들도 또한 모두 이 뜻이다.[14]

○반박: 아니다. 위나라 사람들이 괴외蒯聵를 막았던 것은 사세事勢가 그러하였던 것이지 의리는 아니다. 괴외가 망명할 당초에 영공靈公은 그 무리를 모두 추방하였으니, [公孟彄[15]가 鄭나라로 도망갔을 때이다.] 이때 추방당한 사람들 가운데 끼지 않았던 자들은 모두가 괴외의 무리들이 아니었던 것이다. 석만고石曼姑·공회孔悝[16]의 무리들은 바야흐로 두려워 부들부들 떨면서 오직 태자가 다시 들어올까 걱정하고 있었던 것이다. 그들의 마음이 어찌 일찍이 사직社稷을 돌아보았겠는가? 위衛나라의 사직이 첩輒이 위位에 있으면 반드시 편안하지 않고 괴외蒯聵가 들어오면 반드시 망하지 않는다고 할 때도 곁에서 보는 공정한 마음을 가진 자가 어떻게 애써 첩을 돕고 괴외를 물리칠 수 있겠는가?▷

《春秋》筆法, 本惟據實, 有其事則書之, 無其事則不書, 書納瞶書圍戚, 何以爲助輒之斷案乎? 孔子於衛 輒在位之時, 數數在衛,【輒二年·三年·四年, 孔子皆至衛】然孔子此時棲棲特甚, 適宋適陳適曹適鄭適蔡適楚, 曾無一日黔其突而煥其席. 若以足跡所至, 並以爲陰助之斷案, 孔子亦不勝助矣. 孔子顧有何力能博施如此乎? 蕭山之誣聖人, 一至是矣.

質疑《集注》云: "怨, 猶悔也."

○案 衛君三世. 子怨父父怨子, 子貢不待質之於夫子, 已知其不仁, 故特拈一怨字, 以問於夫子. 怨也者, 直是怨懟如敵讎之謂也, 奚但悔恨而已?

○太史公引軼詩疑伯夷·叔齊有怨, 謬矣. 得仁不怨者, 不怨其父子兄弟也,【孟子曰: "仁人之於弟也, 不藏怒焉, 不宿怨焉."】▶

---

17) 輒: 春秋時代 衛나라 君主인 出公. 衛輒, 剻輒이라고 하기도 함. 輒 2년은 出公 2년(B.C. 491)을 말함.
18)《史記》卷61〈伯夷列傳〉참조. 軼詩는 采薇之詩를 가리킨다.
19)《孟子》〈萬章〉上에 나온다.

《춘추》의 필법筆法은 본래 오직 사실에 근거하여 그 사실이 있으면 이를 쓰고, 그 사실이 없으면 이를 쓰지 않았다. '괴외를 들여보내다(納聵)' '척읍을 포위하다(圍戚)'라고 써 놓은 것이 어떻게 첩을 돕는 단안斷案이 될 수 있겠는가? 공자는 위첩衛輒이 군주의 자리에 있을 때 자주 위나라에 갔다. [輒[17] 2년, 3년, 4년에도 孔子는 衛나라에 갔다.] 그러나 공자는 이때 불안하게 떠돈 것이 특히 심하였다. 송宋으로 갔다가 진陳으로 갔다가 조曹로 갔다가 정鄭으로 갔다가 채蔡로 갔다가 초楚로 갔다가 하여, 일찍이 어느 하루도 굴뚝에 연기가 나서 검도록 부엌에 불을 지펴 잠자리가 따뜻했던 적이 없었다. 만약 발자취가 당도한 것만을 가지고 모두 이를 '은근히 도왔다(陰助)'고 단안斷案하면, 공자는 또한 도운 것이 이루 다할 수 없다고 하겠다. 돌아보건대, 공자가 무슨 힘이 있기에 이와 같이 널리 베풀 수 있었겠는가? 모소산毛蕭山의 성인聖人을 무고誣告함이 한결같이 이런 지경에까지 이르고 있는 것이다.

【질의】《논어집주》: '원怨'은 후회하다(悔)란 뜻과 같다.
○살펴보건대, 위衛나라 군주는 3대에 걸쳐 자식은 아비를 원망하고 아비는 자식을 원망하였던 것이다. 이는 자공子貢이 공자에게 질문하기를 기다리지 않고도 이미 그 불인不仁함을 알고 있었기 때문에, 다만 하나의 '원怨' 자를 가지고 공자에게 물은 것이다. '원怨'이란 곧 원대怨懟이다. 예를 들면 적수敵讎와 같은 것을 이르니, 어찌 다만 회한悔恨에만 그칠 뿐이겠는가?
○태사공太史公이 일시軼詩를 인용하여 "백이·숙제는 원망이 있었다"고 의심하였으나,[18] 이는 잘못된 것이다. 인을 얻어서 원망하지 않는다(得仁不怨)는 것은 그 부자·형제를 원망하지 않는 것이다. [孟子가 말하기를 "仁人은 아우에 대해서 노여움을 감추지 아니하며, 원망을 묵히지 아니한다"[19]고 하였다.]▶

◀軼詩之怨武王何疑焉?【朱子云: "二子雖賢, 而其所爲或出於激發過中之行, 不能無感慨不平之心, 則衛君之爭, 猶未爲甚得罪於天理也." ○案, 此說最確】

子曰: "飯疏食飲水, 曲肱而枕之, 樂亦在其中矣. 不義而富且貴, 於我如浮雲." 【皇氏本, 疏作蔬】

補曰 飯, 篹實也. 飲,《周禮》六飲之謂也.【〈酒正〉文見上】疏, 麤也.【鄭玄〈喪服〉注】飯以疏食, 則非膏梁也; 飲以淸水, 則無醫酏也.
○補曰 浮雲在空[1], 人雖仰視, 無所用, 故不足以動心.
○案 此節恐亦在夷·齊問答之後, 因以言之也.
鄭曰: "浮雲, 非己之有."
○孔安國《孝經傳》: "浮雲無潤澤於萬物, 故君子弗從."
○駁曰 非也.
孔曰: "疏食, 菜食也."

---

① 浮雲在空: 新朝本에는 '浮雲在空在空'으로 되어 있으나 '在空' 하나는 衍文이므로 奎章本에 따라 생략한다.
20)《論語集註大全》卷7〈述而〉제7 小註에 나온다.
1) 六飲: 水·漿·醴·涼·醫·酏. 여기에 涼은 멀건 薄酒이고 醫는 甘酒이며 酏는 黍酒이다.
2) 喪服 가운데 삼베의 올이 굵고 거친 것을 '疏'라 하였다.

◀그런데 일시軼詩에서 주周나라의 무왕武王을 원망한 것은 어떻게 이를 의심할 수 있겠는가? [朱子는 이르기를 "伯夷·叔齊 두 사람이 비록 어질더라도 그들의 하는 바가 혹 激發하는 데서 나와 中道에 지나치는 행위라서 感慨 또는 불평하는 마음이 없을 수 없는 것이다. 그리고 衛나라 君主의 다툼도 오히려 심할 정도로 天理에 罪를 얻은 것이 되지는 않는다"[20]고 하였다. ○살펴보건대, 이 說이 가장 정확하다.]

공자는 말하기를 "거친 밥을 먹고 물을 마시며 팔을 굽혀 이를 베개 삼아 누웠어도 즐거움이 또한 그 가운데에 있다. 의義롭지 않고서 부富하고 또 귀貴한 것은 나에게 뜬구름과 같은 것이다."라고 하였다. [皇氏本에는 '疏'가 '蔬'로 되어 있다.]

○보충: '반飯'은 궤簋라는 그릇에 담아 먹는 것이고, '음飮'은《주례》의 육음六飮[1]을 마신다는 말이며, [《周禮》〈天官·酒正〉의 글인데, 위에 나온다.] '소疏'는 거친 것이다. [鄭玄의 喪服의 注이다.[2]] 소사疏食를 먹었으니 고량膏粱이 아니며, 청수淸水를 마셨으니 의醫와 이酏 같은 술이 없는 것이다.

○보충: '뜬구름(浮雲)'은 허공에 있으니, 사람이 아무리 우러러 보아도 아무 소용이 없기 때문에 동심動心하여 의혹될 필요가 없다.

○살펴보건대, 이 구절은 또한 백이·숙제에 대한 문답의 뒤에 있으니 아마도 그것을 통해 이것을 말한 듯하다.

○정현: 뜬구름은 자기의 소유가 아니다.

○공안국《효경전》: 뜬구름은 만물을 윤택하게 해줄 수 없기 때문에 군자가 따르지 않는다.

○반박: 아니다.

○공안국: 소식疏食은 채식菜食이다.

○案 古本誤作蔬食, 故孔注如此.

子曰: "加我數年, 五十以學《易》, 可以無大過矣."【《史記》, 加作假】

何曰: "《易》, '窮理盡性, 以至於命.'【〈說卦〉文】年五十而知天命, 以知命之年, 讀至命之書, 故可以無大過."【邢云: "加我數年, 方至五十, 謂四十七時也."】

○補曰 加當作假,【從《史記》】謂天庶幾借我以數年之壽也.【漢 光武云: "人生安能遠期十年, 皆畏天命之言."】五十學《易》, 蓋古之遺文.〈內則〉云: "十年學書計, 十三學樂, 二十學禮." 皆有定期, 五十學《易》, 亦此類也.

○補曰《易》之爲書, 主於悔·吝. 悔者, 改過也; 吝者, 不改過也,【能悔則改過不吝】故曰學《易》則可以無大過.【秦他石云: "過者即《易》所載悔·吝·凶之義也."】

---

3) 古本:《古文孝經》을 말함.《古文孝經》은 漢나라 景帝 때 魯의 共王이 孔子의 古宅을 헐어서《尚書》·《論語》와 함께 얻은《孝經》의 孔壁本이다.
1)《正義》7.
2) 秦他石: 未詳.

○살펴보건대, 고본古本[3]에는 소식蔬食으로 잘못되어 있기 때문에 공안국의 주注가 이와 같다.

공자는 말하기를 "나에게 몇 년의 나이를 빌려주어 쉰에 《역易》을 배울 수 있다면, 큰 허물은 없을 수 있을 것이다."라 하였다. [《史記》에는 '加'가 '假'로 되어 있다.]

○하안: 《역경易經》에 "이치를 궁구窮究하고 성性을 다하여 천명天命에 이른다"고 하였다. [《易經》〈說卦傳〉의 글이다.] 공자는 나이 쉰에 천명天命을 알았으니, 천명을 알게 되는 나이에 천명을 알 수 있는 책을 읽기 때문에 큰 허물이 없을 수 있는 것이다. [邢昺이 이르기를 "나에게 몇 년의 나이를 더해 주면 바야흐로 쉰에 이르니, 이는 47세 때임을 말한다"[1]고 하였다.]

○보충: '가加'는 마땅히 가假가 되어야 하니, [《史記》를 따랐다.] 이는 "바라건대, 하늘이 나에게 몇 년 더 살 나이를 빌려준다면"이란 것을 이른다. [漢나라 光武帝가 이르기를 "人生이 어떻게 멀리 십 년을 기약할 수 있겠는가?" 하였으니, 이는 모두 天命을 두려워한 말이다.] '쉰에 《역》을 배우다(五十學易)'라는 말은 옛날부터 전하는 유문遺文이다. 《예기禮記》〈내칙內則〉에 이르기를 "10세에 글씨 쓰기와 셈을 배우고, 13세에 악樂을 배우며, 20세에 예禮를 배운다"고 하였으니, 이는 모두 배움에는 정해진 일정한 시기가 있는 것이다. '쉰에 《역》을 배우다'라는 말도 또한 이러한 유이다.

○보충: 《역경》의 글 내용은 '회悔(후회하다)'와 '인吝(인색하다. 아쉽다)'에 중점을 두고 있다. '회悔'란 허물을 고치는 것이고, '인吝'이란 허물을 고치지 않는 것이다. [능히 후회하면 허물을 고치는 데 인색하지 않다.] 그러므로 "《역》을 배우면 큰 허물이 없을 수 있을 것이다"라 하였다. [秦他石[2]이 이르기를 "허물이란 곧 《易經》에 記載되어 있는 悔·吝·凶의 내용이다"라 하였다.]

述而 第七

質疑 劉安世云: "嘗讀他《論》, 加作假, 五十作卒, 蓋加·假聲相近而誤讀, 卒與五十, 字相似而誤分也."

○毛曰: "魯·魚, 亥·豕, 必其字形俱相類者, 故曰 '形近致誤', 卒與五十不近也. 案《說文》, 五者, 互也, 從二從乂, 謂陰陽交互于二大間也; 卒者, 隸人給事名也, 古以染衣題識, 故從衣從十, 謂衣飾有異色也, 則試以今文觀之, 五字與衣字相近乎否乎? 即因而觀古文乂與夲相近乎否乎? 宋後草書卒字作夲, 合九十爲文, 九字近五, 故以云."

○案 前此孔子非不學《易》, 特因古經有五十學《易》之語, 故孔子年近五十, 誦古語而爲此言, 五十非誤字.

---

3) 劉安世: 宋代 學者. 元城人. 劉航의 아들이다. 字는 器之, 諡는 忠定. 司馬光에게 師事함. 官은 諫議大夫. 저서로는 《盡言集》이 있다.
4) 隸人: 奴婢 또는 賤官.
5) 給事: 貴人의 곁에서 봉사하는 賤人.

【질의】 유안세:³⁾ 일찍이 다른 본本의 《논어》를 읽으니, '가加'는 가假로 되어 있고 '오십五十'은 졸卒로 되어 있었다. 이는 아마도 가加와 가假가 음이 서로 가까워 잘못 읽은 것이고, 졸卒과 오십五十은 글자가 서로 비슷해서 잘못 나눈 것인 듯하다.

○모기령: 노魯·어魚, 해亥·시豕는 반드시 그 글자의 형태가 모두 비슷한 것이다. 그러므로 "글자의 형태가 가까우면 잘못을 이룰 수 있다"고 한다. 그런데 '졸卒'과 '오십五十'은 (그 글자의 형태가) 가깝지 않다.《설문說文》을 살펴보면 '오五'라는 글자는 호互의 뜻인데, '二'와 'X'가 합쳐진 글자로서 음양陰陽이 두 큰 것(二大: 天地를 말함) 사이에 교호交互하는 것을 말한다. '졸卒'이라는 글자는 예인隸人⁴⁾과 급사給事⁵⁾를 가리키는 뜻인데, 옛날에는 염색한 옷으로써 신분을 표시하였다. 그러므로 '의衣'와 '십十'이 합쳐진 글자로서 의복의 꾸밈에 서로 다른 색이 있음을 말한다. 그렇다면 시험 삼아 금문今文으로써 이를 살펴볼 때 '오五' 자와 '의衣' 자가 서로 비슷하겠는가 비슷하지 않겠는가? 따라서 고문古文에서 살펴볼 때 '오X' 자와 '의(산)' 자가 서로 비슷하겠는가 비슷하지 않겠는가? 송대宋代 이후 초서에서는 '졸卒' 자를 '졸卆'로 쓰고 있으니, 이는 구九와 십十 자를 합하여 글자가 된 것으로서 구九 자는 오五 자와 비슷하기 때문에 그렇게 말한 것이다.

○살펴보건대, 이 이전까지는 공자가《역易》을 배우지 않았던 것이 아니지만, 특히 고경古經에 '쉰에《역》을 배우다(五十學易)'라는 말이 있는 것을 연유로 하였기 때문에 공자가 쉰에 가까워지자 옛말을 외우면서 이 말을 한 것이니, '오십五十'이란 글자는 잘못된 글자가 아니다.

《史記》〈世家〉云: "孔子晚而喜《易》, 序〈彖〉·〈繫〉·〈象〉·〈說卦〉·〈文言〉, 讀《易》韋編三絕. 曰, '假我數年, 若是我於《易》, 則彬彬矣.'"
○朱子曰: "是時孔子年已幾七十矣, 五十字誤無疑."
○案《史記》之可信, 不如《論語》, 不必據《史記》以改《論語》, 況此云學《易》彼云若是?【若是, 謂讀《易》】雖假我數年四字, 彼此相同, 彼之所用, 未必此經. 學《易》喜《易》讀《易》贊《易》, 各爲一事, 五十六十以至七十, 無時不假, 不必執一而廢一也.【蘇紫溪云: "五十以學《易》, 分明是孔子五十歲以前的說話."】

---

6) 《論語》에는 "加我數年, 五十以學易"이라고 하였는데, 《史記》〈孔子世家〉에는 "假我數年, 若是"라고 하였다. 여기의 '若是'를 茶山은 '지금까지 해온 것처럼《易》을 계속 읽어 공부한다면'이라는 뜻으로 해석하였다.

○《사기》〈공자세가〉: 공자는 만년에《역》을 좋아하여〈단전彖傳〉·〈계사전繫辭傳〉·〈상전象傳〉·〈설괘전說卦傳〉·〈문언전文言傳〉을 서술하였으며, 《역》을 숙독하여 죽간竹簡을 엮은 가죽 끈이 세 번이나 끊어졌다. 그래서 "나에게 몇 년의 나이를 빌려주어 지금까지 하던 것처럼《역》 공부를 할 수 있다면, 내가《역》에 관해서는 찬연히 빛나게 될 것이다"라 하였다.
○주자: 이때 공자의 나이가 이미 일흔에 가까웠을 것이니, '오십五十'이라는 글자가 잘못된 것은 의심할 것도 없다.
○살펴보건대,《사기》의 믿을 만한 것이《논어》만 못하니,《사기》에 근거하여《논어》의 구절을 고칠 필요는 없다. 하물며 이《논어》에서는 '학역學易'이라고 하였는데, 저《사기》에서는 '약시若是'라고 하는 것이야 말할 것이 있겠는가?[6] ['若是'는《易》을 읽는다는 것을 가리킨다.] 그리고 비록 '가아수년假我數年'이라고 하는 네 글자가 피차 서로 같더라도, 저기에서 사용한 말이 반드시 이 경문의 말이어야 할 필요는 없다. '《역》을 배우다(學易)'와 '《역》을 좋아하다(喜易)'와 '《역》을 읽다(讀易)'와 '《역》을 찬양하다(贊易)'라는 것은 각기 다른 하나의 일이며, '오십五十' '육십六十'에서 '칠십七十'에 이르기까지 어느 때이든지 ('수년數年'을) 빌리지 못할 것이 없을 터이니, 이 가운데 반드시 그 하나만 고집하고 다른 하나를 폐기할 필요는 없다. [蘇紫溪는 이르기를 "'쉰에《易》을 배운다면'이라고 한 것은 이것이 孔子의 쉰 살 이전의 말임이 분명하다"고 하였다.]

述而 第七

述而(下)

子所雅言,《詩》·《書》·執禮, 皆雅言也.

朱子曰: "雅, 常也."
○補曰 執禮者, 臨事所執之禮, 今之儀禮, 是其遺也.【如今之笏記】
孔曰: "雅言, 正言也."
○鄭曰: "讀先王典法, 必正言其音然後義全, 故不可有所諱."【邢說同】
○毛曰: "雅言作常言解, 無據. 雅言, 正言也."
○駁曰 非也. 臨文不諱, 謂之雅言, 可乎? 鄭說之不中理如此, 而後人猶欲述之, 豈不惑歟?▶

---

1) 儀禮: 書名인《儀禮》가 아니고, 예를 들면 지금 행하고 있는 笏記 같은 여러 禮式의 遺制를 말함.
2)《禮記》〈曲禮〉上에 나오는 말이다.

술이 (하)

공자가 평소에 항상 한 말씀은 《시詩》와 《서書》와 일에 임해 집행하는 예禮이었으니, 이는 모두가 평소에 항상 하는 말씀이었다.

○주자: '아雅'는 '항상'이란 뜻이다.
○보충: '집례執禮'란 일에 임하여 집행하는 예禮이니, 지금의 의례儀禮[1]가 그 유제遺制이다. [지금의 笏記 같은 것이다.]
○공안국: '아언雅言'은 정언正言이다.
○정현: 선왕先王의 전법典法을 읽을 때에는 반드시 그 글자의 음音을 바르게 말한 뒤에라야 그 뜻이 온전해진다. 그러므로 그 음을 휘諱하여 피하는 바가 있어서는 안 된다. [邢昺의 說도 같다.]
○모기령: '아언雅言'을 '항상 하는 말'이라 하였는데, 그렇게 해석할 만한 아무런 근거가 없다. '아언'은 정언正言이다.
○반박: 아니다. '글에 임하여 그 음을 그대로 읽기를 피하지 않는 것'[2]을 '아언雅言'이라고 말하는 것이 옳겠는가? 정현의 설이 이처럼 사리에 맞지 않는데도 뒷사람들이 오히려 이를 따르려고 하니, 어찌 미혹된 것이 아니겠는가?▶

◀《史記》〈張耳傳〉云:"張耳雅游."【韋云: "雅, 素也."】〈武帝本記〉云:"上雅尚儒術."《南史》〈陳武帝紀〉云:"帝雅尙儉素."《魏志》〈司馬朗傳〉云:"朗雅好人倫典籍."《南史》〈梁簡文帝紀〉云:"帝雅好賦詩."【北史》〈薛道衡傳〉云:"江東雅好篇什."】《後漢書》〈竇后紀〉云:"及見雅以爲美."【常以爲美也】雅也者, 素也, 常也.【兼素常二字之意, 其義乃備】何謂無據? 凡朱子所言, 惟一反之爲務, 此蕭山心術之病.

毛曰:"雅言者, 謂端其音聲, 審其句讀, 莊重而出之, 與恒俗逈別, 謂之雅言."

○駁曰 非也. 惟《詩》·《書》· 執禮, 莊重而出之, 則他言皆戲慢乎?【諸葛亮〈出師表〉云 '察納雅言', 謂淺近平常之言, 亦可察納也】

程伊川云:"世俗之言, 失正者多矣. 如吳·楚失於輕, 趙·魏失於重, 旣通於衆, 君子正其甚者, 不能盡違也. 惟於《詩》·《書》· 執禮, 必正其言也."

---

3) 張耳: ?~B.C. 202. 前漢 大梁人(지금의 河南 開封). 諡는 景. 戰國 末에 魏나라 外黃令이 되었고, 秦 末에는 武臣 出身으로 趙나라 丞相이 되었으며, 漢나라 高祖 때에 와서는 趙王에 封해졌다. 秦 末에 한때 陳餘와 刎頸之交를 맺은 일이 있으나, 漢 高祖의 臣이 된 뒤 그를 泜水라는 곳에서 죽였음.
4) 《史記》〈張耳·陳餘列傳〉의 韋昭 注에 나온다.
5) 司馬朗: 後漢의 溫人. 防의 아들. 字는 伯達. 官은 兗州刺史.
6) 竇后: 後漢 때 章帝의 妃. 融의 曾孫女. 諡는 恭懷.
7) 毛蕭山: 毛奇齡을 말함. 蕭山은 毛奇齡의 號.
8) 毛奇齡,《論語稽求篇》〈子所雅言節〉에 나온다.
9) 程頤,《程子經說》에 나온다.

◀《사기》〈장이전張耳傳〉³)에 이르기를 "장이는 평소에 여러 곳을 주유하다(張耳雅游)"라 하였고, [韋昭는 이르기를 "雅는 素의 뜻이다"고 하였다.⁴)] 〈무제본기武帝本紀〉에 이르기를 "무제는 평소에 유술을 숭상하다(上雅尙儒術)"라 하였고, 《남사南史》〈진무제기陳武帝紀〉에 이르기를 "무제는 평소 검소한 것을 숭상하다(帝雅尙儉素)"라 하였고, 《위지魏志》〈사마랑전司馬朗傳〉⁵)에 이르기를 "사마랑은 평소 인륜과 전적을 좋아하다(朗雅好人倫典籍)"라 하였고, 《남사》〈양간문제기梁簡文帝紀〉에 이르기를 "간문제는 평소 시 짓기를 좋아하다(帝雅好賦詩)"라 하였고, [《北史》〈薛道衡傳〉에 이르기를 "강동은 평소 편십을 좋아하다(江東雅好篇什)"라 하였다.] 《후한서後漢書》〈두후기竇后紀〉⁶)에 이르기를 "보고서는 항상 아름답다고 여기다(及見, 雅以爲美)"라 하였으니, ['雅以爲美'는 항상 아름답다고 여기는 것이다.] '아雅'란 '평소(素)' 또는 '항상(常)'의 뜻이다. [素와 常 두 字의 뜻을 겸해야 그 뜻이 갖추어진다.] 어찌 아무 근거가 없다고 하는가? 무릇 주자가 말한 것에 대해서는 오직 한결같이 이를 반대하는 것만 일로 삼았으니, 이는 모소산毛蕭山⁷)이 부리고 있는 심술의 병이다.

○모기령: '아언雅言'이란 그 음성을 바르게 하고 구두句讀를 분명히 알아 장중하게 표현하는 것을 이르니, 세속적인 말과는 전혀 다른 것을 아언이라 한다.⁸)

○반박: 아니다. 오직 《시》·《서》와 일에 임해 집행하는 예禮에만 말을 장중하게 표현한다면, 그 나머지 다른 말들은 모두 희롱하고 경시하는 말이란 것인가? [諸葛亮의 〈出師表〉에 "雅言을 분명히 알아 받아들이라"고 하였으니, 이는 淺近한 평소의 말도 또한 분명히 알아 받아들일 수 있다는 뜻이다.]

○정이천: 세속의 말에는 그 바름을 잃은 것이 많다. 예를 들면 오吳나라와 초楚나라는 말이 경박한 데 잃고, 조趙나라와 위魏나라는 말이 중후한 데 잃은 것과 같다. 이미 대중에게 통용되어 있는 말이라면 군자는 그 너무 심한 것만을 바르게 하며 다 고칠 수는 없으나, 오직 《시》·《서》와 일에 임해 집행하는 예禮에서는 반드시 그 말을 바르게 해야 한다.⁹)

○案 二程之記不同, 而朱子取明道之說者, 誠以性與天道, 夫子罕言, 惟《詩》·《書》·執禮, 常言之, 故必如明道之說, 乃有味也.
鄭曰: "禮不誦, 故言執."
○邢曰: "禮不背文誦, 但記其揖讓·周旋, 執而行之, 故言執也."
○應麟曰: "石林解 '執禮' 云, '猶執射·執御之執.'《記》曰, '秋, 學禮, 執禮者詔之.'【〈文王世子〉文】蓋古者謂持①禮書以治人者, 皆曰執.《周禮》〈太史〉, '大祭祀②, 宿之日, 讀禮書. 祭之日③, 執書以次位常. 凡射事, 執其禮事.' 此禮之見於書者也."
○案 今公家祭禮, 贊者執笏記高唱, 其在階上者, 謂之堂上執禮, 其在階下者, 謂之堂下執禮, 此所謂執禮者詔之也.《儀禮》諸篇, 卽古之笏記.

---

① 持: 新朝本·奎章本에는 빠져 있으나《困學紀聞》卷7〈公羊〉에 따라 보충한다.
② 祀: 新朝本·奎章本에는 '禮' 로 되어 있으나《周禮》〈太史〉에 따라 바로잡는다.
③ 日: 新朝本에는 '曰' 로 되어 있으나 奎章本과《周禮》〈太史〉에 따라 바로잡는다.
10) 二程: 北宋의 性理學者인 程顥(號가 明道)와 程頤(號가 伊川) 兄弟를 가리킴.
11) 二程의 기록이 같지 않은데도: 이 말은 '雅言'을 明道는 常言으로 보고, 伊川은 正言으로 보았다는 뜻이다.
12) '執'이라고 말하였다: '執禮'의 '執' 字에 대한 鄭玄의 해석이다.
13)《正義》7.
14) 石林: 宋代의 文臣 學者 葉夢得의 저술인《石林燕語》인 듯하다. 全 10권임.
15)《困學紀聞》에 周官으로 되어 있어, 이 글을 인용한《論語古今註》의 新朝本·奎章本에도 周官으로 되어 있으나, 書名이《周禮》이므로 바로 잡는다.
16) 大祭祀: 宗廟의 제사.
17) 宿: 致齋. 제삿날에 앞서 齋戒하는 것.
18) 射事: 代射·賓射·燕射 등을 말함.
19) 公家: 公共機關 또는 官廳.

○살펴보건대, 이정二程[10]의 기록이 같지 않은데도[11] 주자가 정명도程明道의 설을 취한 것은, 진실로 공자가 성性과 천도天道를 드물게 말하고 오직 《시》·《서》와 집례執禮는 항상 말하였기 때문이다. 그러므로 반드시 명도明道의 설과 같아야만 이에 의미가 있다.

○정현: 예禮는 (《시》·《서》처럼) 외워 읽는 것이 아니기 때문에 '집執'이라고 말하였다.[12]

○형병: 예禮는 돌아앉아 글로 외우지 아니하고 다만 읍양揖讓과 주선周旋 등의 예절을 기억하여 이를 집행하는 것이기 때문에 '집執'이라고 말하였다.[13]

○왕응린: 《석림石林》[14]에서 '집례執禮'를 해석하여 이르기를 "이는 집사執射·집어執御라고 할 때의 '집執'과 같다"고 하였고, 《예기禮記》에 이르기를 "가을에는 예禮를 배우는데, 집례執禮하는 자가 이를 돕는다"고 하였다. [〈文王世子〉의 글이다.] 아마도 내 생각에 옛날에는 예서禮書를 가지고 남을 다스리는 것을 모두 '집執'이라고 한 듯하다. 《주례周禮》[15]의 〈태사太史〉에 보면 "대제사大祭祀[16]에는 숙宿[17]의 날에 예서禮書를 읽고, 제사하는 날에는 예서를 가지고 제사에 참여하는 자의 일정한 자리를 서열대로 정한다. 무릇 사사射事[18]에도 사례射禮의 일을 집행한다"고 되어 있으니, 이는 집례執禮하는 것이 책에 나타나 있는 것이다.

○살펴보건대, 오늘날에는 공가公家[19]에서 제례祭禮에 찬자贊者가 홀기笏記를 가지고 크게 소리쳐 부르짖는데, 그때 섬돌 위에서 예를 돕고 있는 자를 '당상집례堂上執禮'라 하고, 섬돌 아래에서 예를 돕고 있는 자를 '당하집례堂下執禮'라고 하였으니, 이것이 이른바 '집례하는 자가 이를 돕는다(執禮者詔之)'는 것이다. 《의례儀禮》의 모든 편의 글은 곧 옛날의 홀기이다.

葉公問孔子於子路, 子路不對. 子曰: "女奚不曰, 其爲人也, 發憤忘食, 樂以忘憂, 不知老之將至云爾?"

孔曰: "葉公名諸梁, 楚大夫, 食采於葉, 僭稱公."【據《左傳》·《世本》】邢曰: "字子高, 爲葉縣尹, 楚子僭稱王, 故縣尹皆僭稱公."【本出陸德明《釋文》】
○孔曰: "不對者, 未知所以答."【朱子云: "聖人之德①, 實未易名言."】
○補曰 發憤, 勇於進就也. 欲語之以嗜學樂道者, 要使葉公知我無求. 〈楚語〉云: "子西召王孫勝,【即白公】沈諸梁止之,【左司馬沈尹戌之子, 葉公子高】子西不聽, 子高以疾, 閒居于蔡. 及白公之亂, 子西·子期死. 葉公聞之, 曰, '吾怨其棄吾言而德其治楚國.' 入殺白公而定王室, 葬二子之族."

---

① 德: 新朝本·奎章本에는 빠져 있으나 《論語集註大全》卷7〈述而〉에 따라 보충한다.
1) 《正義》7.
2) 王孫勝: 春秋時代 楚나라 平王의 太子인 建의 아들. 곧 白公勝이다.
3) 子期: 子西의 아우.

섭공葉公이 자로子路에게 공자에 관해 물었는데, 자로가 대답하지 못하였다. 공자가 말하기를 "너는 어찌 그의 사람됨이 (학문을 좋아해서) 분발하여 먹는 것을 잊고 즐거워서 근심을 잊어, 늙음이 장차 닥쳐오는 줄도 모른다고 말하지 않았는가?"라고 하였다.

○공안국: 섭공의 이름은 제량諸梁이니, 초楚나라 대부大夫이다. 섭葉 땅을 식읍食邑으로 하고 공公을 참칭僭稱하였다. [《左傳》과 《世本》의 글에 근거한 것이다.]

○형병: 자字는 자고子高이니, 섭 땅의 현윤縣尹이 되었다. 초나라 제후가 왕을 참칭하였기 때문에 현윤은 모두 공을 참칭하였다.[1) [본래 陸德明의 《經典釋文》에서 나왔다.]

○공안국: 대답하지 못하였다는 것은 대답할 바를 알지 못한 것이다. [朱子는 이르기를 "聖人의 德은 실로 쉽게 형용하여 말하지 못한다"고 하였다.]

○보충: '발분發憤'은 앞으로 나아가는 데 용감한 것이다. 학學을 좋아하고 도道를 즐긴다는 것으로써 말하기를 바란 것은, 요컨대 섭공으로 하여금 내가 아무것도 요구하는 것이 없음을 알게 하고자 한 것이다.

○《국어》〈초어〉: 자서子西가 왕손승王孫勝[2) [곧 白公이다.] 을 (망명지에서) 불러들이려 하자 심제량沈諸梁[左司馬인 沈尹戌의 아들 葉公 子高이다.] 이 이를 중지시켰다. 자서가 그의 말을 들어주지 않으니, 자고는 병을 핑계하여 채蔡 땅에서 한가로이 지내고 있었다. 백공白公이 난亂을 일으키자 자서·자기子期[3)는 죽임을 당하였다. 섭공이 이 말을 듣고 말하기를 "나는 자서가 내 말을 버리고 들어주지 않은 것을 원망하지만, 그가 초나라를 다스린 공적을 덕德으로 여긴다"고 하고는 (군사를 거느리고) 들어가 백공을 죽이고 왕실을 안정시키며 이자二子(子西·子期)의 일족을 장사지냈다.

述而下

○案 葉公蓋有知人之明者也.

子曰: "我非生而知之者, 好古,【句】敏以求之者也."

朱子曰: "敏, 速也."
○補曰 敏以求之, 用敏疾之心以求知也.
○鄭曰: "言此者, 勸人學."【邢云: "恐人以己爲生知而不可學, 故告之."】
尹曰: "孔子以生知之聖, 每云好學者, 非惟勉人也. 蓋生而可知者, 義理爾. 若夫禮樂名物·古今事變, 亦必待學而後有以驗其實也."
○案《大戴禮》曰: "黃帝生而神靈, 弱而能言; 帝嚳生而神靈, 自言其名." 皆齊東野言. 孔子刪書, 無此諸說, 生而知之者, 蓋謂自幼至長, 其修身飭行, 動中禮法, 不學而能者也.▸

---

1)《正義》7.
2) 尹焞: 北宋의 經學家. 河南人. 字는. 彦明. 程伊川에게 師事하였음. 저서로는《論語解》·《門人答問》이 있다.
3)《大戴禮記》〈五帝德〉에 나온다.

○살펴보건대, 섭공은 대개 사람을 알아보는 총명한 자인 듯하다.

공자는 말하기를 "나는 나면서부터 아는 자가 아니다. 옛것을 좋아하여 민첩하게 그것을 구하는 자이다."라 하였다.

○주자: '민敏'은 빠르다는 뜻이다.
○보충: '민이구지敏以求之'는 민첩하고 재빠른 마음을 써서 앎을 추구하는 것이다.
○정현: 공자가 이렇게 말한 것은 사람들에게 배움을 권고한 것이다. [邢昺은 이르기를 "남들이 자기를 生知라고 하여 배울 수 없다고 생각할까 걱정하였기 때문에 이렇게 말한 것이다"[1]라 하였다.]
○윤돈:[2] 공자가 생지生知의 성인이면서도 매양 "학學을 좋아한다"고 한 것은 다만 남을 권면勸勉토록 한 것만은 아니다. 대개 태어날 때부터 알 수 있는 것은 의리義理뿐이다. 저 예악禮樂과 명물名物 또는 고금의 사변事變 같은 것들은 역시 반드시 배움을 기다린 뒤에라야 그 실상을 징험할 수 있다.
○살펴보건대,《대대례大戴禮》에 이르기를 "황제黃帝는 태어나면서부터 신령스러워 어려서 능히 말을 하였고, 제곡帝嚳도 태어나면서부터 신령스러워 스스로 그 자신의 이름이 무엇이라고 말하였다"[3]고 하니, 이는 모두 제齊나라 동부 지방 사람들의 믿을 수 없는 말과 같은 근거 없는 말에 해당한다. 공자孔子가《상서尚書》를 산정刪定하였는데, 거기에는 이러한 설이 없다. '나면서부터 아는 자(生而知之者)'는 대개 어려서부터 장성할 때까지 그 몸을 닦고 행실을 단속하는 것이 하나하나가 모두 예법에 맞아 배우지 않아도 능한 자임을 말한다.▶

◀孔子不知父墓, 問於郰曼父之妻, 顧何嘗生而神靈耶? 則非生知者耶?

子不語怪·力·亂·神.

孔曰: "怪, 怪異也. 力, 謂若奡盪舟, 烏獲擧千均之屬. 亂, 謂臣弑君, 子弑父. 神, 謂鬼神之事. 或無益於敎化, 或所不忍言."【邢氏本作 '王曰', 皇氏本作 '孔曰', 今從皇】

○謝曰: "聖人語常而不語怪, 語德而不語力, 語治而不語亂, 語人而不語神."【王應麟云: "此本王无咎之說."】

○案 怪者, 如石言木起及解禽言呑刀吐火之類.【周伯耕云: "不語力則知聖人所稱尙德哉! 不語神則聖人 '未能事人' 之誠昭也."】

李充曰: "力不由理, 斯怪力也; 神不由正, 斯亂神也. 怪力亂神, 有與於邪, 無益於敎, 故不言也."

○駁曰 非也.

---

1) 奡: 夏 王朝 때의 사람. 寒浞의 아들로 힘이 세어 陸地에서 배를 끌어 움직였다고 함.《論語》〈憲問〉편에 나온다.
2) 烏獲: 戰國時代 秦나라 武王의 臣. 힘이 壯士로 알려져 있음.《孟子》〈告子〉下와 그 注에 나온다.
3) 謝良佐: 北宋의 經學家. 字는 顯道. 上蔡의 사람이기 때문에 上蔡先生이라 稱하였다. 程伊川에게 從學하였으며, 游酢·呂大臨·楊時와 함께 程門四先生이라 불렸음. 저서로는《論語說》이 있다.
4) 王无咎: 1024~1069. 北宋 때 經學家. 建昌 南城人(江西省). 官은 江都尉·天台令을 역임. 저서로는《論語解》가 있다.
5) 王應麟,《困學紀聞》卷7〈論語〉에 나온다.
6) 周伯耕: 未詳.
7) 未能事人:《論語》〈先進〉편에 보면, 孔子가 "능히 사람을 섬기지 못한다면 어떻게 귀신을 섬길 수 있겠는가(未能事人, 焉能事鬼)"라고 한 말이 있다.
8)《正義》7.

◀공자는 아버지의 묘소를 알지 못하여 추만보聊曼父의 아내에게 물었다. 돌이켜보건대, 공자가 어찌 일찍이 나면서부터 신령스러웠겠는가? 그러니 (공자는) 생지자生知者가 아니로다.

공자는 괴怪·력力·난亂·신神을 말하지 않았다.

○공안국: '괴'는 괴이怪異한 것을 말하고, '력'은 마치 오유[1]가 뭍에서 배를 끌고 다니고 오획烏獲[2]이 1000균鈞의 무게를 드는 것과 같은 따위의 힘을 말하고, '난'은 신하가 임금을 죽이고 자식이 아비를 죽이는 것을 말하고, '신'은 귀신鬼神의 일을 말한다. 이 가운데 어떤 것은 교화敎化에 아무 보탬도 없고, 어떤 것은 차마 말하지 못할 바이다. [邢昺의 本에는 '王曰'로 되어 있고, 皇侃의 本에는 '孔曰'로 되어 있는데, 여기에서는 皇侃의 本을 따랐다.]
○사량좌:[3] 성인聖人은 떳떳한 것을 말하고 괴이한 것을 말하지 않으며, 덕德을 말하고 힘을 말하지 않으며, 다스려짐을 말하고 어지러워짐을 말하지 않으며, 사람을 말하고 귀신을 말하지 않는다. [王應麟은 이르기를 "이는 본래 王无咎[4]의 說이다"고 하였다.[5]]
○살펴보건대, '괴怪'란 돌이 말하고 나무가 일어선다고 하는 것과 새의 말을 알고 칼을 삼키며 불을 토한다고 하는 것과 같은 따위이다. [周伯耕[6]이 이르기를 "힘을 말하지 않았다면 聖人의 일컫는 바가 德을 숭상함을 알게 될 것이로다! 귀신을 말하지 않았다면 聖人의 '未能事人'[7]의 경계가 밝아질 것이다"라 하였다.]
○이충: 힘이 순리順理를 말미암지 않을 때 이는 괴력怪力이며, 신神이 바른 것을 말미암지 않을 때 이는 난신亂神이다. 괴력과 난신은 사악邪惡한 것과 관련되어 있어, 가르침에 아무 보탬도 없기 때문에 말하지 않은 것이다.[8]
○반박: 아니다.

引證《大戴禮》,曾子曰:"君子亂言而弗殖,神言不致也,靈言不與。"【〈曾子立事〉篇】

子曰:"三人行,必有我師焉,擇其善者而從之,其不善者而改之。"

補曰 三人行,言同行者少也.必有我師者,非謂道學之師,或四方謠俗,百工技藝,及有一善可學者,皆我師也.
○補曰 擇其善者,謂通執兩人,擇其善言善事,不必偏取一人,棄其一也.
○補曰 其不善者,因上文而遂言之,欲其見不善而內自省,非謂善惡皆我師也.
邢曰:"彼二人言行,必有一人善一人不善。"
○駁曰 非也.三人偶然同行,豈必一善一惡,每不差忒?君子同行,或三人皆善;群盜同行,或三人皆惡.

【인증】《대대례》: 증자曾子는 말하기를 "군자는 어지러운 말을 전파하지 않고, 귀신에 대한 근거 없는 말을 받아들이지 않으며, 입으로만 베풀 것을 약속하고 실행하지 않는 공허한 말을 허용하지 않는다"고 하였다. 〔〈曾子立事〉편에 있다.〕

공자는 말하기를 "세 사람이 동행하면 반드시 나의 스승이 있으니, 그 가운데 착한 것을 택하여 따르고, 착하지 못한 것은 이를 보고 자신을 고쳐 나가야 한다."고 하였다.

○보충: '삼인행三人行'이란 동행하는 자가 적다는 것이며, '반드시 나의 스승이 있다必有我師'란 도학道學의 스승을 이르는 것이 아니라 혹 사방의 요속謠俗과 백공百工의 기예技藝와 하나의 선善이 있어 배울 만한 것은 모두 나의 스승이라는 말이다.
○보충: '택기선자擇其善者'는 두 사람을 모두 잡고서 그 가운데 착한 말과 착한 일을 택하는 것을 말하니, 여기에 반드시 편벽되게 그 가운데 한 사람만 취하고 다른 한 사람은 버릴 필요가 없다.
○보충: '기불선자其不善者'는 위의 글로 인해서 드디어 말한 것이니, 이는 그 가운데 불선不善을 보고서 마음속으로 스스로 반성하고자 하는 것이지, 선악이 모두 나의 스승이라는 말은 아니다.
○형병: 저 두 사람의 언행에 반드시 한 사람은 착하고 다른 한 사람은 착하지 못함이 있다.
○반박: 아니다. 세 사람이 우연히 동행할 때 어떻게 매양 어김없이 반드시 한 사람은 착하고 한 사람은 악하겠는가? 군자가 동행할 때는 혹 세 사람이 모두 착하기도 하며, 군도群盜들이 동행할 때는 혹 세 사람이 모두 악하기도 한 법이다.▶

◀今必欲於兩人之中, 奉一善而執一惡難矣. 所謂我師, 本非全德之人, 或有一聞一識一技一能, 兼有愆尤疵病, 擇其善者而師之, 其不善者, 內省而改之也.

子曰: "天生德於子, 桓魋其如①子何?"

包曰: "桓魋, 宋司馬." 朱子曰: "向魋也, 出於桓公, 故又稱桓氏."【金云: "世爲司馬, 故又以司馬爲氏. 司馬牛, 其弟也."】
○邢曰: "案〈世家〉, 孔子去曹適宋, 與弟子習禮大樹下. 宋司馬桓魋欲殺孔子, 拔其樹. 孔子去, 弟子曰, '可速矣.' 故孔子發此語."
○朱子曰: "其奈我何, 言不能違天害已."
○邢曰: "此章言孔子無憂懼也."

---

① 如: 新朝本·奎章本에는 '於'로 되어 있으나《論語》〈述而〉의 經文에 따라 바로잡는다.
1) 金履祥,《論語集註考證》卷4〈述而〉의 桓魋 註에 나온다.
2)《正義》7.
3) 同上.

◁지금 여기에 반드시 두 사람 가운데 한 사람은 선을 받들려 하고 한 사람은 악을 집행하려 한다고 가정하자, 이는 어려운 일일 것이다. 이른바 '나의 스승(我師)'이란 본래 덕德을 온전히 한 사람이 아니라 혹 하나의 견문, 하나의 지식, 하나의 기예, 하나의 재능을 지니고 있는 사람으로서, 이에 허물과 하자를 겸유하고 있을 경우 그 가운데 착한 것을 택하여서 이를 스승으로 삼고 그 가운데 착하지 못한 것에 대해서는 이를 보고 마음속으로 반성하여 자신을 고치는 것이다.

공자는 말하기를 "하늘이 나에게 덕德을 주었으니, 환퇴桓魋가 나에게 어찌하겠는가?"라고 하였다.

○포함: 환퇴는 송宋나라 사마司馬이다.
○주자: 상퇴向魋이니, 환공桓公에서 나온 그 후예이므로 또 환씨桓氏라고도 일컫는다. [金履祥은 이르기를 "대대로 司馬의 벼슬을 하였으므로 또 司馬로써 氏를 삼았다. 司馬牛는 그의 아우이다"[1]라 하였다.]
○형병: 《사기》의 〈공자세가孔子世家〉를 살펴보건대, 공자가 조曹나라를 떠나 송宋나라로 가서 제자들과 함께 큰 나무 아래에서 예禮를 강습하고 있었는데, 송나라의 사마인 환퇴가 공자를 죽이고자 하여 그 나무를 뽑아버렸다. 공자가 거기를 떠나니, 제자들이 "빨리 가자"고 하였다. 그러므로 공자가 이 말을 하게 된 것이다.[2]
○주자: '그가 나를 어찌하겠는가(其奈我何)' 하였으니, 이는 하늘의 뜻을 어겨 자기를 해칠 수는 없다고 말한 것이다.
○형병: 이 장章은 공자가 근심하고 두려워함이 없음을 말한 것이다.[3]

子曰: "二三子, 以我爲隱乎? 吾無隱乎爾. 吾無行而不與二三子者, 是丘也."

包曰: "二三子, 謂諸弟子."
○包曰: "聖人知廣道深, 弟子學之不能及, 以爲有所隱匿, 故解之."
○補曰 行者, 躬所行也, 不言之教也, 吾無一事不以示二三子, 二三子當見而效之, 無以我爲隱也.
○補曰 '是丘也'一句, 自證自明之辭, 說其名, 以著己事之明白.【如契券·質劑①必書名】

包曰: "我所爲②, 無不與爾共之者, 是丘之心."
○駁曰 非也. 心字添出, 非本旨也.
或曰: "二三子, 謂弟子之賢者, 如四科十哲."

---

① 劑: 新朝本에는 '齊'로 되어 있으나 奎章本에 따라 바로잡는다.
② 爲: 新朝本·奎章本에는 '以'로 되어 있으나《論語注疏》卷7〈述而〉에 따라 바로잡는다.
1) 契券·質劑: 契約書·證券·어음 같은 것을 말함.
2) 四科의 十哲: 德行에 顏淵·閔子騫·冉伯牛·仲弓이며, 言語에 宰我·子貢이며, 政事에 冉有·季路이며, 文學에 子游·子夏이다.《論語》〈先進〉편에 나온다.

공자는 말하기를 "자네들은 내가 무엇을 숨긴다고 여기는가? 나는 숨기는 것이 없다. 내가 행하고서 자네들에게 보여주지 않은 것이 없다. 이것이 바로 구丘(孔子의 이름)이다."라고 하였다.

○포함: '이삼자二三子'는 여러 제자를 가리킨다.
○포함: 성인聖人은 아는 것이 넓고 도道가 깊어, 제자들은 이를 배워도 미치지 못하니, 숨기는 바가 있다고 여기기 때문에 이러한 의심을 풀어준 것이다.
○보충: '행行'이란 몸소 행하는 것이니, 말로 하지 않는 가르침이다. 내가 한 가지 일도 제자들에게 보여주지 않은 것이 없다면 제자들은 당연히 이를 보고 본받아야 하며, 내가 무엇을 숨긴다고 여길 수 없는 것이다.
○보충: '시구야是丘也' 한 구절은 스스로 자신을 실증하여 밝히는 말이다. 자신의 그 이름을 말하여 자신이 한 일이 명백함을 나타낸 것이다. [예를 들면 契券·質劑[1]에 반드시 서명하는 것과 같다.]
○포함: 내가 하는 바는 자네들과 더불어 하지 않는 것이 없는데, 이것이 나(丘)의 마음이다.
○반박: 아니다. '심心' 자를 첨가해서 보면 (이는 이 경문의) 본뜻이 아니다.
○혹자: '이삼자二三子'는 제자 가운데 어진 이들을 말하니, 사과四科의 십철十哲[2]과 같은 이들이다.

述而下

○駁曰 非也. 當時之俗, 凡稱諸人, 皆云 '二三子'. 《國語》, 共華曰: "二三子皆在而不及." 呂甥曰: "君使告二三子." 子犯曰: "天賜也. 二三子志之." 秦伯謂其③大夫曰: "二三子敬乎!" 范武子曰: "爾勉從二三子." 魏絳曰: "七合諸侯, 二三子之勞也." 若是者不可勝數. 然〈檀弓〉曰: "二三子絰而出." 此則指弟子之賢者.

子以四教, 文·行·忠·信.

邢曰: "文, 謂先王之遺文. 行, 謂德行. 在心爲德, 施之爲行. 中心無隱謂之忠, 人言不欺謂之信."
○補曰 文行, 外也; 忠信, 內也. 入則孝, 出則悌, 行也. 嚮人以誠曰忠, 與人無僞曰信.

---

③ 秦伯謂其: 新朝本·奎章本에는 '子餘謂秦'으로 되어 있으나 《國語》〈晉語〉에 따라 바로잡는다.
3) 共華: 春秋時代 晉나라 大夫.
4) 《國語》〈晉語〉에 나온다. 아래의 다섯 例文도 모두 〈晉語〉에 나온다.
5) 呂甥: 春秋時代 晉나라 大夫.
6) 子犯: 春秋時代 晉나라 사람 狐偃의 字. 突의 아들. 文公의 舅이므로 犯舅라고도 함. 大夫.
7) 秦伯: 春秋時代 晉나라 大夫.
8) 范武子: 春秋時代 晉나라 大夫로서 宰相에까지 올랐다.
9) 魏絳: 春秋時代 晉나라 大夫. 諡는 莊子.
10) 絰: 喪에 쓰는 麻로 만든 것으로, 首絰·腰絰을 가리킴.
11) 《禮記》〈檀弓〉上에 나온다. "孔子之喪, 二三子皆絰而出."
1) 《正義》 7.

○반박: 아니다. 그 당시의 풍속으로는 무릇 여러 사람을 일컬을 때 모두 '이삼자'라고 하였다. 《국어》에 보면, 공화共華[3]는 "이삼자는 모두 국내에 있으나 죄罪에 미치지는 않았다"고 하였고,[4] 여생呂甥[5]은 "임금이 사람을 시켜 이삼자에게 고하였다"고 하였고, 자범子犯[6]은 "하늘이 내려준 선물이다. 이삼자는 이를 기억(기록)해 두어라"고 하였고, 진백秦伯[7]은 그 대부들에게 "이삼자는 이 일을 공경히 할지로다"라고 하였고, 범무자范武子[8]는 "그대는 힘써 이삼자를 따르라"고 하였고, 위강魏絳[9]은 "일곱 번 제후를 회합한 것은 이삼자의 공로이다"라고 하였다. (이삼자를) 이렇게 써 놓은 것은 이루 다 셀 수 없다. 그러나 《예기》〈단궁檀弓〉에 "이삼자는 질 絰[10]을 하고 외출하다(二三子絰而出)"[11]라 하였으니, (여기의 이삼자는) 제자의 어진 이를 가리킨 것이다.

공자는 네 가지로써 가르쳤는데, 그것은 문文·행行·충忠·신信이다.

○형병: 문文은 선왕先王의 유문遺文을 말하고, 행行은 덕행德行을 말하는데, 마음속에 있는 것이 덕이 되고 밖에 베푸는 것이 행이 된다. 마음 가운데 아무 숨김이 없는 것을 충忠이라 하고, 사람의 말에 속임이 없는 것을 신信이라 한다.[1]

○보충: 문과 행은 외적外的인 것이고, 충忠과 신信은 내적인 것이다. 집 안으로 들어오면 효도하고 집 밖으로 나가면 공경하는 것은 행이고, 남을 향해서 정성을 다하는 것을 충이라 하고, 남과 사귀어서 배신함이 없는 것을 신이라 한다.

荻曰: "四教即四科也. 文即文學, 行即德行. 忠, 施諸政事; 信, 施諸言語."

○駁曰 非也. 傅會之巧也. 政事言語, 以當忠信, 可乎?

子曰: "聖人, 吾不得而見之矣. 得見君子者, 斯可矣."

補曰 大而化之曰聖, 文質兼備曰君子. 文質兼備, 然後可以治人, 古者有治人之德者, 乃得在位. 在位曰君子, 謂大君之子也, 猶帝王之稱天子.【或云: "君國子民曰君子, 其義, 非也."】

○案 古本, 與下節別爲二章, 今從之. 若是一章, 當云, "君子吾不得而見之, 得見善人, 斯可矣." 今君子善人, 不相牽連, 而又有子曰字以間之, 其非一章可知, 以其文勢相類, 故記者序次如是.

何曰: "疾世無明君."

○駁曰 非也. 不見有此義.

2) 太宰純,《論語古訓外傳》卷7 18a.
1)《孟子》〈盡心〉下에 보면, "大而化之之謂聖"이라는 구절이 있다.

○적생쌍송: '사교四敎'는 곧 사과四科이다. 문은 곧 문학文學이고, 행은 곧 덕행德行이고, 충은 정사政事에 베푸는 것이고, 신은 언어言語에 베푸는 것이다.[2]

○반박: 아니다. 이는 견강부회한 말이다. 정사와 언어를 충과 신에 해당시켜서 되겠는가?

공자는 말하기를 "성인을 내가 만날 수 없으면 군자라도 만날 수 있으면 좋겠다."고 하였다.

○보충: 크게 그 도를 행하여 천하를 교화한 이를 성인聖人이라 이르고,[1] 문질文質을 겸비한 이를 군자君子라 한다. 문질이 겸비된 뒤에라야 남을 다스릴 수 있으니, 옛날에는 남을 다스릴 수 있는 덕德을 지닌 자가 곧 벼슬자리에 있을 수 있었다. 그래서 벼슬자리에 있는 이를 '군자'라 함은 대군大君의 아들임을 이르니, 이는 마치 제왕帝王을 천자天子라 일컫는 것과 같다. [어떤 이는 이르기를 "君國의 子民을 君子라고 한다"고 하였는데, 그 뜻은 잘못되었다.]

○살펴보건대, 고본古本에는 이 아래의 구절과 따로 나누어 두 장章으로 하였는데, 나도 여기에서 그것을 따랐다. 만약 이것이 한 장이면 당연히 "군자를 내가 만날 수 없으면 선인善人이라도 만날 수 있으면 좋겠다"고 해야 한다. 그런데 지금 여기에 군자와 선인을 서로 끌어 연결시키지 않았고, 또 '자왈子曰'이란 자구가 그 중간에 끼어 있으니, 그것이 한 장이 아님을 알 수 있다. 그리고 이는 그 문세文勢가 서로 유사하기 때문에 기록하는 자가 차서次序해 놓은 것이 이와 같다.

○하안: 세상에 밝은 임금이 없음을 마음 아파한 것이다.

○반박: 아니다. 이러한 뜻이 있음을 찾아보지 못하겠다.

子曰: "善人, 吾不得而見之矣. 得見有恒者, 斯可矣. 亡而爲有, 虛而爲盈, 約而爲泰, 難乎有恒矣."

補曰 善人, 或德之稱, 行己無惡以至於善者也. 有恒者, 其德劣於善人, 然不虛矯不飾詐, 能守常而不變者也.
○補曰 約, 所持者少也.【束而小之曰約】泰, 所充者實也.【〈泰〉卦三陽在內, 故內實曰泰】
○案 亡者, 無形而無質也. 虛者, 有器而無實也. 約者, 有少而無多也.
陸德明曰: "此舊爲別章, 今宜與前章合."
○朱子曰: "子曰字, 疑衍文."
○案 邢氏本亦合之爲一章, 然君子善人, 旣非同名, 亦難殊品, 恐古本爲是.
邢曰: "內實窮約而外爲奢泰."

---

2) 陸德明,《經典釋文》卷24〈論語音義〉에 나온다.
3)《正義》7.

공자는 말하기를 "선인善人을 내가 만날 수 없으면 항심恒心이 있는 자라도 만날 수 있으면 좋겠다. 없으면서 있는 체하고, 비어 있으면서 가득 찬 체하며, 적으면서 많은 체한다면 항심이 있기 어렵다."고 하였다.

○보충: 선인은 덕德을 이룬 것을 지칭하니, 자신을 행동하는 데 아무 악惡이 없어 선善에 이른 사람이다. 항심이 있는 자는 그 덕은 선인보다 못하나, 허교虛矯를 부리지 않고 거짓을 꾸미지 않으며 능히 떳떳함을 지켜서 변하지 않는 자이다.

○보충: '약約'은 가지고 있는 바가 적은 것이고, [묶어서 작게 만든 것을 約이라 한다.] '태泰'는 차 있는 바가 충실한 것이다. [《易經》의 〈泰卦〉에 三陽이 안에 있기 때문에 안으로 찬 것을 泰라 한다.]

○살펴보건대, '망亡'이란 형체도 없고 실질實質도 없는 것이며, '허虛'란 그릇은 있으나 그 안에 차 있는 것이 없는 것이며, '약約'이란 적게 있고 많이 없는 것이다.

○육덕명: 이 글이 옛날에는 별장別章으로 따로 되어 있었으나, 지금은 마땅히 앞의 장章과 합쳐야 한다.[2)]

○주자: '자왈子曰'이라는 글자는 아마도 연문衍文인 듯하다.

○살펴보건대, 형병邢昺의 본本에도 또한 합하여 한 장으로 하였다. 그러나 군자와 선인은 이미 같은 이름이 아니고, 또한 다른 등급으로 논란하였으니, 이는 아마도 고본古本이 옳은 듯하다.

○형병: 안으로는 실제로 궁약窮約하면서도 밖으로는 사치하고 태연한 체하는 것이다.[3)]

○駁曰 非也. 有恒無恒, 皆以德行言, 用度奢儉, 何與於是? 然約而爲泰者, 正如貧者之奢, 難於有恒, 以之設喩則可也.

王應麟云: "善人, 周公所謂吉士也; 有恒, 周公所謂常人也."

○案〈皐陶謨〉云: "彰厥有常. 吉哉!"〈立政〉云: "庶常吉士." 未嘗以常吉, 分爲二等.

子釣而不綱, 弋不射宿.

侃曰: "釣者, 一竿屬一鉤而取魚也."

○朱子曰: "綱, 以大繩屬網, 絶①流而漁者也."

○孔曰: "弋, 繳射也."【邢云: "〈司弓矢〉注云, '結繳於矢, 謂之矰.'"】

○邢曰: "夫子雖爲弋射, 但晝日爲之, 不夜射棲鳥也, 爲其欺暗必中, 且驚衆也."

---

① 絶: 新朝本·奎章本에는 '截'로 되어 있으나 《論語注疏》卷7〈述而〉에 따라 바로잡는다.
4) 吉士·常人: 吉士는 善士이며, 常人은 常德之人이다. 《尚書》〈立政〉편에 周公의 말로 나온다.
5) 王應麟, 《困學紀聞》卷7〈論語〉에 나온다.
1) 《義疏》4-96.
2) 矰: 주살. 弋을 말함.
3) 《正義》7.
4) 同上.

○반박: 아니다. 유항有恒과 무항無恒은 모두 덕행德行으로써 말한 것이니, 씀씀이가 사치하고 검소한 것이 여기에 무슨 상관이 있겠는가? 그러나 '적으면서 많은 체하다(約而爲泰)'란 바로 가난한 자가 사치하는 것과 같으니, 여기에 항심이 있기는 어려운 일이므로 이것을 가지고 비유를 설정하는 것은 가可한 일이다.
○왕응린: '선인'은 주공周公의 이른바 길사吉士[4)]이고, '유항有恒'은 주공의 이른바 상인常人이다.[5)]
○살펴보건대, 《상서》〈고요모皐陶謨〉에 "밝혀서 그 떳떳한 구덕九德을 두는 것이 길하도다!" 하였고, 〈입정立政〉에 "모두 떳떳한 덕을 갖춘 길사吉士이다" 라 하였으니, 일찍이 상常과 길吉을 나누어 두 개의 등급으로는 하지 않았다.

공자는 낚시질은 하되 그물질하여 물고기를 잡지 않고, 주살질은 하되 잠자는 새를 쏘지는 않았다.

○황간: '조釣'란 하나의 낚싯대에 하나의 낚시를 매어 물고기를 잡는 것이다.[1)]
○주자: '강綱'은 굵은 노끈으로 그물을 연결하여 흐르는 물길을 가로질러 물고기를 잡는 것이다.
○공안국: '익弋'은 주살로 쏘는 것이다. [邢昺이 이르기를 "《周禮》〈夏官·司弓矢〉의 注에 '화살에 주살을 매어 놓은 것을 矰[2)]이라 한다'고 했다" 라 하였다.[3)]]
○형병: 공자는 비록 주살로 쏘았으나, 다만 낮에만 쏘고 밤에 잠자는 새를 쏘지 않은 것은 새들을 속여서 몰래 맞추고, 또 뭇 새를 놀라게 하기 때문이다.[4)]

孔曰: "綱者, 爲大綱以橫絕流, 以緻擊鉤, 羅屬著綱."【侃云: "作大綱, 橫遮廣水, 而羅列多鉤以取魚也."】

○案 余家洌水之濱, 漁者或用此物, 謂之萬鉤之釣, 然古有是否? 綱者當是網字之譌, 形誤也.【荻亦云】故朱子所訓, 只是網也, 無繫鉤之說.

子曰: "蓋有不知而作之者, 我無是也. 多聞, 擇其善者而從之, 多見而識之, 知之次也."

補曰 作, 刱造也. 刱造一書謂之作.【如老子作《道德經》】不知道而作書者, 流毒萬世, 聖人之所深懼也. 蓋有者, 辭之謹也.
○補曰 我無是也者, 自慶之辭, 猶言我不犯此罪也.

---

5) 綱: 여기서는 網과 통용되는 글자로 쓴 듯하다.
6)《義疏》4-96.
7) 洌水: 漢江의 상류로, 茶山이 살던 마을인 馬峴里(지금의 陵內里) 앞을 흐르는 강물을 말함.

○공안국: '강綱'이란 큰 그물을 만들어 흐르는 물길에 가로질러 놓고 그 물에 낚시를 매달아 놓은 것이다. [皇侃은 이르기를 "큰 綱[5]을 만들어서 넓은 강물을 가로질러 막아 쳐놓고 여기에 많은 낚시를 벌여 물고기를 잡는 것이다"라 하였다.[6]]

○살펴보건대, 내 집이 열수洌水[7]의 강가였다. 어부가 간혹 이 기구를 사용하였는데, 이를 '만구萬鉤의 낚시'라고 하였다. 그러나 옛날에 이러한 기구가 있었는지는 모르겠다. '강綱'이란 글자는 마땅히 '망網'자의 잘못일 것이니, 이는 자형이 비슷해서 잘못 쓴 것이다. [荻生雙松도 또한 그렇게 말하였다.] 그러므로 주자가 주석한 것에는 (강綱을) 다만 그물 망網의 뜻으로만 해 놓았지 (그물과 구분하여) 낚시를 매달아 놓은 것이라는 설은 없다.

공자는 말하기를 "대개 알지 못하고 창작하는 자가 있는데, 나는 이런 일이 없다. 많이 듣고 그 선善한 것을 택하여 이를 따르고, 많이 보고 이를 기록해 놓으면 앎의 다음이 된다."고 하였다.

述而下

○보충: '작作'은 창작하는 것이다. 한 책을 창작하는 것을 작作이라 한다. [예를 들면 老子가 《道德經》을 만든 것과 같다.] 도道를 알지 못하고 책을 창작하여 내면 그 피해의 유독流毒이 만세에 이르니, 성인聖人이 깊이 두려워한 바이다. '개유蓋有'라고 한 것은 삼가는 어사語辭이다.

○보충: '나는 이런 일이 없다(我無是也)'라고 한 것은 스스로를 경사스럽게 여기는 말이니, 나는 이러한 죄를 범하지 않았다고 말하는 것과 같다.

○補曰 擇其無者, 刪也. 此《詩》·《書》之所以刪也. 識者, 記也. 若《易傳》·〈書序〉及《儀禮》諸篇之有附記者, 是也.

○補曰 二者雖不如知而作之者, 抑其次也. 最下者, 不知而作之. 【毛云: "春秋時異學爭出, 著書滿天下."】

包曰: "時人有穿鑿妄作篇籍者, 故云然."

○案 穿鑿二字, 周章矣.

孔曰: "如此者, 次於天生知之."

○駁曰 非也. 自古無天生知之者.

質疑《集注》云: "孔子自言未嘗妄作, 蓋亦謙辭."

○案 此非謙辭. 述而不作, 乃君子之盛德也.

引證《漢書》〈朱雲傳〉贊云: "世稱朱雲多[①]過其實, '蓋有不知而作之者, 我無是也.'"

---

① 多: 新朝本·奎章本에는 '言'으로 되어 있으나 《漢書》〈朱雲傳〉에 따라 바로잡는다.
1) 두 가지: '多聞, 擇其善者而從之'와 '多見而識之'를 가리킴.
2) 毛奇齡, 《四書改錯》에 나온다.
3) 이와 같은 자: 많이 듣고 그 善한 것을 택하여 따르고, 많이 보고 이를 기록해 놓는 자를 말함.
4) 朱雲: 前漢 때의 學者. 魯人(지금의 山東省). 字는 游. 官은 元帝 때 博士·杜陵令을 지냈음. 自友子에게 《易經》을 배우고, 蕭望之에게 《論語》를 배워 經傳에 조예가 깊었으며, 이름난 제자로는 嚴望·嚴元이 있다.
5) 京仁文化社에서 影印한 《漢書》 2930면에 보면 校勘記에 "世稱朱雲多過其實" 다음에 '故曰'이 있어야 한다고 하였는데, 이것은 北宋의 景祐本과 淸 乾隆 때의 武英殿本에 근거를 두고 있다. 역자는 이에 따라 '故曰'을 삽입하여 이 구절을 해석하였다.

○보충: '그 선한 것을 택하다(擇其善)'란 산정刪定한 것을 가리키니, 이는 《시경》과《서경》을 산정한 것이다. '지識'란 기록한 것을 가리키니,《역전易傳》과〈서서書序〉및《의례儀禮》의 모든 편에 붙인 부기附記 같은 것이 그 것이다.

○보충: 두 가지[1]는 비록 알고 창작하는 자보다는 못하지만 아마도 그 다음은 될 것이며, 가장 하등인 것은 알지 못하고 창작하는 것이다. [毛奇齡이 이르기를 "春秋時代에 異端의 學들이 다투어 나와 그 著書들이 천하에 가득했다"고 하였다.[2]]

○포함: 당시의 사람들이 천착穿鑿하여 함부로 책을 짓는 자가 있었으므로 이렇게 말한 것이다.

○살펴보건대, '천착'이란 두 글자는 경솔하게 쓴 말이다.

○공안국: 이와 같은 자[3]는 나면서부터 아는(天生知之) 자의 다음이 된다.

○반박: 아니다. 예로부터 태어나면서부터 아는 자는 없다.

【질의】《논어집주》: 공자는 스스로 "일찍이 함부로 창작하지 않았다"고 하였는데, 이는 대개 또한 겸사謙辭이다.

○살펴보건대, (공자의) 이 말은 겸사가 아니다. 그대로 따라 하여 '전하기만 하고 창작하지 않는다(述而不作)'는 것은 곧 군자의 성덕盛德이다.

【인증】《한서》〈주운[4]전〉의 찬贊: 세상에서는 주운朱雲이 그 실상보다 지나침이 많다고 일컬었다. 그러므로 "대개 알지 못하고 창작하는 자가 있는데 나는 이런 일이 없다"고 하였다.[5]

述而下

互鄕難與言, 童子見, 門人惑. 子曰: "與其進也, 不與其退也, 唯何甚? 人潔己以進, 與其潔也, 不保其往也."

鄭曰: "互鄕, 鄕名."【王无咎云: "鹿邑之外, 有互鄕城, 鹿邑屬亳縣."】
○補曰 蓋衛地.
○朱子曰: "其鄕人習於不善, 難與言善."
○補曰 與其進·不與其退, 蓋古語. 與, 許也. 凡接人之法, 來則迎之, 去則止之, 是許其進, 不許其退也. 引此語, 以明來者之不可拒.
○補曰 惟何甚, 謂惡惡不可已甚. 保, 守也. 往, 謂前日之惡行也.【王觀濤云: "不保其往, 謂安能保其已前之皆潔也, 亦通."】
鄭曰: "互鄕人, 言語自專, 不達時宜."
○駁曰 非也. 不達時宜, 則善人之好古者也.

---

1) 王應麟,《困學紀聞》卷7〈論語〉에 나온다.
2) 王觀濤: 未詳.

호향互鄉 사람들과는 같이 말하기가 어려웠는데, 그 고을의 동자童子가 찾아와 공자를 뵈니 문인들이 의아하게 여겼다. 공자는 말하기를 "그 나아옴을 허여하고 그 물러감을 허여하지 않는다. 어찌 심하게 할 수 있겠는가? 사람이 몸을 깨끗이 하여 나아오면 그 깨끗함을 허여하고 지난날의 잘못을 문제 삼아서는 안 된다."고 하였다.

○정현: 호향은 고을 이름이다. [王无咎는 이르기를 "鹿邑 바깥에 互鄉城이 있고, 鹿邑은 亳縣에 속해 있다"고 하였다.¹⁾]

○보충: 아마도 위衛나라 땅이라고 생각된다.

○주자: 그 고을 사람들은 불선不善에 익히 젖어 그들과 더불어 선善을 말하기 어려웠다.

○보충: '여기진(與其進)'과 '불여기퇴(不與其退)'는 대개 고어古語라고 생각한다. '여與'는 허여許與한다는 허許와 뜻이 같다. 무릇 사람을 접대하는 법에, 찾아오면 맞이하고 떠나가면 만류한다. 이것이 바로 '그 나아옴을 허여하고 그 물러감을 허여하지 않는다(許其進, 不許其退)'는 것이다. 이 말을 인용하여 찾아오는 사람을 거역할 수 없음을 밝힌 것이다.

○보충: '유하심唯何甚'은 악惡을 미워하되 너무 심하게 해서는 안 된다는 말이고, '보保'는 지킨다는 뜻이며, '왕往'은 지난날의 악행惡行을 이른다. [王觀濤²⁾는 이르기를 "'不保其往'은 어찌 능히 그 이전에 한 행위의 모두가 깨끗하였음을 보전할 수 있겠느냐는 말이다"라 하였다. 이것도 또한 통한다.]

○정현: 호향互鄉 사람들은 말을 자신들대로 쓰고 있어 시의時宜에 통달하지 않았다.

○반박: 아니다. 시의에 통달하지 않았으면 이는 선인善人으로서 옛것을 좋아하는 자들이다.

鄭曰: "往, 猶去也. 當與之進, 亦何①能保其去後之行?"【邢云: "去後之行, 謂往前之行, 今已過去."】

○駁曰 非也. 邢昺知鄭說之誤, 釋之以己意, 奈冰炭何?

顧歡②云: "往, 謂前日之行. 夫人之爲行, 未必可一, 或有始無終, 先迷後得. 教誨之道, 潔則與之, 往日之行, 非我所保也."【見邢疏】

○案 此說極是, 但有始無終四字宜刪.

琳公云: "此 '互鄉難與言童子見' 八字, 通爲一句."【見邢疏】

○駁曰 非也. 其意蓋以爲一鄉之人未必盡惡, 故爲此說也. 然妹邦崇飮, 桑中好淫, 惡俗漸染如此, 不足疑也. 琳公, 僧也.

質疑 此章未見其有錯簡.【李卓吾云: "後十四字, 不倒轉, 文法更古."】

---

① 何: 新朝本·奎章本에는 빠져 있으나《論語注疏》卷7〈述而〉에 따라 보충한다.
② 歡: 新朝本·奎章本에는 '歎'으로 되어 있으나《論語注疏》卷7〈述而〉에 따라 바로잡는다.
3)《正義》7.
4) 顧歡: 南北朝時代 學者. 字는 景怡. 집이 가난하여 獨學으로 학문을 성취하였는데, 그는 매양 집 뒤에서 들려오는 남의 讀書 소리를 듣고 그것을 잊지 않았으며, 밤이면 언제나 관솔에 불을 붙여 글을 읽었다고 한다. 南齊의 高帝가 太學博士로써 불렀으나 나가지 않았다.
5) 琳公: 茶山은 琳公을 僧이라 하였고,《論語集說》을 저술한 日本의 學者 安井衡은 琳公을 惠琳이라고 하였다. 惠琳과 慧琳이 同一한 사람인지 未詳.《韓國佛敎大辭典》에는 慧琳은 나와 있으나 惠琳은 없다.
6) 妹邦: 地名.《尙書》〈酒誥〉에 나오는 妹邦은 古代 殷王 紂가 都邑하였던 곳으로, 지금의 河南省 淇縣의 북쪽에 있는 妹鄕을 말한다.
7) 桑中: 地名. 河南省 淇縣의 남쪽.
8) 뒤의 열네 字: "人潔己以進, 與其潔也, 不保其往也"를 가리킴.
9) 李贄,《四書評》〈論語〉卷4에 나온다.

○정현: '왕往'은 거去와 같은 뜻이다. 마땅히 찾아오는 것을 허여해야 하지만, 또한 어찌 그 간 다음의 행실(去後之行)까지 보전保全할 수 있겠는가? [邢昺은 이르기를 "간 다음의 행실(去後之行)이란 지난날의 행실(往前之行)이니, 지금은 이미 지나가 버렸다"고 하였다.³⁾]

○반박: 아니다. 형병은 정현의 설이 잘못된 것을 알고도 이를 자기 마음대로 해석해 버렸다. 이는 얼음과 숯처럼 서로 용납되지 않는 격이 되니, 어떻게 하겠는가?,

○고환:⁴⁾ '왕往'은 전일前日의 행실을 말한다. 대저 사람의 행실은 반드시 한결같을 수는 없다. 처음은 있고 끝이 없을 때도 있고, 먼저는 미혹되고 뒤에는 터득하여 잘할 때도 있는 것이다. 가르침의 도道는 깨끗하면 허여하여 받아들이는 것이니, 지난날의 행실은 내가 보전할 바가 아니다. [邢昺의 疏에 보인다.]

○살펴보건대, 이 설은 지극히 옳은 것이나 다만 '유시무종有始無終'의 네 자는 마땅히 삭제해야 한다.

○임공:⁵⁾ 여기의 '호향난여언동자현互鄉難與言童子見' 여덟 자는 통틀어 한 구句가 된다. [邢昺의 疏에 보인다.]

○반박: 아니다. (여덟 자를 한 구로 보는) 그 뜻은 대개 한 고을 사람들이 반드시 다 악하지 않다고 생각하였기 때문에 이러한 말을 한 것이다. 그러나 매방妹邦⁶⁾에서는 술 마시기를 숭상하고 상중桑中⁷⁾에서는 음란한 행위를 좋아하였는데, 악한 풍속이 이와 같이 점점 물든 것을 의심할 수 없다. 임공琳公은 승려이다.

【질의】 이 장章에 그 착간錯簡이 있다는 것을 보지 못하겠다. [李卓吾는 이르기를 "뒤의 열네 字⁸⁾는 글이 전도되지 않았으며, 그 文法이 더욱 고풍스럽다"고 하였다.⁹⁾]

述而下

241

子曰:"仁遠乎哉? 我欲仁, 斯仁至矣."

補曰 仁者, 嚮人之愛也. 處人倫盡其分, 謂之仁.【義見前】爲仁由己, 故曰不遠.

陳司敗問:"昭公知禮乎?" 孔子曰:"知禮." 孔子退, 揖巫馬期而進之, 曰:"吾聞君子不黨, 君子亦黨乎? 君取於吳, 爲同姓, 謂之吳孟子. 君而知禮, 孰不知禮?" 巫馬期以告. 子曰:"丘也幸. 苟有過, 人必知之."

---

1) 陳: 春秋時代의 國名인데, 지금의 河南省에 있었던 자그마한 나라였다.

공자는 말하기를 "인仁이 멀리 있겠는가? 내가 인仁을 하고자 하면 이 인仁이 이를 것이다." 하였다.

○보충: '인仁'이란 다른 사람에게 향하는 사랑이니, 인륜人倫에 당면해서 그 분수를 다하는 것을 인이라 한다. [그 뜻은 앞에 나타나 있다.] 인仁을 실현하는 것은 자신으로부터 말미암는다. 그러므로 멀지 않다고 말한 것이다.

진陳[1]나라 사패司敗가 묻기를 "소공昭公은 예禮를 압니까?" 하니, 공자가 말하기를 "예를 안다."고 하였다. 공자가 물러가자 사패가 무마기巫馬期에게 읍하고 나아가 말하기를, "내가 듣건대, 군자는 편당偏黨을 하지 않는다고 하였는데, 군자도 또한 편당을 합니까? 소공이 오吳나라에 장가드니, (그 부인이) 동성同姓이 되기 때문에 오맹자吳孟子라고 불렀습니다. (이런 소공을) 군주로서 예를 안다고 하면 누군들 예를 알지 못하겠습니까?"라고 하였다. 무마기가 그 일을 (공자에게) 고하자, 공자는 말하기를 "나는 다행하다. 만약 허물이 있으면 남이 반드시 이를 알려주네."라고 하였다.

述而下

孔曰: "司敗, 官名, 陳大夫.【邢云: "《左傳》, 楚 子西曰, '臣歸死於司敗.' 杜注云, '陳·楚名司寇爲司敗.'"】昭公, 魯 昭公.【朱子云: "名稠."】巫馬期, 弟子, 名施."
【《史記》云: "巫馬施字子旗, 少孔子三十歲." ○鄭玄云: "魯人."】

○補曰 巫馬, 官名, 世其官, 遂以爲氏.【《周禮》〈夏官〉, 巫馬, 養疾馬】期當作旗, 聲誤也.

○補曰 黨猶偏也.【孔曰: "相助匿非曰黨."】

○孔曰: "魯·吳俱姬姓,【邢云: "吳, 泰伯之後."】禮, 同姓不昏,【見〈曲禮〉. 又《大傳》云: "同姓不昏, 周道也."】而君取之, 當稱吳姬, 諱曰孟子."【事見哀十二】

○朱子曰: "諱之, 使①若宋女子姓者然."

○孔曰: "諱國惡, 禮也. 聖人道弘, 故受以爲過."

事實 《春秋》哀十二年, 孟子卒.《左傳》曰: "昭公取於吳, 故不書姓, 謂之吳孟子."

---

① 使: 新朝本·奎章本에는 '似'로 되어 있으나《論語集註大全》卷7〈述而〉에 따라 바로잡는다.
2) 子西: 春秋時代 楚나라 大夫인 鬪宜申의 字.
3)《左傳》文公 10년조에 나오는데, 邢昺의 疏에는 文公 11년으로 되어 있다.
4)《正義》7.
5)《史記》〈仲尼弟子列傳〉에 나온다.
6) 泰伯: 古代 周나라 사람. 太王의 長子이며 季歷의 兄이다.《春秋》에는 吳나라의 始祖로 되어 있음.
7)《正義》7.

○공안국: 사패는 관직의 명칭이니, 진陳나라 대부大夫이고, [邢昺은 이르기를 "《左傳》에 楚나라의 子西²⁾가 '臣은 죽음을 司敗의 官에 맡기겠다'³⁾고 하였는데, 杜預의 注에 '陳나라 楚나라에서는 司寇를 이름하여 司敗라 했다'"라고 하였다.⁴⁾] 소공은 노魯나라 소공昭公이며, [朱子는 "이름이 稠이다"라 하였다.] 무마기는 공자의 제자이니 이름이 시施이다. [《史記》에 "巫馬施는 字가 子旗이니, 孔子보다 30세가 적다"고 하였다.⁵⁾ ○鄭玄은 이르기를 "魯나라 사람이다"고 하였다.]

○보충: 무마巫馬는 관명官名이니, 그 관직을 대대로 역임하였으므로 드디어 이것으로써 씨氏를 삼았다. [《周禮》〈夏官〉에 보면 巫馬는 병든 말을 치료하는 직책이다.] '기期'는 마땅히 기旗가 되어야 하니, 여기에 기期로 되어 있는 것은 소리의 잘못에서 온 것이다.

○보충: '당黨'은 편벽되다는 뜻과 같다. [孔安國은 이르기를 "서로 도와 잘못을 숨기는 것을 黨이라 한다"고 하였다.]

○공안국: 노나라와 오吳나라는 모두 희성姬姓이다. [邢昺은 이르기를 "吳나라는 泰伯⁶⁾의 後裔이다"고 하였다.⁷⁾] 예禮에 같은 성姓은 혼인하지 못하는데, [《禮記》〈曲禮〉에 나타나 있고, 또 〈大傳〉에 "同姓끼리 혼인하지 않는 것은 周나라의 道이다"라 하였다.] 노나라 군주가 동성에게 장가들었으니, 그렇다면 마땅히 '오희吳姬'라고 칭해야 할 터인데 이를 숨기고 '맹자孟子'라고 한 것이다. [이 사실은 《左傳》哀公 12년에 나타나 있다.]

○주자: (오맹자吳孟子라 칭한 것은) 그 사실을 숨겨 마치 송宋나라 여자인 자성子姓의 사람처럼 그렇게 한 것이다.

○공안국: 나라의 나쁜 면을 외부에 숨기는 것이 예禮이다. 성인聖人은 도道가 넓기 때문에 이를 받아서 자신의 허물로 여긴다.

【사실】《춘추》: 애공哀公 12년, 맹자孟子가 졸卒하다. 《좌전》: 소공昭公은 오吳나라에 장가들었기 때문에 부인의 성姓을 기록하지 않고 그를 오맹자吳孟子라고 일렀다.

○〈坊記〉曰: "子云, '取妻不取同姓, 以厚別也. 故買妾不知其姓, 則卜之. 以此坊民, 魯《春秋》猶去夫人之姓, 曰吳, 其死, 曰孟子卒.'"
鄭曰: "司敗, 人名, 齊大夫."
○駁曰 非也.
應劭〈風俗通義②序〉云: "孔子稱幸苟有過, 人必知之."【幸字連下句讀】
○駁曰 非也.《周書》〈王佩解〉云: "不幸在不聞其過, 福在受諫." 子曰 '丘也幸', 蓋有所本.

子與人歌而善, 必使反之, 而後和之.

補曰 歌者, 長言以誦詩也.
○朱子曰: "反, 復也.【復, 音覆】必使復歌者, 欲得其詳而取其善也."【純云: "覆者, 從首更歌一遍也."】

---

② 義: 新朝本·奎章本에는 빠져 있으나《風俗通義》에 따라 보충한다.
8) 陸德明,《經典釋文》卷第24〈論語音義〉에 나온다.
9) 應劭: 後漢 때의 學者. 汝南 南頓人(지금의 河南省 項城). 字는 仲遠 또는 仲瑗. 官은 營陵令·泰山太守 등을 역임. 저술로는《漢書集解》·《律略論》·《漢官儀》·《風俗通義》등이 있다. 이 가운데《風俗通義》는《魏漢叢書》안에 들어 있다.
10)《周書》: 여기의《周書》는《逸周書》를 가리킴.
11)〈王佩解〉:《逸周書》의 篇名이다.
1) 太宰純,《論語古訓外傳》7-22b.

○《예기》〈방기〉: 공자는 말하기를 "아내를 맞이하되 같은 성姓을 맞이하지 않는 것은 남녀의 분별을 먼 데까지 넓히기 위함이다. 그러므로 첩을 살 때도 그 성을 알지 못하면 점을 쳐서 결정한다. 이렇게 하여 백성이 범하는 허물을 막았는데, 노魯나라《춘추》의 기록에는 오히려 부인夫人의 성을 버리고 다만 오吳라고만 하고 그가 죽어서는 맹자가 졸하다"라고 하였다.
○정현: 사패司敗는 사람의 이름이니, 제齊나라 대부大夫이다.[8]
○반박: 아니다.
○응소[9]〈풍속통의서〉: 공자는 말하기를 "다행히도 만약 허물이 있으면 남이 반드시 알려주네"라고 하였다. ['幸' 字는 아래 句와 연결하여 읽어야 한다.]
○반박: 아니다.《주서周書》[10]〈왕패해王佩解〉[11]에 이르기를 "불행은 그 허물을 듣지 못하는 데에 있고, 복福은 간諫하는 것을 받아들이는 데에 있다"고 하였으니, 공자가 "나는 다행하다(丘也幸)"라고 한 것은 대개 그 말에 근거한 바가 있는 듯하다.

공자는 남과 함께 노래 부를 때 남이 잘하면 반드시 그것을 반복해 부르게 하고, 그런 뒤에 화답해 불렀다.

○보충: '노래(歌)'란 말소리를 길게 하여 시詩를 읊조리는 것이다.
○주자: '반反'은 반복하는 것이다. ['復'은 音이 覆(복)이다.] 반드시 노래를 반복해 부르게 한 것은 그 상세함을 알아 그 좋은 점을 취하려는 것이다. [太宰純은 이르기를 "'覆'이란 처음부터 다시 한 번 모두를 반복해 노래하는 것이다"라 하였다.[1]]

邢曰:"反猶重也."【何云:"樂其善, 故使重歌而自和之."】
○駁曰 非也. 說則無錯, 但字義不然.

子曰:"文莫吾猶人也, 躬行君子, 則吾未之有得."

朱子曰, "莫, 疑辭.【案, 莫者猶言豈不】猶人, 言不能過人, 而尚可以及人."
○補曰 夫子自言文學豈不吾猶人也, 若躬行君子之德, 則吾無所自得者.【自謙也】子曰:"十室之邑, 必有忠信如某者焉, 不如某之好學也." 文學素所自許, 德行素所自謙.
何曰:"莫, 無也. 文無者, 猶俗言文不."【又云:"文不吾猶人者, 凡言文皆不勝於人."】
○欒肇《論語駁》曰:"燕·齊謂勉強爲文莫, 莫之聲又轉爲務, 又轉爲楘, 甿之聲轉爲瞀, 故《爾雅》曰, '茂, 勉也; 務, 瞀強也.'"

---

2)《正義》7.
1)《論語》〈公冶長〉에 나온다.
2) 勉強: 힘써 노력하는 것을 말함.《中庸》에 "勉強而行之"라는 구절이 있다.
3)《爾雅》〈釋詁〉上에 나온다.

○형병: '반反'은 거듭하다(重)와 같은 뜻이다.[2] [何晏은 이르기를 "그 좋은 것을 즐거워하기 때문에 거듭 노래 부르게 하고 스스로 이에 화답해 부른다"고 하였다.]
○반박: 아니다. 말은 착오가 없으나 다만 자의字義가 그렇지 않다.

공자는 말하기를 "문학文學은 나도 다른 사람과 같지 않겠느냐마는, 군자君子의 덕을 몸소 행하는 것은 내가 아직 얻지 못했다."고 하였다.

○주자: '막莫'은 의문사이다. [생각건대, '莫'이란 '어찌 ~아니하겠는가(豈不)'를 말하는 것과 같다.] '남과 같다(猶人)'는 것은 남보다 뛰어나지는 못하나 그래도 남을 따라갈 수 있다는 말이다.
○보충: 공자는 스스로 말하기를 "문학이야 어찌 내가 남들만 같지 못하겠느냐마는, 군자의 덕德을 몸소 실천하는 것은 나는 스스로 얻은 바가 없다"고 하였다. [스스로 謙讓한 것이다.] 공자는 말하기를 "10실室 되는 작은 읍邑에도 반드시 나처럼 충성스럽고 신실한 자는 있지만, 나처럼 학學을 좋아하는 자는 없을 것이다"라 하였으니,[1] 그가 문학은 평소에 스스로 허여한 바이지만 덕행은 평소에 스스로 겸양하였던 것이다.
○하안: '막莫'은 없다(無)는 뜻이다. '문무文無'란 속되게 말하면 '문불文不'이라고 하는 것과 같다. [또 何晏은 이르기를 "文은 내가 남만 같지 못하다는 것은, 무릇 文은 모두 남보다 낫지 못하다는 말이다"라고 하였다.]
○난조《논어박》: 연燕나라와 제齊나라에서는 면강勉强[2]하는 것을 '문막文莫'이라 이른다. 문막文莫의 '막莫'의 소리가 또 굴러서 '무務'로 쓰이고, 또 굴러서 '무楘'로 쓰이며, '민䡅'은 민䡅의 소리가 굴러서 '민䫿'으로 쓰인다. 그러므로《이아爾雅》에 이르기를 "무茂는 면勉(힘쓰다)이다. 무務·민䫿은 강强(힘쓰다)이다"라 하였다.[3]

述而下

○駁曰 非也. 何晏·邢昺, 旣以文莫爲成語. 又釋之曰: "文不勝人則周章矣." 欒說亦非.

楊雄《方言》云: "侔莫, 強也. 北燕之外郊, 凡勞而相勉. 若言努力者, 謂之侔莫."

○陳騤《雜識①》云: "《方言》, 侔莫, 強也. 凡勞而相勉, 若所云努力者, 輒曰侔莫."

○方以智《通雅》曰: "閔勉·閔免·僶勉, 一也. 轉爲密勿·蠠沒, 又轉爲侔莫·文莫."

○純曰: "'亹亹文王, 令聞不已.' 文王尚勉, 況後之君子乎?"

○駁曰 非也.《論語》非古奧文字, 讀書必先辨②文體, 庶不惑於如此之雜說.

子曰: "若聖與仁, 則①吾豈敢? 抑爲之不厭, 誨人不倦, 則可謂云爾已矣." 公西華曰: "正唯弟子不能學也."

---

① 識: 新朝本에는 '職'으로 되어 있으나 奎章本과 荻生雙松의《論語徵》〈述而〉第七에 따라 바로잡는다.
② 辨: 新朝本에는 '辯'으로 되어 있으나 奎章本에 따라 바로잡는다.
① 則: 新朝本·奎章本에는 빠져 있으나《論語》〈述而〉의 經文에 따라 보충한다.
4) 揚雄,《方言》卷7에 나온다.
5) 陳騤: 1128~1203. 南宋 때의 文臣 學者. 台州 臨海人. 字는 叔進, 諡는 文簡. 官은 吏部侍郎·知樞密院事 등을 역임. 저서로는《南宋館閣錄》·《文則》이 있다.
6) 方以智: 1611~1671. 明末淸初의 學者. 安徽省 桐城人. 字는 密之, 號는 鹿起. 明 末 四公子의 한 사람. 官은 明 崇禎 때 進士가 되어 翰林院 檢討·侍講學士 등을 역임하였다. 黃宗羲·陳貞慧·吳應箕·王夫之 등과 교유하였으며, 明이 망하고 淸代에 들어와서는 중이 되어 이름을 弘智, 字를 無可, 別號를 藥地和尙·無道人·浮山愚者 등으로 바꾸었다. 그는 群書에 박통하고 禮樂·律數·書畵·字學 등에도 능통하였으며, 특히 科學에 정통하였다. 저서로는《通雅》·《物理小識》·《古今性說合觀》·《浮山全集》 등이 있다.
7) 方以智,《通雅》卷7〈釋詁〉에 나온다.
8)《詩經》〈大雅·文王〉에 나온다.
9) 太宰純,《論語古訓外傳》7-23b.
1) 公西華: 孔子의 弟子. 姓은 公西, 名은 赤, 字는 子華. 孔子보다 42세 적다.

○반박: 아니다. 하안과 형병은 이미 '문막文莫'을 하나의 성어成語로 보았으며, 또 이 경문을 해석하여 "문文이 남보다 낫지 못하다"라고 하였으니, 이는 경솔하게 쓴 말이며 난조欒肇의 설도 또한 그릇되었다.
○양웅《방언》: '모막侔莫'은 힘쓰다(强)란 뜻이다. 북연北燕(나라 이름)의 도시 바깥 지방에서 무릇 수고하면서 서로 권면하는 데 쓰는 말이니, 노력한다는 말과 같은 것을 일러 모막侔莫이라고 한다.[4]
○진규[5]《잡지》:《방언》에 "모막侔莫은 힘쓰다란 뜻이다. 무릇 수고하면서 서로 권면하는 데 쓰는 말이니, 이른바 노력한다는 말과 같은 것을 문득 말할 때 모막侔莫이라고 한다"라고 하였다.
○방이지[6]《통아》: 민면閔勉·민면閔免·민면僶勉은 같은 뜻의 한 말이다. 이것이 굴러서 밀물密勿·밀몰蠠沒로 쓰이고, 또 굴러서 모막侔莫·문막文莫으로 쓰인다.[7]
○태재순: (《시경》에) "힘쓰고 힘쓰신 문왕은 아름다운 명예가 그치지 아니하네(亹亹文王, 令聞不已)"[8]라 하였으니, 문왕 같은 이도 오히려 힘썼는데 하물며 후세의 군자들이야 말할 것이 있겠는가?[9]
○반박: 아니다.《논어》는 그 글이 고오古奧한 문자가 아니다. 독서할 때에는 반드시 먼저 그 문체文體를 분변할 줄 알아야만 거의 이러한 잡설에 현혹되지 않을 것이다.

述而下

공자가 말하기를 "성聖과 인仁 같은 것은 내 어찌 감히 자처할 수 있겠는가? 그러나 다만 배우기를 싫어하지 않고, 남 가르치기를 게을리 하지 않는 것만은 그렇다고 말할 수 있을 뿐이다." 라고 하자, 공서화公西華[1]가 말하기를 "바로 이것이 제자들은 능히 배울 수 없는 점이다." 하였다.

補曰 爲之者, 學也. 學將以成聖也. 誨人者, 敎也. 敎所以廣仁也. 【孟子云: "學不厭, 知也; 敎不倦, 仁也."】云·爾·已矣, 皆語辭. 蹉跎其語, 至於四轉, 雖自許, 而猶有恐懼退蹙之心也.

○補曰 只此二事, 正唯弟子所願學而不能者.

馬曰: "正如所言, 弟子猶不能學, 況仁聖乎?"

○案 此未允. 孔子辭其上, 居其次. 公西華贊之曰: "夫子所謂其次, 亦吾之所不能." 意在贊美, 不在翹企.

毛曰: "〈鄕飮酒義〉曰, '嚮仁而左聖.'"【施愚山云, "聖者, 通也. 聲入心通之謂也. 耳呈爲聖." ○毛云: "〈洪範〉'思曰睿, 睿作聖', 與 '聽曰聰' 正當分別."】

○案 〈表記〉曰: "仁者右也, 道者左也." 皆說喩之言, 【謂仁與道當並行】 非有實理. 〈洪範〉之 '睿作聖', 亦聖字之原義, 非此經之義也.

---

2) 《孟子》〈公孫丑〉下에 나온다.
3) 이 두 가지 일: '爲之不厭'과 '誨人不倦'을 가리킴.
4) 《禮記》〈鄕飮酒義〉에는 이 말이 '左聖鄕仁'으로 되어 있는데, 이것을 毛奇齡이 《四書縢言》에 인용하면서 '嚮仁而左聖'이라 하였다. 〈鄕飮酒義〉에 나오는 이 구절의 본뜻은 聖을 만물을 생산하는 자로 보고, 仁을 만물을 양육하여 크게 하는 자로 보고서 이를 四方의 位置에 적용시켜 天子가 帝位에 설 때는 "聖(東方)을 왼쪽으로 하여 仁(南方)으로 향하고, 義(西方)를 오른쪽으로 하여 藏(北方)을 등져야 한다"는 것으로 말해 놓았다.
5) 毛奇齡, 《四書縢言補》卷1에 나온다.
6) 施愚山: 淸代의 經學家. 安徽省 宣城人. 字는 尙白, 名은 閏章, 愚山은 그의 號이다. 蠖齋·矩齋도 그의 號이다. 1649년에 進士가 되어 官은 刑部主事·湖西道參議 등을 역임하고, 1678년에 翰林院 侍講에 기용되어 《明史》를 찬수함. 詩文에 능하여 王士禛과 이름을 나란히 하였으며 書室을 學餘堂이라 하였는데, 저서로는 《學餘堂詩文集》·《矩齋雜記》·《蠖齋詩話》 등이 있다.
7) 毛奇齡, 《四書縢言補》卷1에 나온다.
8) 同上.

○보충: '위지爲之'란 배우는 것이니, 배워서 장차 성聖을 이루는 것이다. '회인誨人'이란 가르치는 것이니, 가르쳐서 인仁을 넓히는 것이다. [孟子는 이르기를 "배우기를 싫어하지 않음은 知이며, 가르치기를 게을리 하지 않음은 仁이다"라 하였다.2)] '운이이의云爾已矣'는 모두 어조사이다. 이것은 그 말의 표현을 꼭 맞게 하지 않고 네 번 굴리는 데까지 이른 것으로, 비록 스스로 그렇다고 인정은 하지만 그래도 오히려 두려워하고 움츠리는 마음이 있는 것이다.
○보충: 다만 이 두 가지 일3)은 바로 이것이 제자들로서는 배우기를 원하는 바이지만 능히 할 수 없는 것이다.
○마융: 바로 (공자가) 말한 바와 같은 것은 제자들이 오히려 배울 수 없는 것인데, 하물며 인仁과 성聖이랴!
○살펴보건대, 이것은 공자가 상위上位(聖과 仁)를 사양하고 그 다음에 머물기를 허락한 말이 아닌데, 공서화가 찬탄하여 말하기를 "부자夫子의 이른바 그 다음가는 것도 또한 우리들로서는 할 수 없는 바이다"라 하였다. 그러나 이 말은 공서화의 생각이 공자를 찬미하는 데에 있는 것이지, 공자를 부러워서 발돋움하여 바라보는 데에 있는 것이 아니다.
○모기령:《예기》〈향음주의鄕飮酒義〉에 이르기를 "인仁으로 향하고 성聖을 왼쪽으로 한다"4)라고 하였다.5) [施愚山6)이 이르기를 "聖이란 通한다는 뜻이다. 소리가 心臟에 들어와 통하는 것을 이른다. 글자의 구조가 耳와 呈으로써 聖이 된 것이다"라 하였다.7) ○毛奇齡은 이르기를《尙書》〈洪範〉에 '생각하면 通하고, 통하면 聖이 된다'고 하였으니, 이는 '들으면 총명해진다'는 것과는 마땅히 분별되어야 한다"고 하였다.8)]
○살펴보건대,《예기》〈표기表記〉에 이르기를 "인仁은 오른쪽이고, 도道는 왼쪽이다"라 하였는데, 이는 모두 비유를 들어서 한 말이며 [仁과 道는 마땅히 아울러 行해야 함을 말한 것이다.] 실리實理가 있는 것은 아니다. 〈홍범洪範〉의 '통하면 성聖이 된다(睿作聖)'는 것도 또한 성聖 자의 원래 뜻이지 이 경문의 뜻은 아니다.▶

述而下

◀大而化之曰聖, 不必鑿也.

子疾病, 子路請禱. 子曰:"有諸?"子路對曰:"有之.〈誄〉曰, '禱爾于上下神祇.'"子曰:"丘之禱久矣."【鄭本·皇本·陸本無病字】

補曰 疾甚曰病.【包氏云. 見〈子罕〉篇】有諸, 謂於禮有之乎?
○朱子曰:"誄者, 哀死而述其行之辭."《周禮》大祝掌六辭, 六曰誄】
○補曰 子路引古誄文句, 以證疾病之有禱.
○朱子曰:"天曰神, 地曰祇."
○孔曰:"孔子素行, 合於神明, 故曰丘之禱久矣."【邢云: "若人之履行, 違忤神明, 罹其咎殃則可禱."】

考異 諸家①本, 無病字.
○純曰:"《集解》於〈子罕〉篇, 始釋病曰疾甚. 此章病字無解, 衍文, 明矣."

---

① 家: 奎章本에는 '衆'으로 되어 있다.
9)《孟子》〈盡心〉下에 나오는 말이다.
1) 鄭本: 鄭玄의《論語鄭氏注》.
2) 皇本: 皇侃의《論語義疏》.
3) 陸本: 陸德明의《經典釋文》.
4) 六辭: 詞辭·命辭·誥辭·會辭·禱辭·誄辭를 말함.
5)《正義》7.
6) 鄭本·皇本·陸本 등에는 '子疾病'이라고 하지 않고 '子疾'이라고 하여 '病' 字가 없다는 말이다.
7) 太宰純,《論語古訓外傳》7-25ab.

◀크게 그 도를 행하여 천하를 교화한 이를 성성이라 한다(大而化之曰聖)'9)고 하였으니, 여기에서 그 뜻을 더 천착할 필요는 없다.

공자가 질환疾患이 심해지자 자로子路가 기도할 것을 청하였는데, 공자가 말하기를 "예禮에 그런 것이 있는가?" 하니, 자로가 대답하기를 "있습니다. 뇌문誄文에 '너를 천지신명에게 빈다'라 하였습니다."라고 하였다. 공자가 말하기를 "나는 기도를 한 지가 오래이다."라 하였다. [鄭本1)·皇本2)·陸本3)에는 '病'字가 없다.]

○보충: 질환疾患이 심한 것을 '병病'이라 하고, [包咸이 그렇게 말하였다. 〈子罕〉편의 注에 보인다.] '유제有諸'는 '예禮에 그런 것이 있는가'를 말한다.
○주자: '뇌誄'란 죽은 이를 애도하면서 그의 행적을 서술한 글이다. [《周禮》〈春官·大祝〉에 大祝은 六辭4)를 관장하는데, 그 여섯 번째가 誄이다.]
○보충: 자로가 옛 뇌문의 구절을 끌어와서 질병 때 기도가 있었음을 증명하였다.
○주자: 천신天神을 신神이라 하고, 지신地神을 기祇라 한다.
○공안국: 공자는 평소의 행실이 신명神明에 부합하였다. 그러므로 "나는 기도를 한 지가 오래이다"고 하였다. [邢昺은 이르기를 "만약 사람의 실천하는 行爲가 神明에 거슬려 재앙에 걸리면 기도할 수 있다"고 하였다.5)]

【고이】 제가諸家의 본본에는 '병病' 자가 없다.6)
○태재순: 《논어집해論語集解》에 보면, 〈자한子罕〉편에서 비로소 '병病' 자를 해석하여 질환이 심한 것이라 하였고, 이 장章에서는 '병' 자에 대한 해석이 없으니, 연문衍文임이 분명하다.7)

述而下

孔曰: "誄, 禱篇名."【邢云: "誄, 累也, 累功德以求福."】

○駁曰 非也. 〈檀弓〉云: "戰于乘丘, 縣賁父·卜國死之. 公曰, '非其罪也.' 遂誄之."【士之有誄, 自此始】《左傳》云: "孔子卒, 哀公誄之曰, '嗚呼, 哀哉! 尼父.'" 孔氏不知誄法, 乃以爲禱篇之名. 漢代專門之學, 其固陋如此.

質疑 〈士喪禮〉之行禱五祀, 本在屬纊之後, 子路請禱, 非請此禱也. 武王有疾, 周公禱于三王. 《易》曰: "巽左②牀下. 用史巫, 紛若古③." 蓋有禱疾之禮.

引證 《太平御覽》引《莊子》曰: "孔子病, 子貢出卜. 孔子曰, '子待也. 吾坐席不敢先, 居處若齊, 食飲若祭, 吾卜之久矣.'"

○王應麟云: "子路請禱, 可以參觀."

瀛波老叟云: "子路在壇墠前禱, 夫子在屋漏中禱; 子路以祝史禱, 夫子以精神禱."

---

② 左: 新朝本·奎章本에는 '于'로 되어 있으나 《易經》〈巽〉에 따라 바로잡는다.
③ 古: 新朝本에는 '右'로 되어 있으나 奎章本에 따라 바로잡는다.
8) 《正義》7.
9) 乘丘: 春秋時代 魯나라의 地名.
10) 縣賁父와 卜國: 春秋時代 魯나라 사람.
11) 公: 春秋時代 魯나라 莊公을 가리킴.
12) 《禮記》〈檀弓〉上에 나온다.
13) 尼父: 孔子의 尊稱. 尼는 孔子의 字이고, 父는 甫로서 男子의 美稱이다.
14) 《左傳》哀公 16년조에 나온다.
15) 屬纊: 숨을 거두려는 사람의 코에 새 솜을 대어 呼吸의 有無를 알아보는 것.
16) 三王: 여기의 三王은 周나라의 先王인 太王·王季·文王을 가리킴.
17) 祝文을 읽는 史와 액막이의 巫를 쓰는 것이 성대하다: 史는 사람의 마음을 神에게 傳하고 巫는 神의 마음을 사람에게 傳하는 역할을 하므로, 이를 성대히 하여 神과 사람의 意思가 잘 疏通하게 한다는 내용이다.
18) 《太平御覽》에 인용된 《莊子》의 말은 現《莊子》에는 없는 말이며, "《太平御覽》引《莊子》曰…" 하는 이 글 전체가 《困學紀聞》卷7〈論語〉에 수록되어 있다.
19) 王應麟, 《困學紀聞》卷7〈論語〉에 나온다.
20) 瀛波老叟: 未詳.
21) 屋漏: 朱子의 註釋에 따르면 방의 서북쪽 귀퉁이를 말한다고 하나, 여기서는 방 안을 가리킨다.

○공안국: 〈뇌誄〉는 도편禱篇(祈禱하는 것을 적어 놓은 篇)의 이름이다. [邢昺은 이르기를 "誄는 쌓는다는 뜻이니, 功德을 쌓아서 福을 구하는 것이다"라 하였다.[8]]
○반박: 아니다. 《예기》〈단궁檀弓〉에 이르기를 "승구乘丘[9]에서 싸움이 있을 때 현분보縣賁父와 복국卜國[10]이 죽으니, 공공公[11]이 말하기를 '그들의 죄가 아니다' 하고서 드디어 뇌문誄文을 지어 그들에게 내렸다"고 하였고,[12] [士에게 誄文이 있는 것은 이로부터 비롯된 것이다.]《좌전》에 이르기를 "공자가 졸卒하자 애공哀公이 뇌문誄文을 지어 말하기를, '아! 슬프다. 이보尼父여'[13]라고 했다"[14]고 하였다. 그런데 공안국은 뇌법誄法을 알지 못하고 이에 뇌誄를 도편禱篇의 이름이라고 여겼으니, 한대漢代의 전문학專門學이 이처럼 고루하다.

【질의】《의례儀禮》〈사상례士喪禮〉에서 오사五祀에 기도祈禱를 행하는 것은 본래 (임종 때의) 속광屬纊[15]이 있은 뒤에 있는 것이다. 자로가 기도하기를 청한 것은 이러한 기도를 청한 것이 아니다. 무왕武王이 질환이 있을 때 주공周公이 삼왕三王[16]에게 기도하였고, 《역경》에 "겸손해서 침상寢牀 밑에 있는 상象이다. 축문祝文을 읽는 사史와 액막이의 무巫를 쓰는 것이 성대하다"[17]고 하였으니, 옛날에는 대개 질환에 기도하는 예가 있었던 모양이다.

【인증】《태평어람太平御覽》에 《장자莊子》를 인용하여 말하기를 "공자가 병이 들자 자공子貢이 나가 점을 치려고 하니, 공자가 이르기를 '자네는 기다려라. 내가 자리에 앉을 때에는 감히 남보다 먼저 앉지 않고, 거처할 때에는 재계하듯 하며, 먹고 마실 때에는 제사지내듯 하였으니, 나는 점을 친 지가 오래이다'라고 했다"고 하였다.[18]

○왕응린: 자로子路가 기도를 청한 것을 이와 대조하여 참고할 수 있다.[19]
○영파노수:[20] 자로는 제단祭壇 앞에서 기도하고 공자는 옥루屋漏[21]에서 기도하였으며, 자로는 축사祝史로써 기도하고 공자는 정신으로써 기도하였다.

述而下

子曰: "奢則不孫, 儉則固, 與其不孫也, 寧固."

邢曰: "孫, 順也. 固, 陋也."【案, 固者, 四塞也, 謂不通】
○孔曰: "俱失之,【邢云: "二者俱失之."】奢則僭上. 儉不及禮①."
晁曰: "不得已而救時之弊."
○駁曰 非也. 管氏之僭而難爲上, 晏子之偪而難爲下. 與其僭上也, 寧偪下, 此古今之通義, 非獨捄時弊然也.

子曰: "君子坦蕩蕩, 小人長戚戚."

鄭曰: "坦蕩蕩, 寬廣貌. 長戚戚, 多憂懼."
○補曰 君子素位而行, 故心常寬樂; 小人患得患失, 故心常憂愁.

---

① 儉不及禮: 新朝本·奎章本에는 주로 처리되어 있으나 《論語注疏》〈述而〉에 따라 바로잡는다.
1)《正義》7.
2) 두 가지: 奢와 儉을 말함.
3)《正義》7.
4) 晁說之: 1059~1129. 北宋의 經學家. 河南省 澶州人. 字는 以道, 號는 景迂 또는 迂叟. 官은 1082년에 進士가 되어 知成州·秘書少監 등을 역임. 司馬光에게 《太玄經》을 전수받고, 邵雍의 제자인 楊賢實에게 易學을 배웠다. 저서로는 《詩序論》·《中庸傳》·《儒言》·《晁氏客語》·《景迂生集》등이 있음.
5) 晏嬰: 春秋時代 齊나라 名臣. 字는 平仲. 齊의 靈公·莊公·景公을 섬겨 宰相이 됨. 《晏子春秋》가 그의 저술이라는 설이 있다.

공자는 말하기를 "사치하면 공손하지 못하고 검소하면 고루하니, 공손하지 못한 것보다는 차라리 고루한 것이 낫다."고 하였다.

○형병: '손孫'은 순順하다는 뜻이고, '고固'는 고루하다는 뜻이다.[1] [생각건대, 固란 사방으로 막힌 것이니, 不通을 이른다.]

○공안국: 모두 그 중도中道를 잃었다. [邢昺은 이르기를 "두 가지[2]가 모두 그 中道를 잃었다"고 하였다.[3]] 사치하면 위를 참월僭越하는 행위를 하게 되고, 검소하면 예禮에 미치지 못하는 일이 있게 된다.

○조설지:[4] 마지못해서 당시의 폐단을 구제하려고 한 말이다.

○반박: 아니다. 관중管仲의 참월 때문에 남의 위에 있는 자가 되기 어려웠고, 안영晏嬰[5]의 핍박 때문에 남의 아래에 있는 자가 되기 어려웠던 것이다. 그 위를 참월하는 것보다는 차라리 아래를 핍박하는 것은, 이것이 고금의 통념通念이니, (경문의 이 말은) 비단 시폐時弊를 구제하려고 하는 그런 것만은 아니다.

공자는 말하기를 "군자는 항상 너그럽고 즐거우며, 소인은 항상 근심과 수심에 차 있다."고 하였다.

○정현: '탄탕탕坦蕩蕩'은 너그럽고 넓은 모양이고, '장척척長戚戚'은 근심과 두려움이 많은 것이다.

○보충: 군자는 군자라는 처지를 바탕으로 하여 행하기 때문에 마음이 항상 너그럽고 즐거우며, 소인은 얻을 것을 근심하고 잃을 것을 근심하기 때문에 마음이 항상 근심과 수심에 차 있다.

述而下

子溫而厲, 威而不猛, 恭而安.

補曰 厲, 嚴峻也.【《周易》, 以厲爲危, 危者, 高峻也】猛, 鷙悍也.【鳥曰鷙, 獸曰猛】足恭者不能安,【容體終不能純熟】恭而安則允恭也.

純曰: "溫言其色, 厲言其聲, 故子夏曰, '卽之也溫, 聽其言也厲.'"
○駁曰 非也. 不唯曰色厲而內荏乎?【〈衛風〉云: "在彼淇厲." 岸危處曰厲】

陸德明《釋文》曰: "一本作子曰厲作例, 皇本作君子. 案, 此章說孔子德行, 依此文爲是也."

---

1) 鷙悍하다: 횡포하고 억세다는 뜻.
2) 《論語》〈子張〉편에 나오는 말이다.
3) 《論語》〈陽貨〉편에 나오는 말이다.
4) 《詩經》〈衛風·有狐〉에 나온다.
5) 지금의 皇侃 本에는 "子溫而厲"로 되어 있고 "君子溫而厲"로 되어 있지 않다. 그것은 여러 과정을 거치면서 脫字가 되었는지도 모를 일이나, 하여튼 君子溫而厲라 한 것은〈子張〉편의 〈君子有三變節〉의 皇侃 疏에 "前卷云君子溫而厲, 是也"라고 한 것을 보면 알 수 있다.
6) 陸德明,《經典釋文》卷第24〈論語音義〉에 나온다.

공자는 온화하면서 엄준嚴峻하고, 위엄스러우면서 사납지 않으며, 공손하면서 편안하였다.

○보충: '여려厲'는 엄준하다는 뜻이고, [《周易》에는 '厲'를 危의 뜻으로 하였는데, 危란 高峻한 것이다.] '맹맹猛'은 지한鷙悍하다[1]는 뜻이다. [새의 사나운 것을 鷙라 하고, 짐승의 사나운 것을 猛이라 한다.] 지나치게 공손한 것은 편안할 수 없고, [容體가 마침내 純熟할 수가 없다.] 공손하면서 편안한 것은 진실로 공손한 것이다.

○태재순: '온溫'은 그 안색을 말하고, '여려厲'는 그 음성을 말한다. 그러므로 자하子夏가 말하기를 "가까이 나아가면 온화하고, 그 말을 들어보면 엄하다"[2]고 하였다.

○반박: 아니다. "안색은 위엄이 있으면서 마음이 유약하다(色厲而內荏)"[3]고 말하지 아니하였는가? [《詩經》〈衛風〉에 이르기를 "저 淇水의 厲에 있다"[4]고 하였는데, 언덕의 위태로운 곳을 厲라고 한다.]

○육덕명《경전석문》: 다른 한 본본本에는 '자온이려子溫而厲'가 '자왈온이례子曰溫而例'로 되어 있고, 황간皇侃의 본에는 '자온이려'가 '군자온이려君子溫而厲'로 되어 있다.[5] 살펴보건대, 이 장章은 공자의 덕행을 말한 것이니, 이 경문經文대로 따르는 것이 옳다.[6]

泰伯 第八

泰伯 第八
【凡二十一章】

子曰:"泰伯, 其可謂至德也已矣①. 三以天下讓, 民無得而稱焉!"【陸德明云: "一本得作德."】

王曰: "泰伯, 周 大王之長子."
○補曰 旣行其德, 又泯其名, 是至德也.【朱子云: "德之至極, 無以復加者."】三讓, 三以國讓於季歷也. 謂之天下者, 周竟得天下, 讓周是讓天下也.
○朱子曰: "無得而稱, 其遜隱微, 無迹可見也."
鄭曰: "太王疾, 泰伯因適吳·越採藥, 太王沒而不返, 季歷爲喪主, 一讓也; 季歷赴之, 不來奔喪, 二讓也; 免喪之後, 遂斷髮文身, 三讓也."【見邢疏】
○駁曰 非也. 免喪之後, 雖不斷髮, 周其追之乎?

---

① 矣: 新朝本·奎章本에는 빠져 있으나《論語》〈泰伯〉의 經文에 따라 보충한다.
1) 季歷: 中國 古代 周 王朝는 文王과 그 아들 武王에 의해 創立되었는데, 그 文王의 父가 季歷이다. 季歷에게는 또 두 兄이 있었는데, 이들이 泰伯과 仲雍이며, 泰伯(太伯)·仲雍(虞仲)·季歷(王季) 三兄弟의 父가 太王이다.
2)《正義》8.

태백 제팔
【모두 21장이다.】

공자는 말하기를 "태백泰伯은 지극한 덕이 있다고 이를 만하다. 세 번 천하를 사양하였으나 (자신이 그 덕을 칭송할 자취조차 없애 버렸으니) 백성들은 그를 칭송할 수 없었다."고 하였다. [陸德明은 이르기를 "다른 한 本에는 '得'이 '德'으로 되어 있다"고 하였다.]

○왕숙: 태백은 주周나라 태왕太王의 맏아들이다.
○보충: 이미 그 덕德을 행하고는 여기에 또 그 이름을 없애 버렸으니, 이것이 '지극한 덕(至德)'이다. [朱子는 이르기를 "至德은 德이 지극하여 여기에 다시 더할 것이 없는 것이다"라 하였다.] '삼양三讓'이란 세 번 나라를 가지고 계력季歷[1])에게 사양한 것이며, '천하天下'라고 말한 것은 주나라가 마침내 천하를 얻었으니, 주나라를 사양한 것은 곧 이것이 천하를 사양한 것이 된다.
○주자: '칭송할 수 없었다(無得而稱)'라 함은 그 사양함이 은미하여 자취조차 볼 수 없는 것이다.
○정현: 태왕太王이 병들었을 때 태백은 병에 쓰려고 오吳·월越에 약초를 캐러 가서 태왕이 죽어도 돌아오지 않아 계력季歷이 상주喪主가 되었던 것이 그 첫 번째 사양이고, 계력은 부음訃音을 받고 달려왔는데 태백은 분상奔喪하지 않았던 것이 그 두 번째 사양이며, 면상免喪한 뒤에 드디어 머리를 자르고 몸에 문신文身한 것이 그 세 번째 사양이다. [邢昺의 疏에 보인다.[2])]
○반박: 아니다. 면상한 뒤에는 비록 단발斷髮하지 않았다 하더라도 주나라에서 누가 좇아가 오게 하겠는가?

范甯曰: "太王薨而季歷立, 一讓也; 季歷薨而文王立, 二讓也; 文王薨而武王立, 於此遂有天下, 是爲三讓也."【又一云: "太王病而託采藥出, 生不事之以禮, 一讓也; 太王薨而不反, 使季歷主喪, 死不葬之以禮, 二讓也; 斷髮文身, 示不可用, 使季歷主祭, 不祭之以禮, 三讓也." ○見皇疏】

○顧炎武曰: "〈皇矣〉之詩曰, '帝作邦作對, 自太伯·王季.' 則泰伯之時, 周日以彊大矣. 乃託之採藥, 往而不反. 當其時以國讓也, 而自後日言之則以天下讓也.【猶南宮适謂櫻躬稼而有天下】當其時讓王季也, 而自後日言之則讓於文王·武王也. 有天下者在三世之後, 而讓之者在三世之前, 宗祧不記其功, 彝鼎不銘其迹, 此所謂三以天下讓, 民無得而稱焉者也.《路史》曰, '方太王時, 以與王季, 而王季以與文王, 文王以與武王, 皆泰伯啟之也, 故曰三讓.'"

---

3) 《義疏》4-102.
4) 同上.
5) 南宮适: 孔子의 弟子. 南宮은 氏, 适은 名.
6) 《論語》〈憲問〉편에 나온다.
7) 《路史》: 上古에 관한 역사 서술이 主가 되어 있는 史書인데, 全 47卷으로 된 宋代의 羅泌 撰과 全 2卷으로 된 明代의 徐渭 撰이 있다.
8) 顧炎武, 《日知錄》卷7〈三以天下節〉.

○범녕: 태왕이 죽자 계력이 왕위王位에 선 것이 그 첫 번째 사양이고, 계력이 죽자 문왕이 왕위에 선 것이 그 두 번째 사양이며, 문왕이 죽자 무왕이 왕위에 서서 이에 드디어 천하를 소유한 것이 세 번째 사양이다.[3] [또 一說에 이르기를 "太王이 병이 들자 약을 캐러 간다고 핑계하고 나가서 산 자를 禮로써 섬기지 않은 것이 그 첫 번째 사양이고, 太王이 죽자 돌아오지 않고 季歷으로 하여금 主喪을 하게 하여 죽은 이를 禮로써 장사지내지 않은 것이 그 두 번째 사양이며, 머리를 자르고 몸에 文身하여 등용될 수 없음을 보여주고 季歷으로 하여금 主祭를 하게 하여 제사에 禮로써 제사지내지 않은 것이 그 세 번째 사양이다"라고 하였다. ○皇侃의 疏에 보인다.[4]]

○고염무: 《시경》〈황의皇矣〉의 시에 "상제가 나라를 만들고 담당할 자를 세우매, 태백과 왕계로부터 하였다(帝作邦作對, 自太伯·王季)"라고 하였으니, 이를 볼 때 태백의 시대에 주나라는 날로 강대해지고 있었던 것이다. 그런데 (태백이) 이에 약을 캐러 간다고 핑계하고 가서 돌아오지 않았으니, 이는 그 당시로서는 제후국諸侯國이라는 나라로써 사양한 것이지만 훗날로부터 말하면 천하天下로써 사양한 것이며, [南宮适[5]이 이르기를 "稷은 몸소 농사지었는데도 天下를 所有하였다"고 한 말[6]과 같다.] 그 당시로서는 왕계에게 사양한 것이지만 훗날로부터 말하면 문왕文王·무왕武王에게 사양한 것이다. 천하를 소유한 자는 3세 뒤에 있고 이를 사양한 자는 3세 앞에 있으니, (3세 앞에서) 종묘에 그 공을 기록하지 못하고 이정彝鼎에 그 자취를 새길 수 없었던 것이다. 이것이 이른바 "세 번 천하를 사양하였으나 백성들이 그의 덕을 칭송할 수가 없었다"는 것이다. 《노사路史》[7]에 말하기를 "바야흐로 태왕太王 때에는 왕계에게 왕위를 전하고, 왕계는 문왕에게, 문왕은 무왕에게 왕위를 전하였으니, 이는 모두 태백이 그렇도록 열어 놓은 것이다. 그러므로 '삼양三讓'이라 한다"고 하였다.[8]

泰伯 第八

○駁曰 非也.【顧又云: "父死不赴, 傷毀髮膚, 而不爲不孝." ○案, 斷髮文身, 是仲雍順俗之治政也. 子貢之言, 本來明白, 後人謂之傷毀髮膚, 謬矣②】

繆協曰: "季曆·文·武三人而王道成, 是三以天下讓."【見皇疏】

○駁曰 非也.

質疑《集注》云: "三讓, 謂固遜也."【古人辭讓, 以三爲節, 一爲禮辭, 再爲固辭, 三爲終辭】

○案 三辭之禮, 具見於〈聘禮〉·〈大射禮〉·〈鄕飮禮〉·〈鄕射禮〉·〈投壺禮〉·〈士相見禮〉. 然父傳子讓, 或弟獻兄讓, 不必一日設席行禮, 如賓主之致辭答辭者. 然則泰伯三讓, 必非三辭·三揖之禮, 飾其貌以成文者, 其三授三讓, 必有事實. 今典籍殘滅, 無以考徵, 乃鄭玄·范甯之徒, 左猜右忖, 上穿下鑿, 終日言之而民莫肯信而從之, 恐不如闕疑之爲善也.【《晉語》云: "趙衰三讓, 亦三使爲卿, 而三讓之也, 非一日三讓."】

---

② 顧炎武曰~謬矣: 新朝本에는 '泰伯章補遺'라는 題로 〈泰伯〉上篇 末에 揭載하였는데, 이는 新朝鮮社에서 1936년도에《與猶堂全書》를 출간할 때 當初 編輯에서 漏落되었던 것을 이렇게 補遺로 처리한 것이므로 이 부분의 글을 奎章本에 따라 原位置에 두었다.
9) 顧炎武,《日知錄》卷7〈三以天下節〉
10) '살펴보건대' 以下는 茶山의 말이다.
11) 繆協: 晉나라 때의 學者. 저술로《論語繆氏說》이 있다.
12)《義疏》4-102.
13) 趙衰: 春秋時代의 인물로 晉나라 사람. 字는 子餘. 文公을 도와 공을 많이 세웠다.

268

○반박: 아니다. [顧炎武는 또 이르기를 "아버지가 죽었는데 달려가지 아니하고, 身體髮膚를 毁傷하였지만 不孝는 되지 않는다"고 하였다.[9)] ○살펴보건대,[10)] 머리를 자르고 몸에 문신하는 것(斷髮文身)은 곧 仲雍이 그곳 풍속에 순응해서 한 治政이다. 子貢의 말이 본래 명백한데, 後人들이 이를 身體髮膚를 毁傷하는 것이라고 한 것은 잘못이다.]

○무협:[11)] (태백이 세 번 사양하여 된 왕이) 계력季歷·문왕文王·무왕武王 세 사람인데, 이들에 의해 왕도王道가 이루어졌으니 이것이 세 번 천하를 사양한 것이다. [皇侃의 疏에 보인다.[12)]]

○반박: 아니다.

【질의】《논어집주》: '삼양三讓'은 굳이 사양함을 말한다. [옛사람은 사양할 때 세 차례 하는 것을 예절로 삼았으니, 첫 번째는 禮辭, 두 번째는 苦辭, 세 번째는 終辭이다.]

○살펴보건대, 세 번 사양(三辭)하는 예禮에 관한 것은 〈빙례聘禮〉·〈대사례大射禮〉·〈향음례鄕飮禮〉·〈향사례鄕射禮〉·〈투호례投壺禮〉·〈사상견례士相見禮〉 등에 상세히 나타나 있다. 그러나 아비가 전하는 것을 자식이 사양하는 것이나 아우가 헌작獻爵하는 것을 형이 사양하는 것은, 반드시 빈객賓客과 주인이 치사致辭하고 답사答辭하듯이 어느 일정한 날 자리를 마련하여 예를 행할 필요까지는 없다. 그러니 태백의 삼양三讓은 반드시 삼사三辭·삼읍三揖의 예처럼 그 모습을 꾸며서 문채를 이룰 필요는 없다. 그 세 번 주고 세 번 사양한 것(三授三讓)이 반드시 그 사실이 있었을 터인데, 지금은 전적典籍이 잔멸하여 고징考徵할 길이 없다. 그런데도 이에 정현·범녕范甯의 무리는 한편으로는 의심하면서도 한편으로는 추측하며 이리저리 천착穿鑿해서 종일토록 말하고 있으나 사람들은 달갑게 믿고 따르지 않으니, 내 생각에 아마도 이는 의심나는 것은 그냥 놓아두는 것이 상책이라는 것만 같지 못한 듯하다. [《國語》〈晉語〉에 이르기를 "趙衰[13)]의 三讓도 또한 그를 세 번 卿을 삼으려 하였으나 세 번 이를 사양한 것이다. 이는 하루에 세 번 사양한 것이 아니다"고 하였다.]

泰伯 第八

引證 《吳越春秋》云: "古公病將卒, 令季歷讓國於泰伯, 而三讓不受, 故云太伯三以天下讓."

○案 《吳越春秋》, 非信書也.

子曰: "恭而無禮則勞, 愼而無禮則葸, 勇而無禮則亂, 直而無禮則絞. 君子篤於親, 則民興於仁, 故舊不遺, 則民不偸."

補曰 勞, 不安貌.【孔子恭而安】葸, 不怡貌.【無和柔之色】亂, 紊也.【無上下之分】絞, 急也.【朱子云: "絞如繩兩頭絞得緊, 都不寬舒."】

○補曰 故舊, 謂先君之舊臣也.【義見下①】遺, 棄也, 忘也.【孟子云: "未有仁而遺其親者."】偸, 佻也.【《爾雅》〈釋詁〉文輕薄之義】不偸, 謂民亦不倍其死者也.

何曰: "葸, 畏懼之貌."【蔡淸云: "葸, 所謂畏首畏尾."】

---

① 下: 新朝本에는 '不'로 되어 있으나 奎章本에 따라 바로잡는다.
14) 《吳越春秋》: 全 10卷이며, 吳·越의 사적을 기록한 漢代의 趙煜 撰의 史書인데, 茶山은 僞書에 넣어서 史書로 인정하고 있지 않는 듯하다.
1) 《論語》〈述而〉편 끝장에 나오는 말이다.
2) 《論語集註大全》卷8 〈泰伯〉제8 小註에 나온다.
3) 《孟子》〈梁惠王〉上에 나온다.
4) 畏首畏尾: 매우 두려워하는 것을 말함. 《左傳》文公 17년조에 옛사람의 말이라 하여 인용한 "머리를 두려워하고 꼬리를 두려워한다면 몸에서 남은 것이 얼마나 되겠는가(畏首畏尾, 身其餘幾)?"라는 구절이 있음.
5) 蔡淸, 《四書蒙引》卷6에 나온다.

【인증】《오월춘추》:[14] 고공古公이 병으로 운명하려 할 때 계력季歷을 시켜서 태백에게 나라를 사양하였으나 (태백이) 세 번이나 사양하고 받지 않았다. 그러므로 "태백이 세 번 천하를 사양하였다"고 하였다.
○살펴보건대,《오월춘추吳越春秋》는 믿을 만한 책이 아니다.

공자는 말하기를 "공손하되 예禮가 없으면 편안하지 않고, 삼가되 예가 없으면 기쁘지 않고, 용맹하되 예가 없으면 문란해지고, 정직하되 예가 없으면 조급하다. 군자가 친족에게 돈독히 하면 백성들이 인仁에 흥기興起하고, 고구故舊를 버리지 않으면 백성들도 배반하지 않는다."라고 하였다.

○보충: '노勞'는 불안한 모양이고, [孔子는 공손하면서 편안하였다.[1]] '시葸'는 기쁘지 아니한 모양이며, [和柔한 빛이 없는 것이다.] '난亂'은 문란하다는 뜻이고, [위아래의 분간이 없는 것이다.] '교絞'는 급하다는 뜻이다. [朱子는 이르기를 "絞는 새끼처럼 두 갈래로 꼬아서 졸라 딴딴하게 하는 것이니, 이는 모두 너그럽지 못한 것이다"라 하였다.[2]]
○보충: '고구故舊'는 앞 군주의 옛 신하를 가리키고, [그 뜻은 아래에 나타나 있다.] '유遺'는 버리다 또는 잊다의 뜻이며, [孟子는 이르기를 "仁한 사람으로서 그 어버이를 버리는 자는 아직까지 있지 않았다"고 하였다.[3]] '투偸'는 경박하다는 뜻이고, [《爾雅》〈釋言〉의 글에는 輕薄하다는 뜻이다.] '불투不偸'는 백성들도 또한 그 죽은 자에게 배반하지 않는다는 말이다.
○하안: '시葸'는 두려워하는 모양이다. [蔡淸이 이르기를 "葸는 이른바 '畏首畏尾'[4]이다"라 하였다.[5]]

○駁曰 非也.《大戴禮》云:"人言善而色葸焉, 近於不說其言."【〈曾子立事〉篇】註曰:"葸焉, 不悅之貌." 葸與偲通, '朋友偲偲', '兄弟怡怡', 正是. 不怡曰葸也, 非禮而過於慎則其色似不怡者.

馬曰:"絞, 絞刺也."【邢云:"絞刺人之非②."】

○侃曰:"直若有禮則自行而不邪曲. 若不得禮, 對面譏③刺他人之非, 必致怨恨."

○駁曰 非也. 犯顔極諫, 亦禮也, 豈以怨恨而已之乎?

引證 〈仲尼燕居〉曰:"子曰, '敬而不中禮謂之野, 恭而不中禮謂之給,【足恭, 便佞貌】勇而不中禮謂之逆.' 子曰, '給奪慈仁.'"

○案 給, 謂供給, 如僕御也.【舊說非】

包曰:"君能厚於親屬, 不忘其故舊, 民皆化之."

○胡雲峰曰:"君子不弛其親, 故舊無大故則不棄."【〈微子〉篇】周公之言, 與此同一④, 忠厚之至也.

---

② 非: 新朝本에는 '罪'로 되어 있으나 奎章本과《論語注疏》〈泰伯〉에 따라 바로잡는다.
③ 譏: 新朝本·奎章本에는 '說'로 되어 있으나《論語集解義疏》卷8에 따라 바로잡는다.
④ 一: 新朝本·奎章本에는 빠져 있으나《論語集註大全》卷8〈泰伯〉第8의 小註에 따라 바로잡는다.
6)《論語》〈子路〉편에 "朋友切切偲偲, 兄弟怡怡"라는 구절이 있음.
7)《正義》8.
8)《義疏》4-103.
9) 僕御: 종. 奴僕.
10) 舊說에서는 '給'을 捷給으로 보고 있다. 捷給은 應對가 재빠른 것 또는 말 꾸미기와 둘러대기를 잘하는 것이다.

○반박: 아니다. 《대대례大戴禮》에 이르기를 "다른 사람이 착한 말을 하는데 (그것을 듣는 이가) 얼굴에 두려운 빛이 있으면, 거의 그 말을 기뻐하지 않는 것이다"라 하였다. [〈曾子立事〉편이다.] 주註에 이르기를 "'시언愄焉'은 기뻐하지 않는 모양이다"라 하였다. 시愄는 시偲와 뜻이 통하기도 한다. '붕우시시朋友偲偲'와 '형제이이兄弟怡怡'[6)]가 바로 이것이다. 기쁘지 않은 것을 '시愄'라고 하니, 예禮가 아니면서 삼가는 데에 지나치면 그 얼굴빛은 기쁘지 않은 듯할 것이다.

○마융: '교絞'는 교자絞刺(비방)하는 것이다. [邢昺은 이르기를 "남의 잘못을 비방한다"[7)]고 하였다.]

○황간: 정직하면서 만약 예禮가 있으면 스스로 행해도 사곡邪曲됨이 없지만, 만약 정직하되 예가 없으면 남을 대면해서 그 사람의 잘못을 꾸짖어 반드시 원한을 이룰 것이다.[8)]

○반박: 아니다. 면전에서 안색을 범해 가면서 극진히 간諫하는 것도 또한 예이니, 어찌 원한 때문에 그만두겠는가?

【인증】《예기》〈중니연거〉: 공자는 말하기를 "공경하면서 예禮에 맞지 않으면 이를 '야野'라 하고, 공손하면서 예에 맞지 않으면 이를 '급給'이라 하며, [지나치게 공손한 것은 아첨하는 용모이다.] 용감하면서 예에 맞지 않으면 이를 '역逆'이라 한다"하였고, 또 공자는 "'급給'은 자인慈仁을 어지럽힌다"고 하였다.

○살펴보건대, '급給'은 공급供給함을 이르니, 복어僕御[9)]와 같은 것이다. [舊說은 그르다.[10)]]

○포함: 군주가 능히 자신의 친속親屬에게 후하게 하고 옛 친구(故舊)를 잊지 않으면, 백성은 모두 이에 감화할 것이다.

○호운봉: 군자는 그 친족을 버리지 아니하며, 옛 친구가 큰 사고가 없으면 버리지 아니한다. [《論語》〈微子〉편에 나오는 말.] 주공周公의 말도 이와 더불어 똑같으니, 그 충후忠厚함이 지극한 것이다.

○駁曰 非也. 故舊者, 先君之舊臣也. 〈盤庚〉曰: "古我先⁵王, 亦惟圖任舊人." 〈微子〉曰: "乃咈其耇長舊有位人." 皆指先王之舊臣. 在上之人, 輕棄先君之舊臣, 則民亦偸薄, 輕棄其故舊, 故〈坊記〉·〈大學〉, 皆有此戒, 而〈齊語〉載管子之言, 亦是此意.【並見左】孔子稱孟莊子之孝曰: "其他可能, 其不改父之臣與父之政⁶, 是難能也." 此義炳然, 不可沒也.

引證 〈齊語〉, 管子對桓公曰: "政不旅舊則民不偸."【韋云: "故舊不以爲師旅則民不偸."】

○案 故舊者, 先君之舊臣也. 旅舊, 謂使故舊若羇旅然.

引證 〈坊記〉, 子云: "利祿先死者而後生者, 則民不偝; 先亡者而後存者, 則民可以託.▸

---

⑤ 先: 新朝本·奎章本에는 빠져 있으나 《尙書》〈盤庚〉上의 經文에 따라 바로잡는다.
⑥ 其不改父之臣與父之政: 新朝本·奎章本에는 '其不改父之政與父之臣'으로 되어 있으나 《論語》〈子張〉의 經文에 따라 바로잡는다.
11) 孟莊子: 春秋時代 魯나라 大夫. 名은 速. 孟獻子의 아들.
12) 羇旅: 나그네로 寄宿하고 있는 客. 羈旅와 같은 말이다.
13) 韋昭: 三國時代 吳人. 字는 弘嗣. 저서로 《國語解敍》·《論語注》 등 많은 저술이 있다.

○반박: 아니다. '고구故舊'란 앞 군주의 옛 신하이다. 《상서尚書》〈반경盤庚〉에 말하기를 "옛 우리 선왕들은 또한 오직 옛사람들에게 도모하여 맡기다(古我先王亦惟圖任舊人)"라 하였고, 〈미자微子〉에 말하기를 "이에 노신老臣과 예로부터 벼슬자리에 있던 사람들에게 거스르다(乃咈其耇長舊有位人)"라 하였으니, (여기 구인舊人·구유위인舊有位人은) 모두 선왕先王의 옛 신하들을 가리킨다. 윗자리의 벼슬에 있는 사람이 앞 군주의 옛 신하를 가벼이 버리면, 백성들도 또한 야박해져서 그 옛 신하들을 가벼이 버리게 되는 것이다. 그러므로 《예기》의 〈방기坊記〉와 〈대학大學〉에서는 모두 이러한 경계가 있었고, 《국어》의 〈제어齊語〉에 수록된 관자管子의 말도 역시 이 뜻이다. [모두 아래에 나타나 있다.] 공자가 맹장자孟莊子[11]의 효孝를 칭송하여 "그 다른 것은 능히 할 수 있으나, 그 아버지의 신하와 아버지의 정사를 고치지 않은 일은 능하기 어렵다"고 하였으니, 이러한 뜻임이 명확하므로 이는 묻어 버릴 수 없다.

【인증】《국어》〈제어〉: 관자가 환공桓公에게 대답하기를 "정사를 하되 옛 신하를 기려羈旅[12]처럼 부리지 않는다면, 백성들도 그들을 경박하게 여기지 않는다"고 하였다. [韋昭[13]는 이르기를 "옛 신하를 軍隊의 師旅로 여기지 않으면 백성들도 그들을 경박하게 여기지 않는다"고 하였다.]

○살펴보건대, '고구故舊'란 앞 군주의 옛 신하이다. 여기 '여구旅舊'는 고구故舊로 하여금 기려羈旅처럼 그렇게 부리는 것을 이른다.

【인증】《예기》〈방기〉: 공자는 이르기를 "재리財利와 식록食祿을 줄 때 죽은 자에게 먼저하고 산 자에게 뒤에 하면 백성들도 감화하여 죽은 이를 배반하지 않고(民不偝), (나라를 위해 나라 밖에) 망명亡命해 있는 자에게 먼저하고 (나라 안에) 생존해 있는 자에게 뒤에 하면 백성들은 믿고 의탁할 수 있다.

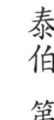
泰伯 第八

◁《詩》云, '先君之思, 以畜寡人.' 以此坊民, 民猶偝死而號無告."
引證 〈大學〉云: "上老老而民興孝, 上恤孤而民不倍."
○案 倍與偝通, 謂民不偝死者, 收其遺孤也.

14) 《詩經》〈邶風·燕燕〉에 나오는 詩句인데, 거기에는 '以勖寡人'으로 되어 있다. 《禮記》〈坊記〉
에 인용된 이 詩句의 해석은 鄭玄의 注를 따랐다. 衛나라 定公의 夫人 定姜이 아들이 없어
庶子 衎을 세웠는데, 그가 獻公이며, 獻公이 定姜에게 無禮하므로 定姜은 이 詩를 지어 '마
땅히 先君 定公을 생각한다면 寡人(定姜 自稱)에게 孝養을 하라'고 한 것이다.

◀《시경》에 이르기를 '선군先君을 생각한다면 살아 있는 나에게 효양孝養을 다하라'14)고 하였으니, 이러한 방법으로써 백성이 저지르는 잘못을 막아도, 백성들은 오히려 죽은 이를 저버리고(民猶偝死) 그 유족이 부르짖어도 하소연할 데가 없는 일이 많다"고 하였다.

【인증】《예기》〈대학〉: 윗자리에 있는 사람이 늙은이를 늙은이로 섬겨야 백성이 효도함을 일으키고, 윗자리에 있는 사람이 고아孤兒를 구휼해야 백성들이 저버리지 않는다(民不倍).

○살펴보건대, '배倍'와 '배偝'는 서로 통하는 글자이니, '백성이 죽은 이를 배반하지 않는다(民不偝死者)'는 것은 그가 남긴 고아를 거두어 기른다는 말이다.

泰伯(下)

曾子有疾, 召門弟子曰:"啓予足, 啓予手.《詩》云, '戰戰兢兢, 如臨深淵, 如履薄氷.' 而今而後, 吾知免夫, 小子!"

鄭曰:"啓, 開也. 曾子以爲受身體於父母, 不敢毀傷,【《孝經》文】故使弟子啓衾而視之."
○邢曰:"《詩》〈小雅·小旻〉篇文."
○補曰 '吾知免'者, 知其得免於刑戮.
○周曰:"呼'小子'者, 欲使聽識其言."
周曰:"自知免於患難."
○駁曰 非也.《集解》·《集註》, 皆不以爲免於刑戮者, 以古有刖足, 本無斷手, 而曾子啓予手, 似無與於刑戮, 故第以毀傷言之. ▶

---

1)《正義》8.
2) 同上.
3) 同上.

태백 (하)

증자曾子가 병이 위중하여 문인 제자들을 불러 말하기를 "이불을 걷고 내 발과 손을 보아라. 《시경》에 이르기를 '두려워하고 조심하여, 마치 깊은 못가에 임한 듯이 하며, 얇은 얼음을 밟은 듯이 하라'라고 하였는데, 이제야 나는 (형륙에서) 면하게 된 것을 알겠구나. 소자小子들아!"라고 하였다.

○정현: '계啓'는 연다는 뜻이다. 증자는 부모에게서 신체를 받았으므로 감히 훼상毁傷해서는 안 된다고 여겼다. [《孝經》의 글이다.] 그러므로 제자들로 하여금 이불을 걷고 발과 손을 보게 한 것이다.
○형병: 시詩는 《시경》〈소아小雅·소민小旻〉편의 글이다.[1]
○보충: '오지면吾知免'이란 그 형륙刑戮에서 면하게 됨을 안 것이다.
○주생렬: '소자小子'라고 부르짖은 것은 제자들로 하여금 그의 말을 듣고 알게 하고자 한 것이다.[2]
○주생렬: (이제야 내가) 스스로 환난에서 면한 것을 알겠다.[3]
○반박: 아니다. 《논어집해論語集解》와 《논어집주論語集註》에서 모두 형륙刑戮에서 면하게 된 것이라고 여기지 않았던 것은, 옛날에는 발을 자르는 형벌은 있었으나 본래 손을 자르는 형벌은 없었고, 또 증자가 '나의 손을 열어보라(啓予手)'라고 한 것을 볼 때 이것이 형륙과는 아무 관련이 없었던 듯하기 때문에, 다만 '훼상毁傷'이란 것으로써 말하였던 것이다.▶

◀然毀傷有二法, 一是刑戮, 一是撲損, 易則易, 于則于, 兩騎作說, 謂之患難可乎? 古者原有支解之刑, 故秋官條狼氏誓僕曰: "殺." 誓馭曰: "車轘."【鄭云: "車裂也."】是三代盛時, 早有此法.《春秋傳》云: "齊人轘高渠彌."【桓十八】又曰: "轘觀起於四竟."【襄卄二】《史記》〈蔡澤傳〉云: "吳起枝解."《淮南子》云: "張儀枝解." 皆車轘之遺法也. 然則啓其手足而自幸其免於刑戮, 是其義也. 君子懷刑, 故重於犯惡, 戰兢臨履, 豈可但以樂正子之下堂傷足當之哉?【薛畏齋云: "臨終將這身體造化, 方不愧于天地, 不愧于父母, 人若有曾子之心, 便是龍逢·比干身首分裂, 與啓手啓足一般. 不然即老死牖下, 與刀鋸戮辱何異?"】

4) 支解: 四肢를 자르는 刑罰.
5) 條狼氏: 周代의 官名.
6) 僕右: 僕은 王의 수레를 모는 御者이며, 右는 수레 右側에 있으면서 非常時에 對備하는 勇士이다(賈公彦의 疏).
7) 《周禮》〈秋官·條狼氏〉에 나온다.
8) 車裂: 罪人의 다리를 두 대의 수레에 각각 묶어, 수레를 움직이게 하여 몸을 찢어 죽이던 가혹한 刑罰의 한 가지.
9) 高渠彌: 春秋時代 鄭나라 大夫.
10) 觀起: 春秋時代 楚나라 사람.
11) 蔡澤: 戰國時代 燕나라 사람. 辯士로서 趙·韓·魏를 다니며 遊說를 많이 하였음.
12) 吳起: 戰國時代 衛나라 사람. 用兵術에 능하다고 전함. 《吳子》라는 兵法書를 吳起가 저술하였다고 전하나 未詳.
13) 枝解: 支解와 같은 말로 사지를 자르는 刑罰.
14) 樂正子: 春秋時代 魯나라 사람. 曾子의 弟子.
15) 樂正子가 마루에서 내려오다가 발을 다친 기사는 《禮記》〈檀弓〉편과 〈祭義〉편에 나온다.
16) 薛畏齋: 明代의 學者.
17) 龍逢·比干: 龍逢은 夏나라의 賢人으로서 桀을 諫하다가 刑戮을 당하고, 比干은 殷나라의 賢人으로서 紂를 諫하다가 刑戮을 당하였음.

◁그러나 훼상에는 두 가지 그 말을 쓰는 법이 있다. 하나는 형륙에 의한 훼상이고, 다른 하나는 박손撲損(타박과 손상)에 의한 훼상이다. 그런데 이것이면 이것, 저것이면 저것이지 두 가지(훼상이 쓰이는 법)에 편승하여 설說을 만들어 이를 '환난患難'이라고 이르니, 되겠는가? 옛날에 원래 지해支解[4]의 형벌이 있었다. 그러므로《주례周禮》〈추관秋官〉에 조랑씨條狼氏[5]가 복우僕右[6]에게 맹세하여 '죽인다(殺)'고 하였고, 어부馭夫에게 맹세하여 '거환車轘한다'고 하였으니,[7] [鄭玄은 이르기를 "車裂[8]의 刑이다"라 하였다.] 이는 삼대三代의 성시盛時에도 일찍이 이러한 형법이 있었던 것이다.《춘추전春秋傳》에 이르기를 "제齊나라 사람이 고거미高渠彌[9]를 차열車裂의 형刑에 처하다"라 하였고, [桓公 18년.] 또 이르기를 "관기觀起[10]를 차열의 형에 처하여 전국 사방에 돌리다"라 하였으며, [襄公 22년.]《사기》〈채택전蔡澤傳〉[11]에 이르기를 "오기吳起[12]를 지해枝解[13]의 형에 처하였다"라 하였고,《회남자淮南子》에 이르기를 "장의張儀를 지해의 형에 처하였다"라 하였으니, 이는 모두 거환車轘의 유법遺法이다. 그러니 (증자가 제자들에게 이불을 걷고) 그 손과 발을 보게 하여 스스로 그 형륙에서 면하게 된 것을 다행으로 여긴 것이니, 이것이 그 뜻이다. 군자는 형벌을 생각하기 때문에 죄악을 범할까 중시하여, 언제나 전전긍긍 깊은 못가에 임한 듯 얇은 살얼음을 밟은 듯이 조심하였던 것이니, 이것이 어찌 다만 악정자樂正子[14]가 마루에서 내려가다가 발을 다친 그러한 일[15] 같은 것이 여기에 해당할 수 있겠는가? [薛畏齋[16]는 이르기를 "臨終에서 장차 이 신체가 造化로 돌아가려고 할 때, 바야흐로 天地에 부끄럽지 않고 父母에게 부끄럽지 않아야 한다. 사람이 만약 曾子와 같은 마음을 갖고 있는데, 곧 이 龍逢·比干[17]처럼 몸과 머리가 分裂되는 형벌을 당하였다면 이는 손을 열어보게 하고 발을 열어보게 하는 것과 같은 데에 해당한다. 그렇지 않으면 늙어서 아무 탈 없이 수명을 다해 죽는 것과 칼과 톱 같은 刑器에 刑戮되는 것이 무엇이 다르겠는가?"라고 하였다.]

《孝經》曰: "身體髮膚, 受之父母, 不敢毀傷, 孝之始也."
○〈祭義〉曰: "樂正子 春下堂而傷其足, 數月不出, 猶有憂色. 曰, '父母全而生之, 子全而歸之, 可謂孝矣. 不虧其體, 不辱其身, 可謂全矣.'"
○案 此固孝子之至意, 然曾子臨終之語意, 不止是.

曾子有疾, 孟敬子問之. 曾子言曰: "鳥之將死, 其鳴也哀; 人之將死, 其言也善. 君子所貴乎道者三, 動容貌, 斯遠暴慢矣; 正顏色, 斯近信矣; 出辭氣, 斯遠鄙倍矣. 籩豆之事, 則有司存①."

馬曰: "孟敬子, 魯大夫仲孫捷."【邢云: "武伯之子."】

---

① 存: 新朝本·奎章本에는 '存焉'으로 되어 있으나《論語》〈泰伯〉의 經文에 따라 '焉'을 생략한다.
1)《正義》8.

○《효경》: 신체발부身體髮膚는 부모에게서 받은 것이니 감히 훼상毁傷하지 않는 것이 효도의 시초이다.
○《예기》〈제의〉: 악정자樂正子 춘春이 마루에서 내려가다가 발목을 다쳐 수개월 동안 외출하지 못하였는데, 얼굴에는 오히려 근심스러운 빛이 있었다. … 그 말에 "부모가 온전한 몸을 낳아 주셨으므로 자식이 온전한 몸으로 돌아가는 것이 효도라 할 수 있으니, 그 몸을 훼상하지 않고 그 몸을 욕되게 하지 않는 것이 온전한 것이라고 이를 수 있다"라고 하였다.
○살펴보건대, 이는 진실로 효자의 지극한 마음의 뜻이다. 그러나 증자가 임종臨終에서 한 말의 뜻은 여기에 그치는 것만은 아니다.

泰伯下

증자曾子가 병환이 있을 때, 맹경자孟敬子가 문병을 왔다. 증자가 말하기를 "새가 장차 죽을 때에는 그 울음소리가 슬프고, 사람이 장차 죽을 때에는 그 말이 착하다. 군자가 귀중하게 여기는 도道가 세 가지 있으니, 용모를 움직일 때는 졸급猝急함과 태만함을 멀리하고, 안색을 바르게 할 때는 성실함을 드러내는 데에 가깝게 하며, 사기辭氣를 내놓을 때는 비루함과 도리에 위배됨을 멀리하여야 한다. 그리고 변두籩豆의 일은 유사有司가 있어 할 것이다."라고 하였다.

○마융: 맹경자는 노魯나라 대부大夫인 중손첩仲孫捷이다. [邢昺은 이르기를 "孟武伯의 아들이다"고 하였다.[1]]

○朱子曰: "問之者, 問其疾也. 鳥畏死故鳴哀, 人窮反本故言善. 容貌舉一身而言."【〈玉藻〉之九容】

○補曰 暴, 猝急也.【義見下】慢, 怠惰也. 信者, 誠之著也.【朱子云: "近信則非色莊."】

○朱子曰: "辭, 言語也. 氣, 聲氣也.【〈玉藻〉云: "氣容肅."〈鄕黨〉云: "屛氣似不息者."】鄙, 陋也."

○補曰 倍與偝通, 諧聲爲悖.【皆乖反之意】

○邢曰: "木豆謂之豆, 竹豆謂之籩.【《爾雅》〈釋器〉文】豆盛菹醢,【濡物也】籩盛棗栗."【凡燥物皆籩實也】

○補曰 有司, 謂籩人·醢人及宗祝之類.

李充曰: "人之所以異於禽獸者, 以其愼終始, 在困不撓也. 禽獸之將死, 不遑擇音, 唯吐窘急之聲, 人若將死而不思令終之言, 唯哀懼而已者, 何以別於禽獸乎? 是以君子之將終, 必存正道, 不忘格言, 臨死易簀, 困不違禮, 辯論三德, 大加明訓, 斯可謂善言也."【見皇疏】

---

2) 九容: 신체의 아홉 부분의 容姿. 足容重, 手容恭, 目容端, 口容止, 聲容靜, 頭容直, 氣容肅, 立容德, 色容莊을 말함.
3)《正義》8.
4) 籩人·醢人:《周禮》의 天官에 속해 있는 官名인데, 籩人은 대추와 밤 같은 마른 제물을 담는 일을 맡고, 醢人은 김치와 젓갈 같은 물기 있는 제물을 담는 일을 맡는다.
5) 宗祝: 祭祀를 맡은 官名. 한편으로는《禮記》〈樂記〉에 나오는 "宗祝辨乎宗廟之禮" 라는 말을 해석하는 곳에서 宗祝을 宗人(제사를 맡은 官)과 大祝(제사의 祝文을 맡은 官)으로 보는 견해도 있다.
6) 슈終: 마침을 잘하는 것. 善死, 考終命.
7) 易簀: 曾子가 臨終 때 大夫가 쓰는 자리가 신분에 지나치다 하여 바꾸게 하여 죽었다는 고사에서 나온 말인데(《禮記》〈檀弓〉上), 사람의 죽음을 일컬음.
8) 三德: 이 經文에 나오는 '君子所貴乎道者三'의 내용을 말함.
9)《義疏》4-104.

○주자: '문지問之'란 그 병을 위문한 것이다. 새는 죽는 것을 두려워하기 때문에 울음소리가 슬프고, 사람은 궁窮하면 근본으로 돌아가기 때문에 말이 착하다. '용모容貌'는 온몸(一身)을 들어 말한 것이다. [《禮記》〈玉藻〉의 九容2)이다.]

○보충: '포暴'는 졸급猝急한 것이고, [뜻은 아래에 나타나 있다.] '만慢'은 태만한 것이며, '신信'은 성실함이 드러나는 것이다. [朱子는 이르기를 "(顔色을 바르게 할 때) 성실함에 가깝게 한다면, 이는 얼굴빛만 장엄한 체하는 것이 아니다"라 하였다.]

○주자: '사辭'는 언어言語이고, '기氣'는 성기聲氣이며, [《禮記》〈玉藻〉에 "氣容은 엄숙하게 한다"고 하였고, 《論語》〈鄕黨〉에 "숨기운을 죽여 숨쉬지 않는 것처럼 하다"라고 하였다.] '비鄙'는 비루하다는 뜻이다.

○보충: '배倍'는 배偝와 통용되니, (육서六書 가운데) 해성諧聲에 속하는 글자이며 '거스르다(悖)'의 뜻이다. [모두 乖反의 뜻이다.]

○형병: 목두木豆를 두豆라 하고, 죽두竹豆를 변籩이라 한다. [《爾雅》〈釋器〉의 글이다.] 두豆에는 김치나 젓갈 같은 것을 담고, [물기 있는 祭物이다.] 변籩에는 대추와 밤 같은 것을 담는다.3) [무릇 마른 제물은 모두 籩에 담는다.]

○보충: 유사有司는 변인籩人·해인醢人4)과 종축宗祝5) 등의 유이다.

○이충: 사람이 금수와 다른 까닭은 시종始終을 신중히 하고, 곤궁함에 처하여도 흔들리지 않기 때문이다. 금수는 장차 죽으려 할 때 소리를 가려서 낼 겨를이 없고, 오직 군색하고 급박한 울음소리만 토할 뿐이다. 그런데 사람이 만약 장차 죽으려 할 때 영종令終6)의 말을 생각하지 못하고 오직 슬퍼하고 두려워할 뿐이라면 금수와 무엇이 다르겠는가? 이 때문에 (증자 같은) 군자가 장차 죽으려 할 때 반드시 정도正道를 간직하고 격언格言을 잊지 않으며, 죽음에 임하여도 역책易簀7)을 하고 곤궁에 처하여도 예禮를 어기지 않으며, 이에 삼덕三德8)을 변론辯論하여 크게 밝은 교훈을 더하였으니, 이것이야말로 가히 착한 말이라 이를 만하다. [皇侃의 疏에 보인다.9)]

○案 此義極好, 然經旨在有意無意之間.

鄭曰: "此道謂禮也. 動容貌, 能濟濟蹌蹌則人不敢暴慢之; 正顏色, 能矜莊嚴栗則人不敢欺詐之; 出辭氣, 能順而說之則無惡戾之言入於耳."

○駁曰 非也. 鄭疑'斯遠'二字宜屬他人, 故爲此說. 然若如鄭說, '斯近' 二字又難讀. 朱子之義, 不可易也.

○又按〈邶風〉曰: "終風且暴."《毛傳》曰: "暴, 疾也." 疾風謂之暴風, 故其詁如是也.【〈項羽本紀〉曰: "何興之暴."】動容貌, 有二病, 一是急疾妄動, 一是怠惰重動. 二者俱不中禮, 故欲遠之.

引證《說苑》曰: "曾子有疾, 孟儀往問之. 曾子曰, '鳥之將死, 必有悲聲; 君子集大辟, 必有順辭. 禮有三儀, 知之乎?' 對曰, '不識也.' 曾子曰, '坐. 吾語汝.'▶

---

10)《詩經》〈邶風·終風〉에 나온다.
11)《毛傳》:《毛詩傳》을 말함.《四庫提要》에는 漢代의 魯나라 사람 毛亨의 撰이라고 하나 異說이 많다.
12) 暴風: 현재 俗音으로 '폭풍'이라고 發音하고 있으나 이는 잘못이다. 暴風은 빠른 바람이란 뜻이니 '포풍'으로 읽어야 한다.
13) 孟儀:《論語》의 이 章에 나오는 孟敬子가《說苑》〈修文〉편에는 孟儀로 되어 있는데, 春秋時代 孟儀라는 인물은 없다.《說苑》〈修文〉편의 글은《論語》의 이 經文을 변조한 것이라고 볼 수 있다.

○살펴보건대, 이 뜻은 지극히 좋으나 경문의 취지는 그런 뜻이 있다고 할지 없다고 할지 모르겠다.

○정현: 여기의 도道는 예禮를 말한다. 용모를 움직임에 능히 성대하고 장엄하면 사람들이 감히 사납거나 거만하게 대하지 못하며, 안색을 바르게 함에 능히 긍장矜莊하고 엄률嚴栗하면 사람들이 감히 속이지 못하며, 언어음성言語音聲을 내놓음에 능히 순리대로 말하면 악하고 거슬리는 말이 귀에 들어오지 않는다.

○반박: 아니다. 정현은 '사원斯遠' 두 자가 마땅히 (내가 아닌) 남에게 속해야 한다고 의심하였기 때문에 이렇게 말한 것이다. 그러나 만약 정현의 설과 같이 본다면, '사근斯近' 두 자도 또 독해하기가 어렵다. 주자가 해석한 뜻은 바꿀 수 없다.

○또 살펴보건대, 《시경》〈패풍邶風〉에 "하루 내내 바람 불고 또 빠르다(終風且暴)"[10]라고 하였는데, 《모전毛傳》[11]에서는 "'포暴'는 '질疾(빠름)'이다"라고 하였다. 질풍疾風을 포풍暴風[12]이라 하기 때문에 그 주석이 이와 같다. [《史記》〈項羽本紀〉에 말하기를 "어찌 그 일어나는 것이 빠른가?"라고 하였다.] 용모를 움직일 때는 두 가지 병폐가 있으니, 하나는 졸급猝急하게 망령된 행동을 하는 것이요, 다른 하나는 태만하게 느릿한 행동을 하는 것이다. 이 두 가지는 모두 예禮에 맞지 아니하기 때문에 이를 멀리하고자 한 것이다.

【인증】《설원》: 증자가 병환이 있을 때 맹의孟儀[13]가 가서 문병을 하였다. 이에 증자가 말하기를 "새는 장차 죽으려 할 때 반드시 슬픈 소리가 있고, 군자는 죽음에 이를 때 반드시 순리의 말이 있다. (군자가 귀중하게 여기는) 예禮가 세 가지 있는데, 맹의는 그것을 아는가?"라고 하였다. 대답하기를 "알지 못합니다"라고 하니, 증자가 말하기를 "앉아라. 내 너에게 말해주마.▶

泰伯下

◀君子修禮以立志, 則貪欲之心不來; 君子思禮以修身, 則怠惰慢易之節不至; 君子修禮以仁義, 則忿爭暴亂之辭遠. 若夫置罇俎列籩豆, 此有司之事也. 君子雖勿能可也.'"【〈修文〉篇】

曾子曰: "以能問於不能, 以多問於寡, 有若無, 實若虛, 犯而不挍①, 昔者, 吾友嘗從事於斯矣."

補曰 挍, 角也, 報也.【象交手相爭】包曰: "言見侵犯不挍."【坊本誤作校】
○馬曰: "友, 謂顏淵."
○案 知爲顏淵者, 以昔者.

---

① 犯而不挍: 茶山은 '犯而不校'를 '犯而不挍'라 註를 하였기 때문에 그대로 두었다.《開成石經》에도 '校'가 '挍'로 되어 있고, 이외에도 錢坫의《論語後錄》등 여러 곳에서 발견된다.
14) 罇俎: 祭祀 때 술과 犧牲을 담는 祭器.
1) 角: 여기서는 헤아리다, 재다, 비교하다의 뜻.
2) 報: 여기서는 되갚다, 보복하다의 뜻.
3) 坊本: 政府 刊行의 書籍인 官本에 대해 民間 刊行의 서적을 坊本이라 한다. 坊本은 南宋 때부터 시작되었음.

◂군자가 예를 닦아 뜻을 세우면 탐욕의 마음이 생기지 아니하고, 군자가 예를 생각하여 몸을 닦으면 나태하고 거만한 행위가 이르지 아니하며, 군자가 예를 닦아 인의仁義를 행하면 성내어 다투고 사납고 어지러운 말이 멀어진다. 준조罇俎14)를 배치하고 변두籩豆를 진열하는 것은 이는 유사有司의 일이니, 군자는 비록 이에 능치 못하더라도 괜찮다"라고 하였다. [〈修文〉篇의 글.]

증자는 말하기를 "능하면서 능치 못한 이에게 물으며, 학식이 많으면서 적은 이에게 물으며, 있으면서 없는 듯이 하며, 가득차 있으면서 빈 듯이 하며, 남에게 침범을 당해도 보복하지 않는 것을 옛날 나의 벗이 일찍이 이런 것에 종사했다."라고 하였다.

○보충: '교挍'는 각角1)의 뜻이며, 보報2)의 뜻이다. [손을 맞잡고 서로 다투는 것을 형상한 글자이다.]
○포함: 남에게 침범을 당해도 보복하지 않음(見侵犯不挍)을 말한다. [坊本3)에는 '校' 자로 잘못되어 있다.]
○마융: 여기 '벗'이라고 한 것은 안연顔淵을 가리킨다.
○살펴보건대, 벗이 안연임을 안 것은 '석자昔者'라는 글자 때문이다.

曾子曰: "可以託六尺之孤, 可以寄百里之命, 臨大節而不可奪也, 君子人與? 君子人也."

孔曰: "六尺之孤, 幼少之君." 鄭曰: "六尺之孤, 年十五以下."【邢云: "《周禮》〈鄉大夫職〉云, '國中自七尺以及六十, 野自六尺以及六十有五, 皆征之.' 七尺爲二十, 六尺爲十五也."】

○補曰 寄, 委任也. 百里, 諸侯之國也.【古法, 上公之封, 不過百里.《易》曰: "震驚百里."】命, 一國之興亡也.《詩》曰: "駿命不易."

○何曰: "大節, 安國家, 定社稷."

○①補曰 國有艱險之會, 如竹之有節, 是大節也.

○補曰 奪, 強取也.

○朱子曰: "與, 疑辭. 也, 決辭. 設爲問答, 所以深著其必然也."

孔曰: "寄命者, 攝君之政令."【邢云: "君在亮陰, 可當國攝君之政令."】

---

① ○: 新朝本·奎章本에는 빠져 있으나 앞뒤의 문장 구성에 따라 보충한다.
1) 國中: 王의 城郭 內. 또는 王城에서 100里 以內의 땅을 말함.
2) 野: 周代의 制度로, 王城 以外의 地域에 있는 公卿大夫의 采地를 總稱함.
3)《正義》8.
4) 上公: 周代에는 王의 三公과 二王之後를 上公이라 하였는데, 여기서는 諸侯를 말함.
5) 駿命: 큰 天命. 나라의 운명.
6)《詩經》〈大雅·文王〉에 나온다.
7) 寄命: 經文에 나오는 "寄百里之命"을 줄인 말.
8) 亮陰: 天子 居喪의 명칭.
9)《正義》8.

증자는 말하기를 "육척六尺의 어린 임금을 부탁할 만하며, 백 리里되는 제후국의 운명을 맡길 만하며, 대절大節에 임해서 (그 절개를) 빼앗을 수 없다면 이는 군자다운 사람인가? (참으로) 군자다운 사람이다."라고 하였다.

○공안국: '육척지고六尺之孤'는 어린 임금이다.
○정현: '육척지고'는 나이 15세 이하이다. [邢昺은 이르기를 "《周禮》〈地官·鄕大夫〉의 職에 '國中[1])에서는 七尺人부터 60세까지, 野[2])에서는 六尺人부터 65세까지 모두 賦稅를 징수한다'라고 하였으니, 七尺人은 20세요, 六尺人은 15세이다" 라 하였다.[3)]
○보충: '기寄'는 위임委任한다는 뜻이고, '백 리'는 제후諸侯의 나라이며, [古法에 上公[4)]의 封地는 100里에 지나지 않는다. 《易經》에 말하기를 "雷聲의 震動이 100里까지 들리다" 라 하였다.] '명命'은 한 나라의 흥망이니, 《시경》에 "준명駿命[5)]을 지키기란 쉽지 않다"[6)]고 한 시의 준명駿命의 명命과 같은 것이다.
○하안: '대절大節'은 국가를 안전하게 하고 사직社稷을 정립시키는 것이다.
○보충: 나라에 험난險難한 시기가 있는 것이 마치 대나무에 마디가 있는 것과 같으니, 이것이 대절이다.
○보충: '탈奪'은 강제로 취하는 것이다.
○주자: '여與'는 의심하는 어사語辭이며, '야也'는 결단하는 어사이다. 가설假設하여 문답 형식을 만든 것은 그것이 반드시 그러함을 깊이 나타내기 위해서이다.
○공안국: '기명寄命'[7)]이란 임금의 정령政令을 섭행攝行하는 것이다. [邢昺은 이르기를 "임금이 亮陰[8)]에 있을 때에는 나라를 맡아 임금의 政令을 攝行할 수 있다"고 하였다.[9)]]

泰伯 下

○駁曰 非也. 委以國政則皆是寄命, 豈必亮陰之冢宰乎? 管仲治齊, 子產治鄭, 是寄命也.

邢曰: "託六尺之孤者, 若周公·霍光."

○駁曰 非也. 曾子所論, 上不必達於周公, 下不可逮於霍光, 霍光雖不負昭帝, 功不掩罪, 何足與於是?

曾子曰: "士不可以不弘毅, 任重而道遠. 仁以爲己任, 不亦重乎? 死而後已, 不亦遠乎?"

補曰 士, 業道之稱. 弘者, 函容之大也.【《易》云: "含弘光大."】毅者, 執守之強也.【毅字, 象猛獸發怒毛豎】任, 行者所擔負也.【〈小雅〉云: "我任我輦."〈王制〉云: "輕任竝重任分."】弘者, 量也; 毅者, 力也, 任重致遠, 須力量也.▶

---

10) 霍光: 前漢 때 文臣. 河東 平陽人. 霍去病의 異母弟. 字는 子孟, 諡는 宣成. 官은 武帝 때 奉車都尉를 지내고, 昭帝가 나이 어려 卽位하자 武帝의 遺詔로 輔政을 하여 大司馬·大將軍 등을 역임. 封은 博陸侯. 昭帝 死後 劉賀를 迎立하였다가 얼마 되지 않아 淫行이 있다는 이유로 廢하고 다시 宣帝를 迎立하였다. 그는 前後 執政이 무릇 20여 년이었다. 茶山은 霍光을 評하면서 역사적 인물로 별로 비중을 두지 않았는데,《辭海》에는 그를 "집정 기간 輕徭薄賦로 生産 發展에 도움이 있었다"고 評해 놓았다. (《漢書》卷68〈霍光·金日磾傳〉참조.)

11)《正義》8.

1)《易經》〈坤卦〉에 나온다.

2)《詩經》〈小雅·黍苗〉에 나온다.

○반박: 아니다. 국정國政으로써 맡기면 모두가 이것은 기명寄命이니, 어찌 반드시 양암亮陰 때 국정을 총괄하는 총재冢宰에 해당시키겠는가? 관중管仲이 제齊나라를 다스리고 자산子産이 정鄭나라를 다스린 것이 바로 기명寄命이다.

○형병: '탁육척지고託六尺之孤'란 주공周公과 곽광霍光 같은 이의 일을 두고 한 말이다.[11]

○반박: 아니다. 증자가 논한 바는 위로 주공에 달해야 할 필요가 없고, 아래로 곽광에 미쳐서는 안 되는 것이다. 곽광은 비록 소제昭帝를 저버리지는 않았더라도 그의 공功이 그의 죄를 가릴 수는 없으니, 어찌 여기에 거론하여 함께 말할 수 있겠는가?

증자는 말하기를 "선비는 도량이 넓고 강인하지 않으면 안 된다. 짐은 무겁고 길은 멀기 때문이다. 인仁을 자기의 짐으로 삼으니, 또한 무겁지 않겠는가? 죽은 뒤에라야 그만두게 되니, 또한 멀지 않겠는가?"라고 하였다.

○보충: '사士'는 도道에 종사하는 이를 일컫는다. '홍弘'이란 포용함이 큰 것이고, [《易經》에 이르기를 "포용함이 넓고 광명성대하다"라고 하였다.[1]] '의毅'란 고집固執하여 지킴이 강한 것이다. [毅라는 글자는 猛獸가 성을 내어 털을 세우는 것을 형상한 것이다.] '임任'은 길을 가는 이가 짊어진 짐이다. [《詩經》〈小雅〉에 이르기를 "나의 짐을 나의 수레에 싣다"[2]라 하였고, 《禮記》〈王制〉에 이르기를 "가벼운 짐은 젊은이가 합쳐서 지고, 무거운 짐은 나누어지다"라 하였다.] '홍弘'이란 도량度量에 해당하고, '의毅'란 기력氣力에 해당하니, 짐이 무겁고 멀리 가려면 모름지기 역량力量이 있어야 한다. ▶

《詩》曰: "德輶如毛, 民鮮克舉之."

包曰: "毅, 強而能斷也."

○駁曰 非也.《左傳》曰: "致果爲毅." 包所據者, 此也. 然彼是軍行之舊訣, 非此經之義也. 朱子改之爲強忍以是也.

子曰: "興於詩, 立於禮, 成於樂."

補曰 詩所以感其善心, 禮所以束其筋骸,【非禮, 勿視·聽·言·動】樂所以和其志意. 感發故能興起, 束飭故能立身, 和壹故能成德.

子曰: "民可使由之, 不可使知之."

補曰 民, 謂農·虞·工·商也. 由之, 謂由斯道也; 知之, 謂知斯道也.▶

---

3)《詩經》〈大雅·烝民〉에 나온다.
4) 果: 敵을 쳐서 죽이는 것 또는 敵을 완전히 쳐 이기는 것.
5)《左傳》宣公 2년조에 나온다.
6) 朱子는 '不弘毅'에서 '毅'를 註하여 "毅, 強忍也"라고 하였다.
1) 虞: 山澤을 맡은 옛 官名인데, 여기서는 사냥하고 고기 잡는 이들을 가리키는 듯하다.

◀《시경》에 이르기를 "덕德은 가볍기가 털과 같으나 사람들이 능히 이를 드는 이가 적다"³⁾라고 하였다.
○포함: '의毅'는 강해서 결단할 수 있는 것이다.
○반박: 아니다. 《좌전》에 이르기를 "적敵을 쳐서 죽이는 과果⁴⁾를 해내는 것을 의毅라 한다(致果爲毅)"⁵⁾고 하였는데, 포함이 근거한 바가 이것이다. 그러나 《좌전》의 말은 행군行軍할 때 결행하였던 옛 비결이지 이 경문經文의 뜻은 아니다. 주자가 이 (포함의 주)를 고쳐 '강하고 참는 것(强忍)'⁶⁾이라 한 것은 이 때문이다.

공자는 말하기를 "시詩에서 흥기興起하고, 예禮에서 서며, 악樂에서 이룬다."라고 하였다.

○보충: 시詩는 착한 마음을 감발感發하는 것이고, 예禮는 몸을 단속하는 것이며, ["禮가 아니면 보지 말고 듣지 말고 말하지 말고 움직이지 말라"는 것이 그것이다.] 악樂은 뜻을 화和하게 하는 것이다. 감발하기 때문에 흥기興起할 수 있고, 단속하기 때문에 입신立身할 수 있고, 화하게 하기 때문에 덕德을 이룰 수 있다.

공자는 말하기를 "백성은 이를 말미암게 할 수 있으나, 이를 알게 할 수가 없다."라고 하였다.

○보충: '백성(民)'은 농農·우虞¹⁾·공工·상商을 말하고, '이를 말미암게 하다(由之)'는 이 도道를 말미암게 함을 말하며, '이를 알게 하다(知之)'는 이 도를 알게 함을 말한다.▶

◀非精義入神, 不可以知道, 故曰操賤業者, 不可使知之. 惟士業道.《易》曰: "百姓日用而不知."《禮》曰: "儒者以道得民."

毛曰: "此一民字, 除學宮俊秀及士·官師外, 卽周官九職任民之民, 其事卽九職任事之事. 如三農·園圃·百工·商賈, 以及虞衡·藪牧·嬪婦·臣妾·閒民, 皆民也; 三農生九穀, 園圃毓草木, 百工飭八材, 商賈通貨賄, 皆事也. 使之者, 但使播種藝植, 而不告之以因天因地之情; 但使飭化阜通, 而不更導之以審曲面勢懋遷化居之意, 祇使行事, 未嘗使知義也. 【節】上之不使民知, 豈欲愚黔首哉?"

○案 此說似然, 猶未備也.

純曰: "夫天下之人, 有君子焉有小人焉, 其必一君子治眾民, 然後天下治.▶

---

2)《易經》〈繫辭傳〉上에 나온다.
3)《周禮》〈天官·大宰〉에 나온다.
4) 九職: 周代의 9종의 직업. 三農·園圃·虞衡·藪牧·百工·商賈·嬪婦·臣妾·閒民.
5) 任民:《周禮》〈天官·大宰〉에 나오는 "九職으로써 萬民에게 맡긴다(以九職, 任萬民)"는 글의 '任萬民'을 말함.
6) 任事의 事이다.《周禮》〈天官·大宰〉의 "三農은 九穀을 생산하고, 園圃는 草木을 기른다(三農生九穀, 園圃毓草木)'라 한 글에서 '生九穀'과 '毓草木'이 任事의 事이다.
7) 三農: 平地農과 山農과 澤農. 또는 여기에 해당하는 農夫.
8) 虞衡: 山澤을 맡은 官職. 또는 山林川澤의 여러 일을 맡아 하는 사람.
9) 藪牧: 畜牧의 땅 또는 畜牧하는 사람.
10) 嬪婦: 길쌈하는 婦人들.
11) 臣妾: 賤役에 종사하는 男女.
12) 閒民: 일정한 직업 없이 놀고 있는 사람.
13) 八材: 珠·象·玉·石·木·金·革·羽.

◀정미精微한 도리를 충분히 연구하여 그 오묘한 경지까지 도달한 이가 아니면 도道를 알 수 없다. 그러므로 "미천한 일을 하는 자에게는 이를 알게 할 수가 없다"고 하였다. 오직 선비만이 도道에 종사하니, 《역경》에 이르기를 "백성은 나날이 쓰고 있으면서 알지 못한다"[2]라 하였고, 예禮에 이르기를 "유자儒者는 도道로써 백성을 얻는다"[3]라고 하였다.

○모기령: 여기에 나오는 '민民' 자는 학궁學宮의 준수俊秀와 사士·관사官師 등을 제외한 그 이외의 사람들, 곧 주대周代 관직官職의 구직九職[4]에서 말하는 '임민任民'[5]의 '민民'이며, 그 일은 구직九職에서 말하는 '임사任事'의 '사事'이다.[6] 예를 들면 삼농三農[7]·원포園圃·백공百工·상고商賈부터 우형虞衡[8]·수목藪牧[9]·빈부嬪婦[10]·신첩臣妾[11]·한민閒民[12]에 이르기까지 모두가 민民이며, 삼농三農이 구곡九穀을 생산하고 원포園圃가 초목草木을 기르고 백공百工이 팔재八材[13]를 다듬고 상고商賈가 물화物貨를 유통시키는 것은 모두가 일이다. 그리고 여기에 나오는 '사지使之'란 다만 그들로 하여금 씨 뿌리고 김매고 심게 하는 것뿐이지 천지의 이치에 근거한 그 실정實情을 그들에게 알려주지는 못하며, 그들로 하여금 팔재八材를 다듬고 물화를 유통시키게 하는 것뿐이지 그들에게 다시 재질材質의 형세形勢를 조사해 다스리고 쌓인 물품의 유무有無를 교역하여 상업을 성하게 하는 의의意義를 가르치지는 못하니, 이는 다만 그들에게 일만 행하게 하는 것일 뿐 일찍이 그들에게 그 원리를 알게 하지는 못하는 것이다. …중략… 윗자리에 있는 자가 백성으로 하여금 알게 하지 못하는 것이 어찌 백성을 어리석게 만들려고 하는 것이겠는가?

○살펴보건대, 이 설은 그럴듯하나 그래도 오히려 미비한 데가 있다.

○태재순: 대저 천하의 사람들 가운데는 군자도 있고 소인도 있다. 거기에는 반드시 한 군자가 뭇 백성을 다스릴 수 있게 된 뒤에라야 천하가 다스려지는 것이다.▶

◀若使天下之人, 家諭戶曉, 而民咸爲君子, 是天下無民也, 無民非國也.
【節】故雖堯·舜之世, 民自民矣. 非上之人不能喩之, 如秦人愚黔首然,
以其不可故也."

○駁曰 非也. 孔子親口自言曰: "有敎無類."【〈衛靈公〉】而又反之曰: "不
可使知之." 有是理乎?《書大傳》曰: "公·卿·大夫·元士之適子十五人小
學." 故說者遂謂: "孟子所云'謹庠序之敎, 申之以孝弟之義'者, 亦不過
貴族." 然〈王制〉曰: "卿·大夫·元士之適子, 國之俊選皆造焉." 所謂國
俊者, 卽朱子所謂凡民之俊秀者.《周禮》〈大司徒〉: "以鄕三物敎萬民
而賓興之, 以鄕八刑糾萬民, 以五禮防萬民之僞, 以六樂防萬民之情. 凡
萬民之不服敎者, 歸于士." 名曰萬民, 豈復有尊·卑·貴·賤於其間乎?▶

---

14) 太宰純,《論語古訓外傳》8-8a.
15)《書大傳》:《尙書大傳》을 말함.《四庫書目》에 보면《尙書大傳》4권 補遺 1권으로서 저자는
   前漢의 伏勝으로 되어 있으나, 茶山은 歐陽生이 伏勝을 假託하여 만든 僞書로 본다.
16) 鄕三物: 周代 鄕學의 세 가지 敎法. 六德(知仁聖義忠和)·六行(孝友睦婣任恤)·六藝(禮樂射御
   書數)를 말함.
17) 鄕八刑: 周代 鄕中의 여덟 가지 刑罰. 不孝·不睦·不婣·不弟·不任·不恤·造言·亂民의 여덟 가
   지 非行에 대한 刑罰.
18) 五禮: 吉禮·凶禮·軍禮·賓禮·嘉禮.
19) 六樂: 雲門·咸池·大韶·大夏大濩·大武.

◀만약 가령 천하 사람들을 가가호호 찾아다니며 가르치고 깨우쳐서 백성이 다 군자가 되게 한다면, 이는 천하에 백성(民)은 없는 것이다. 백성이 없으면 나라가 아니다. …중략… 그러므로 비록 요堯·순舜의 세상이더라도 백성은 스스로 백성인 것이다. 윗자리에 있는 사람이 깨우쳐줄 수 없는 것이 마치 진秦나라의 군주가 백성을 어리석게 만든 그러한 것과 같은 것은 아니다. 이는 (알게) 할 수 없기 때문이다.[14]

○반박: 아니다. 공자는 친히 입으로 스스로 "가르침이 있으면 귀천의 구분이 없다(有敎無類)"라 하였는데, [〈衛靈公〉편에 있다.] 또 이에 배치되게 "이를 알게 할 수가 없다(不可使知之)"라고 하였다면 이런 이치가 있겠는가? 《서대전書大傳》[15]에 "공公·경卿·대부大夫·원사元士의 맏아들로서 15세가 되면 소학小學에 들어간다"고 하였기 때문에, 말하는 사람들이 드디어 맹자의 이른바 "상서庠序의 교육을 신중히 하여 효제孝弟의 도리를 되풀이한다"라고 한 것도 또한 귀족을 대상으로 한 것일 뿐이라고까지 말한다. 그러나 《예기》〈왕제王制〉에 "경·대부·원사의 맏아들과 나라 안에서 뽑혀 올라온 준선俊選들이 모두 (《시》·《서》·예·악에 의해) 학업을 완성하다"라 하였으니, 여기 이른바 나라에서 뽑혀 올라온 준선들은 곧 주자의 이른바 '무릇 백성들 가운데 준수한 자'이다. 《주례》〈대사도大司徒〉에 "향삼물鄕三物[16]로써 만민萬民을 가르쳐 그 가운데 인재는 빈객賓客의 예禮로 천거하고, 향팔형鄕八刑[17]으로써 만민을 규찰糾察하며, 오례五禮[18]로써 만민의 거짓을 막고, 육악六樂[19]으로써 만민의 욕정欲情을 막으며, 무릇 만민 가운데 가르침에 복종하지 않는 자는 옥관獄官에 돌려보낸다"는 말이 있다. 만민萬民이라고 이름한 이상 그 사이에 어찌 다시 존비귀천尊卑貴賤이 있겠는가?▶

泰伯下

◁聖人之心, 至公無私, 故孟子曰: "人皆可以爲堯·舜." 豈忍以一己之私欲, 愚黔首以自固, 阻人堯·舜之路哉? 設欲自固, 亦當教民以禮義, 使知親上而死長, 然後其國可守. 眞若愚黔以自固, 則不踰朞月, 其國必亡, 秦其驗也. 特道體至大, 造端乎夫婦, 而及其至也, 雖聖人亦有所不知焉, 彼粗穩鍛骬之賤, 販糶漁獵之徒, 將何以盡知其精微乎? 況資稟不齊, 愚魯不慧者, 貴族亦時有之, 況賤族乎? 若是者但可使由之而已, 非欲隱之, 力不給也. 孔子所言者, 勢也, 非謀也.

子曰: "好勇疾貧, 亂也. 人而不仁, 疾之已甚, 亂也."

---

20) 《孟子》〈告子〉下에 나온다.

◀성인聖人의 마음은 지공무사한 까닭에 맹자가 말하기를 "사람은 모두 요·순이 될 수 있다"[20]고 하였으니, 어찌 차마 잔인하게 한 사람의 사사로움을 가지고 검수黔首(백성)를 우매하다 하여 자기의 지위를 견고히 하려고 사람들이 요·순이 되는 길을 막겠는가? 설사 자기의 지위를 견고히 하려고 해도 또한 마땅히 백성에게 예의를 가르쳐 그들로 하여금 윗사람을 친애하고 어른을 위해 목숨을 바칠 줄 알게 한 뒤에라야 그 나라를 지킬 수 있다. 진실로 만약 검수黔首를 우매하다 하여 자기의 지위를 견고히 한다고 하면, 한 달을 넘기기도 전에 그 나라는 반드시 망할 것이다. 이것은 진秦나라가 그 증거이다. 다만 도체道體란 지대至大하니, 우매한 부부夫婦로서도 알 수 있는 평이平易한 데서부터 시작하여 그 지극한 것은 비록 성인聖人이더라도 또한 알지 못하는 바가 있으니, 저 농부나 야공冶工·상인商人·어부·사냥꾼이 어찌 그 정미精微한 것을 다 알겠는가? 더욱이 자품이 고르지 못하고 우둔하여 지혜롭지 못한 자는 귀족貴族에도 혹 있으니, 천족賤族이야 말할 것이 있겠는가? 이런 이들은 다만 그것을 말미암게 할 수 있을 뿐이니, 이것은 그 원리가 되는 것을 숨기려고 한 것이 아니요, 힘이 거기까지 돌아가지 아니해서이다. 공자가 말한 바는 (그 경우에 따른) 상황이지 (모든 민民을) 그렇게 하자는 것이 아니다.

공자는 말하기를 "용맹을 좋아하고 가난을 싫어하는 것도 난亂을 일으키고, 사람으로서 인仁하지 못한 것을 너무 심하게 미워하는 것도 난亂을 일으킨다."라고 하였다.

朱子曰:"好勇而不安分則必作亂,【自作亂】惡不仁而使之無所容則必致亂."【人作亂】

○補曰 古者賤則貧, 言貧則賤在其中, 言富則貴在其中.【子曰:"富而可求, 吾亦爲之."】

引證 孟子曰:"仲尼不爲已甚者."

子曰:"如有周公之才之美, 使驕且吝, 其餘不足觀也已."

孔曰:"周公者, 周公旦."【邢云:"春秋之世, 別有周公, 恐與彼相嫌, 故注者明之."】
○補曰 驕, 矜己也. 吝, 嗇施也. 或曰吝當讀之爲改過不吝之吝.【驕者, 自矜其善也. 吝者, 不改其惡也】
○純曰:"驕亢則君子不至, 吝嗇則小人不附."

―――――
1)《論語》〈述而〉편에 나온다.
2)《孟子》〈離婁〉下에 나온다.
1)《正義》8.
2) 驕亢과 吝嗇: 太宰純은 驕亢을 自註하여 '자신의 地位를 背景으로 하여 거만을 떠는 것(以位自高)'이라 하고, 吝嗇을 '남에게 베푸는 일에 인색한 것(吝於施與)'이라 하며, 驕와 吝은 남의 윗사람이 되는 道가 아니라고 하였다.
3) 太宰純,《論語古訓外傳》8-9a.

○주자: 용맹을 좋아하고 자기 분수를 편안히 여기지 못하면 반드시 난을 일으키고, [스스로 亂을 일으키는 것이다.] 인仁하지 못한 사람을 미워하여 그로 하여금 용납할 곳이 없게 만들면 반드시 난을 일으킨다. [남이 亂을 일으키는 것이다.]

○보충: 예전에는 천하면 가난하였으니, 가난하다고 하면 천함이 그 안에 있고 부자라 하면 귀함이 그 안에 있었다. [孔子는 말하기를 "富를 구할 만하면 내 또한 이를 구하겠다"¹⁾라고 하였다.]

【인증】맹자: 중니仲尼는 너무 심한 것을 하지 않았다.²⁾

공자는 말하기를 "만약 주공周公과 같은 아름다운 재주를 지녔더라도, 자신의 착함을 자랑하고 악함을 고치는 일에 인색하다면, 그 나머지는 족히 볼 것이 없다."라고 하였다.

泰伯下

○공안국: 주공이란 이는 주공 단旦이다. [邢昺은 이르기를 "春秋時代에 따로 또 周公이 있어서 그 사람과 서로 같은 이로 의심할까 여겼기 때문에 註釋者가 이를 밝혔다"라고 하였다.¹⁾]

○보충: '교驕'는 자신을 사랑하는 것이고, '인吝'은 베푸는 일에 인색한 것이다. 어떤 이는 이르기를 "'인吝'은 '개과불인改過不吝(허물을 고치는 데 인색하지 않다)'의 인吝 자로 마땅히 읽어야 한다"고 하였다. ['驕'란 스스로 자신의 善을 자랑하는 것이며, '吝'이란 자신의 惡을 고치지 않는 것이다.]

○태재순: 교항驕亢²⁾하면 군자가 오지 아니하고, 인색吝嗇하면 소인이 붙지 아니한다.³⁾

子曰: "三年學, 不至於穀, 不易得也."

鄭曰: "穀, 祿也."【見陸氏《釋文》○孫綽亦云】
○補曰 古者學而優則仕, 仕而優則學, 然好學者苦少. 甫及三年, 必舍學趣仕, 故孔子歎之.
孔曰: "穀, 善也. 言人三歲學, 不至於善, 不可得. 言必無也, 所以勸人學."
○駁曰 非也. 不至於穀者, 惡人也. 不易得者, 難得也. 凡物之美者, 謂之難得, 今也憶慕惡人曰如是者難得, 有是理乎? 適足以沮人學, 不知其勸也.
質疑 君子學道, 非爲仕也, 然君子未嘗不欲仕. 若以志於祿者, 皆以爲非, 則全德者少矣. 且三年學, 不可謂久.

---

1) 孫綽: 320~377. 東晉 때의 學者. 太原 中都人(山西省 平遙). 字는 興公. 官은 太學博士·尙書令 등을 거쳐 廷尉卿에 이르렀음. 저술로는 〈遂初賦〉·〈遊天臺山賦〉의 문학작품이 있다.
2) 《經典釋文》卷第24〈論語音義〉에 나온다.
3) '3년을 배운다'는 것은 오랜 기간이라고 말할 수 없다: 朱子는 經文의 "三年學, 不至於穀"을 해석하여 "爲學之久而不求祿"이라고 하였는데, 이에 대한 茶山의 評이다.

공자는 말하기를 "삼 년을 배우고서 녹봉에 뜻을 두지 않는 자를 쉽게 얻지 못하겠다."라고 하였다.

○정현: '곡穀'은 녹祿이다. [陸德明의 《經典釋文》에 보인다. ○孫綽[1]도 역시 그렇게 말하였다.[2]]

○보충: 예전에는 배우고 여력이 있으면 벼슬을 하였고, 벼슬을 하고 여력이 있으면 또 배웠다. 그러나 학學을 좋아하는 이가 매우 적어 겨우 3년에 이르면 반드시 학學을 버리고 벼슬길에 나아가기 때문에 공자가 이런 경향을 탄식한 것이다.

○공안국: '곡穀'은 선善하다는 뜻이다. 사람으로서 3년을 배우고 선善에 이르지 못하는 이를 얻을 수 없음을 말한 것이다. 이는 반드시 그런 일이 없다는 말로서 사람들에게 배움을 권한 것이다.

○반박: 아니다. (그 말대로 한다면) '선善에 이르지 아니한다(不至於穀)'는 것은 악인惡人이며, '쉽게 얻을 수 없다(不易得)'는 것은 얻기 어렵다는 말이다. 무릇 만물에는 아름다운 것을 얻기 어렵다고 말한다. 그런데 가령 여기에 악인惡人을 추억해 사모하여 "이와 같은 악인을 얻기 어렵다"고 했다고 하자, 이런 이치가 있겠는가? (이렇게 해석하면) 이는 다만 사람들에게 배움을 막아 버리는 것이지, 그것이 배움을 권하는 말임을 알지 못하는 것이다.

【질의】 군자가 도道를 배우는 것은 벼슬하기 위한 것이 아니다. 그러나 군자는 일찍이 벼슬하려고 하지 아니함이 없다. 만약 봉록에 뜻을 둔 사람이라고 해서 이들을 모두 그르다고 여기면, 덕을 온전히 한 자는 적을 것이다. 또 '3년을 배운다(三年學)'는 것은 오랜 기간이라고 말할 수 없다.[3]

子曰: "篤信好學, 守死善道. 危邦不入, 亂邦不居. 天下有道
則見, 無道則隱. 邦有道, 貧且賤焉, 恥也; 邦無道, 富且貴
焉, 恥也."

補曰 篤, 牢固也,【《爾雅》〈釋詁〉注】謂篤其信道之誠, 以好學也.
○補曰 善, 猶修也,【通作繕, 亦修治也.《莊子》云: "庖丁善刀而藏之."】謂守其至
死不變之志, 以修道也.【〈中庸〉曰: "修道之謂教."】
○補曰 危者, 將亡也; 亂者, 不治也. 不入·不居, 互文也.
包曰: "不入, 始欲往. 不居, 今欲去. 危者, 將亂之兆."
○駁曰 非也. 不入·不居, 別無深賤. 且危甚於亂,【朱子云: "亂邦, 未危而刑
政紊."】謂之將亂可乎?
邢曰: "守節至死, 不離善道."

---

1) 牢固: 堅固한 것을 이름. 牢가 여기서는 堅과 같은 뜻이다.
2) 庖丁: 옛날의 有名한 料理人. 소를 잡아 그 고기와 뼈를 갈라놓는 기량이 신기할 정도였다고
   함.
3)《莊子》〈養生主〉편에 나온다.
4)《正義》8.

공자는 말하기를 "도를 믿기를 돈독하게 하여 학學을 좋아하며, 죽음으로써 지켜 도道를 닦아 나갈 것이다. 위태로운 나라에는 들어가지 않고, 어지러운 나라에는 살지 않으며, 천하에 도가 있으면 나타나고 도가 없으면 숨는다. 나라에 도가 있을 때 가난하고 천한 것이 부끄럽고, 나라에 도가 없을 때 부富하고 귀한 것이 부끄러운 것이다."라고 하였다.

○보충: '독독篤'은 뇌고牢固[1]의 뜻이니, [《爾雅》〈釋詁〉의 注이다.] 도道를 믿는 정성을 돈독하게 하여 학學을 좋아함을 이른다.

○보충: '선善'은 닦는다(修)는 뜻과 같으니, [善은 繕과 통용되니, 또한 修治하는 것이다.《莊子》에 이르기를 "포정庖丁[2]은 칼을 잘 닦아(피나 기름 같은 것이 묻어 있는지 잘 손질하여 일정한 곳에) 간직했다(善刀而藏之)"라고 하였다.[3]] 죽음에 이르도록 바꾸지 않는 뜻을 지켜 도道를 닦는 것을 이른다. [〈中庸〉에 이르기를 "道를 닦음을 敎라 이른다"고 하였다.]

○보충: '위危'란 장차 망하려고 하는 것이며, '난亂'이란 다스리지 못하는 것이다. '불입不入'과 '불거不居'는 (문법상) 호문互文이다.

○포함: '들어가지 않는다(不入)'고 한 것은 처음에 들어가고 싶었던 곳이고, '살지 않는다(不居)'고 한 것은 이제 떠나고 싶은 곳이며, '위태롭다(危)'는 것은 장차 어지러워질 조짐이다.

○반박: 아니다. '불입不入'과 '불거不居'라는 말이 특별히 그 뜻에 깊고 얕은 차이가 없고, 또 '위태로운 것(危)'은 '어지러운 것(亂)'보다 심한 것인데, [朱子는 이르기를 "亂邦이란 아직 위태롭진 않아도 刑政이 문란한 것이다"라고 하였다.] '장차 어지러워질 조짐'이라고 말하면 되겠는가?

○형병: 절개를 지켜 죽음에 이르도록 착한 도道에서 떠나지 않는 것이다.[4]

○駁曰 非也.

子曰: "不在其位, 不謀其政."

補曰 位, 朝廷所立之地. 在大臣之位, 當謀大臣之政; 在邑宰之位, 當謀邑宰之政. 賤而無位者, 不謀仕者之政.
○毛曰: "此與曾子曰 '君子思不出其位', 本是一章, 複簡重出."
孔曰: "欲各專一於其職."【邢云: "此章, 戒人侵官也."】
○駁曰 非也. 古有官聯之法.

子曰: "師摯之始, 〈關雎〉之亂, 洋洋乎盈耳哉!"

朱子曰: "師摯, 魯樂師, 名摯."【下篇云: "大師摯適齊."】

---

1) 《論語》〈憲問〉편에 나온다.
2) 毛奇齡, 《論語稽求篇》에 나온다.
3) 《正義》8.
4) 官聯: 各 官職이 相助하여 職務를 수행하는 것. 《周禮》〈天官·大宰〉에 따르면 "… 三曰官聯, 以會官治"라는 글에 注를 하여, "官聯, 謂國有大事, 一官不能獨共, 則六官共擧之"라고 한 것을 볼 때 古法에 官聯法이 있었던 듯하다.
1) 《論語》〈微子〉편에 나온다.

○반박: 아니다.

공자는 말하기를 "그 지위에 있지 않으면, 그 정사를 직접 도모하지 않는다."라고 하였다.

○보충: '위位'는 조정에서 서는 지위이다. 대신大臣의 지위에 있으면 마땅히 대신의 정사를 도모해야 하고, 읍재邑宰의 지위에 있으면 마땅히 읍재의 정사를 도모해야 하며, 미천하여 지위가 없는 자는 벼슬자리에 있는 자의 정사를 도모하지 않는다.
○모기령: 이것은 증자曾子가 "군자는 생각이 그 지위를 벗어나지 않는다"[1]고 말한 것과 본시 한 장章인데, 죽간竹簡이 중복되어 다시 나왔다.[2]
○공안국: 이는 각자가 그 직분職分에만 전일專一하도록 하고자 한 것이다. [邢昺은 이르기를 "이 章은 사람들에게 남의 官職을 침해하는 것을 경계한 것이다"라고 하였다.[3]]
○반박: 아니다. 옛날에는 관련官聯[4]의 법이 있었다.

공자는 말하기를 "악사樂師인 지擊의 (연주한) 시작과 〈관저關雎〉의 종장終章이 양양洋洋하게 귀에 가득하구나!"라고 하였다.

○주자: 사지師擊는 노魯나라 악사樂師이니, 이름이 지擊이다. [아래 篇에 "大師(태사) 擊는 齊나라로 가다"[1]라는 말이 있다.]

○補曰 始者, 三篇之始作也;【終則曰三終】亂者, 一篇之卒章也.【朱子云: "亂, 樂之卒章也."】古者合樂, 必歌三篇, 〈周南〉則〈關雎〉·〈葛覃〉·〈卷耳〉也.【見〈鄕飮〉·〈鄕射〉·〈燕禮〉諸篇】洋洋, 溢發之意, 孔子聽樂而歸, 追憶而贊美之.

鄭曰: "始, 猶首也. 周道衰微, 鄭·衛之音作, 正樂廢而失節, 魯大師摯, 識〈關雎〉之聲, 而首理其亂者."

○駁曰 非也. 首理其亂, 而猶曰〈關雎〉之亂, 則仍亂矣.

○《楚辭》注曰: "亂者, 樂節之名." 《國語》云: "以邠①爲首, 其輯之亂曰 自古在昔."【輯, 成也】凡篇章旣成, 撮其大要, 以爲亂辭. 〈樂記〉曰: "始②奏以文, 復③亂以武." 古賦亂曰皆卒章也.【見《大全》】《史記》曰: "〈關雎〉之亂, 以爲風始." 司馬遷亦誤讀.

---

① 邠: 新朝本·奎章本에는 '辭'로 되어 있으나 《國語》〈魯語〉 下에 따라 바로잡는다.
② 始: 新朝本·奎章本에는 '旣'로 되어 있으나 《禮記》〈樂記〉의 經文에 따라 바로잡는다.
③ 復: 新朝本·奎章本에는 '又'로 되어 있으나 《禮記》〈樂記〉의 經文에 따라 바로잡는다.
2) 三終: 歌樂을 세 차례 되풀이하여 부르고 마치는 것을 말함.
3) 合樂: 樂人의 歌唱과 여러 樂器의 연주가 한데 어우러져 나는 것을 말함.
4) 《楚辭》의 注: 朱子의 《楚辭集註》를 가리킴.
5) 〈邠〉: 《詩經》〈商頌·邠〉를 가리킴.
6) 亂: 詩의 終章을 뜻함.
7) 노래의 亂에 예로부터 옛날에 …: 《詩經》〈商頌·邠〉의 終章에 나오는 詩句 "自古在昔, 先民有作. 溫恭朝夕, 執事有恪"을 말한다.
8) 亂曰: 《楚辭》에 보면 〈離騷〉의 終章과 〈九章〉의 涉江·哀郢·抽思·懷沙·悲回風의 終章과 〈招魂〉의 終章이 모두 '亂曰'로 시작한다. 朱子는 이 《楚辭》에 근거하여 《論語》에 나오는 '關雎 之亂'의 '亂' 字를 해석한 듯하다.
9) 《論語集註大全》 卷8 〈泰伯〉 제8 小註에 보인다.
10) 《史記》〈孔子世家〉에 나온다.

○보충: '시始'란 (《시경》의 시詩) 3편의 시작이고, [終은 三終²⁾을 말한다.] '난亂'이란 (《시경》의 시) 1편의 졸장卒章(終章)이다. [朱子는 말하기를 "'亂'은 樂의 졸장卒章(終章)이다"라 하였다.] 옛날에는 합악合樂³⁾에 반드시 3편을 노래했는데, 〈주남周南〉에서는 〈관저關雎〉·〈갈담葛覃〉·〈권이卷耳〉이다. [《儀禮》〈鄕飮酒禮〉·〈鄕射禮〉·〈燕禮〉의 諸篇에 보인다.] '양양洋洋'은 성하게 넘친다는 뜻이다. 공자가 풍악을 듣고 돌아가 이를 추억하면서 찬미한 것이다.

○정현: '시始'는 수首와 같은 뜻이다. 주周나라의 도道가 쇠미衰微하매, 정鄭나라와 위衛나라의 음란한 음악이 일어남으로써 정악正樂이 없어져 그 음절을 잃었다. 이에 노나라 태사大師인 지摯가 〈관저〉의 음조音調 소리를 알아 처음으로 〈관저〉의 그 어지러워짐을 다스린 것이다.

○반박: 아니다. '처음으로 그 어지러워짐을 다스리다(首理其亂)'란 것을 오히려 여기에서 이를 '관저지란關雎之亂'이라고 해 놓았다면, 따라서 (이 난亂의 뜻은) 어지럽다(亂)는 것이 된다.

○《초사楚辭》의 주注⁴⁾에 이르기를 "'난亂'이란 악절樂節의 명칭이다. 《국어》에 〈나那〉⁵⁾로써 맨 첫째 편篇으로 하니, 그 완성(輯)된 노래의 난亂⁶⁾에 예로부터 옛날에 …⁷⁾라고 하는 가사歌詞가 있다'라고 하였으니, [輯은 이룬다는 뜻이다.] 이를 볼 때 무릇 편장篇章이 이미 이루어지면 그 대요大要를 취하여 난사亂辭로 하였다. 《예기》〈악기樂記〉에 이르기를 '연주를 시작할 때는 문文으로써 하고, 또 끝날 때는 무武로써 한다(始奏以文, 復亂以武)" 하였고, 그리고 옛 〈부賦〉에 '난왈亂曰'⁸⁾이라고 한 것은 모두 졸장卒章(終章)이다"라고 하였다. [《大全》에 보인다.⁹⁾] 그런데 《사기》에 이르기를 "관저지란關雎之亂이 국풍國風의 시작이 된다(關雎之亂, 以爲風始)"¹⁰⁾고 하였으니, 이는 사마천司馬遷이 또한 '난亂' 자를 잘못 읽고 해석한 것이다.

顧麟士曰: "案〈鄕飮禮〉·〈鄕射禮〉·〈燕禮〉, 樂凡四節. 工歌〈鹿鳴〉之三, 此第一節. 笙入, 樂〈南陔〉之三, 此第二節. 間歌〈魚麗〉之三, 笙〈由庚〉之三, 此第三節. 乃合樂〈周南〉·〈召南〉, 此第四節. 解'亂'爲'卒', 則此第四節, 處三節之後, 是其義矣."
○駁曰 非也. 若然, '師摯之始', 又何解?
考異 王應麟云: "師摯, 鄭康成謂魯太師之名. '太師摯適齊.' 孔安國以爲魯哀公時人, 康成以爲周 平王時人."
○案 此事可疑. 或魯之樂章, 本是太師摯所編④定, 【《周禮》大師敎六詩】 故名之曰師摯之始, 非孔子所親見者, 今不可攷.

---

④ 編: 奎章本에는 '篇'으로 되어 있다.
11) 顧麟士: 1585~1653. 明 末의 經學家. 江蘇省 太倉人. 名은 夢麟, 號는 織簾, 麟士는 그의 字이다. 저술로 《四書說約》·《詩經說約》·《四書十一經通考》 등이 있음.
12) 顧夢麟, 《四書說約》에 나온다.
13) 鄭康成: 康成은 鄭玄의 字.
14) 王應麟, 《困學紀聞》 卷7〈論語〉에 나온다.
15) 六詩: 風·賦·比·興·雅·頌을 말함.

○고린사:[11] 《의례儀禮》의 〈향음주례鄕飮酒禮〉·〈향사례鄕射禮〉·〈연례燕禮〉를 살펴보면, 악樂에는 무릇 4절節이 있는데, 악공樂工이 들어와 당상堂上에 올라가 〈녹명鹿鳴〉(〈사모四牡〉·〈황황자화皇皇者華〉)의 3편의 시詩를 노래하는 것이 제1절이고, 생笙을 부는 악인樂人이 들어와 당하堂下에 서서 〈남해南陔〉(〈백화白華〉·〈화서華黍〉)의 3곡曲을 취주吹奏하는 것이 제2절이고, 노래와 생笙의 취주가 교차하면서 〈어리魚麗〉(〈남유가어南有嘉魚〉·〈남산유대南山有臺〉)의 3편을 노래하다가 생笙으로 〈유경由庚〉(〈숭구崇邱〉·〈유의由儀〉)의 3곡을 취주하는 것이 제3절이며, 그러고 나서 합악合樂으로 〈주남周南〉에서는 관저關雎·갈담葛覃·권이卷耳를, 〈소남召南〉에서는 작소鵲巢·채번采蘩·채빈采蘋을 가창과 악기의 합주로 어울리게 하는 것이 제4절이다. 여기에서 '난亂' 자를 풀이하여 '졸卒'의 뜻으로 하는 것은 이 제4절이 1·2·3절의 뒤에 있기 때문이니, 이것이 ('난亂'을 '졸卒'로 보는) 그 뜻이다.[12]

○반박: 아니다. 만약 그렇다면 '사지지시師摯之始'를 어떻게 해석할 것인가?

【고이】 왕응린: 사지師摯를 정강성鄭康成[13]은 노魯나라 태사太師의 이름이라 하였다. 태사 지摯는 제齊나라로 갔다. 공안국孔安國은 (태사 지를) 노나라 애공哀公 때 사람이라 하고, 정강성은 주周나라 평왕平王 때 사람이라 하였다.[14]

○살펴보건대, 이 일은 의심스럽다. 아마도 노나라의 악장樂章은 본래 태사 지가 편정編定하였을 것이다. [《주례周禮》〈춘관春官·대사大師〉에 보면 大師의 職은 六詩[15]를 가르친다.] 그러므로 이를 이름하여 '사지지시師摯之始'라 한 것이겠지만, 공자가 친히 본 바가 아니니 지금은 고증할 수 없다.

泰伯下

子曰: "狂而不直, 侗而不愿, 悾悾而不信, 吾不知之矣."

補曰 狂, 肆也. 侗, 無知貌.【莊子》〈山木〉篇云: "侗乎其無識."】
○朱子曰: "愿, 謹厚也. 悾悾, 無能貌."
○蘇曰: "馬之蹄齧者必善走, 有是病而無是德, 則天下之棄才也."
孔曰: "侗, 未成器之人."
○駁曰 非也. 成器者豈易乎?

子曰: "學,【句】如不及, 猶①恐失之."

補曰 學一字爲句.
○補曰 如不及, 其情如行人趁關門;【恐其閉】猶恐失之, 其情如貪夫見金玉.
何曰: "學自外入, 至熟乃可長久."

---

① 猶: 新朝本·奎章本에는 '惟'로 되어 있으나《論語》〈泰伯〉의 經文에 따라 바로잡는다. 이하 이 章의 두 군데 '猶恐失之'의 '猶'도 이와 같다.

공자는 말하기를 "방자하기만 하고 곧지 못하며, 무지無知하기만 하고 근후謹厚하지 못하며, 무능하기만 하고 신실하지 못한 사람은 나는 모르겠다."라고 하였다.

○보충: '광狂'은 방자하다는 뜻이고, '동侗'은 무지한 모양이다. [《莊子》〈山木〉편에 이르기를 "멍하게 아무것도 모른다"라고 하였다.]
○주자: '원愿'은 근후謹厚한 것이며, '공공悾悾'은 무능한 모양이다.
○소식: 발로 차고 입으로 무는 말은 반드시 잘 달린다. 그런데 (차고 무는) 이 병통만 있고 (잘 달리는) 이 덕이 없다면 천하에서 버림받을 재목이다.
○공안국: '동侗'은 그릇을 이루지 못한 사람이다.
○반박: 아니다. 그릇을 이룬 자가 어찌 쉽겠는가?

공자는 말하기를 "배움은 미치지 못할까 하여 달려가듯이 하고, 오히려 잃을까 두려워한다."라고 하였다.

○보충: '학學'이라는 한 글자에서 구두句讀를 해야 한다.
○보충: '여불급如不及'이란 그 심정이 마치 길을 가는 사람이 관문關門으로 달려가는 것과 같으며, [關門이 닫히기 전에 미치지 못할까 두려워하는 것이다.] '유공실지猶恐失之'란 그 심정이 마치 탐욕스러운 사람이 금옥金玉을 보는 것과 같다.
○하안: 배움은 밖으로부터 들어오니, 지극히 익숙해져야만 오래갈 수 있다.

泰伯 下

○駁曰 非也. 孔子之意, 非謂旣得而患失也. 嚮道而行, 如有重寶在前, 爲他人所先獲, 此之謂猶恐失之.

子曰:"巍巍乎! 舜·禹之有天下也,【句】而不與焉."

朱子曰:"巍巍, 高大之貌."
○補曰 有天下, 謂取以爲己有也.【孟子云:"朝諸侯有天下."】自古以來, 凡得天下者, 無不用意用力, 獨舜·禹二人, 無意天下, 全不用力, 而天下自至, 是其巍巍然超絕百王, 不可幾及者也.
○補曰 與, 干也.【不以身干與其事】何曰:"言己不與求天下而得之."【邢云:"自以功德受禪, 不與求而得之."】

---
1)《孟子》〈公孫丑〉上에 나온다.
2)《正義》8.

○반박: 아니다. 공자의 말뜻은 이미 얻은 것을 잃을까 걱정함을 말한 것이 아니라, 도道를 향해 갈 때 마치 귀중한 보배가 앞에 있는데 다른 사람이 먼저 그것을 얻으면 어쩌나 하고 두려워함과 같은 것, 이를 일러 '오히려 잃을까 두려워한다(猶恐失之)'고 한 것이다.

공자는 말하기를 "높고 크도다! 순舜임금과 우禹임금이 천하를 가지고서 정치함이여. 그런데 이에 (자신들은) 관여하지 않았다."라고 하였다.

○주자: '외외巍巍'는 높고 큰 모양이다.
○보충: '천하를 두다(有天下)'란 천하를 취하여 자기의 소유로 하는 것을 이른다. [孟子는 이르기를 "諸侯들에게 朝會를 받고 天下를 두다"라고 하였다.[1]] 예로부터 내려오면서 무릇 천하를 얻었던 자들은 자신의 사의私意와 사력私力을 부리지 않음이 없었는데, 다만 순·우 두 사람만이 천하에 아무 사의가 없고 전연 사력을 부리지 않아 천하가 이 (두 사람)에게 저절로 왔으니, 이것이 높고 커서 백왕百王들에게 뛰어나 거의 따라올 수 없었던 일이다.
○보충: '여與'는 간여干與하다란 뜻이다. [('不與'는) 몸소 그 일에 간여하지 않는 것이다.]
○하안: 자신은 천하를 구하여 얻는 일에 관여하지 않았음을 말한다. [邢昺은 이르기를 "스스로가 功德으로써 (天下를) 물려받았지 구하여 얻는 일에 관여하지 않았다"고 하였다.[2]]

王充《論衡》曰: "經云 '上帝引逸', 謂虞 舜也. 舜承安繼治, 任賢使能, 恭己無爲, 而天下治, 故孔子曰, '巍巍乎! 舜·禹之有天下也, 而不與焉.'"

○〈王莽傳〉, 太后詔曰: "選忠賢, 立四輔, 羣下勸職. 孔子曰, '舜·禹之有天下也, 而不與焉.'"

○晉 劉寔①作〈崇讓論〉云: "舜·禹有天下不與, 謂賢人讓于朝, 小人不爭于野. 以賢才化無事, 至道興矣. 已仰其成, 何與之有?"

○駁曰 非也. 任賢使能, 政之大者, 安在其不與政也? 此與恭己正南面一節, 指意不同, 當從何晏之說.

江熙曰: "舜·禹受禪, 有天下之極, 故樂盡其善, 歎不與竝時." 【見皇疏】

○駁曰 非也. 此謂孔子不與也, 豈非曲解?

---

① 寔: 新朝本·奎章本에는 '實'로 되어 있으나 이하 인용문이《晉書》〈劉寔傳〉의 내용이므로 바로잡는다.
3)《尙書》〈多士〉편에 나오는 말.
4)《論衡》〈語增〉편에 나온다.
5) 四輔: 4種의 輔佐官인데, 이에 대한 說은 다양하다. 그 가운데 一說에는 太師·太傅·太保·少傅를 四輔라고 하였다.
6) 劉寔: 晉나라 平原 高唐人. 字는 子眞, 諡는 元. 官은 河南尹丞. 封은 循陽侯. 저서로는《春秋條例》가 있음.
7)《晉書》卷41〈劉寔傳〉에 나온다.
8)《論語》〈衛靈公〉편에 나온다. 茶山은 여기에 나오는 "無爲而治者, 其舜也與! 夫何爲哉? 恭己正南面而已矣"라는 말은 훌륭한 인재를 얻음으로써 舜 자신이 편안해졌음을 孔子가 찬탄한 것으로 본다.
9) 江熙: 晉代의 學者. 저서로《論語江氏集解》가 있음.
10) 그 시대를 같이하는 데에 참여하지 못하였음을 탄식한 것이다. '而不與焉'에 대한 江熙의 해석인데, 孔子가 舜·禹 시대를 만나지 못한 것을 탄식하는 것으로 보는 견해이다.
11)《義疏》4-110.

○왕충《논형》: 경전經典에 이르기를 "상제上帝는 안일을 경계한다"[3]라고 하였는데, 이는 순舜에 대한 것을 말함이다. 순은 (요堯에게서) 안정되고 잘 다스려진 나라를 이어받아, 여기에 어진 이를 임명하고 재능 있는 이를 부림으로써 자신은 몸을 공손히 하고 무위無爲로써 천하를 다스렸다. 그러므로 공자가 말하기를 "높고 크도다! 순임금과 우임금은 천하를 소유하고서도 이에 관여하지 않았다"라고 하였다.[4]

○《한서》〈왕망전〉: 태후太后의 조서詔書에 이르기를 "충신과 어진 이를 선발하고, 사보四輔[5]를 세워 많은 신하들이 직책에 힘쓰도록 할 것이다. 공자가 말하기를 '순임금과 우임금은 천하를 소유하고서도 (현능賢能에게 맡기고) 몸소 그 정사에 관여하지 않았다'라 했다"고 하였다.

○진 유식[6]〈숭양론〉: 순舜·우禹가 천하를 소유하고도 관여하지 않았다는 것은, 현인賢人은 조정에서 서로 겸양하고 소인은 재야在野에서 다투지 않았음을 이른다. 이는 어진 재능들로써 교화하여 아무 일이 없고 지극한 도道가 흥기한 것이다. 이미 그 성공을 우러러보는데 여기에 무슨 관여할 일이 있겠는가?[7]

○반박: 아니다. 어진 이를 임명하고 재능 있는 이를 부리는 것은 정사에서도 큰일에 해당하는데, 어떻게 정사에 관여하지 않았겠는가? 이는 "몸을 공손히 하고 바르게 남면南面하고 있었을 뿐이다"[8]라고 한 일절一節과는 그 뜻이 가리키는 것이 같지 않으니, ('공기정남면恭己正南面'의 일절은) 마땅히 하안의 설을 따라야 한다.

○강희:[9] 순舜·우禹는 선양禪讓으로 천자의 자리를 가지게 되었으므로 그 선善을 즐겨 다하였는데, 그 시대를 같이하는 데에 참여하지 못하였음을 탄식한 것이다.[10] [皇侃의 疏에 보인다.[11]]

○반박: 아니다. (강희江熙의) 이 말은 공자의 '불여不與'를 가리킨 것이니, 어찌 곡해曲解가 아니겠는가?

泰伯下

子曰: "大哉! 堯之爲君也. 巍巍乎! 惟天爲大, 唯堯則之. 蕩蕩乎! 民無能名焉. 巍巍乎! 其有成功也. 煥乎! 其有文章."

孔曰: "則, 法也."
○包曰: "蕩蕩, 廣遠之稱."
○補曰 名, 猶名言, 【《左傳》云: "名言玆在玆."】 謂形諸言語也. 文章, 禮樂法度之著見後世者也, 謂雖不能名言, 其文章粲然.
包曰: "民無能識其名."【一本無 '其' 字】
○韓曰: "堯仁如天, 不可名狀, 非不識其名也."
○駁曰 韓說, 是也.
引證《孟子》曰: "孔子曰, '大哉! 堯之爲君. 惟天爲大, 惟堯則之. 蕩蕩乎! 民無能名焉. 君哉! 舜也. 巍巍乎! 有天下而不與焉.'"【〈滕文〉上】
○案《孟子》所引, 與《論語》不同. 或亦記者之誤.

---

1) 《左傳》襄公 21년조에 나온다. "名言玆在玆"는 《尚書》〈大禹謨〉에도 나오는데, 茶山이 《左傳》의 글을 例文으로 든 것은 그가 〈大禹謨〉를 僞書로 보았기 때문이다. (《梅氏書平》 7 참조.)
2) 《論語筆解》〈泰伯〉 제8에 있다.

공자는 말하기를 "위대하도다! 요堯의 임금됨이여. 높고 크도다! 오직 하늘이 가장 크거늘 오직 요임금만이 이를 본받았으니, 넓고 넓도다! 백성들이 무어라고 능히 형언하지 못한다. 높고 크도다! 그 이루어 놓은 공업功業이여. 찬란하도다! 그 문물제도의 드러남이여."라고 하였다.

○공안국: '칙則'은 본받는다는 뜻이다.
○포함: '탕탕蕩蕩'은 넓고 먼 것을 일컫는다.
○보충: '명名'은 이름하여 말한다는 뜻과 같으니, [《左傳》에 이르기를 "이를 이름하여 말함도 이에 있다"라고 하였다.[1)]] 언어로 표현하는 것을 이르고, '문장文章'은 예악禮樂·법도法度가 후세에 드러나서 나타난 것이니, 이는 비록 무어라고 말로써 형언할 수 없더라도 그 문물제도의 드러나는 것은 찬연燦然하다는 것을 이른다.

○포함: 백성은 능히 그 이름을 알지 못한다. [어떤 한 본에는 '其' 字가 없다.]
○한유: 요임금의 어짊은 하늘과 같으므로 무어라고 이름하여 나타낼 수 없는 것이지 그 이름을 알지 못하는 것이 아니다.[2)]
○반박: 한유의 설이 옳다.

【인증】맹자: 공자가 말하기를 "위대하도다! 요의 임금됨이여. 오직 하늘이 가장 크거늘 오직 요임금만이 이를 본받았으니, 넓고 넓도다! 백성들이 (그 덕을) 능히 무어라고 형언하지 못한다. 임금답도다! 순이여. 높고 크도다! 천하를 소유하고서도 이에 관여하지 않았다"라고 하였다. [《孟子》〈滕文公〉上에 있다.]

○살펴보건대, 맹자가 인용한 바는《논어》의 것과 같지 않다. 혹 이는 또한 기록한 자의 잘못인가?

引證 《春秋繁露》: "孔子曰'唯天爲大, 唯堯則之', 則之者大也. '巍巍乎! 其有成功也', 言其尊大而成功也.'"【〈奏本〉篇】

舜有臣五人而天下治. 武王曰: "予有亂臣十人." 孔子曰: "才難, 不其然乎? 唐·虞之際, 於斯爲盛. 有婦人焉, 九人而已. 三分天下有其二, 以服事殷. 周之德, 其可謂至德也已矣."【陸氏本, 作有亂十人】

孔曰: "五人, 禹·稷·契·皐陶·伯益."
○馬曰: "亂, 治也.【《爾雅》〈釋詁〉文】治官者十人, 謂周公旦·召公奭·太公望·畢公·榮公·太顚·閎夭·散宜生·南宮适, 其一爲文母."【邢云: "太姒也, 從夫之諡."】
○補曰 特言孔子者, 承武王之言, 故稱姓. ▶

---

1) 唐·虞: 陶唐과 有虞. 唐은 帝堯의 號이고, 虞는 帝舜의 號. 堯와 舜의 二代를 並稱할 때 사용함.
2) 陸氏本: 陸德明의 本을 말함.
3) 《正義》8.

【인증】《춘추번로》: 공자가 말하기를 "오직 하늘이 가장 크거늘 오직 요임금만이 이를 본받았다"라고 하였으니, 본받은 것이 크며, "높고 크도다! 그 이루어 놓은 공업이여"라고 하였으니, 이는 높고 크게 공업을 이루었음을 말한다. [〈奏本〉편에 있다.]

순舜임금은 신하 다섯이 있어 천하가 다스려졌다. 무왕武王은 "나는 다스리는 신하 열 사람을 두었다."라 하였고, 공자는 "인재 얻기가 어렵다. 그렇지 아니한가? 당唐·우虞¹⁾때 (성주聖主와 현신賢臣의) 서로 만남은 이 (주나라) 무왕 때 와서 더욱 성하였는데도 부인이 한 사람 끼어 있었으니, (남자는) 아홉 사람뿐이었던 것이다. 천하를 삼분三分하여 그 둘을 소유하고도 은殷나라에 복종하여 섬겼으니, 주나라 (문왕文王)의 덕은 지극한 덕이라고 이를 만하다."라고 하였다. [陸氏本²⁾에는 '有亂十人'으로 되어 있다.]

○공안국: '다섯 사람'은 우禹·직稷·설契·고요皐陶·백익伯益이다.
○마융: '난亂'은 다스린다는 뜻이니, [《爾雅》〈釋詁〉의 글이다.] 다스리는 관인官人 열 사람은 주공周公 단旦·소공召公 석奭·태공太公 망望·필공畢公·영공榮公·태전太顚·굉요閎夭·산의생散宜生·남궁괄南宮适에다 그 한 사람은 문모文母를 말한 것이다. [邢昺은 이르기를 "文母는 太姒이니, 남편 文王의 諡號를 따른 것이다"라고 하였다.³⁾]
○보충: 여기 특별히 ('자子'라 하지 않고) '공자孔子'라고 말한 것은, 무왕武王의 말을 이어 바로 말하였기 때문에 성姓을 일컬어 공자라고 한 것이다.▶

泰伯下

◀才難, 謂人才難得也. 際者, 交會也, 謂聖主賢臣相遇之際也.【《莊子》云: "仁義之士貴際."】斯者, 武王之時也. 言唐·虞際會, 至周而尤盛, 故彼五而此十. 然有婦人焉, 不能滿十, 其難可知.

○鄭曰: "三分天下, 有其二, 故雍·梁·荊·豫·徐·揚之人, 咸被其德."【見邢疏】邢曰: "其餘冀·青·兗屬紂.【九州而周有其六】文王率諸侯以事紂, 是服事殷也."【韓獻子云: "文王帥殷之叛國以事紂, 知時也." 見襄四年】

孔曰: "際者, 堯·舜交會之間. 堯·舜交會之間, 比於周, 周最盛多賢才."

○駁曰 非也. 際者, 聖主賢臣之際會, 孔子本論人才之盛衰, 則'於斯爲盛'者, 謂唐·虞際會, 至周而尤盛也.【昔五而今十】孔說豈可通乎?

質疑《集注》云: "周室人才之多, 惟唐·虞之際, 乃盛於此, 降自夏·商, 皆不能及."

---

4)《莊子》〈徐無鬼〉편에 나온다.
5) 韓獻子: 春秋時代 晉의 大夫.

◀'재난才難'은 인재를 얻기 어렵다는 것이며, '제제際'란 '서로 만나는 것(交會)'이니, 성주聖主와 현신賢臣이 서로 만나는 때이다. [《장자莊子》에 이르기를 "仁義를 행하는 선비는 뜻을 같이하는 이와 서로 만나기를 귀하게 여긴다"고 하였다.[4]] '사斯'란 무왕武王의 때이다. 당唐·우虞 때 (성주聖主와 현신賢臣이) 서로 만남은 주나라에 와서 더욱 성하였다는 것을 말한다. 그러므로 당·우 때는 다섯 인데, 이 (무왕) 때는 열 사람이다. 그러나 그 가운데 (한 사람의) 부인이 있어 열을 채울 수 없었으니, 인재를 얻기 어렵다는 것을 가히 알 만하다.

○정현: 천하를 삼분三分하여 그 둘을 소유하였으므로 옹雍·양梁·형荊·예豫·서徐·양주揚州의 사람들이 모두 그 덕화德化를 입었다. [邢昺의 疏에 보인다.]

○형병: (구주九州 가운데) 그 나머지 기冀·청靑·연주兗州는 주紂에게 속해 있었다. [九州에서 周나라가 그 六州를 소유한 것이다.] 문왕文王이 제후들을 거느리고 주紂를 섬긴 것이 바로 이 '복사은服事殷'이다. [韓獻子[5]가 이르기를 "文王은 殷나라를 배반한 나라들을 거느리고 紂를 섬겼으니, 이는 때를 아는 것이다"라고 하였다. 《左傳》 襄公 4년조에 보인다.]

○공안국: '제제際'란 요堯·순舜이 서로 만난 무렵이다. 요·순이 서로 만난 무렵을 주나라와 비교하면 주나라가 가장 융성하여 어진 인재가 많았다.

○반박: 아니다. '제제際'란 성주聖主와 현신賢臣이 만나는 때이다. 공자는 본래 인재의 성쇠盛衰에 대해 논했으니, '이에 와서 더욱 성하다(於斯爲盛)'는 것은 당唐·우虞 때 (성주와 현신의) 서로 만남은 주나라에 와서 더욱 성하였음을 말한 것이다. [옛날에는 다섯이었는데 지금은 열 사람이다.] 공안국의 설이 어찌 통할 수 있겠는가?

【질의】《논어집주》: 주나라 왕실에 인재가 많아, 오직 당唐·우虞가 서로 만난 즈음만이 이보다 성하였고, 그 이후 하夏·상商부터는 모두 미치지 못하였다.

○按 舜之命官, 本二十二人, 非不多矣. 此經所言者, 舜不過五人, 周至於十人, 不得云彼盛於此. 且語脈顚倒, 恐非本旨. 舊說雖有病, 亦以爲周最盛, 誠以五與十不相當也.

考異 朱子曰: "亂本作乿, 古治字也."

○金曰: "《古文尚書》'德惟乿, 否德𠹭①', 正與《集注》合.【乿字, 從爪②從糸從乙, 取以手理絲而有條理也】後人𠹭字加乙, 與乿字相似, 故遂誤以乿爲亂."【見〈通義〉】

○純曰: "亂之爲治, 亦猶糞之爲掃. 不然, 《爾雅》何有亂治也之文?"

考異 陸氏《釋文》曰: "子有亂十人, 或作亂臣十人非."

○王應麟《困學紀聞》云: "《釋文》, '子有亂十人.'《左傳》, 叔孫穆子亦曰'武王有亂十人', 劉原父謂'子無臣母之理, 婦人蓋邑姜也'. 然本無'臣'字, 舊說不必改."

---

① 𠹭: 新朝本·奎章本에는 '亂'으로 되어 있으나《論語集註考證》卷4에 따라 바로잡는다. 아랫줄의 '𠹭'도 이와 같다.
② 爪: 新朝本에는 '瓜'로 되어 있으나 奎章本에 따라 바로잡는다.
6) 지금의《僞古文尙書》〈太甲〉下에는 "德惟乿, 否德亂"으로 되어 있다.
7) 여기서 出典으로《通義》를 말하였는데, 宋代 王柏의《論語通義》인지 明代 劉剡의《四書通義》인지 未詳이나, 이 引用文은 金履祥의《論語集註考證》卷4에 바로 나온다.
8) 太宰純,《論語古訓外傳》8-15b.
9) 叔孫穆子: 春秋時代 魯의 大夫 叔孫豹. 穆子는 그의 諡. 穆叔이라고도 한다.
10)《左傳》裏公 28년조에 나온다.
11) 劉原父: 1019~1068. 北宋 때 經學家. 臨江 新喻人(江西省 新餘). 字는 原父, 號는 公是. 官은 右正言·集賢院 學士.《春秋》에 정통하였고, 저술로는《七經小傳》·《春秋傳》·《春秋權衡》·《春秋意林》·《春秋傳說例》등이 있다.
12) 邑姜: 周나라 武王의 婦人.
13) 舊說: 여기 舊說은 馬融의 說을 가리킴.
14) 王應麟,《困學紀聞》卷7〈論語〉에 나온다.

○살펴보건대, 순舜이 임명한 관원官員은 본래 22명이었으니, 많지 아니한 것이 아니다. 이 경문經文에서 말한 것은 순舜은 겨우 다섯인데 주나라는 열 명에 이르니, 저 순의 시대가 이 주나라 때보다 성하다고 말할 수 없다. 또 문장의 어맥이 전도顚倒되어 있으니, 이는 아마도 본뜻이 아닌 듯하다. 구설舊說은 비록 병폐가 있으나, 또한 주나라가 가장 융성했다고 여기는 데에 이 (융성한) 것을 진실로 5와 10의 수효로써 서로 해당시켜서는 안 된다.

【고이】주자: '난亂'은 본래 치𠃵로 되어 있으니, 이는 '치治' 자의 고자古字이다.

○김이상:《고문상서古文尚書》에 "덕이 있으면 다스려지고 덕이 없으면 어지러워진다(德惟𠃵, 否德亂)"[6]라고 하였으니, 이 (치𠃵와 난亂 두 자)는 바로《논어집주》와 합치된다. ['𠃵' 字는 爪·糸·乙로써 구성되어 있는 글자인데, 손으로 흐트러진 실타래를 다스려 조리 있게 하는 것을 취한 것이다.] 뒷사람들이 '난𠃵' 자에 '을乙'을 더함으로써 '치𠃵' 자와 서로 비슷해졌기 때문에, 드디어 '치𠃵' 자가 '난亂' 자로 잘못된 것이다. [《通義》에 보인다.[7]

○태재순: '난亂'을 '치治'의 뜻으로 하는 것은 또한 '분糞'을 '소掃'의 뜻으로 하는 것과 같다. 그렇지 않으면《이아爾雅》에 어찌 "난亂은 다스린다는 뜻이다(亂, 治也)"라는 글이 있겠는가?[8]

【고이】육덕명《경전석문》: '나는 다스리는 열 사람을 두었다(予有亂十人)'라는 글귀가 어떤 본본에는 '다스리는 신하 열 사람(亂臣十人)'으로 되어 있는데, 이는 잘못이다.

○왕응린《곤학기문》:《경전석문經典釋文》에서는 "나는 다스리는 열 사람을 두었다(予有亂十人)"라 하였고,《좌전》에서도 숙손목자叔孫穆子[9]가 또한 "무왕이 다스리는 열 사람을 두었다"[10]라 하였으며, 유원보劉原父[11]는 "자식으로서 어머니를 신하로 삼을 수는 없는 도리이니, 부인婦人은 대개 읍강邑姜[12]일 것이다"라 하였다. 그러나 본래 '신臣' 자가 없으니, 구설舊說[13]을 굳이 고칠 필요는 없다.[14]

○案 梅氏〈泰誓〉雖不足信, 其稱 '亂臣十人'者, 本竊此經文也. 舊本之原作亂臣可知.《左傳》之文, 安知不落一字乎?

范曰:"孔子因武王之言而及文王之德, 且與泰伯, 皆以至德稱之, 其指微矣."【陳云:"范氏謂其指微, 得非專爲名分言歟? 以泰伯·文王爲至德, 以武爲未盡善, 非指微歟?"】

○案 此說謂孔子亟稱太伯·文王爲至德, 其意爲微刺武王也. 其言有難通者, 美文王以刺武王, 可也; 美泰伯以刺武王, 不可也. 何者? 美泰伯則文王受其刺, 豈獨以武王爲未盡善乎? 且以名分言之, 文王其可曰恪守名分乎? 唐·虞·三代之法, 皆天子邦畿千里, 上公不過百里, 文王三分天下有其二, 安在其守名分乎? 且周之克殷, 周公之所爲也, 武王何嘗獨辦? 宋之先正, 偏於武王常有不滿之意, 其論不公. 總之, 泰伯之至德, 不害於文王; 文王之至德, 不害於武王, 其必立一而廢一, 若冰炭之不能皆熱, 則恐非孔子之本意. 孔子於文王·周公, 必無所貶, 則獨貶武王, 有是理乎?

---

15)《論語集註大全》卷8〈泰伯〉제8 小註에 나온다.

○살펴보건대, 매색梅賾의 《상서》〈태서泰誓〉편은 믿을 수 없는 글이나, 거기에 '난신십인亂臣十人'이라 일컬어 놓은 것은 본래 이 경문을 표절剽竊한 것이니, 이를 볼 때 옛 본本에 원래 '난신亂臣'으로 되어 있었음을 알 수 있다. 《좌전》의 글이 어찌 한 글자도 빠지지 않았음을 알겠는가?

○범조우: 공자는 무왕武王의 말을 인해서 문왕文王의 덕을 언급하였고, 또 태백泰伯과 함께 모두 지극한 덕德이라고 칭하였으니, 그 뜻이 은미隱微한 것이다. [新安 陳氏(陳櫟)는 이르기를 "范祖禹가 '그 뜻이 隱微하다'라 한 것은 오로지 名分으로 말한 것이 아님을 터득하겠는가? 泰伯과 文王을 '至德'으로 삼고, 武王을 '未盡善'으로 삼았으니, 이것이 '뜻이 은미한 것(指微)'이 아니겠는가?"라고 하였다.[15]]

○살펴보건대, 이 (범조우의) 설은 공자가 자주 태백太伯과 문왕文王을 '지덕至德'이라고 칭한 것이 그 마음속으로는 무왕武王을 은근히 풍자하는 것임을 말한 것이다. 그러나 그 말은 통하기 어려운 면이 있다. 문왕을 찬미하면서 무왕을 풍자하는 것은 있을 수 있으나, 태백을 찬미하면서 무왕을 풍자하는 것은 있을 수 없다. 왜냐하면 태백을 찬미하면 문왕도 풍자를 받게 되는데, 어찌 홀로 무왕만이 '미진선未盡善'이 될 수 있겠는가? 또 명분名分으로써 말한다면 문왕이 명분을 삼가 지켰다고 할 수 있겠는가? 당唐·우虞·삼대三代의 법은 모두 천자는 방기邦畿 천 리里이며 상공上公은 백 리에 불과한데, 문왕이 천하의 3분의 2를 소유하였다면 어디에 명분을 지킨 것이 있겠는가? 그리고 또 주周나라가 은殷나라를 이긴 것은 주공周公이 한 일인데, 어찌 무왕이 일찍이 혼자서 하였겠는가? 송宋나라의 선정先正들이 다만 무왕에 대해서만 항상 불만의 뜻이 있어 그 논의가 공평하지 않았던 것이다. 이를 총괄하건대, 태백의 지덕至德이 문왕에게 해롭지 않고, 문왕의 지덕至德이 무왕에게 해롭지 않다. 마치 얼음과 숯불을 모두 뜨겁게 할 수 없는 것처럼, 반드시 그 하나를 세우면 다른 하나를 폐해야 하는 것은 아마도 공자의 본뜻이 아닐 듯하다. 공자는 문왕과 주공을 반드시 폄하貶下해야 할 리가 없다면, 어찌 무왕만 폄하할 리가 있겠는가?

泰伯下

引證 周生烈子云: "舜嘗駕五龍以騰唐衢, 武嘗服九駁以馳文塗, 此上御也."【出《太平御覽》】

○柳識〈弔夷齊文〉云: "五刃不礪于武庫, 九駿伏轅于文塗."

○王應麟云: "五龍·九駁, 謂五臣·九臣."

子曰: "禹, 吾無間然矣. 菲飲食而致孝乎鬼神, 惡衣服而致美乎黻冕, 卑宮室而盡力乎溝洫. 禹, 吾無間然矣."

補曰 間, 罅隙也,【象月入門隙】言翕然愛慕, 無罅隙然也.
○馬曰: "菲, 薄也. 致孝, 祭祀豐潔."

---

16) 周生烈子: 三國時代 魏나라 燉煌人 周生烈을 가리키는 듯한데 未詳. 周生烈은 經傳에 注를 하였으며, 저서로 《論語周生氏義說》이 있다.
17) 唐衢: 帝堯의 거리라는 뜻인 듯하다.
18) 文塗: 文王의 길이라는 뜻인 듯하다.
19) 上御: 天子의 行列.
20) 王應麟, 《困學紀聞》卷7〈論語〉에도 이 글이 나온다.
21) 柳識: 唐代 文章家. 字는 方明. 文章으로써 蕭穎士·元德秀·劉迅 등과 어깨를 나란히 하였음.
22) 武庫: 武王의 곳집이라는 뜻인 듯하다.
23) 九駿: 아홉 마리의 駿馬라는 뜻인데, 여기서는 九臣을 가리키는 듯하다.
24) 茶山이【인증】으로 例示한 柳識의〈弔夷齊文〉은 《唐文粹》와 《畿輔通志》에 수록되어 있다.
25) 王應麟, 《困學紀聞》卷7〈論語〉에 나온다.
1) 間은 閒의 俗字인데, 지금은 閒을 閑과 통용하고 있다.

【인증】 주생열자:[16] 순은 일찍이 오룡五龍을 타고 당구唐衢[17]를 달렸고, 무왕은 일찍이 구박九駮을 타고 문도文塗[18]를 달렸으니, 이것이 상어上御[19]이다. [《太平御覽》에 나온다.[20]]

○유식:[21] 〈조이제문弔夷齊文〉에 이르기를 "오인五刃을 무고武庫[22]에서 갈지 못하고, 구준九駿[23]을 문도文塗에 달리지 못했다(五刃不礪于武庫, 九駿伏轅于文塗)"라고 하였다.[24]

○왕응린: 오룡五龍과 구박九駮은 다섯 신하(五臣)와 아홉 신하(九臣)를 이른다.[25]

공자는 말하기를 "우禹임금은 내가 (애모하며) 아무 부족한 틈이 없는 그러한 분이다. (평소) 음식을 간소하게 하면서 (제사에는) 귀신에 효孝를 다하고, (평소) 의복을 검소하게 하면서 불黻·면冕의 제복祭服을 아름답게 하며, 궁실宮室을 낮게 지어 살면서 (백성을 위한) 구혁溝洫에 힘을 다하였으니, 우임금은 내가 (애모하며) 아무 부족한 틈이 없는 그러한 분이다."라고 하였다.

○보충: '간間'은 하극罅隙(틈 또는 흠)이니, [('간閒'[1]이란 글자는) 달빛이 문틈으로 새어 들어오는 것을 형상한 것이다.] ('무간無間'은) 흡연翕然히 애모하며 아무 부족한 틈이 없는 그러한 것임을 말한다.

○마융: '비菲'는 엷다(薄)는 뜻이며, '치효致孝'는 제사에 (제수祭需를) 풍부하게 하고 깨끗하게 하는 것이다.

泰伯下

○朱子曰: "黻, 蔽膝也, 以韋爲之也;【與韍通】冕, 冠也,【前低而後高, 冕者, 俛也】皆祭服也. 溝洫, 田間水道, 以正疆界備旱潦者也."【包云: "方里爲井, 井間有溝, 溝廣深四尺, 十里爲成, 成間有洫, 洫廣深八尺."】

○補曰 三者, 所以薄於自奉而厚於神人.

孔曰: "言己不能復間厠其間."

○駁曰 非也. 不知何解.

質疑《集注》云: "謂指其罅隙而非議之."【純云: "〈先進〉篇, '人不間於其父母·昆弟之言.'"】

○案 禹與稷相好, 而孔子間之, 則是可曰指其罅隙而非議之, 今所論者禹一人而已, 又安有罅隙之可指乎? 閔子騫爲一邊, 其父母昆弟爲一邊, 故得稱曰 '人不間'. 若單言子騫, 則 '人不間' 三字, 用不得矣.

---

2) 太宰純,《論語古訓外傳》8-17a. 太宰純은《論語》〈先進〉편에 나오는 "人不間於其父母昆弟之言" 의 經文에서 '人不間' 의 '間' 을 비난한다는 뜻으로 해석하였음.

○주자: '불敝'은 무릎을 가리는 것인데 가죽으로써 만들며, ['敝'은 '韍'과 통하는 글자이다.] '면冕'은 관冠이니, [앞쪽이 낮고 뒤쪽이 높으므로 '冕'이란 몸을 숙인다는 뜻이다.] (이 둘은) 모두 제복祭服이다. '구혁溝洫'은 전답田畓 사이의 물길이니, 경계를 바르게 하고 가뭄과 장마를 대비한 것이다. [包咸은 이르기를 "四方 1里가 井이 되고, 井 사이에 溝가 있으며, 溝의 너비와 깊이는 모두 4尺이다. 10里를 1成이라 하는데, 1成 사이에는 洫이 있으며, 洫의 너비와 깊이는 모두 8尺이다"라 하였다.]

○보충: 이 세 가지는 자신을 받드는 데에는 박하게 하고 신인神人에게는 후하게 한 것이다.

○공안국: 자신은 다시 그 사이에 끼어들 수 없음을 말한 것이다.

○반박: 아니다. 이는 무슨 말인지 알지 못하겠다.

【질의】《논어집주》: ('간間'은) 그 틈을 지적하여 비난하는 것을 이른다. [太宰純은 이르기를 "《論語》〈先進〉편에 '사람들이 그 부모·형제의 말에 비난하지 못한다'고 했다"라고 하였다.[2)]]

○살펴보건대, 우禹와 직稷이 서로 좋았는데 공자가 이를 이간질하였다면 이는 '그 틈을 지적하여 비난하였다'고 할 수 있으나, 여기에서 논한 것은 우禹 한 사람뿐이며, 또 어떻게 (우에게) 틈이 있다고 지적할 수 있겠는가? (〈선진先進〉편에서는) 민자건閔子騫도 한쪽이 되고 그 부모·형제도 한쪽이 되기 때문에 '사람들이 이간질하지 못한다(人不間)'고 일컬을 수 있으나, 만약 민자건 한 사람만 다만 말하였다면 '인불간人不間' 석 자는 쓸 수 없었을 것이다.

子罕 第九

子罕 第九
【凡三十一章】

子罕言利與命與仁.

補曰 罕, 希也. 利, 謂利民·利國之利也. 命, 天命也. 仁者, 人倫之成德也. 數言利則傷義, 數言命則褻天, 數言仁則躬行不逮, 斯其所以罕言也.

何曰: "仁者, 行之盛也. 寡能及之故希言."

○案《論語》記夫子言仁, 多矣. 然言之旣罕, 記之不遺, 其實不多也. 司馬牛問仁, 子曰: "爲之難."【注云: "行仁難."】故其言也訒, 此罕言仁之義也.【子曰: "言之不出, 恥躬之不逮." 躬所行者仁而已. 君子之罕言仁, 恐言之先於行也】

袁滄孺曰: "此三者, 聖人何嘗不言? 只是要把利與命與仁竝言, 聖人則罕言之也."▶

---

1)《論語筆解》卷上〈子罕〉第九에서는 何晏의 이 注가 包咸의 注로 되어 있다. 어느 것이 옳은지 未詳.
2)《論語》〈顔淵〉편에 나온다.
3) 여기의 注는 孔安國의 注이다.
4)《論語》〈顔淵〉편에 나온다.
5)《論語》〈里仁〉편에 나온다.
6) 袁滄孺: 明代의 學者. 蘄州人. 名은 世振, 滄孺는 그의 字. 官은 1598년(神宗 26)에 進士가 되어 臨川令과 戶部郎을 역임.

자한 제구
【모두 31장이다.】

공자는 이利와 명命과 인仁을 드물게 말하였다.

○보충: '한罕'은 드물다는 뜻이고, '이利'는 '백성을 이롭게 한다(利民)' '나라를 이롭게 한다(利國)'고 할 때의 이利의 뜻이다. '명命'은 천명天命이며, '인仁'이란 인륜人倫의 성덕成德이다. 이利를 자주 말하면 의義를 상하게 하며, 명命을 자주 말하면 하늘을 모욕하게 되며, 인仁을 자주 말하면 몸소 실행하는 것이 미치지 못하게 되니, 이것이 (이·명·인을) 드물게 말한 까닭이다.

○하안: '인仁'이란 사람의 행동 가운데서도 가장 성대한 것이다. 이런 행동에 미칠 수 있는 이가 적으므로 드물게 말한 것이다.[1)]

○살펴보건대, 《논어》에는 인仁에 대한 공자의 말이 많이 기록되어 있다. 그러나 공자가 인仁을 말한 것은 드물었는데 제자들이 하나도 빠뜨리지 않고 그것을 기록했기 때문이니, 실제로는 많지 않다. 사마우司馬牛가 인仁을 물었을 때, 공자는 "행하기 어렵다"[2)]고 말하였다. [注[3)]에 이르기를 "('爲之難'은) 仁을 행하기가 어렵다는 것이다"라 하였다.] 그러므로 "(인자仁者는) 그 말하는 것을 참아서 한다"[4)]고 하였으니, 이는 인仁을 드물게 말한 그 뜻이다. [孔子는 말하기를 "말을 함부로 내지 않음은 몸소 실천하는 것이 미치지 못할까 부끄러워서이다"[5)]라고 하였으니, 몸소 실천할 것은 仁일 뿐이다. 君子가 仁을 드물게 말하는 것은 말이 실천에 앞설까 두려워해서이다.]

○원창유:[6)] 이 세 가지를 성인聖人이 어찌 일찍이 말하지 않았겠느냐마는, 다만 (이질적인) 이利와 명命과 인仁을 가지고 같이 말한 것은 성인聖人으로서는 드물게 말한 것이다.▶

◀蓋天理·人欲, 不容一口而談. 如賜不受命而貨殖焉, 此不以利與命並言之一徵也. 如仁者先難而後獲, 此不以利與仁並言之一徵也. 此是唐·虞分剖道心·人心之意."【荻說, 與此同】

○駁曰 非也. 古文條暢, 不如是拘攣也. 苟如是也, 下罕字不得.

達巷黨人曰: "大哉, 孔子! 博學而無所成名." 子聞之, 謂門弟子曰: "吾何執? 執御乎? 執射乎? 吾執御矣."

鄭曰: "達巷者, 黨名.【〈曾子問〉云: "昔者吾從老聃, 助葬於巷黨."】此黨之人, 美孔子博學道藝, 不成一名而已."【陸云: "專精一藝則人以一藝稱之, 而得有所成名, 彼則博學而泛兼眾藝, 則人不得以一藝稱之."】

---

7) 《論語》〈先進〉편에 나온다.
8) 《論語》〈雍也〉편에 나온다.
1) 陸氏: 未詳.

◀대개 생각건대 천리天理와 인욕人欲은 한 입에 넣어서 같이 말할 수 없는 것이다. 예를 들면 사賜(子貢)는 명命을 받아들이지 않고 재화를 증식하였으니,[7] 이는 이利와 명命을 같이 말할 수 없는 하나의 증거이다. 또 예를 들면 인자仁者는 어려운 일을 먼저 하고 얻는 것을 뒤에 하였으니,[8] 이는 이利와 인仁을 같이 말할 수 없는 다른 하나의 증거이다. 이런 것이 바로 당唐·우虞가 도심道心과 인심人心을 나누어서 갈라놓은 의도意圖이다. [荻生雙松의 說도 이와 같다.]

○반박: 아니다. 고문古文은 조리가 있고 창달暢達해서 여기에 말한 것처럼 글이 얽매이지 않는다. 만약 이와 같이 본다면 '한罕' 자를 쓸 수 없을 것이다.

子罕 第九

달항당達巷黨의 사람이 말하기를 "위대하구나, 공자여! 박학博學하여 (어느 한 가지에만) 이름을 이룬 바가 없다."라고 하였다. 공자가 이를 듣고 문하의 제자들에게 말하기를 "(내가 한 가지 기예技藝를 한다면) 내 무엇을 잡아 할까? 말 모는 일을 잡아 할까? 활 쏘는 일을 잡아 할까? 내 말 모는 일을 잡아서 하리라."고 하였다.

○정현: '달항達巷'이란 당黨의 이름이다. [《禮記》〈曾子問〉에 이르기를 "옛날에 내가 老聃을 따라다니며 巷黨에서 葬禮를 도왔다"고 하였다.] 이 당黨의 사람이 공자는 도예道藝에 박학하여 하나의 이름만 이루지 않았음을 찬미한 것이다. [陸氏[1])가 이르기를 "오로지 하나의 技藝에 정밀하면 사람들이 그 한 가지 技藝로써 稱道하므로 그것으로써 이름을 이루는 바가 있을 수 있으나, 공자는 博學하여 널리 많은 技藝를 겸하였으니 사람들이 하나의 技藝로써 그를 稱道할 수 없었다"고 하였다.]

○鄭曰:"聞人美之, 承之以謙, 吾執御, 欲名六藝之卑也."
尹曰:"達巷黨人, 惜其不以一善得名於世."
○案 '大哉' 二字, 無憾之辭, 豈有嗟惜之意乎?
王應麟云:"甘羅曰, '項橐七歲爲孔子師.' 董仲舒〈對策〉云, '此亡異於^① 達巷黨人不學而自知.' 孟康注, '黨人, 項橐也.'《隸釋》載逢盛碑以爲后橐, 孟康之說, 未知所出.《論語》注疏無之."
○駁曰 非也. 道聽而塗說也.

子曰:"麻冕, 禮也. 今也純, 儉, 吾從衆. 拜下, 禮也. 今拜乎上, 泰也. 雖違衆, 吾從下."【純, 音緇】

補曰 冕, 祭服之冠.【見〈春官·司服〉】

---

① 於: 新朝本·奎章本에는 빠져 있으나《困學紀聞》卷7에 따라 보충한다.
2) 甘羅: 戰國時代 秦나라 下蔡人. 秦始皇 때 甘茂의 손자인 甘羅가 나이 12세로 始皇의 使臣으로 趙나라에 가서 趙王을 說服시켜 다섯 城을 割讓받고 趙가 秦을 섬기게 하여, 돌아와 그 공으로 上卿이 되었다고 함. (《史記》〈甘茂傳〉참조.)
3) 項橐: 春秋時代 사람으로서, 태어나서 7세 때 孔子의 스승이 되었다는 기록이 여기저기에 있다.
4)《戰國策》卷第7〈秦〉5와《史記》〈甘茂傳〉에 나온다.
5) 孟康: 三國時代 魏의 安平人. 字는 公休.《漢書》에 注를 달았다.
6)《隸釋》: 宋의 洪适 撰으로, 本集 27권 續集 21권인데, 漢隸로써 써 놓은 碑碣을 모아 해설해 놓은 것이다.
7) 王應麟,《困學紀聞》卷7〈論語〉에 나온다.

○정현: 남이 자신을 칭찬하는 말을 듣고서 겸손한 마음으로 받아들인 것이다. '내 말 모는 일을 잡아서 하리라'는 것은 육예六藝 가운데 가장 비천한 것으로 이름을 이루고자 한 것이다.

○윤돈: 달항당의 사람이 어느 한 가지를 잘하는 것으로써 세상에 득명得名하지 못한 것을 애석하게 여긴 것이다.

○살펴보건대, '대재大哉'라는 두 글자가 유감이 없는 말의 표현이니, 어찌 애석해 하는 뜻이 있겠는가?

○왕응린: 감라甘羅2)는 "항탁項槖3)이 7세 때 공자孔子의 스승이 되었다"고 하였고,4) 동중서董仲舒의 〈대책對策〉에는 "이는 달항당達巷黨의 사람이 배우지 않고도 스스로 아는 것과 다름이 없다"고 하였다. 이에 대해 맹강孟康5)의 주注에서는 달항당의 사람을 항탁項槖이라 하였고, 《예석隸釋》6)의 봉성비逢盛碑에서는 후탁后槖이라 하였으니, 맹강의 설은 어디에 근거해 나온 것인지 알지 못하겠다. 《논어》의 주소注疏에도 이 말은 없다.7)

○반박: 아니다. 이는 도청도설道聽塗說이다.

공자는 말하기를 "(삼으로 만든) 마면麻冕을 쓰는 것이 예禮이지만, 지금에는 (생사生絲로 만든) 치면純冕을 쓰니, 이것이 검소하다. 나는 대중을 따르겠다. (당堂) 아래에서 절하는 것이 예禮인데, 지금에는 (당) 위에서 절하니, 이는 교만하다. 비록 대중과 어긋나더라도 나는 (당) 아래에서 절하겠다."라고 하였다. [純은 음이 緇이다.]

○보충: '면冕'은 제복祭服의 관冠이다. [《周禮》〈春官·司服〉에 보인다.]

孔曰: "古者績麻三十升布以爲之." 【邢云: "鄭注〈喪服〉云, '布八十縷爲升.'"】

○孔曰: "純, 絲也. 絲易成故從儉."【蔡淸云: "用絲比之, 績麻爲之者, 較爲省儉."】

○朱子曰: "臣與君行禮, 當拜於堂下. 君辭之, 乃升成拜.【邢云: "案〈燕禮〉, 公酬賓, 賓降西階下, 再拜稽首, 公命小臣辭賓, 升成拜. 鄭注升成拜, 復再拜稽首也."】泰, 驕慢①也."

○饒曰: "孔子時君弱臣強, 徑自拜於堂上."

孔曰: "冕, 緇布冠也."

○顧麟士曰: "《書》〈顧命〉, '王麻冕·黼裳, 卿士·邦君麻冕·蟻裳, 太保·太史·太宗皆麻冕·彤裳.'【呂氏云: "麻冕·黼裳, 王祭服, 卿士·邦君祭服之裳皆纁. 今蟻裳者, 蓋無事於奠祝, 不欲純用吉服; 有位於班列, 不可純用凶服, 酌吉凶之間, 示禮之變也."】又據〈士冠禮〉, 緇布冠, 不必即爲麻冕, 但《集註》亦本孔安國, 不敢深辨."

---

① 慢: 新朝本·奎章本에는 빠져 있으나《論語集註大全》卷9〈子罕〉에 따라 보충한다.
1) 날실 여든 올을 한 새로 치는 것을 말함. 布의 1升은 우리말로 '한 새'이며, 16升이라 하면 우리말로 '열여섯 새'이다.
2)《正義》9.
3) 蔡淸,《四書蒙引》에 나온다.
4) 同上.
5) 饒雙峯: 南宋 때의 性理學者. 饒州 餘干人. 字는 伯輿 또는 仲元, 名은 魯, 雙峯은 그의 號. 私諡는 文元이다. 黃榦·李燔을 師事하였고, 石洞書院을 세워 後學을 가르쳤으며, 朱子의 性理學을 계승하였다. 저술로는《五經講義》·《春秋節傳》·《學庸纂述》·《論孟紀聞》·《西銘圖》·《近思錄注》·《饒雙峯講義》등이 있음.
6)《論語集註大全》卷9〈子罕〉제9 小註에 나온다.
7) 緇布冠: 검은색의 베로 만든 것으로 儒生이 평상시에 쓰던 冠이다.
8) 蟻: 鄭玄은 色이 검은 것을 蟻라고 하였다. 개미 자체도 그 색이 검다.
9) 彤: 鄭玄은 "彤, 纁也"라고 하여 붉은색으로 보았다.
10) 呂大臨: 1040~1092. 北宋 때의 性理學者. 京兆 藍田人. 字는 與叔, 號는 藍田. 張載와 함께 二程子에게 배웠는데, 謝良佐·游酢·楊時와 함께 '程門四先生'으로 불렸다. 官은 門蔭으로 太常博士·秘書省正字 등을 지냄. 저서로는《孟子講義》·《大學中庸解》·《易章句》·《老子注》등이 있음.
11) 蔡沈,《書集傳》〈顧命〉편 注에 나온다.

○공안국: 옛날에 마포麻布 30승升을 짜서 이 면류冕를 만들었다. [邢昺은 이르기를 "鄭玄이 喪服을 注하는 데에서 '布 80縷가 1升이다'[1]라 했다"고 하였다.[2]]

○공안국: '순純'은 생사生絲이니, 생사는 이루기 쉽기 때문에 검소함을 따른다고 한 것이다. [蔡淸은 이르기를 "生絲를 써서 만든 것을 삼으로 짜서 만드는 것과 비교하면 힘이 덜 들어 검소한 것이다"[3]라 하였다.]

○주자: 신하가 임금과 예禮를 행할 때는 마땅히 당堂 아래에서 절해야 하고, 임금이 이를 사양하면 그제야 당에 올라가서 절한다. [邢昺은 이르기를 "《儀禮》〈燕禮〉를 살펴보면, 그 禮에 '公이 賓客에게 술잔을 권하면 빈객은 서쪽 섬돌 아래로 내려가서 再拜하고 머리를 조아린다. 이때 公이 小臣에게 명하여 사양하면, 빈객이 당에 올라가서 절한다'고 하였다. 鄭玄의 注에는 '堂에 올라가서 절하고 다시 재배하여 머리를 조아린다'고 했다"라 하였다.[4]] '태泰'는 교만함이다.

○요쌍봉:[5] 공자孔子 때에는 군주가 약하고 신하가 강하여 곧바로 스스로가 당상堂上에 올라가 절하였다.[6]

○공안국: '면류冕'은 치포관緇布冠[7]이다.

○고린사: 《상서尚書》〈고명顧命〉편에 "왕은 마麻의 면류冕에 보黼의 치마를, 경사卿士(公卿大夫)와 방군邦君(諸侯)은 마의 면에 의蟻[8]의 치마를, 태보太保·태사太史·태종太宗은 모두 마의 면에 동彤[9]의 치마를 입었다"고 하였다. [呂大臨[10]은 이르기를 "麻冕과 黼裳은 王의 祭服이다. 卿士·邦君의 祭服의 치마는 모두 붉은색(纁)인데, 지금 검은색(蟻)의 치마를 입는 것은 대개 생각건대, 제수를 올리고 祝을 읽을 일이 없으니 순전히 吉服을 사용하고자 하지 않은 것이며, 班列에 자리가 있으니 순전히 凶服을 사용할 수도 없으므로, 吉凶의 중간을 참작해서 禮의 變을 보인 것이다"라고 하였다.[11]] 또 《의례儀禮》〈사관례士冠禮〉에 근거하면, 치포관緇布冠이 반드시 마면麻冕인 것은 아니다. 다만 《논어집주》에서는 또한 공안국의 말에 근본을 두고 있으니, 감히 깊이 논변하지 않는다.

○案〈顧命〉上文云: "二人雀弁, 四人綦弁. 一人冕執劉, 一人冕執鉞, 一人冕執戣②, 一人冕執瞿, 一人冕執銳." 皆直言冕. 惟王及卿士·邦君·太保·太史·太宗, 特標麻冕, 則冕與麻冕異矣. 麻冕或是冕上加麻, 如〈曾子問〉所云麻弁絰,【出彊君薨, 其入共殯服】與此經所論麻冕者, 原自不同. 顧氏欲以〈顧命〉之麻冕當之, 謬矣. 然冕者, 俛也. 前低後高, 其狀微俛, 故名之曰冕. 與緇布冠, 其制絶殊. 孔安國訓之爲緇布冠者, 蓋謂冕亦黑布所製之冠, 非直指冠禮始加之緇布冠也.【胡云: "冠者, 首服之總名; 冕者, 冠中之別號."】

侃曰: "《周禮》有六冕, 以平板爲主, 而用卅升麻布衣板③, 上玄下纁, 故云麻冕禮也."

○駁曰 非也.《周禮》〈司服〉, 冕服有六, 而六服同用一冕, 特其旒數有多少耳.【〈夏官·弁師〉註】▶

---

② 戣: 新朝本에는 '郊'로 되어 있으나 奎章本에 따라 바로잡는다.
③ 板: 新朝本·奎章本에는 '板下'로 되어 있으나《論語集解義疏》卷5에 따라 '下'를 생략한다.
12) 劉·鉞: 도끼의 종류인데, 鉞은 劉보다 크다.
13) 戣·瞿·銳: 矛의 종류인데, 그 구체적인 것은 未詳.
14) 麻弁絰: 麻로 만든 弁冠을 쓰고 거기에다 環絰을 하는 것이다.
15) 殯服: 喪主가 葬事를 치르기 전에 殯所에서 입는 殯時의 喪服.
16) 始加: 冠禮의 三加 가운데 첫 의식. 三加는 冠禮에서 加冠의 의식에 세 절차가 있음을 말하는 것인데, 그 첫 번째 의식이 始加이다. 처음의 의식인 始加는 緇布冠을 쓰고 그 다음은 여기에 皮弁을 더하며, 또 그 다음은 爵弁을 더한다. (《禮記》〈冠義〉참조).
17) 首服: 머리를 장식하는 것, 곧 冠을 말함.
18)《論語集註大全》卷9〈子罕〉제9 小註에 나온다.
19) 六冕: 6種의 冕. 大裘冕·袞冕·鷩冕·毳冕·希冕·玄冕을 말하는데,《周禮》〈春官·司服〉에 나온다.
20)《義疏》5-116.

○살펴보건대,〈고명顧命〉의 이 글 위의 글에 이르기를 "두 사람은 작변雀弁을 쓰고, 네 사람은 기변綦弁을 쓴다. 한 사람은 면冕에 유劉를 들고, 한 사람은 면에 월鉞[12]을 들고, 한 사람은 면에 규戣를 들고, 한 사람은 면에 구瞿를 들고, 한사람은 면에 예銳[13]를 든다" 라 하였는데, 여기에는 모두 곧바로 면冕으로만 말하는 반면, 오직 왕과 경사卿士·방군邦君·태보太保·태사太史·태종太宗에게만 특별히 마면麻冕이라고 표시하였으니, 면과 마면은 다른 것이다. 여기 마면은 혹시 면 위에 마를 더한 것, 예를 들면《예기》〈증자문曾子問〉에 이른바 '마변질麻弁絰'[14]과 같은 것인지도 모르나, [君主가 國境 밖으로 나가서 죽으면 그 들어올 때 殯服[15]을 준비해 놓는다.] 이 경문經文에서 논한 바의 '마면麻冕'이란 것과는 원래 그 자체가 같지 않은 것인데, 고린사顧麟士가《상서》의〈고명顧命〉에 나오는 '마면麻冕'을 가지고 이에 해당시키고자 하였으니, 잘못된 것이다. 그러나 '면冕'이란 머리를 아래로 숙인다는 뜻을 취한 것이다. 앞쪽이 낮고 뒤쪽이 높아 그 형상이 조금 숙여져 있기 때문에, 이를 이름하여 면冕이라 한 것이다. 이는 치포관緇布冠과는 그 제도가 전혀 다른 것인데, 공안국은 이를 주석하여 치포관이라 하였다. 대개 생각건대 면冕도 역시 검은 베로 만든 관冠을 말하는 것이지만, 바로 관례冠禮의 시가始加[16] 때 쓰는 치포관을 가리키는 것은 아니다. [胡寅은 이르기를 "冠이란 首服[17]의 總稱이며, 冕이란 여러 冠들 가운데 하나의 別號이다" 라고 하였다.[18]]

○황간:《주례》에 보면 육면六冕[19]이 있다. 평판平板을 주로 하고 있으나 30승升 마포麻布의 의판衣板을 사용하는데, 위가 검고(玄) 아래가 붉기(纁) 때문에 "마면麻冕이 예禮이다" 라 하였다.[20]

○반박: 아니다.《주례》〈사복司服〉에 보면 면복冕服에는 여섯 가지 종류가 있는데, 이 여섯 가지 면복에는 똑같이 하나의 면冕을 사용하지만 다만 그 면의 앞뒤에 드리우는 깃술의 수효에 다소 차이가 있을 뿐이다. [《周禮》〈夏官·弁師〉의 注에 나온다.]▶

子罕 第九

◀況冠冕之色, 緇則全緇, 素則全素, 爵則全爵,【雀頭色】綦則全綦,【靑黑色】上玄下纁之冠, 未之聞焉.【〈玉藻〉之玄冠縞武, 非所引也】

引證《大戴禮》云: "貴本之謂文, 故尊之尚玄酒也, 豆之先大羹也, 大路之素幩也, 郊之麻冕也, 一也."

○《荀子》〈禮論〉曰: "郊之麻絻."【《韻會》云: "麻冕也."《集韻》亦作'絻'】

○案《史記》〈禮書〉亦用此語. 麻冕, 蓋郊祭所用也.

鄭曰: "純, 黑繒也."【見《釋文》】

○王應麟曰: "鄭音純側基反, 而《釋文》以鄭爲下音. 今讀者從上音如字, 非也. 按〈儀禮〉疏, 古緇·紂二字並行. 緇布之緇, 本字不誤. 紂帛之紂, 多誤爲純.《周禮》'純帛'注, 純實緇字, 古緇以才爲聲."《詩》〈行露〉箋'紂帛'.《釋文》云, '紂音緇, 依字糸旁才, 後人以才爲屯, 因作純.'▶

---

21) 雀頭色이다:《儀禮》〈士冠禮·爵弁服〉의 注에 보면 爵弁의 色은 '赤而微黑'이라 하였고, 爵弁의 모양을 雀頭라 하며, 雀頭色이란 말은 없는 듯하다.
22) 縞武: 흰 生絹으로 만든 冠의 차양.
23) 근본을 귀하게 여기는 것을 文이라 한다: 原初의 본래의 것을 존중하여 이를 근본으로 해서 禮를 만든 것이 禮制의 儀文임을 말한 것이다.
24) 大羹: 양념을 넣어 조리한 것이 아닌 국.
25) 大路: 天子의 祭天 때 타는 수레.
26)《大戴禮》〈禮三本〉에 나온다.
27)《韻會》·《集韻》: 音韻에 관한 책인데,《韻會》는 元代,《集韻》은 宋代에 만들어졌다.
28) 陸德明,《經典釋文》卷第24〈論語音義〉에 있다.
29) '純'은 '側'과 '基'의 半切音이라고 하였다: 치純는 측側의 초성인 'ㅊ'과 기基의 종성인 'ㅣ'의 半切音(여기서는 ㅊ+ㅣ=치를 말함)이라고 하였다는 말.
30) 純帛: 검은 비단.《周禮》〈地官·媒氏〉에 '入幣純帛'이란 말이 나오고, '純帛'에 대한 鄭玄의 注가 "純, 實 '緇'字也. 古緇以才爲聲"이라고 하였다.
31) 王應麟,《困學紀聞》卷7〈論語〉에 나온다.

◀더구나 면관冕冠의 색은 검으면 모두 검고, 희면 모두 희고, 작색爵色이면 모두 작색이고, [雀頭色이다.²¹⁾] 기색綦色이면 모두 기색이지, [靑黑色이다.] 위는 검고 아래는 붉은 그런 관冠은 아직 들어보지 못하였다. [《禮記》〈玉藻〉에 나오는 玄冠에 縞武²²⁾를 하는 것은 여기에 인용할 바가 아니다.]

【인증】《대대례》: 근본을 귀하게 여기는 것을 문文이라 한다.²³⁾ 그러므로 술동이에는 현주玄酒를 귀히 여겨 이를 담아 올리고, 조두俎豆에는 대갱大羹²⁴⁾을 먼저 올리며, 대로大路²⁵⁾의 수레에는 흰 생견生絹의 덮개를 하고, 교제郊祭에는 마면麻冕을 쓰는데, 이는 모두 하나같이 소박한 것을 근본으로 하는 데서 온 것이다.²⁶⁾

○《순자》〈예론〉: 교제郊祭에는 마면麻絻을 사용한다. [《韻會》에는 麻冕이라 하였고, 《集韻》²⁷⁾에는 또한 '帵'으로 되어 있다.]

○살펴보건대, 《사기》〈예서禮書〉에도 또한 이 말을 사용하였으니, 마면麻冕은 대개 교제郊祭 때 사용한 것으로 보인다.

○정현: '치純'는 검은 비단이다. [《經典釋文》에 보인다.²⁸⁾]

○왕응린: 정현이 음音을 말한 것을 보면, '치純'는 '측側'과 '기基'의 반절음半切音이라고 하였는데,²⁹⁾《경전석문經典釋文》에서는 정현의 음을 하음下音으로 여겼으나 지금 읽는 이들이 글자 그대로 상음上音을 따르는 것은 잘못이다.《의례儀禮》의 소疏를 살펴보면, 옛날에는 치緇와 치紂 두 글자가 함께 통용되었다. 그러나 치포緇布라고 할 때의 치緇 자는 그 본래의 글자가 잘못되지 않았지만, 치백紂帛이라고 할 때의 치紂 자는 많이 잘못되어 순純 자로 쓰이고 있다.《주례》의 '순백純帛'³⁰⁾이라는 말에 대한 주注에 '순純'은 실제로는 치緇 자이며, 옛날의 치緇 자는 재才로써 소리를 삼았다.³¹⁾ [《詩經》〈行露〉의 鄭玄 箋에는 '紂帛'이라 하였고,《經典釋文》에는 "'紂'는 음이 緇이며, 실 '糸' 변에 재주 '才'를 한 글자인데, 뒷사람들이 '才'를 '屯'으로 만들었기 때문에 그만 '純'으로 되어 버렸나"고 하였다.▶

◀又〈丰〉詩箋云, '士妻紩衣.'《儀禮》'純衣'.《釋文》無音, 亦非.《集解》'純, 絲也'. 取《說文》】

○案 絲美於麻, 孔子謂之儉者, 蠶絲易於細繰, 布縷難於細績故也.

引證《白虎通》曰: "麻冕者何? 周宗廟之冠也."【前俛而後仰, 故謂之冕. 所以用麻爲之者, 女功之始, 示不忘本也】

○案〈祭統〉曰: "君純冕立於阼." 純冕卽古之麻冕, 則是又通用於郊廟矣.

朱子曰: "八十縷爲升,【節】須是一幅, 闊不止二尺二寸方得."【金云: "古尺僅當今尺五寸五分弱, 其二千四百縷, 雖用細絲減半, 亦無所容, 況麻質粗, 又非可甚細者, 升八十縷, 豈注疏相傳之誤耶?"】

○饒曰: "古二尺二寸, 只是今一尺二寸爾, 却用二千四百縷爲經, 是一寸布, 用二百經也. 其細密難成可知."

○案 今俗以四十縷爲一升, 而其極細者, 無踰於十五升, 則八十縷三十升之說, 本是先儒相承之誤, 今不可攷.

---

32)《儀禮》〈士冠禮〉에 士의 祭服 이름으로 '純衣'가 나온다.
33) 王應麟,《困學紀聞》卷7〈論語〉에 나온다.
34)《論語集註大全》卷9〈子罕〉제9 小註에 나온다.
35) 金履祥의 이 글은 그가 저술한《論語集註考證》에도 나오지 않는데, 日本의 學者 太宰純이 金履祥의 註釋이라 하여 인용하였고 茶山은 이를 재인용하였다.
36)《論語集註大全》卷9〈子罕〉제9 小註에 나온다.

◀또 《詩經》〈丰〉의 鄭玄 箋에는 "士의 妻가 시집갈 때 紂衣를 입는다"고 하였고, 《儀禮》에는 이를 '純衣'라고 하였으며,³²⁾ 《經典釋文》에는 (《儀禮》에 나오는 이 純衣에 대한) 音이 없는데 이는 또한 잘못이며, 《論語集解》에는 '純'을 絲라고 하였다. 위의 말은 모두 《說文》에서 취하였다.³³⁾]

○살펴보건대, 사絲(명주실, 生絲)는 마麻(삼)보다 아름다운데도 공자가 이를 검소하다고 한 것은, 잠사蠶絲는 세소細繅보다 쉽고, 포루布縷는 세적細績보다 어렵기 때문이다.

【인증】《백호통》: 마면麻冕이 무엇인가 하면 주周나라 종묘宗廟에서 사용하던 관冠이다. [앞은 숙여져 있고 뒤는 치켜들고 있기 때문에 이를 冕이라고 한다. 麻로써 이것을 만든 까닭은 (길쌈이) 여자 일의 시초이므로, 이에 대한 그 근본을 잊지 않음을 보이는 것이다.]

○살펴보건대, 《예기》〈제통祭統〉에 이르기를 "군주는 치면純冕을 쓰고 동쪽 섬돌에 선다"고 하였으니, 치면은 곧 옛날의 마면麻冕이다. 이것은 또 교묘郊廟에서도 통용되었다.

○주자: 80올(縷)이 한 새(升)이고,… 모름지기 한 폭의 너비는 2자(尺) 2치(寸)가 넘어야 된다.³⁴⁾ [金履祥은 이르기를 "옛날의 자는 지금의 자보다 5치 5푼(分) 조금 모자라는 데에 해당한다. (그러므로 주자가 말한 그 날실) 2400올은 비록 細絲를 사용하여 이를 절반으로 줄인다 하더라도 또한 용납될 수 없는 것이다. 그런데 하물며 麻는 그 質이 거칠고, 또 이를 매우 微細하게 할 수 있는 것이 아니니, (주자가 말한) 1새가 80올이라는 것이 어찌 注疏가 서로 전해지는 데서 생긴 잘못이겠는가?"라고 하였다.³⁵⁾]

○요쌍봉: 옛날의 2자 2치는 다만 지금의 1자 2치이다. 그런데 도리어 2400올로써 날실(經)을 한다면, 이는 1치의 마포麻布에 200날실을 사용하는 것이 된다. 이는 세밀하여 짜기 어렵다는 것을 알 수 있다.³⁶⁾

○살펴보건대, 지금 민간의 풍속으로는 40올(縷)을 1새(升)로 하는데, 그 지극히 섬세한 것도 15새를 넘지 않는다. 그러니 (주자의) 80올 30새란 말은 본시 선유先儒들에게 서로 전승된 잘못이지만, 지금은 이를 고증할 수 없다.

子罕 第九

子絕四, 毋意, 毋必, 毋固, 毋我.

朱子曰: "絕, 無之盡者. 毋,《史記》作無."
○補曰 意者, 億也.【賈誼〈鵩鳥賦①〉云: "請對以意." 或作臆】以意億度曰意也.
【下篇云: "億則屢中."】必, 猶期也. 固, 堅執也.【〈曲禮〉云: "將適舍, 求毋固."】我者, 己也. 舍己從人, 謂之 '毋我'.
王曰: "以道爲度, 故不任意, 用之則行, 舍之則藏, 故無專必."
○駁曰 非也.
韓曰: "絕四, 其實絕二而已, 毋意卽毋必也, 毋固卽毋我也."
○駁曰 非也.

---

① 鵩鳥賦: 新朝本·奎章本에는 '服賦'로 되어 있으나 아래 인용문 제목이 "鵩鳥賦"이므로 바로잡는다.
1)《文選》卷第 13에 나온다.
2)《論語》〈先進〉편에 나온다.
3)〈曲禮〉上에 나온다.
4) '舍己從人'은《孟子》〈公孫丑〉上에 나온다.
5) 何晏의 集解와 邢昺의 疏로써 편집한 十三經의《論語注疏》에 보면 이 글은 何晏의 말인 듯한데, 韓愈의《論語筆解》에는 王肅의 말이라 하였다.
6)《論語筆解》上〈子罕〉제9에 나온다.

공자는 네 가지 일을 끊었다. 억측臆測이 없고, 기필함이 없고, 고집이 없고, 사사로운 내가 없었다.

○주자: '절絶'은 전혀 없는 것이다. '무毋' 자가 《사기》에서는 '무無'로 되어 있다.

○보충: '의意'란 억측하는 것이니, [賈誼의 〈鵩鳥賦〉에 "청컨대, 마음속에 억측하는 것으로써 대답하겠다"[1]라고 하였다. 어떤 곳에는 '意' 字가 '臆'으로도 되어 있다.] 마음속에 억탁臆度하는 것을 '의意'라고 한다. [《論語》 아래 篇에 "억측하면 자주 맞았다"[2]고 하였다.] '필必'은 기필期必한다는 뜻과 같고, '고固'는 견집堅執하는 것이며, [《禮記》〈曲禮〉에 이르기를 "남의 집에 가서 머물려고 할 때는 그 주인에게 요구하기를 평소 때와 같이 고집함이 없어야 한다"[3]고 하였다.] '아我'란 사사로운 자기이니, '자기를 버리고 남을 따르는 것(舍己從人)'[4]을 '무아毋我'라고 한다.

○왕숙: 도道로써 법도를 삼기 때문에 마음대로 하지 않으며, 기용해주면 도를 행하고 버리면 몸을 감추기 때문에 오로지 기필期必하는 것이 없다.[5]

○반박: 아니다.

○한유: '네 가지를 끊었다(絶四)'고 해도 그 실상에서는 두 가지를 끊은 것일 뿐이다. '무의毋意'는 곧 '무필毋必'이고, '무고毋固'는 곧 '무아毋我'이다.[6]

○반박: 아니다.

子罕 第九

子罕 (中)①

子畏於匡. 曰: "文王旣沒, 文不在茲乎? 天之將喪斯文也, 後死者不得與於斯文也; 天之未喪斯文也, 匡人其如予何?"

補曰 畏, 懼也.
○包曰: "匡人以兵圍之."
○毛曰: "匡, 鄭邑."
○仲氏曰: "'文不在茲乎②', 謂〈彖〉·〈象〉在此. 茲者, 指簡編也."
○孔曰: "文王旣沒, 故孔子自謂後死."【仲氏云: "對旣沒而言."】
○補曰 與通作預, 從也, 參也.【《中庸》云: "夫婦之愚, 可以與知."】
○仲氏曰: "孔子明於《易》道, 將作〈翼傳〉, 以傳後世, 時未及成, 故曰天欲亡此文, 則我不得與有力於此文;【如是則匡人可畏】天其不欲亡此文, 則我不當死於今日, 匡人其奈我何?"【馬云: "其如予何者, 猶言奈我何也."】

---

① 中: 新朝本·奎章本에는 빠져 있으나 《論語古今註》의 다른 篇은 '上下' 또는 '上中下'로 나누었으므로 편집 체제의 통일을 위해 보충한다.
② 乎: 新朝本·奎章本에는 빠져 있으나 《論語》〈子罕〉의 經文에 따라 보충한다.
1) 毛奇齡, 《四書賸言》卷4에 나온다.
2) 仲氏: 茶山의 仲氏인 丁若銓이다.
3) 朱子의 《論語集註》에는 이 註釋이 馬融의 말로 되어 있다.
4) 〈十翼傳〉: 《周易》의 〈彖傳〉 上·下, 〈象傳〉 上·下, 〈繫辭傳〉 上·下, 〈文言傳〉, 〈說卦傳〉, 〈雜卦傳〉, 〈序卦傳〉.

자한 (중)

공자는 광匡 땅 사람들을 두려워하면서 말하기를 "문왕文王이 이미 돌아갔으나, 문文이 여기에 있지 않은가? 하늘이 장차 이 문文을 없애려 한다면 뒤에 죽는 내가 이 문에 참여할 수 없거니와, 하늘이 이 문을 아직 없애려 하지 않으니, 광匡 땅 사람들이 나를 어떻게 하겠는가?" 라고 하였다.

○보충: '외畏'는 두려워한다는 뜻이다.
○포함: 광 땅 사람들이 병기를 들고서 공자를 에워싼 것이다.
○모기령: 광匡은 정鄭나라 읍邑이다.[1]
○중씨:[2] '문文이 여기에 있지 않은가(文不在茲乎)?' 라고 한 것은 《주역》의 〈단彖〉과 〈상象〉이 여기에 있음을 말한다. '자茲' 란 《주역》의) 간편簡編을 가리킨다.
○공안국: 문왕이 이미 죽었기 때문에 공자가 스스로를 '후사後死'라고 말한 것이다.[3] [仲氏는 이르기를 "'旣歿'에 對해서 (後死를) 말한 것이다"라고 하였다.]
○보충: '여與'는 예預와 통하니, '좇는다(從)' '차여한다(參)'는 뜻이다. [《禮記》〈中庸〉에 이르기를 "夫婦의 어리석음으로도 참여하여 알 수 있다"라고 하였다.]
○중씨: 공자는 《역易》의 도道에 밝아서 장차 《주역》의 〈십익전十翼傳〉[4]을 지어 후세에 전하려고 하였으나, 그 당시에는 아직 미처 완성하지 못하였다. 그러므로 이르기를 "하늘이 이 (《주역》의) 글을 없애려고 한다면 나는 참여하여 이 글에 힘쓸 수 없지마는, [이와 같다면 匡 땅 사람들이 두려울 수 있다.] 하늘이 이 글을 없애려고 하지 않는다면 나는 오늘에 죽음을 당하지 아니할 것이니, 광 땅 사람들이 나를 어떻게 하겠는가?" 라고 한 것이다.
[馬融은 "'如子何'란 '奈我何'라고 말한 것과 같다"고 하였다.]

子罕中

孔曰: "玆, 此也. 言文王雖已死, 其文見在此. 此, 自謂其身."
○孔曰: "言天將喪此文者, 本不當使我知之, 今使我知之, 未欲喪也."
○馬曰: "天之未喪此文, 則我當傳之. 匡人欲奈我何, 言其不能違天以害己也."
○案 孔註·馬註, 粹然無瑕, 唯不言其文爲何書耳. 然文王所著之書, 其因孔子之力而傳之後世者, 唯〈彖〉·〈象〉而已. 所謂斯文, 非卽〈彖〉·〈象〉乎?
○仲氏曰: "斯者, 指物之詞, '某在斯'·'示諸斯', 是也. 若'示諸斯'之下, 不言指其掌, 則後世孰知其爲掌乎?【彼不言掌, 終無以知爲掌. 此則文王之文, 唯《易》而已, 不言而自明】若以道爲文則上有堯·舜, 下有周公, 何必文王是擧乎? 聖人一生, 唯聽天命, 故《周易》一部, 不離其身, 過匡有難, 得指而言之耳.▸

---

5) 《論語》〈八佾〉편의 "或問禘之說. 子曰: 不知也. 知其說者之於天下也, 其如示諸斯乎! 指其掌"이라는 經文에 나오는 말.

○공안국: '자兹'는 '여기(此)'라는 뜻이다. 문왕이 비록 이미 죽었더라도 그 글이 지금 여기에 있음(其文見在此)을 말하니, '여기(此)'란 (공자) 스스로 그 자신의 몸을 말한 것이다.
○공안국: 하늘이 장차 이 글을 없애려고 한 것이라면 본디 마땅히 나로 하여금 이를 알도록 해서는 안 되는데, 지금 나로 하여금 이를 알도록 하였으니 이는 없애려고 하지 않는 것임을 말한다.
○마융: 하늘이 이 글을 없애려 하지 않는다면 나는 마땅히 이를 전해야 할 것이다. 광 땅 사람들이 나를 어떻게 하겠느냐고 한 것은 하늘을 어겨서 자신을 해칠 수 없음을 말한 것이다.
○살펴보건대, 공안국의 주註와 마융의 주는 순수하여 하자는 없는데, 오직 그 '글(文)'이 무슨 책의 글인지 언급하지 않았을 뿐이다. 그러나 문왕의 저서가 공자의 노력을 통해 후세에 전해진 것은 오직《주역》의 〈단彖〉과 〈상象〉뿐이다. 이른바 '사문사문斯文'이란 곧《주역》의 〈단〉과 〈상〉이 아니겠는가?
○중씨: '사斯'란 물물을 지칭하는 말이다. '모재사某在斯' '시저사示諸斯'라 할 때 '사斯' 자가 이런 뜻이다. 만약 '이것에 놓고 본다(示諸斯)'는 말 아래에 '그 손바닥을 가리켰다(指其掌)'는 것을 말하지 않았다면,[5] 후세에 누가 '이것(斯)'이 손바닥인 줄 알았겠는가? [저기서는 손바닥임을 말하지 않았다면 끝내 손바닥임을 알 수 없었을 것이요, 여기서는 文王의 文이란 오직《周易》뿐이니 이는 말하지 않아도 自明하다.] 만약 도道를 문文으로 하였다면 위로는 요堯·순舜이 있고 아래로는 주공周公이 있는데, 어찌 반드시 문왕文王을 들어서 말하겠는가? 성인聖人은 일생 동안 오직 천명天命만 들었기 때문에《주역》이 그 몸에서 떠나지 않았던 것이다. 그런데 광匡 땅을 지나다가 환난이 있었으므로 (그《주역》을 문文으로) 지칭하여 말한 것이다.

◀古聖人紹天明稟天命之法, 竝有易象, 繼往開來者, 捨孔子其誰? 孔子胷中已具一部十翼, 此時姑未撰述, 故有此言也."

質疑 《集注》曰: "道之顯者謂之文,【蓋禮樂制度之謂】不曰道而曰文, 亦謙辭."

○案 孔子曰: "道之將行也與命也, 道之將廢也與命也, 公伯寮其如命何?"【見下③篇】道則言道, 文則言文, 不必以晦者爲道, 顯者爲文. 又曰: "天生德於予, 桓魋其如予何?"【見上篇】聖人遇患, 每毅然不屈, 恐未必一向執謙. 且變道言文, 未必爲謙. 斯文者, 文王之遺文也.《易》曰: "通其變, 遂成天地之文."

事實 《春秋》定六年春, 公侵鄭.《左傳》云: "公侵鄭, 取匡, 爲晉討也.【杜云: "匡, 鄭地. 取匡不書者, 歸之晉."】▶

---

③ 下: 新朝本·奎章本에는 '上'으로 되어 있으나 해당 經文이《論語》〈憲問〉에 있으므로 바로잡는다.
6) 公伯寮: 春秋時代 魯나라 사람.
7)《論語》〈憲問〉편에 나온다.
8)《論語》〈述而〉편에 나온다.
9)《易經》〈繫辭傳〉上에 나온다.

◀옛 성인의 천명天明을 이어받고 천명天命을 품수稟受하는 법이 모두 역상易象에 있으니, 지나간 것을 이어받고 앞으로 오는 것을 여는 '계왕개래자繼往開來者'가 공자를 제쳐놓고 그 누구이겠는가? 공자의 가슴속에는 이미 한 책이 될 수 있는 십익十翼이 갖추어져 있었으나, 이때에는 아직 찬술하지 않았기 때문에 이런 말이 있었다.

【질의】《논어집주》: 도道가 밖으로 드러난 것을 문文이라 하는데, [대개 禮樂과 制度 같은 것을 두고 말한다.] 도道라 말하지 않고 문文이라 한 것은 또한 (공자의) 겸사謙辭이다.

○살펴보건대, 공자는 말하기를 "도道가 장차 행해지는 것도 명命이고, 도가 장차 폐廢해지는 것도 명이니, 공백료公伯寮[6]가 그 명命에 어떻게 하겠는가?"라고 하였다. [下篇에 보인다.[7]] (공자가) 도道는 도라 말하고 문文은 문이라 말하였으니, 반드시 드러나지 않은 것을 도道라 하고 드러난 것을 문文이라 할 필요는 없다. 또 공자는 말하기를 "하늘이 나에게 덕德을 주었으니, 환퇴桓魋가 나에게 어떻게 하겠는가?"라고 하였다. [上篇에 보인다.[8]] 성인聖人은 환난을 만나면 매양 의연하게 뜻을 굽히지 않는다. 그러니 반드시 한결같이 겸손에만 집착할 필요도 없을 듯하고, 또 도道를 문文으로 바꾸어 말해도 이것이 반드시 겸손한 말이 될 필요도 없을 듯하다. '사문斯文'이란 문왕文王의 유문遺文이다. 《역경易經》에 이르기를 "그 변화를 통하여 드디어 천지만물을 상징하는 문文을 이룬다"[9]고 하였다.

【사실】《춘추》: 정공定公 6년(B.C. 504) 봄에 정공이 정鄭나라를 침범하였다. 이에 대해 《좌전》에 이르기를 "공公이 정나라를 침범하여 광匡 땅을 빼앗은 것은 진晉나라를 위해서 토벌하여 죄를 준 것이다. [杜預는 이르기를 "匡은 鄭나라 땅이다. 匡을 빼앗았는데 (《春秋》에) 기록하지 않은 것은 그 땅이 晉나라에 귀속되었기 때문이다"라 하였다.]▶

◂往不假道於衛; 及還, 陽虎使季·孟自南門入, 出自東門."【杜云: "陽虎將逐三桓, 欲使得罪於鄰國."】

○〈孔子世家〉云: "孔子去衛, 將適陳, 過匡, 顏剋④爲僕, 【剋, 弟子】以策指之曰, '昔日吾入此, 由彼缺也.'【匡之城缺處】匡人聞之, 以爲魯之陽虎. 陽虎嘗暴匡人, 匡人於是遂止孔子. 孔子狀貌類陽虎, 拘焉五日. 匡人拘孔子益急, 弟子懼. 孔子曰, '文王旣沒, 文不在茲乎?'"

○包曰: "陽虎曾暴於匡, 顏剋與虎俱行."

○毛曰: "定公侵鄭之時, 季氏雖在軍, 不得專制. 凡過衛不假道, 穿城而躪其地, 其令皆出自陽虎. 匡本鄭邑, 必欲爲晉伐取以釋憾, 而匡城適缺, 虎與顏剋穿垣而入, 虎之暴匡以是也.▸

---

④ 顏剋:《史記》〈孔子世家〉에는 '顏刻'으로 되어 있다. '顏刻'을 轉寫하는 과정에서 잘못 쓴 듯하다.《史記》〈孔子世家〉와 모기령의《四書賸言》등에도 모두 '顏刻'으로 되어 있다. 顏刻은 바로《史記》〈仲尼弟子列傳〉에 나오는 顏高이다.

◂(정공定公의 군사가 정鄭나라를 침공하러) 갈 때는 위衛나라에 길을 빌릴 필요도 없이 통과하였는데, 돌아올 때는 양호陽虎가 계손씨季孫氏·맹손씨孟孫氏로 하여금 위衛나라의 남문南門으로 들어가서 동문東門으로 나가게 하였다"라고 하였다. [杜預는 이르기를 "陽虎가 장차 三桓氏을 逐出하려고 하여 이웃나라에 罪를 얻게 하고자 한 것이다"라고 하였다.]

○《사기》〈공자세가〉: 공자가 위衛나라를 떠나 장차 진陳나라에 가려고 하여, 길을 가다가 광匡이란 땅을 지나갔다. 안극顔剋 [顔剋은 孔子의 弟子이다.] 이 어자御者가 되어 말채찍으로 광 땅의 성城을 가리키면서 말하기를, "옛날에 내가 (양호陽虎를 수행하여) 이 광성匡城에 들어간 것은 저 무너진 곳을 통해서였다"라 하였다. [匡城의 무너진 곳이다.] 광 땅 사람들이 이를 듣고는 (공자를) 노魯나라의 양호라고 여겼다. 양호는 일찍이 광인匡人들에게 포악하게 함이 있었으므로 광인이 이에 드디어 공자를 가지 못하게 저지하였다. (이렇게 한 것은 또) 공자의 용모가 양호와 닮았기 때문이기도 한데, 그 구금이 닷새에 이르렀다. 광인은 공자를 점점 더 심하게 구금하므로 제자들이 두려워하자, 공자는 말하기를 "문왕文王이 이미 돌아갔으나, 문文이 여기에 있지 않은가?"라고 하였다.

○포함: 양호는 일찍이 광 땅에서 포악하게 하였으며, 안극과 양호는 (한때) 함께 다녔다.

○모기령: 정공定公이 정鄭나라를 침범할 때 계씨季氏는 비록 그 군사에 있었으나 이를 마음대로 전제專制할 수 없었다. 무릇 위衛나라를 지나가면서 길을 빌리지 못하여 성벽을 뚫고 그 땅을 유린蹂躪하였는데, 그 명령은 모두 양호에게서 나온 것이다. 광 땅은 본래 정나라의 읍邑이며, 반드시 진晉나라를 위하여 이를 쳐 빼앗아서 원한을 풀려고 하였던 것인데, 광성匡城이 때마침 무너져 양호와 안극은 성벽을 뚫고 쳐들어갔으니, 양호가 광 땅에서 포악하게 하였다는 것은 이 때문이다.▸

◀至十五年, 夫子過匡, 適顏剋爲僕, 匡以爲虎而圍之."
○案 匡之爲鄭邑, 審矣. 陽虎之暴於匡, 如在目中.
司馬貞曰: "匡, 宋邑."【《史記》注】
○毛曰: "魯原有匡邑, 但此時夫子去司寇出走. 至哀八年始反魯, 其非魯邑, 可知. 若《莊子》謂是宋地, 則宋無匡邑; 或據《史記》, 謂是衛邑, 然陽虎不得暴衛邑, 此眞風馬不及之事.【節】乃有謂在陳地者, 見《集註》卷首, 則夫子初適陳, 當桓司馬之厄, 是時主司城貞子, 未嘗畏匡. 其次適陳, 爲蒲人所沮, 雖蒲與陳近, 然又與匡人無涉. 最後則厄于陳·蔡之間, 其非匡難, 又明白可據者."

引證《琴操》云: "孔子到匡郭外, 顏剋擧策指匡穿垣曰, '往與陽貨, 從此入.'"【《論語緯》云: "陽虎家臣顏高者, 去爲孔子弟子, 適令御車而前, 故匡人疑之耳."】

---

10) 毛奇齡,《四書賸言》卷4에 나온다.
11) 司馬貞: 唐의 河內人으로 字는 子正이다. 저서로《史記補》·《三皇本紀》·《史記索隱》등이 있다.
12)《莊子》처럼 이 (匡 땅을) 宋나라 땅이라 한다면: 莊子는〈秋水〉편에서 匡을 宋나라의 땅이라 하였다.
13) 司城貞子: 春秋時代 陳나라 사람. 司城이 본래는 官名이었는데 뒤에 姓으로 되었으며, 貞子는 諡號이다.
14) 毛奇齡,《四書賸言》卷4에 나온다.
15)《琴操》: 書名. 全 2권. 漢代까지의 琴曲을 收錄하여 이에 대한 그 事實을 해설한 것이다.
16) 唐의 張守節의《史記正義》에 나온다. (《史記》〈孔子世家〉의 注 참조.)
17)《論語緯》:《論語》에 관한 緯書인데, 무릇 아홉 편이 있음.

◀(정공定公) 15년에 와서 공자가 광 땅을 지날 때 마침 안극이 (공자의 말을 모는) 어자御者가 되었으니, 광 땅 사람들이 그를 양호라고 여기고 포위한 것이다.10)

○살펴보건대, 광匡 땅이 정鄭나라 읍邑임은 분명하다. 양호陽虎가 광 땅 사람들에게 포악하게 한 것은 눈에 보이듯 선하다.

○사마정:11) 광 땅은 송宋나라 읍邑이다. [《史記》注에서 말하였다.]

○모기령: 노魯나라에 원래 광匡이라는 읍이 있었으나, 다만 이때에는 공자가 사구司寇의 벼슬을 버리고 다른 나라로 떠나갔으며, 애공哀公 8년(B.C. 487)에 이르러 비로소 노나라에 돌아왔으니, 그것은 노나라의 읍이 아님을 가히 알 수 있다. 만약《장자莊子》처럼 이 (광匡 땅을) 송宋나라 땅이라 한다면12) 송나라에는 광이라는 읍이 없고, 또 혹《사기》에 근거하여 이 (광 땅을) 위衛나라 읍이라 했을 때는, 그러나 양호陽虎가 위나라 읍에서 포악한 짓을 할 기회를 얻지 못하였으니, 이는 참으로 전혀 상관이 없는 일이다. … 그런데 이에 또 진陳나라 땅에 있다고 하는 사람도 있다.《논어집주》첫머리에 보이는 것이 그것이다. 공자가 처음 진陳나라에 가서 사마司馬인 환퇴桓魋의 액厄을 당하였으며, 이때에는 사성정자司城貞子13)를 주인으로 삼아 그 집에 머물고 광匡을 두려워한 적이 없었다. 그 다음에 다시 진陳나라에 갔을 때는 포蒲 땅 사람들에게 저지를 당한 바 있다. 비록 포 땅은 진陳나라와 가까우나 또 광인匡人과는 아무 상관도 없으며, 최후로 진陳·채蔡 사이에서 액厄을 당하였는데, 그것도 광 땅의 환난이 아님은 또 명백히 증명할 수 있다.14)

【인증】《금조》:15) 공자가 광匡의 성곽 밖에 도착하자 안극顏剋이 말채찍을 들어 광성匡城의 뚫어진 담을 가리키면서 말하기를, "지난날 양화陽貨와 같이 여기로부터 들어갔다" 고 하였다.16) [《論語緯》17)에 이르기를 "陽虎의 家臣인 顏高라는 자가 뒤에 孔子의 弟子가 되었는데, 그때 마침 수레를 몰고 앞서가게 하였다. 그러므로 匡 땅 사람들이 그를 陽虎로 의심한 것이다" 라고 하였다.]

邢曰: "畏於匡者, 記者以眾情言之, 其實孔子無所畏."
○駁曰 非也. 聖人亦有七情, 兵至不畏, 有是理乎?

大宰問於子貢曰: "夫子聖者與? 何其多能也?" 子貢曰: "固天縱之將聖, 又多能也." 子聞之, 曰: "大宰知我乎! 吾少也賤, 故多能鄙事. 君子多乎哉? 不多也."

鄭曰: "大宰, 是吳太宰嚭也." 【太宰即天官冢宰】
○孔曰: "太宰疑孔子多能於小藝." 【朱子曰: "太宰蓋以多能爲聖."】
○朱子曰: "縱, 猶肆也.【言不爲限量】將, 殆也."【謙若不敢知之辭】
○包曰: "君子固不當多能."【朱子云: "多能, 非所以率人."】
孔曰: "太宰, 官名, 或吳或宋, 未可分."

---

18)《正義》9.
1) 嚭:《左傳》定公 4년, 哀公 7년·8년·12년의 記事를 參照하면 嚭는 春秋時代 楚나라 사람 伯州犁의 孫으로서 吳나라에 亡命하여 太宰가 되었음. 字가 子餘이다.

○형병: '광匡 땅 사람들을 두려워하였다'는 말은 (이 경문을) 기록한 자가 (당시 일행의) 여러 사람의 마음을 가지고서 말한 것이지, 실제로 공자가 두려워한 바는 없다.[18]
○반박: 아니다. 성인聖人도 또한 칠정七情이 있다. 병기兵器가 와서 닿았는데 두려워하지 않았을 리가 있겠는가?

태재大宰가 자공子貢에게 묻기를 "공자는 성자聖者인가? 어쩌면 그렇게 능한 것이 많은가?" 하니, 자공이 말하기를 "(선생님은) 본래 하늘이 허락하여 풀어놓은 장차 성인聖人이실 분이고, 또 능한 것이 많다."고 하였다. 공자가 이 말을 듣고 말하기를 "태재가 나를 아는구나! 내가 젊었을 때는 미천하였기 때문에 비천한 일에 능한 것이 많았다. 군자가 능한 것이 많겠는가? 많지 않다."라고 하였다.

子罕 中

○정현: 태재는 오吳나라 태재太宰 비嚭[1]이다. [太宰는 곧 《周禮》〈天官〉의 冢宰 벼슬이다.]
○공안국: 태재는 공자가 소예小藝에 재능이 많다고 여긴 듯하다. [朱子는 말하기를 "太宰는 대개 능함이 많은 것을 聖이라고 여긴 것이다"라 하였다.]
○주자: '종縱'은 사肆(풀어놓다)와 같은 뜻이고, [그 量을 限定하지 못함을 말한다.] '장將'은 태殆(거의, 아마도)의 뜻이다. [겸손하여 감히 알지 못하는 것처럼 한 말이다.]
○포함: 군자는 진실로 능함이 많은 데 해당하지 않는다. [朱子는 이르기를 "能함이 많은 것이 사람들을 거느리게 되는 것은 아니다"라고 하였다.]
○공안국: 태재太宰는 관직官職 이름이다. 그가 오吳나라 사람인지 송宋나라 사람인지는 분명하지 않다.

○邢曰: "《左傳》哀十二年, '公會吳于橐皐, 吳子使太宰嚭請尋盟, 公不欲, 使子貢對.' 又子貢嘗適吳. 故鄭以爲是吳太宰嚭也."
○杜曰: "孔子過宋, 遭桓魋之厄, 微服而去, 豈復有問子貢者? 太宰即吳嚭也."
○毛曰: "哀六年, 公會吳于鄫, 與子貢語, 十二年, 公會吳于橐皐, 與子貢語, 其秋公會衛侯·宋 皇瑗于鄖, 與子貢語, 則爲吳太宰嚭可知."【或曰, '哀六年, 吳侵陳, 陳亦有太宰嚭, 與夫差問答, 見〈檀弓〉. 是年夫子正在陳, 而子貢隨之, 所謂我於陳·蔡, 是也, 則此或是陳太宰, 亦未可知.' ○哀公如越, 季孫因太宰嚭而納賂, 則越亦有太宰嚭】
○案 邢說, 是也.
徐奮鵬曰: "說者皆斥太宰之謬, 然說個 '與'字及 '何其'字, 則亦非直以多能爲聖人也. 乃揣摩而未得其所以多能意."
○案 此說精.

---

2) 橐皐: 春秋時代 吳나라 邑인데, 지금의 巢縣 西北이다.
3) 《正義》9.
4) 《論語集註大全》卷9 〈子罕〉제9의 小註에 나온다.
5) 《左傳》의 記事는 哀公 7년조에 있는데, 毛奇齡은 이를 착각한 듯하다.
6) 鄫: 지금의 山東省 嶧縣 동쪽에 있는 地名. 古代에는 國名이었으나 莒에게 멸망했음.
7) 皇瑗: 春秋時代 宋나라 사람. 벼슬이 卿에까지 이르렀으나 뒤에 晉으로 亡命하여 피살되었음.
8) 鄖: 春秋時代 衛나라 地名. 지금의 江蘇省 如皐縣 동쪽.
9) 毛奇齡, 《論語稽求篇》〈太宰問於子貢節〉에 나온다.
10) 同上.
11) 同上.

○형병: 《좌전》 애공哀公 12년에 "애공이 오나라와 탁고橐皐[2]에서 회합을 가졌는데, 오나라 제후는 태재太宰인 비嚭를 시켜 맹약을 따뜻하게 거듭 다지기를 청하였으나, 애공이 이를 원하지 않고 자공子貢을 시켜 (거절하는) 대답을 하게 하였다." 또 자공이 일찍이 오나라에 간 적이 있기 때문에 정현이 오나라의 태재 비라고 여긴 것이다.[3]

○두예: 공자는 송宋나라를 지나다가 환퇴桓魋의 액厄을 만나 미복微服으로 거기를 피해 떠났는데, 어찌 또 (이때 송宋나라 태재가) 자공에게 물은 적이 있었겠는가? 태재는 곧 오나라의 비嚭이다.[4]

○모기령: 애공哀公 6년[5]에 애공이 오吳나라와 증鄫[6]에서 회합할 때 (오나라 태재가) 자공子貢과 대화하였고, 12년에 애공이 오나라와 탁고橐皐에서 화합할 때도 (오나라 태재가) 자공과 대화하였고, 그해 가을에 애공이 위衛나라 제후와 송宋나라 황원皇瑗[7]을 운鄆[8]에서 회합할 때도 자공과 대화하였으니, (태재는) 오나라 태재 비嚭임을 알 수 있다.[9] [어떤 이는 말하기를 "哀公 6년에 吳나라가 陳나라를 침범하였을 때, 陳나라에도 또한 太宰 嚭가 있어 吳王인 夫差와 문답한 것이 《禮記》〈檀弓〉에 보인다. 이 해에 孔子가 바로 陳나라에 있고 子貢이 수행하였으니, 이른바 '陳·蔡에서 나를 따르던 자들(從我於陳蔡者)'이라고 한 것이 이때의 일이다. 그러니 (經文에 나오는 太宰라는) 이가 혹시 陳나라 太宰인지도 또한 모를 일이다"라고 하였다.[10] ○哀公이 越나라에 갔을 때, 季孫이 太宰 嚭를 통해서 뇌물을 바쳤으니, 越나라에도 또한 太宰 嚭가 있었다.[11]]

○살펴보건대, 형병의 설이 옳다.

○서분붕: 이에 대해 말하는 자들이 모두 태재太宰의 (물은 말이) 잘못되었다고 배척하나, '여與'라는 글자와 '하기何其'라는 글자를 사용하여 말한 것을 보면 또한 바로 다능多能으로써 성인聖人으로 여긴 것은 아니다. 이에 아무리 추측해 생각해도 공자가 다능해진 까닭을 터득하지 못한 뜻에서 나온 것이다.

○살펴보건대, 이 설은 정밀하다.

袁了凡云: "'太宰知我乎', 有謂之 '知我' 者, 有謂之 '不知我' 者, 俱非語意. 當是①太宰知我多能之故乎, 以起下."
○案 此說亦好.

荻曰: "縱, 謂縱之, 聽其所爲也. 子貢言夫子未受天命, 是以不得行聖者之事耳. 聖者之事, 謂制作也. 作者之謂聖. 若天縱之則夫子且聖,【將, 且也】而其人適又多能也."
○案 此說甚好. 恐是正義.

侃曰: "固, 故也. 將, 大也."【孔注云: "天固縱大聖之德."】
○駁曰 非也.

牢曰: "子云, '吾不試, 故藝.'"【《集注》, 與上章合爲一章】

---

① 是: 新朝本에는 '時'로 되어 있으나 奎章本에 따라 바로잡는다.
12)《知新日錄》에 나온다.
13)《史記》〈高祖本紀〉에 나오는 말이다.
14) 茶山이 荻生雙松의 글을 자료로 인용하면서 앞부분을 생략했기 때문에 생략된 그대로는 의미 전달이 되지 않아 그 부분까지 번역하였다. 원문은 다음과 같다. "縱如縱觀秦始皇之縱, 謂縱之聽其所爲也."
15) 太宰純,《論語古訓外傳》9-6a.
16)《義疏》5-119.

○원료범: '태재지아호太宰知我乎'라는 구절에서 (지아호知我乎를) '나를 안다(知我)'고 해석하는 이도 있고, '나를 알지 못한다(不知我)'고 해석하는 이도 있으나, 모두 공자 말의 본뜻은 아니다. 마땅히 이는 (그 말의 본뜻으로) '태재가 나의 다능한 까닭을 알겠는가(太宰知我多能之故乎)?'라고 해야 (이어서) 아래의 말을 일으킨다.[12]

○살펴보건대, 이 설도 또한 좋다.

○적생쌍송: (종縱은 '진시황秦始皇의 행렬을 마음대로 보다(縱觀秦始皇)'[13]라 할 때의 종縱과 같은 뜻이니[14]) 종縱은 그 하는 바를 마음대로 하도록 허락한다는 뜻임을 말한 것이다. (이 경문에서) 자공子貢의 말은, 공자께서 아직 천명天命을 받지 못해 이 때문에 성자聖者의 일을 행할 수 없었을 뿐이라는 것이다. 성자聖者의 일은 제작制作하는 것을 이르니, 제작하는 자를 성聖이라고 이른다. 만약 하늘이 허락하여 풀어놓았다면 공자는 장차 성인聖人이실 분인데, ['將'은 '且(장차 ~하려고 한다)'의 뜻이다.] 그분이 마침 또 능함이 많았던 것이라고 한 것이다.[15]

○살펴보건대, 이 설은 매우 좋으며, 아마도 이는 바른 뜻인 듯하다.

○황간: '고固'는 '본래(故)'라는 뜻이며, '장將'은 크다는 뜻이다.[16] [孔安國의 注에 이르기를 "하늘이 본래 大聖人의 德을 낳아 주었다"고 하였다.]

○반박: 아니다.

뇌牢가 말하기를 "공자께서 '내가 쓰이지 못했기 때문에 기예技藝를 익혔다'고 했다"라고 하였다. [《論語集註》에는 위의 장과 합쳐 한 章으로 하였다.]

邢曰: "牢, 弟子琴牢." 【《家語》云: "琴牢, 衛人也. 字子開, 一字張." ○鄭云: "子牢."】

○鄭曰: "試, 用也. 孔子自云, '我不見用, 故多技藝.'"

邢曰: "與前章異時而語, 故分之." 【吳云: "弟子記夫子此言之時, 子牢因言昔之所聞有如此者, 其意相近, 故併記之."】

○純曰: "《論語》於門弟子, 例稱字, 或以子稱, 未有單稱名者, 唯此與〈憲問〉恥單稱名, 其爲二子之自書無疑." 【蓋前十篇, 皆琴張所記, 其文奇崛而簡; 後十篇皆原思所記, 其文典實而詳. 所以然者, 文字如其爲人也】

○案 '試藝'·'問恥' 二章, 誠若牢·憲之所記, 然遂執此文, 竝謂二十篇皆二子所記則未必然也.

---

1) 《正義》9.
2) 邢昺의 《論語正義》에 인용되어 있는 《孔子家語》에는 '字張'으로 되어 있으나 현존하는 《孔子家語》의 〈七十二弟子解〉편에는 '子張'으로 되어 있다.
3) 〈憲問恥〉章: 《論語》〈憲問〉편 제1장을 가리킴.
4) 太宰純, 《論語古訓外傳》 9-6b.
5) 太宰純, 《論語古訓外傳》 9-7a.
6) '試藝'와 '問恥' 두 章: 《論語》〈子罕〉편에 나오는 經文인 "牢曰: 子云: 吾不試, 故藝"와 〈憲問〉편의 "憲問恥. 子曰: 邦有道, 穀. 邦無道, 穀, 恥也"란 두 章을 가리킴.

○형병: 뇌는 제자 금뇌琴牢이다.[1) [《孔子家語》에 이르기를 "琴牢는 衛나라 사람이니, 字가 子開 또는 字張[2)이다"라고 하였다. ○鄭玄은 이르기를 "(牢는 弟子) 子牢이다"라고 하였다.]

○정현: '시試'는 쓰다(用)라는 뜻이다. 공자가 스스로 이르기를 "나는 쓰이지 못하였기 때문에 기예技藝가 많아졌다"고 하였다.

○형병: (이 장章은) 앞의 장과는 다른 시기에 한 말이기 때문에 이것을 나누어 놓았다. [吳棫이 이르기를 "弟子가 夫子의 이 말을 기록할 때 子牢가 이로 因해서 옛날 (夫子에게) 들은 말 가운데 이와 같은 말이 있었다고 하였는데, 그 뜻이 서로 가까웠기 때문에 아울러 이것을 기록한 것이다"라고 하였다.]

○태재순: 《논어》에서는 문제자門弟子들에게 보통 자字를 일컬으며 혹 '자子'로써 일컫기도 했으나, 단 이름 한 자만을 일컬은 적은 없다. 그런데 오직 이 장章과 〈헌문치憲問恥〉장[3)에서만 이름 한 자를 일컬었으니, 이는 그 두 사람이 (그 경문을) 스스로 쓴 것이 틀림없다.[4) [대개 (《論語》의) 앞 10篇은 모두 琴張의 기록으로 그 문장이 奇崛하면서도 간결하고, 뒤 10篇은 모두 原思의 기록으로 그 문장이 典實하면서도 자상하다. 그러한 까닭은 그 文字들에서 풍기는 것이 그들의 사람됨과 같기 때문이다.[5)]

○살펴보건대, 〈시예試藝〉와 〈문치問恥〉 두 장章[6)은 진실로 금뇌琴牢와 원헌原憲이 기록한 듯하다. 그러나 드디어 이 글에 집착하여 (《논어》의) 20편이 모두 이 두 사람의 기록이라고 아울러 말한다면 이는 반드시 그렇지만은 않다.

子罕中

子曰:"吾有知乎哉? 無知也. 有鄙夫問於我, 空空如也. 我叩其兩端而竭焉."【鄭本, '空空'作'悾悾'】

補曰 此一節, 孔子謙言, 我本無知, 因誨人得恢拓其所知.
○補曰 鄙夫, 固陋之人也. 鄙夫所問必淺近, 然我空空無所知, 難於答.
○補曰 叩, 擊也.【〈學記〉云:"叩之以小者則小鳴, 叩之以大者則大鳴①."】兩端者, 事之終始, 物之本末也.【端, 頭也】竭, 罄盡也. 言人有問於我, 我執其所問或事或物, 必考其終始, 稽其本末, 罄竭而無遺蘊, 以此之故, 漸有所知.

何曰:"知者, 知意之知也. 知者言未必盡, 今我誠盡."
○孔曰:"有鄙夫來問於我, 其意空空然,【邢云:"空空, 虛心也."】我則發事之終始兩端以語之, 竭盡所知, 不爲有愛."【邢云:"盡其所知, 無愛惜也."】

---

① 鳴: 新朝本에는 '鳴'로 되어 있으나 奎章本에 따라 바로잡는다.
1)《正義》9.
2) 同上.

공자는 말하기를 "내가 아는 것이 있는가? (나는) 아는 것이 없다. 고루固陋한 사람이 나에게 묻는 일이 있으면 (나는 아무것도 아는 것 없이) 텅 비어 있으므로, 나는 그 (묻는 내용의) 양단兩端을 계고稽考하는 데 힘을 다한다."라고 하였다. [鄭玄 本에는 '空空'이 '悾悾'으로 되어 있다.]

○보충: 이 한 절節은 공자의 겸언謙言이다. 나는 본래 무지한 사람인데, 사람을 가르침으로 인해서 그 아는 바를 넓혀 나갈 수 있었다는 말이다.
○보충: '비부鄙夫'는 고루固陋한 사람이다. 고루한 사람이 묻는 것은 반드시 천근한 것들이다. 그러나 나는 텅 비어 아무것도 아는 것이 없으면 대답하기 어렵다.
○보충: '고叩'는 두드린다(擊)는 뜻이고, [《禮記》〈學記〉에 이르기를 "작은 것을 가지고 두드리면 작게 울리고, 큰 것을 가지고 두드리면 크게 울린다"고 하였다.] '양단兩端'이란 사물의 시종본말始終本末이며, ['端'은 頭緒라는 뜻이다.] '갈竭'은 다한다는 뜻이니, 이 경문은 사람이 나에게 물음이 있을 때 나는 그 물은 것을 가지고 그것이 일이든 물物이든 간에 반드시 그 시종본말을 계고하고, 그 아는 것을 다해 (그 알지 못하는) 심오한 것까지 빠뜨리지 않아서 이 때문에 점차 아는 바가 있게 되었다는 말이다.

○하안: '안다(知)'는 것은 뜻을 안다(知意)고 할 때의 안다는 의미이다. (보통 사람은) 아는 것에서 그 말이 반드시 (아는 것을) 다하고 있지는 않은데, 지금 나는 진실로 (그 아는 것을) 다하고 있다는 것이다.
○공안국: 어떤 비루한 사람이 나에게 와서 물었을 때 그 마음이 공공연空空然하면 [邢昺은 "空空은 虛心이다"고 하였다.[1]] 나는 일의 시종始終과 그 양단兩端을 발동해서 말해주어 그 아는 바를 다하여 애석함이 없도록 한다는 것이다. [邢昺은 이르기를 "그 아는 바를 다하면 애석함이 없다"고 하였다.[2]]

○駁曰 非也. 空空者, 夫子自空空也.【明上無知之實】空空之故, 稽考典籍, 究其終始, 磬其本末, 以此之故, 漸有所知.【既曰無知, 又曰竭其所知, 可乎? 本無矣, 又何竭矣】

邢曰: "叩, 發動也."【趙云: "叩擊, 有發動之意."】

○案 擊槃, 謂之考槃; 叩頭, 謂之稽首.【《禮》注以稽首爲稽留之意, 非也. 稽者, 叩也】稽考典籍, 本是擊發之義, 此六書之假借也. 〈學記〉曰: "入學鼓篋." 亦謂其稽考篋中之書籍, 非謂振之謂鼓聲也.【鼓字當從攴, 不當從支也. 鼓·考·叩, 皆諧聲擊也】'叩其兩端'者, 考其兩端也②. 稽考典籍, 則精義妙旨, 發動而出來, 然訓叩曰發動則不可.

子曰: "鳳鳥不至, 河不出圖, 吾已矣夫!"

孔曰: "聖人受命則鳳鳥至,【朱子云: "舜時來儀, 文王時鳴①於岐山."】河出圖.【朱子云: "河圖, 伏羲時出."】河圖, 八卦是也."

---

② 也: 新朝本에는 '者'로 되어 있으나 奎章本에 따라 바로잡는다.
① 鳴: 新朝本에는 '鳴'로 되어 있으나 奎章本에 따라 바로잡는다.
3) 趙氏: 南宋 때의 理學者인 趙順孫. 1215~1276. 處州 縉雲人. 字는 和仲, 號는 格齋. 官은 吏部尙書·福建按撫使 등을 역임. 저술로는 《四書纂疏》·《近思錄精義》 등이 있음.
4) 《論語集註大全》 卷9 〈子罕〉 제9 小註에 나온다.
5) 考槃: 글자 그대로는 槃이라는 그릇을 두들겨 노랫가락을 맞추는 것을 의미하나, 이것을 사람이 隱遁하는 집을 지어 自由自適의 즐거움을 누리는 것에 轉用하고 있다.
6) 叩頭: 머리를 땅에 대고 머리로써 땅을 두드리는 것인데, 謝罪할 때 행하는 禮이다. 일반적으로 머리를 조아린다는 뜻으로 쓴다.
7) 《周禮》의 注: 《周禮》 〈春官·大祝〉에 나오는 '一曰稽首'에 대한 注를 가리킴.

○반박: 아니다. '공공空空'이란 공자 스스로가 공공空空하였던 것이다. [(空空은) 위의 '無知'의 실상을 밝힌 것이다.] 공공하기 때문에 전적典籍을 계고稽考하고 시종과 본말을 궁구窮究하여, 이 까닭으로 해서 점차 아는 바가 있게 된 것이다. [이미 '無知'라고 하였는데, 또 '그 아는 바를 다한다'고 하면 되겠는가? 본래는 (아는 바가) 없었을 것이다. 또 어떻게 다할 수 있겠는가?]

○형병: '고叩'는 발동發動한다는 뜻이다. [趙氏[3]는 이르기를 "(叩는 곧) 叩擊이니, 發動한다는 뜻이 있다"고 하였다.[4]]

○살펴보건대, '격반擊槃'을 '고반考槃'[5]이라 하고, '고두叩頭'[6]를 '계수稽首'라고 한다. [《周禮》의 注[7]에 稽首를 稽留의 뜻으로 해석한 것은 잘못이다. '稽'란 두드린다는 뜻이다.] 전적을 계고한다고 할 때 (계고는) 본시 격발擊發의 뜻이니, 이는 육서六書 가운데 가차假借에 해당된다. 《예기》〈학기學記〉에 "학學에 들어가면 고협鼓篋한다"고 하였는데, (여기 고협鼓篋도) 또한 그 상자 속의 서적을 계고하는 것을 이르고, 북을 두드려 소리내는 것을 이르는 것이 아니다. [鼓 字는 (글자의 構造가) 마땅히 攴을 따라야 하고 支를 따라서는 안 된다. 鼓·考·叩는 모두 다 諧聲이니, 두드린다는 뜻이다.] '고기양단叩其兩端'이란 그 양단을 계고하는 것이다. 전적을 계고하면 정밀하고 오묘한 뜻이 발동되어 나오지만, '고叩'를 풀이하여 발동發動이라고 말하는 것은 옳지 않다.

공자는 말하기를 "봉황새도 오지 않고, 황하黃河에서 그림도 나오지 않으니, 나도 끝났구나!"라고 하였다.

○공안국: 성인聖人이 천명天命을 받으면 봉황새가 오고, [朱子는 이르기를 "舜임금 때 (봉황새가) 와서 춤추고, 文王 때 岐山에서 울었다"고 하였다.] 황하에서 그림이 나온다는 것인데, [朱子는 이르기를 "河圖는 伏羲 때 나왔다"고 하였다.] 하도河圖는 팔괘八卦가 이것이다.

○朱子曰: "皆聖王之瑞."

邢曰: "〈禮器〉云, '升中於天而鳳鳥降.'"

○案〈周語〉曰: "惠王十五年, 有神降於莘, 內史過曰, '國之將興, 其德馨香, 明神降之. 昔夏之興也, 融降於崇山;【即祝融】商之興也, 檮杌②次於丕山; 周之興也, 鸑鷟鳴於岐山, 是皆明神之志者也.'" 內史過, 直以鳳凰爲天神, 其言必有所據, 不可以禽鳥言也.

○又按《書》〈顧命〉云: "弘璧·琬琰在西序, 天球·河圖在東序." 明河圖亦玉石之類, 故得與諸玉列于兩序. 龍馬背文之說, 本出緯書, 不可從也.【詳見余《書說》】孔安國, 西京之大儒也. 眞若有五十五點奇偶之文, 如今之所云河圖, 則註河圖曰八卦, 有是理乎?

王充曰: "吾已矣夫, 夫子自傷不王也."

---

② 杌: 新朝本에는 '扤'로 되어 있으나 奎章本에 따라 바로잡는다.
1) 莘: 春秋時代 虢나라의 地名. 지금의 河南省 陝州 硖石鎭의 서남쪽에 해당한다.
2) 內史 過: 內史는 官名인데, 爵祿 策命을 관장하고 있음. 過는 人名이다.
3) 崇山: 夏王朝의 都陽城 북쪽에 所在한 山인데, 지금의 河南省 登封縣 북쪽에 있다.
4) 檮杌: 여기서는 禹의 父 鯀(鮌)을 말하는데, 사람이 凶惡하였다는 이유로 舜이 羽山에서 죽이니 化하여 神이 되었다는 說話가 있다.
5) 丕山: 大丕山. 지금의 河南省 동북쪽.
6) 鸑鷟: 鳳凰의 別名.
7) 岐山: 古代 周나라 周室의 發祥地. 지금의 陝西省 岐山縣 북쪽.
8)《國語》〈周語〉上에 나온다.
9) 弘璧·琬琰: 註釋에 보면, 弘璧은 큰 구슬이고, 琬琰은 玉의 이름이라 되어 있다.
10) 天球: 鄭玄의 注에는 雍州에서 貢으로 바치는 하늘색의 玉이라 하였음.
11) 龍馬背文說: 龍馬라는 神馬가 黃河에서 八卦를 등에 지고 나왔다는 說이다.
12) 茶山의《尙書古訓》卷7〈顧命〉에 보면 상세히 나와 있다.
13) 55點으로 된 奇數·偶數의 그림이 있었다면: 河圖의 數는 1에서 10까지로 되어 있는데, 中央과 四方에다 1에서 10까지의 數를 配分해 놓았다. 즉 북쪽에는 1과 6, 남쪽에는 2와 7, 동쪽에는 3과 8, 서쪽에는 4와 9, 가운데는 5와 10이니, 모두 55點이다.
14) 王充,《論衡》〈問孔〉편에 나온다.

○주자: 모두 성왕聖王의 상서祥瑞이다.

○형병:《예기》〈예기禮器〉에 이르기를 "(제후의) 치공治功이 이루어짐을 하늘에 고해 올리니 봉황새가 내려오다"라 하였다.

○살펴보건대,《국어》〈주어周語〉에 "(주나라) 혜왕惠王 15년(B.C 662)에 신神이 있어 신莘[1]의 땅에 내렸다. 내사內史 과過[2]가 말하기를 '나라가 흥성하려고 할 때는 (왕王의) 그 덕德이 꽃다운 향기 같아 이에 밝은 신神이 내린다. 옛날 하夏 왕조가 흥성하려 할 때 융融의 신이 숭산崇山[3]에 내렸고, [融은 곧 祝融이다.] 은殷 왕조가 흥성하려 할 때 도올檮杌[4]의 신이 비산丕山[5]에 사흘 이상 머물며, 주周 왕조가 흥성하려 할 때 악작鸑鷟[6]이 기산岐山[7]에서 울었으니, 이는 모두 명신明神에 대한 기록이다'라고 하였다."[8] 내사 과가 바로 봉황鳳凰을 천신天神이라 한 것은 그 말이 반드시 근거한 바가 있어서 금조禽鳥로 말할 수 없었던 것이다.

○또 살펴보건대,《상서尙書》〈고명顧命〉에 이르기를 "홍벽弘璧·완염琬琰[9]은 서쪽 행랑에 두고, 천구天球[10]·하도河圖는 동쪽 행랑에 두었다"고 하였으니, 하도도 또한 옥석玉石의 종류임이 분명하다. 그러므로 모든 옥과 함께 양쪽 행랑에 진열해 놓은 것이다. 용마배문설龍馬背文說[11]은 본래 위서緯書에서 나왔으니 따를 수 없다. [나의《書說》에 상세히 나타나 있다.[12]] 공안국은 전한前漢의 대유학자이다. (그러나 그가) 지금의 이른바 하도와 같이 참으로 만약에 55점[13]으로 된 기수奇數·우수偶數의 그림이 있었다면, 하도를 주석하여 "(하도河圖는) 팔괘이다"라고 말할 리가 있겠는가?

○왕충: '나도 끝났구나(吾已矣夫)!'는 공자가 스스로 왕자王者가 될 수 없음을 슬퍼한 것이다.[14]

子罕 中

○駁曰 非也. 夫子夢楹之日, 自歎曰: "明王不興, 天下其孰能宗子?" 【見〈檀弓〉】夫子平生之志, 於斯可見, 自傷不王, 有是理乎?

引證 《大戴禮》〈誥志〉篇曰: "聖人有國, 則龍至不閉, 鳳降忘翼, 雛出服, 河出圖."

○《管子》曰: "昔人之受命者, 龍龜假, 河出圖, 雛出書, 地出乘黃."

○〈禮器〉曰: "饗帝于郊, 升中于天, 而鳳皇降, 龜龍假."

○案 龍龜假一事也, 河出圖一事也, 雛出書一事也. 讖緯之家, 陰竊《管子》, 乃謂龍負圖龜含書,【其云龍馬者, 欲暗合乘黃之文】不亦妄乎?

---

15) 《禮記》〈檀弓〉上에 나온다.
16) 乘黃: 神馬의 이름. 네 匹로 되어 있는 黃色의 말.
17) 《管子》〈小匡〉편에 나온다.
18) 龍負圖: 伏羲 때 黃河에서 나온 龍의 등에 그려져 있었다는 그림.
19) 龜含書: 禹가 洪水를 다스릴 때 洛水에서 나온 神龜의 등에 쓰여 있었다는 글.

○반박: 아니다. 공자가 양쪽 기둥 사이에 앉아서 음식의 지공支供을 받는 꿈을 꾸었던 날에 스스로 탄식하여 말하기를, "밝은 임금이 나오지 않으니 천하에 그 누가 나를 높일 수 있겠는가?"라고 하였다. [《禮記》〈檀弓〉편에 보인다.[15])] 공자의 평소 뜻을 여기에서 볼 수 있는데, '스스로 왕자王者가 될 수 없음을 슬퍼하였다(自傷不王)'니, 이럴 리가 있겠는가?

【인증】《대대례》〈고지〉: 성인聖人이 나라를 다스릴 때는 용龍이 끊이지 않고 오고, 봉황이 내려와 날아가지 않고, 낙수洛水에서 글이 나오고, 하수河水에서 그림이 나온다.

○《관자》: 옛날에 사람으로서 천명天命을 받는 자에게는 용마龍馬와 신귀神龜가 와서 나타나고, 하수에서 그림이 나오고, 낙수에서 글이 나오고, 땅에서 승황乘黃[16)]이 나왔다.[17)]

○《예기》〈예기〉: (사방의) 교郊에서 상제上帝에게 제사를 지내고 그곳 제후의 업적을 상제에게 고하는데, (이로써 천하가 태평해지려면) 봉황이 내려오고 신귀와 용마가 와서 나타난다.

○살펴보건대, 용마와 신귀가 와서 나타났다는 것도 따로 하나의 일이고, 하수에서 그림이 나왔다는 것도 따로 하나의 일이고, 낙수에서 글이 나왔다는 것도 따로 하나의 일이다. 참위가讖緯家들이 몰래《관자管子》를 표절하여 이를 '용부도龍負圖'[18)]이니 '귀함서龜含書'[19)]이니 하고 있으니, [거기에 '龍馬'라고 한 말은 은근히 '乘黃'이라고 한 말과 부합시키려고 한다.] 또한 망령된 짓이 아니겠는가?

子罕中

子見齊衰者·冕衣裳者與瞽者, 見之, 雖少, 必作; 過之, 必趨.【皇氏本云: "雖少者, 必作."】

邢曰: "齊衰, 周親之喪服."【朱子云: "言齊衰, 則斬衰從可知."】
○補曰 衣裳, 朝祭之服, 謂純衣纁裳之類.
○包曰: "作, 起也;【邢云: "坐則起."】趨, 疾行也."
○補曰 執親喪者敬之, 推吾孝也; 被公服者敬之, 推吾忠也; 目無見者敬之, 推吾誠也.【不欺於冥冥】
包曰: "哀有喪尊在位, 恤不成人."
○駁曰 非也. 所記者, 敬也, 哀恤則邪?
荻云: "瞽者, 樂師, 故夫子敬之."
○駁曰 非也.
沈虹野曰: "'見之', 我坐而見彼之行過也; '過之', 彼坐而我行過之也."

---

1)《義疏》5-121.
2) 周親: 지극히 가까운 친척.
3)《正義》9.
4)《論語集註大全》卷9〈子罕〉제9 小註에도 나오고,《正義》9에도 나온다.
5) 純衣: 純衣는 緇衣(玄衣)이니, 純는 음이 '치'이다.
6)《正義》9.
7) 太宰純,《論語古訓外傳》9-8a.
8) 沈虹野: 明代의 學者. 吳江人. 자는 道升, 名은 偉, 虹野는 그의 號. 官은 工部主事. 저서로는《書經說意》10권이 있음. 沈偉의 本姓은 杜氏이다. 沈漢의 집에서 자랐으므로 姓名을 沈偉라고 하였으나, 뒤에 本姓을 찾아 杜偉로 하였다.
9) 이 글은 出典 未詳이다.

공자는 재최齊衰의 상복을 입은 자와 공복公服의 의상衣裳을 갖춘 자와 장님을 볼 경우에, (예禮로써) 볼 때는 그들이 비록 젊더라도 반드시 일어나고, 지나갈 때는 반드시 향하여 예禮를 표하였다. [皇侃 本에는 "비록 젊은 사람이더라도 반드시 일어난다(雖少者, 必作)"[1]라고 하였다.]

○형병: '재최齊衰'는 주친周親[2]의 상복喪服이다.[3] [朱子는 이르기를 "齊衰를 말하면 따라서 斬衰를 알 수 있다"라고 하였다.[4]]
○보충: '의상衣裳'은 조회朝會 때와 제사 때 입는 공복公服이니, 치의훈상純衣纁裳[5] 따위를 이른다.
○포함: '작作'은 일어난다는 뜻이고, [邢昺은 이르기를 "(내가) 앉아 있었으면 (반드시) 일어나야 한다"라고 하였다.[6]] '추趨'는 빨리 걸어간다는 뜻이다.
○보충: 친상親喪을 집상執喪하는 자에게는 그를 공경하여 나의 효孝를 미루어 보고, 공복을 입은 자에게는 그를 공경하여 나의 충성을 미루어 보며, 눈이 보이지 않는 자에게는 그를 공경하여 나의 성의를 미루어 보는 것이다. [눈이 어두워 보지 못하는 자를 속이지 않는 것이다.]
○포함: (이는 공자가) 상喪을 당한 자를 슬퍼하고, 벼슬자리에 있는 이를 높이고, 불구자를 동정하는 것이다.
○반박: 아니다. (이 경문에) 기록한 내용은 경敬에 관한 것인데, 슬퍼하고 동정한 것이라는 것이 무슨 말인가?
○적생쌍송: '고자瞽者'는 악사樂師이다. 그러므로 공자가 그를 공경하였다.[7]
○반박: 아니다.
○심홍야:[8] '견지見之'는 내가 앉아 있는데 그가 지나가는 것을 보는 것이고, '과지過之'는 그가 앉아 있는데 내가 거기를 지나가는 것이다.[9]

○駁曰 非也. 上 '見'字謂目見也, 下 '見'字謂禮見也. 行過則作以禮, 來見則不作乎?

顔淵喟然歎曰: "仰之彌高, 鑽之彌堅, 瞻之在前, 忽焉在後. 夫子循循然善誘人, 博我以文, 約我以禮, 欲罷不能. 旣竭吾才, 如有所立卓爾. 雖欲從之, 末由也已."

何曰: "喟, 歎聲."
○補曰 鑽, 錐穿也.
○邢曰: "彌, 益也."
○包曰: "前後言怳惚不可爲形象. 循循, 次序貌."
○補曰 誘, 導之以好言也.【徐奮鵬云: "敎字硬, 誘字軟."】博, 廓而廣之也; 約, 束而小之也. 六經爲文, 四勿爲禮.

---

1) 四勿:《論語》〈顔淵〉편에 나오는 "非禮勿視, 非禮勿聽, 非禮勿言, 非禮勿動"을 가리킴.

○반박: 아니다. 위의 '견見' 자는 눈으로 보는 것이고, 아래의 '견見' 자는 예禮로써 보는 것이다. 지나갈 때 일어나 예를 표하는데, 와서 볼 때 일어나지 않겠는가?

안연顏淵이 위연喟然히 감탄하여 말하기를 "(부자夫子의 도道는) 우러러볼수록 더욱 높고, 뚫을수록 더욱 견고하며, 바라볼 때는 앞에 있더니 홀연히 뒤에 있도다. 부자께서는 하나하나 차근히 사람을 잘 인도하여 문文으로써 나를 넓혀주고, 예禮로써 나를 단속해주어, 그만두고자 해도 그만둘 수 없다. 이미 나의 재능을 다하고 보니 (부자의 도가 내 앞에) 우뚝 서 있는 듯한데, 비록 이를 따르고자 하나 어디부터 시작해야 할지 모르겠다."라고 하였다.

○하안: '위喟'는 감탄하는 소리이다.
○보충: '찬鑽'은 송곳으로 뚫는 것이다.
○형병: '미彌'는 '더욱'이라는 뜻이다.
○포함: '전前'·'후後'라는 말은 황홀하여 그 형상을 나타낼 수 없음을 말하고, '순순循循'은 차례 있게 하는 모양이다.
○보충: '유誘'는 좋은 말로써 인도하는 것이고, [徐奮鵬은 이르기를 "(사람을 敎導하는데) '敎' 字는 強硬하게 하는 것이며, '誘' 字는 柔軟하게 하는 것이다"라고 하였다.] '박博'은 넓게 확 넓히는 것이고, '약約'은 묶어서 작게 하는 것이다. 육경六經은 (여기에 말하는) '문文'이고, '사물四勿'은 (여기에 말하는) '예禮'이다.

○補曰 卓, 高貌. 截然超絕, 無所攀援曰卓也.【卓越者, 超絕之意】末, 無也.【邢氏云】末由, 言無逕路可攀援也. 此顏子嘆夫子所造之高也.

引證 揚子《法言》云: "顏苦孔之卓."【注云: "顏之苦亡它, 惟苦孔子之道卓然高堅也."】

子疾病, 子路使門人爲臣. 病間, 曰: "久矣哉, 由之行詐也! 無臣而爲有臣, 吾誰欺? 欺天乎! 且予與其死於臣之手也, 無寧死於二三子之手乎? 且予縱不得大葬, 予死於道路乎?"

包曰: "疾甚曰病."

○補曰 臣即〈喪大記〉所稱小臣也. 子路豫備小臣, 將以扶體.【〈喪①大記〉云: "體一人."】此是人君之禮,▶

---

① 喪: 新朝本·奎章本에는 빠져 있으나 '喪大記'가 《禮記》의 편명이므로 보충한다.
2) 《正義》9.
3) 揚雄, 《法言》 卷1 〈學行篇〉에 나온다. '顏淵은 孔子의 卓越함을 괴로워하였다'는 것은 '孔子의 道의 그 超絕한 경지에 나아가지 못함을 괴로워하였다'는 뜻이다.
1) 體: 手足, 곧 四肢를 말함. 君主나 大夫가 疾病으로 殞命하려 할 때 兩手와 兩足에 사람이 각각 1人씩 배치되어 붙는데, 신분이 君主이면 그 近臣으로 하고 大夫이면 그 家臣으로 한다.
2) 미리 小臣을 갖추어 놓고 장차 體를 도우려고 하였으니: 이 말은 孔子의 臨終에 대비하려고 한 것이다.

○보충: '탁卓'은 높은 모양이니, 절연截然히 우뚝 높게 솟아 더위잡아 당길 수 없는 것을 탁卓이라고 한다. ['卓越'이란 超絕하다는 뜻이다.] '말末'은 없다는 뜻이니, [邢昺이 그렇게 말하였다.²⁾] '말유末由'는 더위잡아 당길 수 있는 길이 없음을 말한다. 이는 안자顔子가 공자가 만들어 놓은 바 (도道의) 높은 경지를 찬탄한 것이다.

【인증】양자《법언》: 안연顔淵은 공자의 탁월함을 괴로워하였다.³⁾ [注에 이르기를 "顔淵의 괴로움은 다른 것이 아니라, 오직 孔子의 道가 卓然히 높고 견고함을 괴로워한 것이다"라 하였다.]

공자께서 병이 심해지자, (임종을 대비하여) 자로子路가 문인門人으로 하여금 신臣이 되게 하였다. 병이 조금 차도가 있자 말씀하기를 "오래되었구나, 유由가 거짓을 행함이여! (나는) 신臣이 없는데 신이 있는 것으로 만들었으니, 내 누구를 속이는 것인가? 하늘을 속이는 것이로다! 또 내가 신臣의 손에 죽는 것보다는 차라리 너희 제자들 손에 죽는 것이 낫지 않겠는가! 또 내가 비록 큰 장사는 치를 수 없더라도 내 주검이 길에 버려지기야 하겠는가?" 라고 하였다.

○포함: 병(疾)이 심한 것을 '병病'이라 한다.
○보충: '신臣'은 곧《예기》〈상대기喪大記〉에서 말하는 소신小臣이 그것이다. 자로는 미리 소신을 갖추어 놓고 장차 체體¹⁾를 도우려고 하였으니,²⁾ [《禮記》〈喪大記〉에 이르기를 "體마다 한 사람이다"라고 하였다.] 이는 곧 인군人君의 예禮이다. ▶

◀當時大夫使家臣爲之. 孔子亦大夫而時無家臣, 子路使門人爲之.

○孔曰: "少差日間."

○補曰 無臣而爲有臣, 謂非君而用君禮也.【大夫亦家臣之君】

○補曰《禮》: "四人扶體, 因以屬纊." 故曰: "死於臣之手."

○補曰 '大葬', 謂以卿禮葬.【大司寇, 卿也】喪有 '小臣' 則其葬宜亦備物, 用卿禮也. '死於道路', 謂棄之不殣也.

鄭曰: "子路欲使弟子行其臣之禮."

○駁曰 非也. 臣也者, 扶體之小臣也.〈檀弓〉云: "卜人師扶右, 射人師扶左."【陳澔曰: "君疾時扶其體."】〈喪②大記〉云: "體一人."【鄭云: "手足也."】〈旣夕禮③〉曰: "御者四人, 皆坐持體."【士無臣御者爲之】《禮》所謂 '男子不死④於婦人之手, 婦人不死於男子之手' 者,【穀梁氏亦云】皆指此禮.▶

---

② 喪: 新朝本·奎章本에는 빠져 있으나 '喪大記'가《禮記》의 편명이므로 보충한다.
③ 旣夕禮: 新朝本·奎章本에는 '士喪記'로 되어 있으나 인용문이《儀禮》〈旣夕禮〉의 내용이므로 바로잡는다.
④ 死: 新朝本·奎章本에는 '絶'로 되어 있으나《禮記》〈喪大記〉에 따라 바로잡는다. 바로 다음 '婦人不死'의 '死'도 이와 같다.
3)《禮記》〈喪大記〉에 보면 "體一人, 男女改服, 屬纊以俟絶氣. 男子不死於婦人之手, 婦人不死於男子之手"라는 글이 있는데, 茶山이 이 글의 뜻을 축약해서 말한 것이다. 君主가 臨終할 때 조처하는 절차의 하나이다.
4) 卜人의 師: 卜人은 곧 僕人인데, 貴人을 곁에서 侍從하면서 거기에 따른 禮式을 맡은 사람이며, 卜人의 師는 그 우두머리로서 太僕을 말한다.
5) 射人의 師: 射人은 射法·射儀 등을 맡은 官名이며, 射人의 師는 그 우두머리이다.
6) 陳澔: 宋末元初의 學者. 都昌人. 大猷의 아들. 字는 可大, 號는 雲莊 또는 北山. 저서로《禮記集說》이 있다.
7) 體를 바르게 해 놓는다: 臨終 때 手足을 바르게 해 놓는 것.
8)《禮記》〈喪大記〉에 나오는 말.

◀그 당시에 대부大夫가 자신의 가신家臣으로 하여금 그렇게 하도록 하였으니, 공자도 또한 대부로서 그때 가신이 없었으므로 자로가 문인으로 하여금 그 역할을 하도록 하였던 것이다.
○공안국: 조금 차도가 있는 것을 '간間'이라 한다.
○보충: '가신이 없는데 가신이 있는 것으로 만들었다(無臣而爲有臣)'는 것은 군주가 아닌데 (참람하게) 군주의 예를 사용한 것을 이른다. [大夫도 또한 家臣의 君主에 해당한다.]
○보충: 예禮에 보면 네 사람이 수족手足을 돕고, 따라서 (운명하는 자의 죽음을 확인하기 위해) 코와 입에 새 솜을 붙여 숨이 끊어지는 것을 관찰하게 한다. 그러므로 "군주는 신하의 손에 죽는다"라고 하였다.[3]
○보충: '큰 장사(大葬)'는 경卿이라는 신분의 예禮로써 장례 지내는 것을 이른다. [大司寇는 卿이다.] 상喪에 '소신小臣'이라는 것이 있으면 그 장례는 마땅히 예물을 갖추어 경卿의 예禮로써 해야 한다. '사어도로死於道路'란 시신이 길에 버려져 묻히지 못함을 이른다.
○정현: 자로는 제자로 하여금 공자에게 신臣의 예를 행하게 하고자 한 것이다.
○반박: 아니다. '신臣'이란 체體를 돕는 소신小臣이다. 《예기》〈단궁檀弓〉에 이르기를 "복인卜人의 사師[4]는 (군주君主의 몸을) 오른쪽에서 돕고, 사인射人의 사師[5]는 왼쪽에서 돕는다"라 하였고, [陳澔[6]는 말하기를 "君主가 疾病에 걸렸을 때 그 體(手足)를 돕는다"라고 하였다.] 〈상대기喪大記〉에 이르기를 "체體마다 한 사람이다"라고 하였으며, [鄭玄은 이르기를 "體는 手足이다"라 하였다.] 《의례儀禮》〈기석례旣夕禮〉에 이르기를 "어자御者 네 사람이 모두 앉아서 체體를 바르게 해 놓는다"[7]라고 하였다. [士의 신분은 家臣이 없으므로 御者가 이 일을 한다.] 예禮에 이른바 "남자는 부인의 손에 죽지 아니하고, 부인은 남자의 손에 죽지 아니한다"[8]란 [穀梁氏도 (《穀梁傳》에서) 또한 그렇게 말하였다.] 모두 이 예禮를 가리킨다.▶

◁《左傳》, 衛 靈公卒, 公子 郢曰:"君沒於吾手."【哀二年】《大戴禮》云: "曾子疾病, 曾元抑首, 曾華抱足." 摠之, 有臣者用臣, 無臣者或用御者, 或用家人, 其禮不可踰也. 不唯是也, 小臣楔齒, 小臣綴足, 小臣抗衾, 小臣爪足,【又爪手】小臣鬄須,【竝見〈喪大記〉】或大胥是斂而衆胥佐之,【君禮也】或衆胥是斂而大胥侍之.【大夫禮】苟非君·大夫之有臣者, 不能備物, 子路乃欲豫備此臣, 以治孔子之喪, 此孔子所以旣覺而責之也.

孔曰:"子路久有是心, 非今日也."

○駁曰 非也. 孔子疾病日久, 其疾未差, 其臣未罷, 故曰久矣行詐.

孔曰:"大葬, 謂君臣禮葬."

○駁曰 非也. 稽之經傳, 有以人君禮葬, 有以卿禮葬, 大夫禮葬, 未聞以君臣禮葬, 經可以周章乎? 人君以人君禮爲大葬, 若齊 莊公不得大葬者也; 卿以卿禮爲大葬, 若公孫敖不得大葬者也.【魯不許以卿禮葬】▶

---

⑤ 疾: 新朝本·奎章本에는 '之'로 되어 있으나《大戴禮》〈曾子疾病〉에 따라 바로잡는다.

9) 公子 郢: 春秋時代 衛 靈公의 아들 子南.
10) 曾元: 春秋時代 魯나라 사람. 曾子의 아들.
11) 曾華: 이 글의 내용으로 보아서는 曾子의 아들이다.《禮記》〈檀弓〉편에 나오는 曾子의 아들 曾申과 同一人인 듯하다.
12) 楔齒: 小斂 前의 의식으로서 死者의 입에 낟알을 물리려고 입이 열려 있게 齒牙를 받치는 것.
13) 綴足: 死者의 다리가 굽지 않도록 결박하는 것.
14) 抗衾: 屍身을 목욕시키기 위해 네 사람이 시신에 덮어놓은 이불을 드는 것.
15) 爪足: 死者의 발톱을 깎는 것.
16) 爪手: 死者의 손톱을 깎는 것.
17) 鬄須: 死者의 수염을 깎는 것.
18) 大胥·衆胥: 鄭玄의 注에 보면 胥는 樂官이고, 喪事를 관장하지 않기 때문에 여기의 胥는 祝의 誤字라고 하여 大祝·小祝으로 보고 있다. 大祝은 祭祀의 官이고, 衆祝은 그 補助의 官이다. 君主와 大夫의 喪에는 大祝이 斂事를 집행한다.

◀《좌전》에 따르면 "위衛 영공靈公이 죽자 공자公子 영郢[9]이 말하기를, '부군父君은 나의 손에서 돌아가셨다'"라 하였고, [哀公 2년이다.] 《대대례大戴禮》에 이르기를 "증자曾子가 병이 심해지자 증원曾元[10]은 머리를 어루만지고, 증화曾華[11]는 다리를 껴안았다"라고 하였다. 이 말들을 종합하면 신하가 있는 자는 신하를 쓰고, 신하가 없는 자는 어자御者나 또는 가인家人을 써서 돕기도 하는데, 그 예禮는 분수를 넘어서는 안 된다. 이뿐만 아니라 소신小臣의 설치楔齒,[12] 소신의 철족綴足,[13] 소신의 항금抗衾,[14] 소신의 조족爪足,[15] [또 爪手[16]도 한다.] 소신의 전수翦須[17] 등도 있고, [모두 《禮記》〈喪大記〉에 보인다.] 혹 대서大胥[18]가 염斂하는데 중서衆胥가 이를 돕기도 하고, [君主의 禮이다.] 중서가 염하는데 대서가 이를 모시기도 하였으니, [大夫의 禮이다.] 이러한 것은 진실로 군주와 대부로서 신하가 있는 자가 아니면 그 예물을 갖출 수 없다. 그런데 자로子路는 이에 미리 이러한 소신小臣을 갖추어 놓고 공자의 상喪을 치르고자 하였던 것이다. 이를 공자가 이미 알고 그를 꾸짖은 것이다.

○공안국: 자로는 오래 이 마음이 있었으며, 오늘만이 아니다.

○반박: 아니다. 공자의 질병이 날이 오래되었고, 그 병환이 차도가 없었으며, 신하의 구실을 하게 한 사람을 그만두게 하지 않았기 때문에 "오래되었구나, 거짓을 행함이여(久矣, 行詐)"라고 한 것이다.

○공안국: '큰 장사(大葬)'는 군신君臣의 예장禮葬이다.

○반박: 아니다. 경전經傳을 상고하면 군주君主의 예禮로써 장사함도 있고 경卿의 예로써 장사함도 있으며 대부의 예로써 장사함도 있으나, 아직까지 군신의 예장이라는 말은 들어보지 못하였다. 경전이 이렇게 갈팡질팡할 수 있겠는가? 군주君主는 군주의 예로써 하는 것이 대장大葬이 되는데, 제齊나라 장공莊公 같은 이는 대장하지 못한 자이며, 경卿은 경의 예로써 하는 것이 대장이 되는데, 공손오公孫敖 같은 이는 대장하지 못한 자이다. [魯나라에서는 (公孫敖에게) 卿의 禮로써 장사함을 허락하지 아니하였다.]▶

子罕 中

◀喪有臣則其葬亦必用卿禮, 卿禮非孔子之所願, 故責之如是.
韓曰: "先儒多惑此說, 以爲素王·素臣, 後學由是責子路欺天. 吾謂子路剛直無諂, 必不以王臣之臣欺天, 本謂家臣之臣, 以事孔子也."

子貢曰: "有美玉於斯, 韞櫝①而藏諸? 求善賈而沽諸?" 子曰: "沽之哉! 沽之哉! 我待賈者也."【賈, 音估】

補曰 韞, 韋裹之也.
○馬曰: "櫝, 匱也."【與匵同】
○荻曰: "善賈, 謂賈人之善者也."
○馬曰: "沽, 賣也."
○補曰 沽之哉沽之哉, 亟言其當賣也.

① 櫝: 新朝本에는 '櫝'으로 되어 있고 奎章本에는 '匵'으로 되어 있는데, 두 글자는 통용될 뿐만 아니라 陸德明의 《經典釋文》에도 '匵'은 본래 '櫝'으로 되어 있다고 하였다. 여기서는 新朝本을 따른다.
19) 《論語筆解》上〈子罕〉제9에 나온다.
1) 荻生雙松, 《論語徵》戊〈子罕〉제9에 나온다.

◀초상 때 가신家臣이 있으면 그 장사에도 또한 반드시 경卿의 예를 사용해야 하는 법인데, 경례卿禮는 공자의 원하는 바가 아니었기 때문에 이렇게 꾸짖은 것이다.
○한유: 선유先儒들은 크게 이 말에 의혹을 품고 (공자를) 소왕素王으로 여기고 (여기의 신臣을) 소신素臣으로 여겼으며, 후학들은 이로 말미암아 자로子路가 하늘을 속였다고 꾸짖은 것이라고 여겼다. 그러나 나는 자로가 강직하고 아첨함이 없어, 반드시 왕신王臣의 신臣으로 하여 하늘을 속이지 않았을 것이며, 본래 가신家臣의 신臣으로 하여 공자를 섬기려 한 것이라고 생각한다.[19]

자공子貢이 말하기를 "아름다운 옥이 여기에 있다면 이것을 궤 안에 가죽으로 싸서 간직하겠습니까? 아니면 좋은 장사를 구해서 팔겠습니까?"라고 하자, 공자는 말하기를 "팔아야지! 팔아야지! 그러나 나는 좋은 장사를 기다리는 자이다."라고 하였다. [賈는 音이 估(고)이다.]

子罕中

○보충: '온韞'은 가죽으로 싸 놓는 것이다.
○마융: '독櫝'은 궤匱이다. [匱과 같다.]
○적생쌍송: '선고善賈'는 고인賈人(商人)으로서 장사를 잘하는 사람을 이른다.[1]
○마융: '고沽'는 판다는 뜻이다.
○보충: '팔아야지! 팔아야지(沽之哉! 沽之哉)'라고 한 것은 당연히 팔아야 한다는 것을 여러 번 말한 것이다.

389

○包曰: "我居而待賈."
○范曰: "士之待禮, 猶玉之待賈, 必不枉道以從人."
○朱子曰: "子貢以孔子有道不仕, 故設此問也."
馬曰: "得善賈, 寧肯賣之耶?"【邢云: "若人虛心盡禮求之, 夫子肯與之乎?"】
○案 善賈之爲價爲估.《集解》·《集注》都無明釋, 然邢疏謂若人求之則似以爲商賈之賈, 惟陸氏《釋文》, 賈, 音嫁, 相傳善賈者高價, 豈不謬哉? 君子懷寶, 待明王而售其道, 如玉人藏玉, 待善估而售其貨. 若以善賈爲高價, 則是待高官厚祿售其道也, 而可乎? 古者寶玉買賣, 非賈人則不能, 故《左傳》云: "韓宣子有環, 其一在鄭商, 宣子謁諸鄭伯, 子產弗與, 宣子買諸賈人." 賣玉, 固賈人之事也.

---

2)《正義》9.
3) 韓宣子: 春秋時代 晉나라 사람. 厥의 아들. 名은 起, 宣子는 諡. 晉 悼公 때 卿이 되었음.
4)《左傳》昭公 16년조에 나온다.

○포함: 나는 (팔려고 자랑하지 않고) 가만히 있으면서 팔리기를 기다리는 것이다.

○범조우: 선비가 예우禮遇를 기다리는 것은 옥玉이 값을 기다리는 것과 같으니, 반드시 도道를 굽혀 사람을 좇지 않을 것이다.

○주자: 자공이 공자는 도道가 있으면서 벼슬하지 않았기 때문에 이것을 들어서 물었다.

○마융: 좋은 값(善賈)을 얻을지라도 어찌 달갑게 이것을 팔겠는가? [邢昺은 이르기를 "만약 사람이 마음에 욕심을 비우고 禮를 다하여 구한다면 공자는 기꺼이 주겠는가?"라고 하였다.2)]

○살펴보건대, '선고善賈'의 고賈를 가價라 하기도 하고, 고估라 하기도 한다. 《논어집해論語集解》와 《논어집주論語集註》는 모두 분명한 해석이 없다. 그러나 형병의 주소注疏에는 "만약 사람이 구한다면 …"이라고 하였으니, 이는 '상고商賈'의 '고賈'로 여긴 듯하다. 오직 육덕명陸德明의 《경전석문經典釋文》에서만 '고賈'의 음을 가價라 하여 '선고善賈'를 '고가高價'라는 뜻으로 서로 전하였으니, 어찌 잘못되지 아니하겠는가? 군자가 보배를 품고 있다가 밝은 임금을 기다려 그 도道를 팔려고 하는 것은, 마치 옥인玉人이 옥을 간직하고 있다가 좋은 장사를 기다려 재화財貨가 되는 그 옥을 파는 것과 같다. 만약 '선고善賈'를 고가高價로 한다면, 이는 높은 관직과 후한 녹봉祿俸으로 그 도를 파는 것이 되니, 이렇게 해서야 되겠는가? 옛날에는 보옥寶玉의 매매를 고인賈人(商人)이 아니면 할 수 없었다. 그러므로 《좌전左傳》에 이르기를 "한선자韓宣子3)가 옥 반지(環)를 가지고 있었는데, (본래 두 개가 한 짝인 것을) 그 가운데 하나는 정鄭나라 상인의 손에 들어가 있었다. 한선자가 정백鄭伯을 찾아가 이를 구하려고 하였으나 자산子産이 주려고 하지 않았다. 그래서 한선자는 이 (옥 반지 하나)를 고인賈人으로부터 사들였다"라고 하였다.4) 보옥을 매매하는 것은 본래 고인의 일이다.

子罕中

○又按〈聘禮〉云: "賈②人啓櫝取圭,【鄭云: "賈人, 在官知物賈者."】上介受圭, 屈繅出授賈人."【《少儀》云: "致廢衣於賈人."】此皆賈人之奉公者. 註家讀賈爲價, 恐未必然.

馬曰: "韞, 藏也."

○鄭云: "韞, 裏也."【見《釋文》】

○侃曰: "韞, 裹之也."

○案 馬義, 非也. '藏櫝而藏', 自不成說.

子欲居九夷. 或曰: "陋, 如之何?" 子曰: "君子居之, 何陋之有?"

馬曰: "東方之夷有九種."【《後漢》〈東夷傳〉云: "夷有九種, 曰畎夷·于夷·方夷·黃夷·白夷·赤夷·玄夷·風夷·陽夷."】

○邢曰: "孔子以時無明君, 故欲居東夷."

○補曰 陋, 鄙狹也.

---

② 賈: 新朝本에는 '檟'으로 되어 있으나《儀禮》〈聘禮〉에 따라 바로잡는다.
5)《儀禮注疏》卷第19〈聘禮〉제8의 鄭玄 注에 나온다.
6) 廢衣: 여기서는 斂하는 데 필요하지 않은 옷을 말함.
7) 賈人: 일반적으로 商人이란 뜻이기는 하지만,《禮記》〈少儀〉에 나오는 賈人은 孔穎達의 注에 다음과 같이 말하였다. "賈人은 物價의 비싸고 싼 것을 알고 君主의 옷을 주관하는 사람이다(賈人者, 識物買貴賤而主君之衣物者也)."
8) 陸德明,《經典釋文》卷第24〈論語音義〉에 나온다.
9)《義疏》5-123.
10) '韞櫝而藏'에서 '韞'의 뜻을 '藏'으로 하면 '藏櫝而藏'이란 말과 같아진다는 것인데, 이를 해석하면 '궤에 감추어서 감추다'가 되어, 말이 성립되지 않는다는 것이다.
1) 鄙狹: 文化의 수준이 낮고 度量이 좁은 것을 말함.
2)《正義》9.

○또 살펴보건대,《의례儀禮》〈빙례聘禮〉에 이르기를 "고인이 독櫝(궤)을 열어 규圭(玉의 일종)를 꺼내면, [鄭玄은 이르기를 "賈人은 官職에 있으면서 物價를 아는 자이다"라고 하였다.[5]] 능한 거간꾼이 규圭를 받아 끈에 묶어 고인에게 내준다"라고 하였으니, [《禮記》〈少儀〉에 이르기를 "廢衣[6]를 賈人[7]에게 보내다"라고 하였다.] 이는 모두 고인賈人으로서 공무公務에 봉사하는 자들이다. 주석가註釋家들이 '고賈'를 '가價'로 읽은 것은 아마도 반드시 그렇지는 않은 듯하다.

○마융: '온韞'은 감춘다는 뜻이다.

○정현: '온韞'은 싼다는 뜻이다. [《經典釋文》에 보인다.[8]]

○황간: '온韞'은 싸 놓는 것이다.[9]

○살펴보건대, 마융의 뜻은 잘못되었다. '궤에 감추어서 감추다(藏櫝而藏)'[10]라는 것은 그 자체가 말이 되지 않는다.

子罕中

공자가 구이九夷에 가서 살고자 하니, 어떤 이가 말하기를 "(그곳은) 비협鄙狹[1]할 터인데 어떻게 살겠습니까?"라고 하였다. 공자는 말하기를 "군자가 산다면 어찌 비협함이 있겠는가?"라고 하였다.

○마융: 동방東方의 이夷에는 아홉 종족이 있다. [《後漢書》〈東夷傳〉에 이르기를 "夷에는 아홉 種族이 있으니, 畎夷·于夷·方夷·黃夷·白夷·赤夷·玄夷·風夷·陽夷이다"라고 하였다.]

○형병: 공자는 당시 명철한 군주가 없었기 때문에 동이에 가서 살고자 하였다.[2]

○보충: '누陋'는 비협鄙狹한 것이다.

○馬曰: "君子所居則化." 【何異孫《十一經問對》云: "君子居之, 指箕子言之, 非孔子自稱爲君子也." ○李尙迪《恩誦堂集》, 有此說】

邢一說曰九夷. 一曰玄菟, 二曰樂浪, 三曰高麗, 四曰滿飾, 五曰鳧臾, 六曰索家, 七曰東屠, 八曰倭人, 九曰天鄙. 【亦出《後漢書》】

○駁曰 玄菟·樂浪, 武帝 四郡之名, 非孔子之所得知也.

王充《論衡》曰: "孔子疾道不行於中國, 志恨失意, 故欲之九夷也." 【〈問孔〉篇】

子曰: "吾自衛反魯, 然後樂正, 〈雅〉·〈頌〉各得其所."

鄭曰: "反魯, 哀公十一年冬, 是時道衰樂廢, 孔子來還乃正之." 【邢云: "哀十一年冬, 衛 孔文子將攻太叔疾, 仲尼命駕而行, 魯人以幣召之乃歸." 杜注云: "於是自衛反魯, 樂正, 〈雅〉·〈頌〉各得其所."】

○補曰 得其所, 謂得其序次之宜也.

---

3) 何異孫: 元代의 經學家. 구체적인 인적 사항은 未詳. 저서로《十一經問對》가 있다. 十一經을 何異孫은《論語》·《孝經》·《孟子》·《大學》·《中庸》·《詩經》·《書經》·《周禮》·《儀禮》·《春秋》·《禮記》라고 한다.
4)《四庫全書》經部7《十一經問對》의 提要에 보면 何異孫의 말이라 하여 "'君子居之, 何陋之有?' 則以爲箕子曾居其地, 至今禮義敎化與中州同, 不可謂之爲陋"라고 하는 것을 기록해 놓았으나,《論語古今註》에 인용되어 있는 何異孫의 말은 1859년 中國 北京 藕船谿館에서 간행한 李尙迪의《恩誦堂續集》卷1〈箕子墓〉라는 詩의 註에 인용되어 있는 것을《論語古今註》에서 재인용한 것이다. 그런데 여기에 한 가지 의문이 제기된다.《論語古今註》는 茶山이 1813년에 완성한 저술인데, 그가 逝去한 지 20여 년 뒤에 출간한 글에서 인용하였다는 것은《論語古今註》가 茶山 歿後에도 그 弟子 또는 後孫, 아니면 1936년 新朝鮮社에서《與猶堂全書》를 간행할 때 增補가 있었던 것이 아닌가 한다.
5) 李尙迪: 1804~1865. 우리나라 朝鮮朝 後期 詩人. 字는 惠吉, 號는 藕船, 本貫은 牛峰. 譯官집안의 庶孽이였으나, 官은 溫陽郡守를 거쳐 知中樞府事에 이름. 譯官으로 12차에 걸친 中國 왕래로 吳崇梁·翁方綱 등 중국의 유명 文人들과 교우를 맺고 중국에서 詩文集까지 간행하였음. 저서로《恩誦堂集》이 있다.
6) 李尙迪,《恩誦堂續集》卷1〈箕子墓〉에 註로 나온다.
7)《正義》9.
1) 太叔疾: 春秋時代 衛나라 大夫. 哀公 11년條의〈經〉에는 世叔齊로 되어 있다. 杜預의 注에는 齊는 이름이고 疾은 字라고 하였다.

○마융: 군자가 사는 곳에는 (사람들이) 교화教化된다. [何異孫[3]의 《十一經問對》에 이르기를 "'君子居之'(의 君子)는 箕子를 가리켜 말한 것이며, 孔子가 스스로 자신을 君子라고 일컬은 것이 아니다"라고 하였다.[4] ○李尙迪[5]의 《恩誦堂集》에 이 말이 있다.[6]]

○형병: 일설一說에는 "구이九夷는 현토玄免, 낙랑樂浪, 고려高麗, 만절滿節, 부유鳧臾, 색가索家, 동저東屠, 왜인倭人, 천비天鄙이다"라고 하였다.[7] [역시 《後漢書》에 나온다.]

○반박: 현토玄免·낙랑樂浪은 (한漢나라) 무제武帝 때 사군四郡의 이름이니, 공자로서 알 수 있는 바가 아니다.

○왕충《논형》: 공자는 중국에 도道가 행해지지 않는 것을 싫어하여, 마음이 실의失意에 빠졌기 때문에 구이九夷에 가려고 하였다. [〈問孔〉편에 나온다.]

공자는 말하기를 "내가 위衛나라로부터 노魯나라에 돌아온 뒤에 악樂이 바르게 되어, 〈아雅〉와 〈송頌〉이 각각 그 마땅한 바를 얻었다."라고 하였다.

○정현: (공자가) 노나라로 돌아온 것이 애공哀公 11년 겨울이니, 이 당시는 도道가 쇠퇴하고 악樂이 피폐해져 있었는데, 공자가 돌아와서야 이를 바로잡은 것이다. [邢昺은 이르기를 "哀公 11년 겨울에 衛나라의 孔文子가 大叔疾[1]을 치려고 하거늘, 孔子가 수레를 명하여 타고 거기를 떠났는데, 魯人(魯나라 君主)이 폐백을 보내 그를 부르자 이에 돌아왔다. 杜預의 注에 이르기를 '이에 衛로부터 魯에 돌아와 樂이 바르게 되어 〈雅〉와 〈頌〉이 각각 그 마땅한 바를 얻었다'고 했다"라 하였다.[2]]

○보충: '득기소得其所'는 그 차례의 마땅함을 얻은 것을 이른다.

---

2) 《正義》9.

王應麟曰:"《石林》云, '季札觀魯樂, 以〈小雅〉爲周德之衰,〈大雅〉爲文王之德,〈小雅〉皆變雅,〈大雅〉皆正雅. 楚 莊王言{武王克商作〈頌〉, 以〈時邁〉爲首, 而〈武〉次之,〈賚〉爲第三,〈桓〉爲第六, 以所作爲先後. 以此攷之,〈雅〉以正變爲大小,〈頌〉以所作爲先後者, 詩未刪之序也. 論政事之廢興而以所陳者爲大小, 推功德之形容而以可告者爲先後者, 刪詩之序也.'"
○案 此義, 明矣. 季札所觀, 楚莊所論, 皆未刪之詩也.

子曰:"出則事公卿, 入則事父兄, 喪事不敢不勉, 不爲酒困, 何有於我哉?"

---

2) 變雅: 衰世에 지어진 雅를 말함.
3)《左傳》宣公 12년조에 나온다.
4) 王應麟,《困學紀聞》卷7〈論語〉에 나온다.

○왕응린: 《석림石林》에 이르기를 "계찰季札이 노魯나라의 악樂을 보고 〈소아小雅〉는 주周나라의 덕이 쇠퇴하였을 때의 것으로 하고 〈대아大雅〉는 문왕文王의 덕으로 하였으니, 〈소아〉는 모두 변아變雅[2]이고 〈대아〉는 모두 정아正雅이다. 그리고 초楚 장왕莊王이 '무왕武王이 상商을 이기고 〈송頌〉을 지어서 〈시매時邁〉를 (〈송〉의) 첫 편으로 하고, 〈무武〉를 〈송〉의 그 다음 편으로 하고, 〈뇌賚〉를 제3편으로 하고, 〈환桓〉을 제6편으로 하였다'[3]고 말한 것은 지은 순서로써 선후를 삼은 것이다. 이러한 것들로써 살펴보건대, 〈아雅〉를 정아正雅와 변아變雅로써 〈대아〉와 〈소아〉로 구분하고, 〈송〉을 지은 순서로써 선후를 삼는 것은 이것이 시詩가 아직 산정刪定되지 않았을 때의 순서이다. 정사의 흥폐를 논한 것인데, 그 진술한 내용으로써 대아와 소아를 구분하고, 공덕功德의 형용을 미루어 놓은 것인데, 종묘에 고할 수 있었던 순서로써 선후를 삼고 있는 것은 이것이 시詩가 산정된 뒤의 순서이다"라고 하였다.[4]

○살펴보건대, 이 뜻은 분명하다. 계찰季札이 본 바의 악樂과 초 장왕莊王이 논한 바의 〈송〉은 모두 (《시경詩經》이) 산정되기 이전의 시詩이다

공자는 말하기를 "밖에 나가서는 공경公卿을 섬기고, 집에 들어와서는 부형을 섬기고, 상사喪事에는 감히 힘을 다해 원조하지 아니함이 없고, 술에는 괴로움을 당하지 않는 것이 (그렇게 장한 일이 아닌데) 어찌 나에게 있다 없다 할 필요가 있겠는가?" 라고 하였다.

補曰 公卿, 君大夫也.【上大夫爲卿】父兄, 宗族尊者.【同姓曰父兄】勉者, 匍匐相救①之意.

○補曰 困者, 被其所撚也.《易》曰: "困于酒食."【〈困〉卦文】

○補曰 言我粗能爲此, 何足有無於我哉?

侃曰: "言我何能行此三事, 故云 '何有於我哉'."【一云: "人若能如此則何復須我, 故云 '何有於我哉'."】

○邢曰: "他人無是行, 於我, 我獨有之, 故曰, '何有於我哉.'"

○駁曰 皆非也. 如侃之說則太謙也, 如邢之說則太傲也.

荻曰: "公卿連言, 似自王朝之士言之, 不可以公爲國君. 若諸侯之士, 不可言公卿."

○純曰: "《左傳》云, '公·卿宣淫.' 公, 謂陳 靈公; 卿, 謂二大夫,【孔寧及儀行父】則諸侯之國, 未必不言公卿也."▶

---

① 救: 新朝本에는 '求'로 되어 있으나 奎章本에 따라 바로잡는다.
1) 君大夫:《禮記》〈曲禮〉下편에 나오는 말인데, 天子의 大夫이다.
2)《義疏》5-124.
3) 同上.
4)《正義》9.
5) 諸侯에게 벼슬하는 사람을 두고 公卿이라 할 수 없는 것과 같다: 荻生雙松은 諸侯에게 벼슬하는 사람을 卿大夫라고 하지 公卿이라고는 하지 않는다고 본다. 太宰純,《論語古訓外傳》9-12b.

○보충: '공경公卿'은 군대부君大夫[1])이고, [上大夫를 卿이라 한다.] '부형父兄'은 종족宗族 가운데 높은 분이며, [同姓 가운데 높은 이를 父兄이라 한다.] '면勉'이란 힘을 다해 서로 원조한다는 뜻이다.

○보충: '곤困'이란 남에게 가려져 피해를 입는 것이다. 《역경易經》에 이르기를 "주사酒食에 괴로워하다"라고 하였다. [《易經》〈困卦〉의 글이다.]

○보충: 나는 약간 이런 일들을 하는 데 능하지만, 어찌 내게 (이런 일들이 그렇게 장한 것이 아닌데) 있다 없다 할 필요가 있겠느냐는 말이다.

○황간: 내가 어찌 이 세 가지 일을 능히 행할 수 있겠느냐는 말이다. 그러므로 "어찌 나에게 있겠는가?"라고 한 것이다.[2)] [(皇侃은 또) 다른 한편으로 이르기를 "남들이 만약 능히 이와 같이 할 수 있었다면 어찌 또 나에게 기대할 필요가 있었겠는가? 그러므로 '어찌 나에게 있겠는가?'라 한 것이다"고 하였다.[3)]]

○형병: 다른 사람은 이런 행실이 없고 나에게만 오직 이런 것이 있기 때문에 "어찌 나에게 어려움이 있겠는가?"라고 한 것이다.[4)]

○반박: (두 사람의 말) 모두 아니다. 황간의 말 같은 것은 너무 겸손하고, 형병의 말 같은 것은 너무 오만하다.

○적생쌍송: 공公과 경卿을 이어서 (공경公卿이라고) 말한 것은 그 자체가 왕조王朝에 벼슬하는 사람을 두고 말한 듯하니, (여기의) 공公은 국군國君이 될 수 없다. 이는 마치 제후諸侯에게 벼슬하는 사람을 두고 공경公卿이라 할 수 없는 것과 같다.[5)]

○태재순: 《좌전左傳》에 이르기를 "공경이 음탕함을 보이다(公卿宣淫)"라고 하였으니, 여기의 공公은 진陳 영공靈公을 이르고, 경卿은 두 대부(孔寧과 儀行父)를 이르니, 제후의 나라라고 반드시 공경公卿이라 말하지 못하는 것만은 아니다.▶

◀又〈小儀〉云, '適公卿之喪則曰聽役於司徒, 亦侯國之禮也.'"【或曰: "〈燕義〉云, '不以公卿爲賓, 而以大夫爲賓.' 鄭注, '公, 孤也.' 恐此章公卿, 亦以上公之國言之."】
○案 純說, 是也.

子在川上曰: "逝者如斯夫. 不舍晝夜."

補曰 逝者, 人生也. 自生至死, 無時不逝.【《秦①風》云: "逝者其耋."】
○補曰 斯, 謂②川也. 舍, 止息也.
○邢曰: "見川水之流迅速, 且不可追復, 故感之而興歎."
包曰: "凡往也者, 如川之流."
○案 逝者之爲何物, 注疏皆不明言, 將謂之日月之光陰乎? 光陰者, 晝夜也. 謂晝夜, 不舍晝夜, 其言無味, 將謂之天地化生之機, 天體健行之運, 晝夜不息乎? 天道循環, 無往不復, 非如川流之一逝而不反, 其喩未切.▶

---

① 秦: 新朝本·奎章本에는 '魏'로 되어 있으나 인용문이《詩經》〈秦風·車鄰〉의 내용이므로 바로잡는다.
② 謂: 新朝本에는 '爲'로 되어 있으나 奎章本에 따라 바로잡는다.
6) 司徒: 여기서는 三卿의 하나인 司徒가 아니고, 公·卿의 집에서 喪事를 執行하는 사람을 가리킴.
7) 太宰純,《論語古訓外傳》9-12b~13a.
8) 孤: 三公 다음의 三孤(少師·少傅·少保)를 말함.
9) 太宰純,《論語古訓外傳》9-13a.
1)《詩經》〈秦風·車鄰〉에 나온다.

◀또 《예기》〈소의少儀〉에 이르기를 "공경公卿의 상喪에 갔을 때는 (그 사辭에) 이르기를, '사도司徒⁶⁾에게 그 맡아서 할 일을 들어라'"라고 하였으니, 이 또한 제후국의 예禮이다.⁷⁾ [어떤 이는 이르기를 "《禮記》〈燕義〉에 '公卿을 賓으로 하지 않고 大夫를 賓으로 하다'라고 했다"고 하였다. 鄭玄의 注에 '公은 孤⁸⁾이다'라 하였으니, 아마도 이 章의 公卿도 또한 (諸侯國 가운데) 上公의 나라로써 말한 것이다.⁹⁾]
○살펴보건대, 태재순의 말이 옳다.

공자가 냇가에 서서 말하기를 "가는 것(人生)이 이 냇물과 같구나! 밤낮으로 쉬지 않는다."라고 하였다.

○보충: '서자逝者'는 인생人生이다. 나서 죽을 때까지 어느 때고 흘러가지 아니함이 없다. [《詩經》〈秦風〉에 "세월이 흘러가 늙으리라(逝者其耋)"라고 하였다.¹⁾]
○보충: '사斯'는 내(川)를 이르고, '사舍'는 그쳐서 쉬는 것이다.
○형병: 냇물의 흐름이 빠르고 또 도로 되돌아올 수 없음을 보았기 때문에, 이에 느껴 탄식이 일어난 것이다.
○포함: 무릇 가는 것은 냇물의 흐름과 같다.
○살펴보건대, '서자逝者'란 것이 어떠한 의미인지 주소注疏에서는 모두 분명히 말하지 않았다. 장차 이를 두고 일월日月의 광음光陰이라고 말하려 하는가? (그렇다면) 광음이란 밤낮(晝夜)이다. (광음이) 밤낮을 말하는 것이라면 (여기에 불사不舍를 더 붙여) '밤낮으로 쉬지 않는다(不舍晝夜)'라고 하는 것은 그 말이 의미를 잃은 것이다. 아니면 장차 이를 두고 천지화생天地化生의 기미와 천체건행天體健行의 운행이 밤낮으로 쉬지 않는 것을 이르려고 하는가? (그렇다면) 천도天道는 순환하여 가면 또다시 되돌아오지 아니함이 없으니, 이는 냇물이 한 번 흘러가면 다시 되돌아오지 않는 것과 같은 것이 아니다. (그러니) 이런 비유들은 적절하지 않다.▶

子罕中

◀惟吾人生命, 步步長逝, 無一息之間斷, 如乘輕車而下斜坂, 流流乎不可止也. 君子進德修業, 欲及時也, 而學者恆忘此機, 此夫子所以警之也.【《孟子》曰: "原③泉混混, 不舍晝夜." 別是一義, 非此經之所宜引】

王應麟曰: "《楚辭辨證》云, '洪引顔師古曰, {舍, 止息也.}' 屋舍·次舍, 皆此義.《論語》不舍晝夜, 謂曉夕不息耳. 今人或音捨者非是,《辨證》乃朱子晩歲之書, 當從之."

子曰: "吾未見好德如好色者也."

何曰: "疾時人薄於德而厚於色, 故發此言."【朱子云: "《史記》孔子居衛, 靈公與夫人南子同車, 使孔子爲次乘, 招搖市過之, 孔子醜之, 故有是言."】

③ 原: 新朝本·奎章本에는 '源'으로 되어 있으나《孟子》〈離婁〉下에 따라 바로잡는다.
2)《易經》〈乾卦·文言傳〉에 보면 "君子進德修業, 欲及時也, 故无咎"라고 하였다.
3)《楚辭辨證》: 南宋 때 朱熹 撰. 朱子는《楚辭集註》8권 이외에《辨證》2권과《後語》6권을 지었음.
4) 洪興祖: 宋代의 學者. 字는 慶善. 官은 秘書省正字. 저서로는《老莊本旨》·《周易通義》·《楚辭補注》등이 있음.
5) 屋舍·次舍: 屋舍는 '屋은 舍의 뜻이다(屋, 舍也)'(《廣雅》〈釋室〉)라는 말이고, 次舍는 '次는 舍의 뜻이다(次, 舍也)'(《楚辭》〈九歌·湘君〉에 나오는 '鳥次兮屋上'의 注에 있음)라는 말. 여기의 舍는 모두 머물다 또는 묵다(宿)의 뜻이다.
6) 王應麟,《困學紀聞》卷7〈論語〉.

◀오직 우리들 인생은 한 걸음 한 걸음 길게 걸어가며 한 순간의 간단間斷도 없는 것이다. 이는 마치 가벼운 수레를 타고 비탈길을 내려가면서 물이 흐르듯이 쉴 수 없는 것과 같다. 군자가 안으로 덕德에 나아가고 밖으로 공업功業을 닦는 데 노력하는 것은 그때그때에 미쳐서 (진퇴進退를) 잘하고자 하기 위한 것인데,²⁾ 배우는 이들은 항상 이러한 기미를 잊고 있으므로 공자가 이를 경계한 것이다. [孟子가 말하기를 "근원이 있는 물은 용솟음쳐 나와 흘러서 밤낮을 그치지 않는다"라고 하였는데, 이는 또 별도로 하나의 뜻이니, 이 經文에서 마땅히 인용해야 할 바가 아니다.]

○왕응린: 《초사변증楚辭辨證》³⁾에 이르기를 "홍흥조洪興祖⁴⁾가 안사고顏師古의 말을 인용하여 '사舍는 지식止息의 뜻이다'라고 하였으니, 옥사屋舍·차사次舍⁵⁾도 모두 이런 뜻이다. 《논어》에서 '불사주야不舍晝夜'라고 한 것은 새벽부터 저녁까지 쉬지 않음을 말한 것이다. 지금 사람들이 혹 '사舍'의 음音을 사捨로 함이 있으나, 이는 옳지 않다.《초사변증》은 곧 주자가 만년晩年에 쓴 글이니, 마땅히 이를 따라야 할 것이다"라고 하였다.⁶⁾

공자는 말하기를 "나는 덕 좋아하기를 여색을 좋아하듯이 하는 사람을 보지 못했다."라고 하였다.

○하안: 당시 사람들이 덕德에는 박박하고 여색女色에는 후함을 병이라 여겼기 때문에 이 말을 한 것이다. [朱子는 이르기를 "《史記》에 '공자가 衛나라에 있을 때 靈公이 그 부인 南子와 함께 수레를 타고는 공자로 하여금 다음 수레에 타게 하여 요란하게 저자를 지나가자, 공자가 그것을 추하게 여겼기 때문에 이 말이 있었다'라 했다"고 하였다.]

○徐奮鵬曰: "好德者, 道心也; 好色者, 人心也. 人心反眞切, 道心反冷淡."

子曰: "譬如爲山, 未成一簣, 止, 吾止也. 譬如平地, 雖覆一簣, 進, 吾往也."【覆, 入聲】

補曰 爲山, 築土爲假山也.
○包曰: "簣, 土籠也."
○補曰 覆, 倒瀉也.《易》曰: "覆公餗."
○補曰 吾, 指造山之人也. 垂將成而沮止者, 亦吾所止也; 無所藉而奮進者, 亦吾所往也. 以喻進德修業.
包曰: "中道止者, 我不以其前功多而善之."【見其志不遂, 故不與也】
○馬曰: "始覆一簣, 我不以其功少而薄之."【據其欲進而與之】

---

1) '覆'은 入聲이다: 음이 '복'이라는 말이다.
2)《易經》〈鼎卦〉와 〈繫辭〉 下에 나온다.

○서분붕: 덕德을 좋아하는 것은 도심道心이고, 여색을 좋아하는 것은 인심人心이다. 그런데 인심에는 도리어 (관심이) 진절眞切하고, 도심에는 도리어 냉담하다.

공자는 말하기를 "비유컨대, 산을 만들 때 한 삼태기의 흙을 더 붓지 않아 산을 이루지 못하고 그만두는 것도 내가 그만두는 것이다. 비유컨대, 산을 만들기 위해 평탄한 땅에 한 삼태기의 흙을 쏟아 붓고 나아가는 것도 내가 나아가는 것이다."라고 하였다. ['覆'은 入聲이다.]

○보충: '산을 만든다(爲山)'는 것은 흙을 쌓아 가산假山을 만드는 것이다.
○포함: '궤簣'는 흙 삼태기이다.
○보충: '복覆'은 쏟아 붓는 것이다. [《易經》에 이르기를 "賢人에게 대접할 곰국을 엎질러 쏟다(覆公餗)"라고 하였다.]
○보충: '오吾'는 산을 만드는 사람을 가리킨다. 거의 이루어지려고 할 무렵에 정지하는 것도 내가 정지하는 것이고, 아무 의지할 곳 없는 데서 분발하여 나아가는 것도 내가 나아가는 것이다. 이는 진덕수업進德修業을 비유한 것이다.
○포함: 중도에서 그친다면 나는 그 전공前功이 많더라도 이를 좋게 여기지 않는다. [그 뜻이 이루어지지 못할 것을 보았기 때문에 (나는 그만두고) 그와 함께하지 않는 것이다.]
○마융: 처음 한 삼태기의 흙을 쏟아 부었더라도 나는 그 공이 적다고 이를 업신여기지 않는다. [그 나아가고자 하는 것에 근거하고 있기 때문에 (나도 가서) 그와 함께하는 것이다.]

○駁曰 非也. 朱子曰: "其止其往, 皆在我而不在人."

梅氏〈旅獒〉篇曰: "爲山九仞, 功虧一簣."

○案《孟子》曰: "爲高必因丘陵." 古蓋有因其高而爲高者. 《周禮》〈大司樂〉云: "冬日至, 奏樂於地中之圜丘; 夏日至, 奏樂於澤中之方丘." 皆築土爲山者也.

《輟耕錄》曰: "萬歲山在大內西北太液池之陽, 金人名瓊花島. 中統三①年修繕之, 其山皆以玲瓏石疊疊峯巒, 隱映松檜, 隆鬱秀若天成."【《南史》〈阮孝緖傳〉云: "雖與兒童游戱, 恆以穿地築山爲樂."】

考異 《漢書》〈禮樂志〉及《後漢書》〈班固傳〉注, 簣皆作匱. 《通雅》云: "一簣通作一匱·一塊·一壇."【〈明堂位〉云: "土鼓·蕢桴." 鄭注: "蕢, 當爲塊, 聲之誤也."】

○案《通雅》, 非也.

---

① 三: 新朝本·奎章本에는 '二'로 되어 있으나 《輟耕錄》卷1에 따라 바로잡는다.
3) 梅氏〈旅獒〉: 《尙書》〈旅獒〉라 하지 않고 '梅氏〈旅獒〉'라 한 것은, 현재 傳하는 〈旅獒〉편을 茶山은 梅賾의 僞作으로 보기 때문이다.
4) 《孟子》〈離婁〉上에 나온다.
5) 圜丘: 冬至에 하늘에 제사지내기 위해 하늘의 모양을 본떠 둥글고 높게 만든 祭壇. 음은 '원구'이다.
6) 方丘: 夏至에 땅에 제사지내기 위해 땅의 모양을 본떠 方形으로 높게 만든 祭壇.
7) 《輟耕錄》: 明代의 學者 陶宗儀 撰. 元代의 法制와 至正 年間(1341~1367)의 東南兵亂事를 상세히 기록하고 있으며, 또 訓詁 書畵 戱曲 등의 考證이 많다.
8) 《欽定日下舊聞考》卷32〈宮室〉에 보면, 바로 이와 똑같은 글이 실려 있다.
9) 阮孝緖: 479~536. 梁나라 사람. 字는 士宗. 효행으로 이름이 높았으며, 나이 13세에 五經에 통달한 經學者이다. 시호는 文貞. 저서로《七錄》등 181권이 있다.
10) 土鼓: 樂器의 일종. 기와 또는 흙을 굳혀서 만든 북인데, 兩面은 가죽으로 되어 있다.
11) 蕢桴: 흙덩이로 만든 북채.

○반박: 아니다. 주자朱子는 말하기를 "그 그만두거나 나아가는 것이 모두 나에게 달려 있고 남에게 달려 있지 않다"고 하였다.

○매씨〈여오〉:³⁾ 산을 만드는데 아홉 길 높이를 쌓았더라도 마지막 한 삼태기의 흙이 모자라 공功이 무너진다.

○살펴보건대, 맹자가 말하기를 "높은 산을 만들 때는 반드시 구릉을 이용한다"⁴⁾고 하였으니, 예부터 대개 높은 데를 이용하여 높은 것을 만들었던 듯하다. 《주례》〈대사악大司樂〉에 이르기를 "동지冬至에는 지중地中의 원구圜丘⁵⁾에서 음악을 연주하고, 하지夏至에는 택중澤中의 방구方丘⁶⁾에서 음악을 연주한다"라고 하였으니, 이 (원구·방구)는 모두 흙을 쌓아 산을 만든 것이다.

○《철경록》:⁷⁾ 만세산萬歲山은 대내大內의 서북쪽 태액지太液池의 북쪽에 위치해 있는데, 금金나라 사람들은 이를 경화도瓊花島라 부른다. 중통中統 3년(1262)에 인공人工으로 이를 수선하였는데, 그 산은 모두 영롱玲瓏한 돌이 첩첩이 쌓여 봉우리를 이루고, 거기에 은은히 비치는 소나무와 전나무들이 울창하게 빼어나 마치 하늘이 이루어 놓은 것처럼 보인다.⁸⁾ [《南史》〈阮孝緒傳〉⁹⁾에 이르기를 "비록 아이들과 함께 장난하며 놀 때도 항상 땅을 뚫고 산을 築造하는 일로 즐거움을 삼았다"라고 하였다.]

【고이】《한서漢書》〈예악지禮樂志〉와 《후한서後漢書》〈반고전班固傳〉 주注에는 '궤蕢'가 모두 '궤匱'로 되어 있다. 《통아通雅》에 이르기를 "일궤一蕢는 일궤一匱·일괴一塊·일궤一壝로 되어 있는 것과 통한다"라고 하였다. [《禮記》〈明堂位〉에 이르기를 "土鼓¹⁰⁾·蕢桴¹¹⁾는 … 이다"라고 하였는데, 鄭玄의 注에는 "蕢는 마땅히 塊 字로 해야 한다. 이는 소리의 잘못이다"라고 하였다.]

○살펴보건대, 《통아》의 말은 잘못되었다.

子曰: "語之而不惰者, 其回也與."

補曰 不惰, 謂顏子聽夫子之言, 而欣勤不怠也.

何曰: "顏淵解, 故語之而不惰; 餘人不解, 故有惰語之時."【邢云: "餘人不能盡解, 故有懈惰於夫子之語時."】

○毛曰: "'語之而不惰', 即教不倦也. 陳咸聽父敎誡, 故假寐而首觸屛風, 否則狂如曾點鼓瑟未終, 亦且備聞三子之撰. 若謂'聖門惟回能聽語不惰, 他即不然', 則非矣.〈學記〉曰, '古之敎者, 時觀而勿語, 必力不能問, 然後語之. 語之而不知, 則舍之.' 舍即惰也."

○駁曰 非也. 何晏之說謬, 故邢昺似從而實違之, 蕭山欲強辨而重建之, 不亦拗乎? 子曰: "回也於吾言, 無所不說①." '語之而不惰'者, 言之而悅也.

---

① 說: 新朝本·奎章本에는 '悅'로 되어 있으나《論語》〈先進〉의 經文에 따라 바로잡는다.
1)《正義》9.
2) 陳咸: 前漢 사람. 萬年의 아들. 字는 子康. 官은 元帝 때 御史中丞·南陽太守·少府 등을 역임. (《前漢書》卷66 참조.)
3) 曾點: 曾子의 父 曾晳이다. 點은 名.
4) 세 사람: 孔子의 弟子인 子路·冉有·公西華를 말함.《論語》〈先進〉마지막 章에 나온다.

공자는 말하기를 "말해주면 게을리 하지 않는 사람은 안회顔回일 것이다!"라고 하였다.

○보충: '불타不惰'라는 말은 안자顔子가 공자의 말을 들으면 기쁘고 부지런해져서 게을리 하지 않는다는 말이다.
○하안: 안연顔淵은 (공자의 말을 들으면) 이해하기 때문에 말해주면 게을리 하지 않았으나, 나머지 제자들은 이해하지 못하기 때문에 (공자가) 말해주는 것에 대해 게을리 할 때가 있었다. [邢昺은 이르기를 "나머지 제자들은 다 이해할 수 없었기 때문에 공자의 말에 게을리 할 때가 있었다"라고 하였다.]
○모기령: '어지이불타語之而不惰'란 곧 '가르치기를 게을리 하지 않는다(教不倦)'는 것이다. 진함陳咸[2]이 부친의 첩諂하는 것에 대한 가르침을 듣고 있다가 이 때문에 잠깐 잠이 들어 머리로 병풍을 들이받아 부친이 크게 노한 일, 아니면 또 정신없이 증점曾點[3]이 비파를 타다가 미처 이를 마치지 않고 또한 세 사람[4]이 갖추어 하는 말을 모두 들었던 것과 같은 일이 그것이다. 만약 성인聖人의 문하에 오직 안회만이 공자의 말을 들으면 게을리 하지 않고 다른 제자들은 그렇지 않았다는 것을 말하는 것이라면, 이는 그런 것이 아닐 것이다. 《예기》〈학기學記〉에 말하기를 "옛날의 가르침은 스승이 때때로 학습하는 것을 관찰하나 친절히 말해주지 않았고, 반드시 질문할 힘이 없을 정도로 고심하는 지경에 이른 뒤에라야 말해주며, 말해주어도 알지 못하면 (얼마 동안) 이를 그대로 놓아두었다"라고 하였으니, 여기 '그대로 놓아둔다(舍)'는 것이 ('불타不惰'에서) 타惰 자의 뜻이다.
○반박: 아니다. 하안의 말이 잘못되었다. 그러므로 형병도 그대로 따른 듯한데, 실은 (그 말이) 일치하지 않는다. 그리고 모소산毛蕭山은 강변으로 이들의 말을 다시 세우려고 하는데, 또한 억지가 아니겠는가? 공자는 말하기를 "안회는 나의 말에 대해 기뻐하지 않는 바가 없다"라고 하였으니, '어지이불타語之而不惰'란 말해주면 기뻐하는 것이다.

子謂顏淵曰: "惜乎! 吾見其進也, 未見其止也."

邢曰: "顏回早死, 孔子於後歎惜①之也."【吳程云: "謂, 猶論也. 與〈雍也〉篇 '子謂仲弓' 同."】

○補曰 惜其進未可量.

子曰: "苗而不秀者有矣夫! 秀而不實者有矣夫!"

朱子曰: "穀之始生曰苗, 吐華曰秀, 成穀曰實."
○孔曰: "言萬物有生而不育成者, 喩人亦然."
○邢曰: "此章亦以顏回早卒, 孔子痛惜之, 爲之作譬也."
陳櫟云: "或謂孔子惜顏子, 非也."
○駁曰 非也. 顏子雖夭, 德則成熟. 若以此章爲惜顏子, 則嫌不能成德, 故棄邢義也. 然夫子所言者, 天地生物之理也. ▶

---

① 惜: 新朝本·奎章本에는 빠져 있으나 《論語注疏》卷9〈子罕〉에 따라 보충한다.
1)《正義》9.
2) 陳櫟: 1252~1334. 宋末元初의 經學家. 字는 壽翁, 號는 定宇, 晚號는 東皐老人. 安徽省 休寧人. 宋이 망하자 은거하여 학문과 제자 양성에 힘썼으며, 學統은 朱子를 宗으로 하였음. 저서로는《尙書集傳纂疏》·《四書發明》·《禮記集義》·《歷朝通略》·《勤有堂隨錄》·《定宇集》이 있음. 茶山은《論語集註大全》의 小註에 나오는 新安 陳氏를 陳櫟으로 보고 있다.
3)《論語集註大全》卷9〈子罕〉제9의 小註에 나온다. 陳櫟도 朱子와 동일하게 이 經文을 배움(學)에다 비유하였음.

공자가 안연顔淵을 평하기를 "애석하구나! 나는 그의 나아가는 것만 보았고, 그치는 것을 보지 못했다."라고 하였다.

○형병: 안회顔回가 일찍 죽었으므로 공자가 훗날 그를 탄식한 것이다. [吳程이 이르기를 "'謂'란 논평한다는 말과 같다. 〈雍也〉篇의 '子謂仲弓'이라 할 때의 '謂'와 같은 뜻이다"라고 하였다.]
○보충: 그의 나아감이 헤아릴 수 없을 정도인 것을 애석하게 여긴 것이다.

공자는 말하기를 "싹은 돋았으나 꽃을 피우지 못하는 것도 있고, 꽃은 피우고서도 열매를 맺지 못하는 것도 있구나!"라고 하였다.

○주자: 곡식이 처음 싹이 난 것을 묘苗라 하고, 꽃을 피운 것을 수秀라 하며, 곡식을 이룬 것을 실實이라 한다.
○공안국: 만물이 나기는 하여도 육성育成되지 못하는 것이 있는데, 이는 사람도 또한 그러하다는 것을 비유한 것이다.
○형병: 이 장章도 또한 안회가 일찍 죽음으로써 공자가 통석痛惜해 하여 그를 위해 비유한 것이다.[1]
○진력:[2] 어떤 이는 (이것이) 공자가 안자顔子를 애석해 한 것이라고 하는데, 그것은 틀렸다.[3]
○반박: 아니다. 안자는 비록 요절하였으나 그 덕德은 성숙成熟하였으니, 만약 이 장章을 가지고 안자를 애석해 한 것으로 만들면 (안자가) 덕을 이룰 수 없었다는 혐의를 받게 되기 때문에 형병의 주석을 폐기한 것이다. 그러나 공자가 여기에 말한 바는 천지 생물의 이치로써 말한 것이다. ▶

◀天旣生是人, 不與之以年, 使不能充而大之, 是所謂天難諶也. 若以喩學, 則其言泊然無味, 無嗟①悗感慨之妙.

子曰: "後生可畏, 焉知來者之不如今也? 四十·五十而無聞焉, 斯亦不足畏也已."

何曰: "後生, 謂年少."【補云: "猶長者之稱先生."】
○邢曰: "年少之人, 足以積學成德, 誠可畏也."
○補曰 今, 謂孔子與諸弟子相遇之時也.【群弟子常以當時爲盛際, 故夫子之言如此】
○邢曰: "無聞, 謂令名無聞."
邢曰: "安知將來者①之道德, 不如我今日也?"
○駁曰 非也. 夫子與後生少年, 度德量力, 較短絜長, 有是理乎?
王陽明云: "無聞, 是不聞道, 非無聲聞也."【王崇簡亦云】

---

① 嗟: 新朝本에는 '差'로 되어 있으나 奎章本에 따라 바로잡는다.
① 者: 新朝本·奎章本에는 빠져 있으나《論語注疏》〈子罕〉에 따라 보충한다.
4) 梅賾의《僞古文尙書》〈咸有一德〉에 보면 "嗚呼! 天難諶, 命靡常"이라는 말이 있다.
5) 茶山은 이 經文에 대한 재래의 註에서 新註에 해당하는 朱子와 陳櫟의 說에 반대하고, 舊註에 해당하는 孔安國과 邢昺의 說에 동의하고 있다.
1)《正義》9.
2) 同上.
3) 同上.
4) 林春溥,《四書拾遺》에 나온다.
5) 王崇簡: 1602~1675. 淸 初의 文臣 學者. 宛平人. 字는 敬哉, 諡는 文貞. 官은 淸 世祖 때 內翰林國史院庶吉士·禮部尙書·太子太傅 등을 역임. 저서는《靑箱堂文集》·《冬夜箋記》가 있음.

◀하늘이 이미 이 사람을 태어나게 하여 그에게 오랜 수명壽命을 주지 않아 그로 하여금 덕을 충실하고도 크게 할 수 없게 하였으니, 이는 이른바 '하늘은 믿기 어렵다(天難諶)'4)는 것이다. 그런데 만약 이 경문經文을 가지고 배움(學)에다 비유하면, 그 말이 담연淡然해서 아무 맛이 없고 (또 이 경문이 지닌) 차탄嗟歎과 감개感慨의 묘妙가 없다.5)

공자는 말하기를 "후생後生이 두려울 만하니, 어찌 장래에 그들이 오늘날 우리들만 못할 줄을 알겠는가? 그러나 마흔이나 쉰이 되어서도 이름이 알려지지 않는다면, 이 또한 두려워할 것이 되지 않는다."라고 하였다.

○하안: '후생'은 연소자年少者를 말한다. [補充하여 말한다. 長者를 先生이라고 稱하는 것과 같다.]
○형병: 연소한 사람은 배움을 쌓아서 덕을 이룰 수 있으니, 진실로 두려워할 만하다.1)
○보충: '금今'이란 공자와 여러 제자들이 서로 만났던 당시를 이른다. [여러 제자들은 항상 當時를 융성한 시기라고 여겼기 때문에 孔子의 말이 이와 같다.]
○형병: '무문無聞'은 아름다운 이름이 알려지지 않는 것을 이른다.2)
○형병: 어찌 앞으로 오는 자들의 도덕이 나의 오늘만 못할 줄을 알겠는가?3)
○반박: 아니다. 공자가 후생後生의 연소자와 덕력德力을 헤아려 보고 장단長短을 견주어 재다니, 이럴 리가 있겠는가?
○왕양명: '무문無聞'은 도道를 듣지 못함이지 명성이 알려짐이 없는 것이 아니다.4) [王崇簡5)도 또한 그렇게 말하였다.]

○駁曰 非也.

引證 《大戴禮》, 曾子曰: "年三十·四十之間而無藝則無藝矣; 五十而不以善聞則不聞矣; 七十而未壞, 雖有後過, 亦可以免矣."【〈曾子立事②〉篇】

子曰: "法語之言, 能無從乎? 改之爲貴. 巽與之言, 能無說乎? 繹之爲貴. 說而不繹, 從而不改, 吾末如之何也已矣."

補曰 法語者, 彈拂引法之言;【孔云: "人有過, 以正道告之."】巽與者, 柔順相助之言.【與, 助也】言旣正矣, 雖惡人能無面從乎?【義屈故不得不從】言旣遜矣, 雖惡人能無暫悅乎?【辭婉故不得不悅】
○補曰 改者, 改其過也; 繹者, 繼其功也.【如抽絲之連續不絶】

---

② 曾子立事: 新朝本·奎章本에는 '修身'으로 되어 있으나 《大戴禮》에는 〈修身〉이 없으며, 이 글은 〈曾子立事〉에 나오는 글이므로 바로잡는다.
6) 현행하는 《大戴禮記》에는 "… 則無藝矣" 다음에 "五十而不以善聞矣. 七十而無德, 雖有微過, 亦可以勉矣"로 되어 있다.

○반박: 아니다.
【인증】《대대례》: 증자曾子는 이르기를 "나이 삼사십 사이에 이르도록 학문적 재예才藝가 없으면 영영 재예가 없을 것이며, 쉰이 되어도 명성이 알려지지 않으면 영영 명성이 알려지지 않을 것이며, 일흔이 되어도 도덕이 무너지지 않으면 비록 그 뒤에 허물이 있더라도 또한 면할 수 있을 것이다.⁶⁾ [〈曾子立事〉편에 있다.]

공자는 말하기를 "법어法語의 말을 따르지 않을 수 있겠는가? (이를 따르며) 그 허물을 고치는 것이 귀한 것이 된다. 손여巽與의 말을 기뻐하지 않을 수 있겠는가? (이를 기뻐하며) 그 일을 이어가는 것이 귀한 것이 된다. 기뻐하되 그 일을 이어가지 않고, 따르되 그 허물을 고치지 않으면, 나는 어떻게 할 도리가 없다." 라고 하였다.

子罕中

○보충: '법어'란 (허물을) 밝혀 털어 버리고 법도가 있는 데로 인도하는 말이고, [孔安國은 이르기를 "사람이 허물이 있으면 正道로써 그에게 고한다"라고 하였다.] '손여'란 (타이름이) 부드럽고 순하여 서로 돕게 되는 말이다. ['與'는 돕는다는 뜻이다.] 말이 올바르면 비록 악인惡人이더라도 면전에서 따르지 않을 수 있겠는가? [正義에 굴복되기 때문에 따르지 않을 수 없는 것이다.] 말이 겸손하면 비록 악인이더라도 잠시의 기쁨이 없을 수 있겠는가? [말이 婉曲하기 때문에 기뻐하지 않을 수 없는 것이다.]
○보충: '고치다(改)'란 그 허물을 고치는 것이고, '잇다(繹)'란 그 공功을 이어나가는 것이다. [실을 뽑을 때 연이어져서 끊어지지 않는 것과 같다.]

馬曰: "巽, 恭也, 謂恭孫謹敬之言." 【侃云: "言有彼人不遜, 而我謙遜, 與彼恭言."】

○駁曰 非也.

鄭曰: "繹, 陳也." 【見《釋文》】

○邢曰: "繹, 尋繹也." 【必能尋繹其言行之乃爲貴】

○駁曰 非也. 尋者, 寒而復溫也; 繹者, 繀之不絕也. 混稱尋繹, 何謂也?

王觀濤云: "能無者, 必然之勢也. 法則理無可逃, 必定是從; 巽則情無所拂, 必定是悅."

○案 說得眞切.

考異 揚子《方言》曰: "悛懌, 改也. 自山而東, 或曰悛, 或曰懌." 郭璞注曰: "《論語》曰, '悅而不懌.'"

○案 郭注, 非也.

子曰: "主忠信, 毋友不如己者, 過則勿憚改."

---

1) 《義疏》5-126.
2) 《經典釋文》卷第24〈論語音義〉에 나온다.
3) 《正義》9.
4) 同上.
5) 《左傳》哀公 12년조에 "曰: 必尋盟, 若可尋也, 亦可寒也"라는 구절이 있다.
6) 王觀濤: 淸代의 經學家인 陸隴其의《四書講義困勉錄》에는 王觀濤의 註가 많이 인용되어 있으나 그의 인적 사항은 未詳.
7) 懌: 郭璞의《方言》注에는 고친다는 뜻으로 쓰일 때는 音이 '혁'임을 밝혀 놓았다.
8) 山으로부터 동쪽: 여기의 山은 華山을 가리키는지 太行山을 가리키는지 未詳이다.
9) 揚雄,《方言》卷6에 나온다.

○마융: '손巽'은 공손함이니, (손여지언巽與之言은) 공손하고 근경謹敬한 말을 이른다. [皇侃은 이르기를 "저 사람이 불손한데도 내가 겸손하여 저 사람에게 공손히 말하는 것을 이른다"라고 하였다.[1)]]

○반박: 아니다.

○정현: '역繹'은 쭉 잇는다(陳)는 뜻이다. [《經典釋文》에 보인다.[2)]]

○형병: '역繹'은 사리를 찾다(尋繹)란 뜻이다.[3)] [반드시 능히 그 말의 사리를 찾아내 이를 행하는 것이 귀한 것이 된다.[4)]]

○반박: 아니다. '심尋'이란 찬 것을 다시 따뜻하게 하는 것이고,[5)] '역繹'이란 고치를 켜서 실을 뽑는 것이 끊어지지 않는 것이다. 그런데 이를 혼합하여 심역尋繹이라고 하니, 무엇을 뜻하는 말인가?

○왕관도:[6)] '능무能無'란 반드시 그러한 형세이며, ('법어法語'의) 법法은 이치에 해당하므로 피할 수 없으니 반드시 꼭 따르게 되며, ('손여巽與'의) 손巽은 정情에 해당하므로 떨칠 수 없으니 반드시 꼭 기뻐하게 된다.

○살펴보건대, 해설이 분명하다.

【고이】양자《방언》: '전悛'과 '혁懌'[7)]은 고치다(改)란 뜻이다. 산으로부터 동쪽[8)] 지방에서는 '전悛'이라 하기도 하고 '혁懌'이라 하기도 한다.[9)] 곽박郭璞의 주에는 "《논어》에 '기뻐하되 고치지 않는다(悅而不懌)'라 했다"고 하였다.

○살펴보건대, 곽박의 주는 잘못된 것이다.

공자는 말하기를 "충忠과 신信을 주로 하고, 자기보다 못한 사람을 벗하지 말며, 허물이 있으면 고치기를 꺼려하지 말라."라고 하였다.

邢曰: "〈學而〉篇已有此文, 記者異人, 故重出之."

何曰: "愼所主友."【邢云: "凡親狎皆須有忠信者."】

○駁曰 非也. 已見前.

子曰: "三軍可奪帥也, 匹夫不可奪志也."

邢曰: "萬二千五百人爲軍.【大國則三軍】帥, 將也."

○補曰 匹夫, 一夫也.【猶一馬之謂匹馬】

孔曰: "三軍雖衆, 人心不一則其將帥可奪."【侯氏云: "三軍之勇在人, 匹夫之志在己."】

○補曰 '不可奪志', 謂富貴不能淫, 貧賤不能移, 威武不能屈.

邢曰: "匹夫, 庶人也. 士大夫已上有妾媵. 庶人賤, 但夫婦相配匹而已, 故曰匹夫."

---

1)《正義》9.
2) 同上.
3)〈學而〉편 제8장의 茶山 주석을 가리킴.
1)《正義》9.
2) 侯氏: 北宋의 理學者인 侯仲良. 字는 師聖. 程頤에게 師事하였다. 저서로《論語說》이 있다.
3) 妾媵: 妾과 侍女.
4)《正義》9.

○형병: 〈학이學而〉편에 이미 이 글이 있는데, 기록하는 자가 다른 사람이었기 때문에 (여기에) 거듭 나왔다.[1]

○하안: 주로 하는 바와 벗으로 하는 바에 신중히 해야 한다. [邢昺은 이르기를 "무릇 친하게 지내는 데에는 모두 모름지기 忠信스러운 사람을 두어야 한다"라고 하였다.[2]]

○반박: 아니다. (이에 관해서는) 이미 앞에 나타나 있다.[3]

공자는 말하기를 "삼군三軍에서 그 장수를 빼앗을 수는 있으나, 필부匹夫에게서 그 뜻을 빼앗을 수는 없다."라고 하였다.

○형병: 12,500명이 일군一軍이 되고, [大國은 三軍이다.] '수帥'는 장수이다.[1]

○보충: '필부匹夫'는 일부一夫이다. [一馬를 匹馬라고 하는 것과 같다.]

○공안국: 삼군은 비록 그 무리가 많지만, 인심人心이 하나가 되지 아니하면 그 장수를 빼앗을 수가 있다. [侯氏[2]가 이르기를 "三軍의 용맹은 남에게 달려 있고, 匹夫의 뜻은 자기에게 달려 있다"라고 하였다.]

○보충: '뜻을 빼앗을 수 없다(不可奪志)'는 것은 (아무리 부귀富貴한 처지에 있어도) 부귀가 그 마음을 방탕하게 하지 못하며, (아무리 빈천貧賤해도) 빈천이 그 절개를 옮겨 놓지 못하며, 어떠한 위무威武도 그 뜻을 굳히게 할 수 없는 것을 이른다.

○형병: '필부'는 서인庶人이다. 사대부士大夫 이상은 첩잉妾媵[3]이 있으나, 서인은 (신분이) 천해서 다만 한 부부만이 서로 배필配匹이 되어 있을 뿐이므로 필부라고 한다.[4]

○駁曰 非也. 湛甘泉云: "正以三軍, 來形匹夫. 匹夫猶言一人也, 非微賤之謂." 此說, 是也. 匹夫匹婦, 猶言一夫一婦也.【李崆峒亦云】
輔曰: "志非在外也."
○案《孟子》曰: "志, 氣之帥也." 蓋本於此經.

子曰: "衣敝縕袍, 與衣狐貉者立, 而不恥者, 其由也與! '不忮不求, 何用不臧?'" 子路終身誦之. 子曰: "是道也, 何足以臧?"

朱子曰: "敝, 壞也."
○孔曰: "縕, 枲著."【邢云: "雜用枲麻以著袍." ○趙云: "如今麻苧筋類. 可置之夾襖中者."】
○朱子曰: "袍, 衣有著者."【衣夾絮曰著】

---

5) 湛甘泉: 明代의 經學家. 廣東省 增城人. 字는 民澤 또는 元明, 名은 若水, 甘泉은 그의 號, 諡는 文簡 또는 文正. 官은 翰林院 編修·南京禮部尙書 등을 역임. 그는 氣가 만물을 생성하는 근본이며, 천지 만물은 氣로 구성되어 있다고 보는 主氣論者이다. 저술로는《心性圖說》·《二禮經傳測》·《春秋正傳》·《格物通》·《尙書問》·《詩經鼇正》·《古易經傳測》등이 있음.
6) 李崆峒: 未詳.
7)《論語集註大全》卷9〈子罕〉제9의 小註에 나온다.
1)《正義》9.
2) 趙: 南宋 때의 趙順孫을 가리킴. 앞에 나왔음.
3)《論語集註大全》卷9〈子罕〉제9의 小註에 나온다.

420

○반박: 아니다. 담감천湛甘泉[5]이 이르기를 "바로 이는 삼군을 가져와서 필부를 나타내는 데에 비유한 것이니, 필부는 하나의 사람을 가리킨 것과 같으며 미천한 것을 두고 말한 것이 아니다"라고 하였으니, 이 말이 옳다. 필부필부匹夫匹婦란 일부일부一夫一婦를 말한다. [李崍峒[6]도 또한 그렇게 말하였다.]

○보광: (뜻을 빼앗을 수 없다고 한) 그 뜻(志)은 밖에 있는 것이 아니다.[7]

○살펴보건대, 맹자가 "뜻은 기의 장수이다(志, 氣之帥也)"라고 하였으니, 이는 대개 이 경문經文에 근본을 둔 듯하다.

공자는 말하기를 "해진 솜옷을 입고서 여우나 담비의 가죽 투구를 입은 자와 함께 서 있어도 부끄러워하지 않는 자는 유由일 것이로다! '해치지도 않고 탐내지도 않으면 어찌 착하지 않겠는가?'"라고 하였다. 자로子路가 항상 이 (시구)를 외우니, 공자는 말하기를 "이 도道(방법)가 (악을 버리는 것뿐이니) 어찌 족히 착할 수 있겠는가?"라고 하였다.

○주자: '폐敝'는 (옷이) 해진 것이다.

○공안국: '온縕'은 삼(麻)을 두드려 빻아서 만든 솜이다. [邢昺은 이르기를 "모시와 삼을 뒤섞어서 두드려 만든 겹옷 속의 솜이다"라고 하였다.[1] ○는 이르기를 "오늘날의 삼·모시의 筋 같은 것은 겹옷 속에 넣을 수 있는 것이다"라고 하였다.[3]]

○주자: '포袍'는 옷에 솜이 들어 있는 것이다. [겹옷 속에 솜이 있는 것을 '著'라고 한다.]

○補曰 貉, 似狐善睡.【〈考工記〉云: "貉踰汶則死."】狐貉, 裘之美者.
○李閎祖曰: "忮是疾人之有, 求是恥己之無."【馬云: "忮, 害也."】
○補曰 人之所欲, 在於富貴逸樂, 人有是則忮之, 我無是則求之, 萬惡皆從此起, 故曰非此二者, 何用不善?【馬云: "臧, 善也."】
○邢曰: "此〈邶風·雄雉〉之篇."
○^①朱子曰: "孔子引之, 以美子路."【案, 立而不恥, 是不忮不求】
○補曰 終身, 猶恆也.《孟子》云: "樂歲終身飽."】不忮不求而止則去惡而已, 【如無諂無驕, 不如樂道好禮】故曰'何足以臧'.
邢曰: "〈玉藻〉云, '纊爲繭,【或作襺】縕爲袍.' 鄭注云, '衣有著之異名也. 纊, 謂今之新綿; 縕, 謂今纊及舊絮也.'"【陳澔云: "纊, 新綿也; 縕, 舊絮也."】

---

① ○: 新朝本·奎章本에는 빠져 있으나 문맥에 따라 보충한다.
4) 汶水: 川名. 山東省에 있음.
5) 李閎祖: 南宋의 理學者. 光澤人. 字는 守約. 官은 臨桂主簿. 父親인 呂가 朱子와 친하였으므로 朱子의 家塾에서 공부하였음. 저술로《中庸或問輯要》가 있다.
6)《論語集註大全》卷9〈子罕〉제9 小註에 나온다.
7)《正義》9.
8)《孟子》〈梁惠王〉上에 나온다.
9)《正義》9.
10) 陳澔: 元나라의 儒學者. 都昌人. 大猷의 아들. 字는 可大, 號는 雲莊 또는 北山. 宋 末에 隱居하여 鄕里에서 敎學에 힘썼음. 저서로《禮記集說》이 있음. 앞에 나왔음.
11) 陳澔,《禮記集說》〈玉藻〉의 注에 나온다.

○보충: 낙貉(담비)은 여우와 닮았으나 잠을 잘 잔다. [《周禮》〈考工記〉에 이르기를 "담비가 (남쪽으로) 汶水⁴⁾를 건너가면 (地氣가 달라) 죽는다"고 하였다.] 호락狐貉은 갓옷 가운데도 아름다운 것이다.
○이굉조:⁵⁾ '기忮'는 남이 가지고 있는 것을 미워하는 것이고, '구求'는 자기에게 없는 것을 부끄러워하는 것이다.⁶⁾ [馬融은 이르기를 "忮는 해치는 것이다"라고 하였다.]
○보충: 사람이 욕망하는 바는 부귀와 안락安樂이다. 남이 이를 가지고 있으면 해치고, 내가 이를 가지고 있지 않으면 탐내니, 모든 악이 모두 이로부터 일어난다. 그러므로 "이 (해치고 탐내는) 두 가지가 아니면 어찌 착하지 않겠는가?"라고 한 것이다. [馬融은 이르기를 "臧은 착한 것이다"라고 하였다.]
○형병: 이 ('불기불구不忮不求, 하용부장何用不臧')는 《시경》〈패풍邶風·웅치雄雉〉편의 시구이다.⁷⁾
○주자: 공자는 이것을 인용하여 자로를 찬미하였다. [살펴보건대, '서 있어도 부끄러워하지 않는다(立而不恥)'는 것은 '해치지도 않고 탐내지도 않는다(不忮不求)'는 것이다.]

子罕中

○보충: '종신終身'은 '항상'이라는 뜻과 같다. [孟子는 이르기를 "풍년에는 終身토록 배부르다"⁸⁾라고 하였다.] 해치지도 않고 탐내지도 않는 데서 그치면 악을 버리는 것뿐이다. [예를 들면 가난하면서도 아첨하지 않고 부유하면서도 교만하지 않은 것은, 가난하면서도 道를 즐거워하고 부유하면서도 禮를 좋아하는 것만 같지 못하다.] 그러므로 "어찌 족히 착할 수 있겠는가?"라고 한 것이다.
○형병: 《예기》〈옥조玉藻〉에 이르기를 "광纊이라는 솜을 겹옷 속에 넣어 놓은 것을 견繭이라 하고, [혹은 襺으로 되어 있다.] 온縕이라는 솜을 겹옷 속에 넣어 놓은 것을 포袍라 한다"라고 하였는데, 정현의 주注에 이르기를 "(포袍는) 옷에 솜이 들어 있는 것의 이명異名(달리 부르는 이름)이고, 광纊은 오늘날의 신면新綿을 말하며, 온縕은 오늘날의 광纊과 구서舊絮를 말한다"라고 하였다.⁹⁾ [陳澔¹⁰⁾는 이르기를 "纊은 新綿이고, 縕은 舊絮이다"라고 하였다.¹¹⁾]

423

○駁曰 鄭說·陳說, 皆非也. 以絮之新舊, 別其衣名, 有是理乎? 纊旣蠶絲之名則縕必是異於蠶絲者, 但枲麻之筋, 不足以取煖. 或曰獸畜之燖去毛者, 以其毛著之如絮則名之曰縕,【毛在外曰裘, 毛著內曰縕】故孔子必與衣狐貉者, 對擧而雙言之, 但無證據, 姑從孔說.

胡炳文曰: "〈禮韻〉, 貯字② 亦作著, 通作褚作緒③, 以綿裝衣之謂."

○案〈士喪禮〉云: "握手著組繫." 今字書錄于入聲.

荻曰: "不忮以下, 當別爲一章."

○駁曰 非也. 縕袍·狐貉之立而不恥, 眞是 '不忮不求', 故孔子引而美之, 子路喜而誦之. 若別爲一章, 有何意味?

---

② 字: 新朝本·奎章本에는 빠져 있으나 《論語集註大全》 卷9 〈子罕〉 第9의 小註에 따라 보충한다.

③ 作緒: 新朝本에는 빠져 있으나 《論語集註大全》 卷9 〈子罕〉 第9의 小註에 따라 보충한다.

12) 胡炳文: 1250~1333. 元나라 徽州 婺源人. 字는 仲虎. 雲峯先生이라고 함. 저서로 《易本義通釋》·《書集解》·《春秋集解》·《禮書纂述》·《四書通》·《大學指掌圖》·《五經會義》·《爾雅韻語》 등이 있다.

13) 《禮韻》: 《禮部韻略》을 말함. 全 5권. 附錄으로 貢擧條式 1권이 있음. 宋 丁度 등이 지음. 禮部에서 科試에 應하는 자들을 위해 聲韻에 대한 要略을 提示해 놓은 책이다.

14) 《論語集註大全》 卷9 〈子罕〉 第9 小註에 나온다.

15) 握手: 死者의 손을 殮襲하는 데에 쓰는 천.

16) 組繫: 握手에 사용하는 것으로, 여러 가닥을 꼰 끈인데, 그 속은 솜으로 채운 듯하다.

17) 入聲으로 기록되어 있다: '著'의 음이 '착'으로 기록되어 있다는 말이다.

18) 太宰純, 《論語古訓外傳》 9-18a.

○반박: 아니다. 정현의 설과 진호의 설은 모두 잘못된 것이다. 솜의 새 것과 옛것을 가지고 옷의 이름을 구별하니, 이럴 리가 있겠는가? 광纊은 이미 고치에서 실을 뽑아낸 잠사蠶絲의 이름이다. 그러니 온縕은 반드시 잠사와는 다른 것이다. 그리고 다만 모시·삼의 근筋은 (그 자체가 열을 내어) 따뜻하게 할 수 있는 물건이 되지 않는다. 어떤 이는 말하기를 "산 짐승이나 가축을 튀해서 벗긴 털인데, 그 털로써 솜처럼 겹옷에 넣어 놓은 것을 이름하여 온縕이라 한다"고 하였다. [털이 (가죽) 밖에 붙어 있는 것을 裘라 하고, 털을 솜처럼 안에 넣어 놓은 것을 縕이라 한다.] 그러므로 공자가 반드시 여우와 담비의 가죽 투구를 입은 자와 대비시켜 말한 것이다. 그런데 다만 증거가 없어 잠시 공안국의 설을 따랐을 뿐이다.

○호병문:[12] 《예운禮韻》[13]에는 '저紵' 자도 또한 '저著'로 되어 있으며 (저著는) '저褚' '저縧'와도 통용되어 있는데, 솜을 넣어 옷을 꾸민 것을 두고 한 말이다.[14]

○살펴보건대, 《의례儀禮》〈사상례士喪禮〉에 이르기를 "악수握手[15]에 조계組繫[16]를 솜으로 채운다(握手著組繫)"라고 하였는데, 지금의 자서字書에는 (저著 자가) 입성入聲으로 기록되어 있다.[17]

○적생쌍송: '불기不忮' 이하는 마땅히 별도로 한 장章이 되어야 한다.[18]

○반박: 아니다. 해진 솜옷을 입고서 여우와 담비의 가죽 투구를 입은 자와 함께 서 있어도 부끄러워하지 않은 것은, 참으로 이것이 해치지도 않고 탐내지도 않은 것이다. 그러므로 공자가 이 (시구)를 끌어와서 찬미하니, 자로子路가 기뻐하여 이 시구를 외운 것이다. 만약 별도로 한 장을 만든다면 무슨 의미가 있겠는가?

子罕 (下^①)

子曰: "歲寒, 然後知松柏之後彫也."

補曰 歲寒, 謂至冬木葉黃落也. 彫, 瘁也, 零也.
○何曰: "凡人處治世, 亦能自修整, 與君子同; 在濁世, 然後知君子之正."
何曰: "大寒之歲, 衆木皆死, 然後知松柏小彫傷; 平歲則衆木亦有不死者."
○駁曰 非也. 若歲大寒則他木無恙, 松竹多死. 蓋冬榮之木, 至冬猶不斂藏, 故受傷最深; 衆木其氣下行, 故得無恙也. 何晏之說, 其當於理乎?
謝肇淛曰: "松柏後凋, 松柏未嘗不凋也, 但於衆木爲後耳. 凡木皆以冬落葉, 至春而後發葉, 松柏獨以春抽新葉, 旣長而後, 舊葉黃落, 今南中花木有不易葉者皆然也. 迺知聖人下字不苟如此."【五雜組】

---

① 下: 《論語古今註》를 편집하면서 다른 篇은 모두 '上下' 또는 '上中下'로 나누어 놓았는데, 이 〈子罕〉篇과 〈鄕黨〉篇만은 유독 '一·二·三'으로 나누었으므로 이를 '上中下'로 修正하여 체제를 통일하였다.
1) 謝肇淛: 明나라의 文臣. 福州 長樂人. 字는 在杭, 號는 小草齋. 萬曆의 進士. 博學하며 특히 詩文에 능함. 官은 湖州推官·工部郞中·廣西右布政을 역임. 저서로는 《五雜組》·《北河紀略》·《方廣巖志》·《長溪瑣語》·《游宴集》·《小草齋稿》등이 있다.

자한 (하)

공자는 말하기를 "날씨가 추워진 뒤에야 소나무와 잣나무가 늦게 잎이 떨어짐을 알 수 있다."라고 하였다.

○보충: '날씨가 춥다(歲寒)'는 것은 겨울이 되어 나뭇잎이 누렇게 떨어짐을 이르고, '조彫'는 마른다는 췌瘁의 뜻이며 떨어진다는 영零의 뜻이다.
○하안: 무릇 사람들은 치세治世에 처하여서는 또한 능히 스스로 몸을 닦고 단정히 함이 군자와 같다. 그러나 혼탁한 세상에 처한 뒤에야 군자의 바름을 알게 된다.
○하안: 크게 추운 해에 보통 나무들은 모두 죽는다. 그렇게 된 뒤에라야 송백松柏은 조금만 시들어 상한 것을 안다. (그러나 크게 추운 해가 아닌) 여느 해에는 보통 나무들도 또한 죽지 않는 것이 있다.
○반박: 아니다. 만약 날씨가 크게 추우면 다른 나무는 탈이 없어도 소나무와 대나무는 많이 죽는다. 대개 겨울에 잎이 싱싱한 나무는 겨울이 되면 오히려 (다른 나무처럼) 염장斂藏을 하지 못하기 때문에 손상을 입는 것이 가장 심하며, 보통 나무들은 그 기운이 아래로 내려가기 때문에 탈이 없다. (그러니) 하안의 설이 이치에 맞는 말이겠는가?
○사조제:[1] '송백후조松柏後彫'는 송백松柏도 일찍이 잎이 마르지 아니함이 없으나 다만 일반 나무보다 뒤에 마른다는 것일 뿐이다. 무릇 나무는 모두 겨울에 잎이 떨어졌다가 봄이 되면 잎이 피는데, 송백은 유독 봄에 새 잎이 나와서 한참 자란 뒤에 옛 잎이 누렇게 떨어진다. 지금 남쪽 지방의 꽃나무 가운데 잎갈이를 하지 않는 나무들이 있는데, 이는 모두 그런 유에 해당한다. 여기에 바로 성인聖人이 글자를 써서 언급한 경문의 뜻이 이처럼 구차하지 않음을 알겠다. [《五雜組》에 나온다.]

子罕 下

○案〈禮器〉云: "松柏貫四時而不改柯易葉, 其觀物之精, 不如《魯論》."

子曰: "知者不惑, 仁者不憂, 勇者不懼."

補曰 明以燭理, 故不惑;【朱子云】心常樂天, 故不憂;【程子云】氣能配義, 故不懼.【朱子云】

子曰: "可與共學, 未可與適道; 可與適道, 未可與立; 可與立, 未可與權."

補曰 修業之謂學,【《易》曰: "君子進德修業."】率性之謂道.【達天德】可與共故誨不倦,【詩書執禮皆雅言】未可與適故罕言命.【性與天道不可聞】

---

2)《魯論》: 今文論語 가운데 한 本. 지금의《論語》는 주로《魯論》을 전한 것이다. 漢代에는《論語》에《齊論》·《古論》·《魯論》 3種이 있었는데,《魯論》은 魯나라 사람이 전한 것으로, 후세《論語》의 異名이 됨.《齊論》은 齊나라 사람이 전한 것으로,《魯論》과 비교하면〈問王〉·〈知道〉두 편이 더 있어 모두 22편이며, 篇內章句도 많이 다르다.《古論》은 古文의《論語》인데, 前漢 景帝 때 魯의 共王이 孔子 古宅의 벽 속에서 얻은 것으로, 모두 21편이며(〈堯曰〉편의 '子張問'을 다시 1편으로 하여〈子張〉이 2편임) 그 글자가 古文이었기 때문에 붙인 이름이다.
1)《易經》〈乾卦〉에 나온다.
2)《論語》〈述而〉편에 나온다.
3)《論語》〈公冶長〉편에 나온다.

○살펴보건대,《예기》〈예기禮器〉에 이르기를 "송백松柏은 사계절을 통하여 가지와 잎을 갈지 아니한다"라고 하였다. (여기에서도 보듯이) 사물을 관찰하는 그 정밀함이《노론魯論》²⁾만한 것이 없다.

공자는 말하기를 "지혜로운 자는 미혹되지 않고, 인仁한 자는 근심하지 않고, 용기 있는 자는 두려워하지 않는다."라고 하였다.

○보충: 총명함이 사리를 밝힐 수 있기 때문에 미혹되지 않고, [朱子가 말한 것이다.] 마음이 항상 천명天命을 즐기기 때문에 근심하지 않으며, [程子가 말한 것이다.] 기氣가 능히 의義에 배합하기 때문에 두려워하지 않는다. [朱子가 말한 것이다.]

공자는 말하기를 "함께 배울 수는 있어도 함께 도道에 나아갈 수는 없고, 함께 도에 나아갈 수는 있어도 함께 설 수는 없으며, 함께 설 수는 있어도 함께 권도權道(여기서는 中庸의 道)를 행할 수는 없다."라고 하였다.

○보충: 업業을 닦는 것을 학學이라 하고, [《易經》에 이르기를 "君子는 德에 나아가고 業을 닦는다"¹⁾라고 하였다.] 성性을 따르는 것을 도道라 한다. [天德에 달하는 것이다.] 함께할 수 있기 때문에 가르침을 게을리 하지 않았고, [《詩》·《書》와 일에 임해 집행하는 禮에 대한 것은 모두 (孔子가) 평소에 항상 하는 말이다.²⁾] 함께 나아갈 수 없기 때문에 천명天命을 드물게 말하였다. [(孔子에게) 性과 天道에 대한 것은 들을 수가 없다.³⁾]

○補曰 植身不動曰立,【孔子云: "三十而立."】衡稱得中曰權.【權者, 稱錘也】中庸者, 道之極致, 故曰可與立, 未可與權.【何云: "雖能有所立, 未必能權量其輕重之極."】

何曰: "雖學或得異端, 未必能之道."
○駁曰 非也. 雖不歸異端, 亦有安於小而不趨於大道者.
何曰: "雖能有所立, 未必能權量其輕重之極."【韓以爲孔注】
○韓曰: "孔注猶失其義, 權者經權之權, 豈輕重之權耶?"
○程子曰: "漢儒以反經合道爲權, 故有權變權術之論, 皆非也. 權只是經也. 自漢以下, 無人識權字."《公羊傳》桓十一年九月, 宋人執祭仲. 何賢乎祭仲? 以爲知權也. 權者何? 反於經, 然後有善者也. ○韓康伯注〈繫辭〉云: "權, 反經而合道, 必合乎巽順而後, 可以行權也."

---

4) 《論語》〈爲政〉편에 나온다.
5) 權은 저울과 錘이다: 宋代의 儒學者 程頤의 말이다. 그는 "權은 저울과 추이다. 물건을 달아서 경중을 알기 위한 것이다(權, 稱錘也. 所以稱物而知輕重者也)"라고 하였다.
6) 《論語筆解》上〈子罕〉제9에 나온다.
7) 經權: 經은 一定不變의 經法이며, 權은 臨時變通의 權道이다.
8) 《論語筆解》上〈子罕〉제9에 나온다.
9) 祭仲: 春秋時代 鄭나라 사람. 字는 仲足. 鄭 莊公 때 卿이 됨.
10) 韓康伯: 332~380. 東晉 때의 學者. 潁川 長社人(河南省 長葛). 名은 伯, 康伯은 그의 字이다. 官은 豫章太守·吏部尙書 등을 역임. 王弼이 《周易》〈經〉上·下의 注만 하고 그쳤는데, 그 뒤를 이어 康伯은 〈繫辭傳〉·〈說卦傳〉·〈序卦傳〉·〈雜卦傳〉에 주를 달았다.
11) 《十三經注疏》의 《周易正義》〈繫辭傳〉下에 '巽而行權'이라는 句節의 韓康伯 注에 나온다.

○보충: 몸을 세워 움직이지 않는 것을 '입立'이라 하고, [孔子는 "서른에 선다(三十而立)"⁴⁾라고 하였다.] 저울의 추錘가 균형을 잡아 어느 쪽으로도 기울어지지 않고 중정中正을 얻은 것을 '권權'이라 한다. ['權'은 저울과 錘이다.⁵⁾] 중용中庸이란 도道의 극치極致이다. 그러므로 "함께 설 수는 있어도 함께 권도를 행할 수는 없다"라고 한 것이다. [何晏이 이르기를 "비록 능히 서는 바는 있어도 반드시 능히 그 輕重의 극치를 저울질하여 헤아리지는 못한다"라고 하였다.]

○하안: 비록 배웠더라도 혹 이단異端을 얻었다면 반드시 능히 도道에 나아가지 못한다.

○반박: 아니다. 비록 이단에 돌아가지 않았더라도 또한 작은 일에 안주하고 큰 도에 나아가지 못하는 경우도 있다.

○하안: 비록 능히 서는 바가 있어도 반드시 능히 그 경중輕重의 극치를 저울질하여 헤아리지는 못한다. [韓愈는 이를 孔安國의 注라고 여겼다.⁶⁾]

○한유: 공안국의 주석은 오히려 그 본뜻을 잃은 것 같다. '권權'이란 '경권經權'⁷⁾이라 할 때의 권이지 어찌 '경중'을 저울질하는 권이겠는가?⁸⁾

○정자: 한漢나라 유학자들은 경經(常道)에 반反하되 도道에 부합되는 것을 권權으로 여겼기 때문에 권변權變·권술權術이라는 말이 있었는데, 이는 모두 잘못이다. 권은 단지 경經일 뿐이다. 한나라 이래로는 아무도 권權 자의 뜻을 아는 이가 없었다.[《公羊傳》桓公 11년 9월조에 다음과 같은 기록이 있다. 宋나라 사람이 祭仲⁹⁾을 사로잡아서는 어째서 祭仲을 어질다고 하는가 물으니, 權을 알기 때문이라 한다. 權은 무엇인가? 經에 反하되 때로 착함이 있는 것이다. ○韓康伯¹⁰⁾의《易經》〈繫辭傳〉의 注에 이르기를 "權은 經에 反하되 道에 부합된 것이니, 반드시 時宜에 順合한 뒤에라야 權道를 행할 수 있다"¹¹⁾라고 하였다.]

子罕下

○案 權者, 聖人之切喩也. 有衡於此, 其星五兩也. 置銀子一兩則其權縣於一兩之星, 乃得中也. 銀子三兩則其權不得膠守一兩之星, 必移之於三兩之星, 然後乃得中也. 以至四兩五兩, 莫不皆然. 禹·稷胼胝, 顔回閉門, 皆移之而得中者也. 尾生抱柱, 伯姬坐堂, 皆膠之而失中者也.【高中玄云: "經乃有定之權也, 權乃無定之經也."】權之所期, 在乎中庸, 聖人所謂擇乎中庸, 正是衡人之擇星以安錘也. 後世論道者, 率以中庸爲經, 以反中庸爲權. 於是喪不守制曰權, 葬不備文曰權, 貪縱不法曰權, 篡①逆無倫曰權. 凡天下悖亂不正之行, 一以權爲依, 斯蓋世道之大禍, 程子所論嚴矣.

---

① 篡: 奎章本에는 '纂'으로 되어 있다.
12) 尾生의 故事는 拙譯《論語古今註》1권〈學而〉편의 脚註에 나와 있음.
13) 伯姬가 堂에 앉아 있은 일: 伯姬는 春秋時代 魯나라 宣公의 딸로 宋나라 恭公의 부인이 되었는데, 결혼한 지 10년 만에 恭公이 죽었으나 절개를 지켜 改嫁하지 않았다. 어느 날 그의 궁궐에 불이 난 일이 있었는데, 이때 그는 "保傅의 부축이 없으면 부인이 밤에 堂에서 내려가지 않는다"라고 고집하다가 燒死하였다. (《列女傳》참조)
14) 高中玄: 1512~1578. 明代의 文臣 學者. 河南省 新鄭人. 字는 肅卿, 名은 拱, 中玄은 그의 號, 諡는 文襄. 官은 翰林編修·文淵閣大學士 등을 역임. 그는 朱子의《四書》에 대한 章句와《四書集註》에 의심나는 부분에 대해서는 하나하나 지적하여 반박하였으며, 학문이 廣博하고 저술이 많았다. 저술로는《春秋正旨》·《問辨錄》·《一進直講》·《高文襄集》·《玉堂公草》·《政府書答》등이 있음.
15) 程子의 논한 바가 준엄하였던 것이다: 위에서 말한 "程子曰: 漢儒以反經合道爲權, 故有權變權術之論, 皆非也. 權只是經也, 自漢以下, 無人識權字"를 가리킴.

○살펴보건대, 여기에 말한 '권權'이란 성인聖人인 공자가 비유를 절실히 한 것이다. 여기에 저울이 있다고 하자. 그 눈금이 닷 냥(五兩)을 달 수 있다고 할 때, 은銀 한 냥을 갖다 놓으면 저울의 추는 한 냥의 눈금에 매달려 있어야만 (꼭 맞는) 중정中正을 얻는 것이며, 은 세 냥을 갖다 놓으면 저울의 추가 한 냥의 눈금에 달라붙어서 그것을 지키지 아니하고 반드시 세 냥의 눈금으로 추를 옮긴 뒤에라야 (꼭 맞는) 중정을 얻는 것이며, 네 냥·닷 냥에 이르러서도 모두 그렇지 않음이 없다. 우禹와 직稷이 (밖에 나가 백성을 위해 일하다가) 손이 트고 발에 군살이 박힌 것과 안회顔回가 문을 닫고 들어앉은 것은 모두 (때에 따라 행동을) 옮겨서 중정을 얻은 것이며, 미생尾生이 다리 기둥을 안고 있은 일[12]과 백희伯姬가 당堂에 앉아 있은 일[13]은 모두 교착부동膠着不動하여 중정을 잃은 것이다. [高中玄[14]은 이르기를 "經은 곧 (變移 없이) 一定함이 있는 權이요, 權은 곧 (變移하여) 一定함이 없는 經이다"라고 하였다.] 권도權道가 기대하는 표준은 중용中庸에 있다. 성인聖人의 이른바 "중용을 택한다"는 것은 바로 저울질하는 사람이 갖다 놓을 눈금을 골라서 저울의 추를 거기에 (평형平衡이 되게) 안치하는 것과 같다. 후세에 도道를 논하는 자들은 모두 '중용'으로써 경經을 삼고, '반중용反中庸'으로써 권權을 삼았다. 그래서 이에 상례喪禮에 그 제도를 지키지 않는 것을 권이라 하고, 장례葬禮에 그 형식을 갖추지 않는 것을 권이라 하고, 탐욕과 방종으로 불법을 자행하는 것을 권이라 하고, 찬역簒逆하여 천륜이 없는 것을 권이라 하여, 무릇 천하에는 패란悖亂과 부정不正의 행위가 한결같이 권이라는 것으로써 핑계 삼아 이에 기대고 있으니, 이는 대개 세도世道의 큰 화란禍亂이므로 정자程子의 논한 바가 준엄하였던 것이다.[15]

唐 陸贄〈論替換李楚琳狀〉云: "權之爲義, 取類權衡. 衡者, 秤也; 權者, 錘也. 故權在于衡則物之多少可準, 權施于事則義之輕重不差. 若以反道爲權, 以任數爲智, 歷代之所以多喪亂而長姦邪, 由此誤也."
○案 此論明確眞切.
《淮南子》云: "溺則捽父, 祝則名君, 勢不得不然也. 此, 權之所設也. 故孔子曰: '可與立, 未可與權.'"
○案 此, 嫂溺手援之餘義也. 誤講此義, 則每陷於不義, 吁! 可畏也.
韓曰: "夫學而之道者, 豈不能立耶? 吾謂正文傳寫錯倒, 當云'可與共學, 未可與立; 可與適道, 未可與權', 如此則理通矣."
○駁曰 非也. 經不可改也.

---

16) 陸贄: 唐 德宗 때 文臣. 蘇州 嘉興人, 字는 敬輿, 諡는 宣. 官은 翰林學士·中書侍郎·同平章事. 여기에 인용한〈論替換李楚琳狀〉도 그러하지만 陸贄가 朝廷에 올린 奏議의 글은 唐 吳兢이 編錄한《貞觀政要》와 함께 政書의 必讀書라는 평이 있음.
17) 李楚琳: 唐 德宗 때의 사람. 官은 唐 德宗 때 鳳翔의 節度使.
18) 毛奇齡,《論語稽求篇》'唐棣之華' 章에 나온다.
19)《淮南子》〈氾論訓〉에 나온다.
20)《孟子》〈離婁〉上에 나온다.
21)《論語筆解》卷上〈子罕〉第九에 나온다.

○당 육지[16] 〈논체환이초림장〉:[17] 권權의 뜻은 권형權衡에서 취한 것이다. 형衡이란 '저울의 대(秤)'이며, 권權이란 '저울의 추錘'이다. 그러므로 저울의 추가 저울의 대에 있으면 물건의 많고 적은 양을 표준할 수 있고, 저울의 추로써 일에 베풀어 적용하면 의리義理의 무겁고 가벼운 것에 대해 차질이 없을 것이다. 만약 도道에 반反하는 것을 권이라 하고 술수術數대로 하는 것을 지智라고 한다면, 역대의 많은 상란喪亂과 조장되었던 간악함이 이렇게 보는 견해로 말미암아 잘못되게 된 것이다.[18]

○살펴보건대, 이 의론은 명확하고도 참으로 절실하다.

○《회남자》: 아버지가 물에 빠지면 머리카락을 꺼둘어 잡아당기고, 제사의 축문祝文을 읽을 때는 임금의 이름을 휘諱하지 않고 부르니, 이는 사세事勢가 그렇지 않을 수 없는 것이다. 이렇기 때문에 권權이 (필요한 것으로) 만들어진 것이다. 그러므로 공자孔子는 "함께 설 수는 있어도 함께 권도權道를 행할 수는 없다"라고 하였다.[19]

○살펴보건대, 이는 '형수가 물에 빠졌을 때 손으로 잡아당긴다'[20]고 한 것의 그 여의餘義이다. 이 뜻을 잘못 강론하면 매양 불의不義에 빠지니, 아! 두려워할 만한 것이다.

○한유: 대저 배워서 도道에 나아가는 자가 어찌 설 수 없겠는가? 나의 생각에는 원래의 바른 글(正文)을 옮겨 쓰면서 앞뒤를 잘못 전도顚倒시켜 놓았다고 본다. (그래서 이는) 마땅히 "함께 배울 수는 있어도 함께 설 수는 없고, 함께 도에 나아갈 수는 있어도 함께 권도를 행할 수는 없다"라고 해야 한다. 이렇게 해야 문리文理가 통할 수 있다.[21]

○반박: 아니다. 경經이란 고칠 수 없는 것이다.

"唐棣之華! 偏其反而. 豈不爾思? 室是遠而." 子曰: "未之思也, 夫何遠之有?"

何曰: "逸詩也."
○朱子曰: "唐棣, 郁李也. 偏, 《晉書》作翩."【〈角弓〉詩云: "翩其反矣."】
○補曰 此詩之義, 雖不可詳, 要是兄弟乖反, 或夫妻反目, 以唐棣之翩反喻之.
○補曰 思深則千里如戶庭, 情疎則一室如山河, 故曰: "未之思也, 夫何遠之有." 學者思之又思則無堅不透, 無深不達. 孔子引此詩以戒之.【即斷章取義之法】
○案 此章舊與上章合爲一章, 爲反經合道之證, 其義甚謬. 朱子分而二之.
何曰: "華反而後合, 賦此詩者, 以言權道反而後至於大順."▶

---

1) 唐棣: 우리 事典에는 산이스랏나무(산앵두나무)로 되어 있으며, 臺灣에서 나온《詩經植物圖鑑》에는 山에서 생장하는 扶蘇가 바로 唐棣라고 하였음.
2)《晉書》卷61〈劉喬傳〉에는 '翩其反而'로 되어 있음.
3) 舊註: 漢儒들과 魏의 何晏, 梁의 皇侃, 宋의 邢昺 등의 주석을 가리킴.

당체唐棣¹⁾의 꽃이 펄럭이며 뒤집히네. 어찌 그대를 생각하지 않으랴만 집이 멀기 때문이다. 공자는 말하기를 "이는 생각하지 않은 것이지 (생각했다면) 어찌 먼 것이 있겠는가?"라고 하였다.

○하안: 일시逸詩이다.
○주자: 당체唐棣는 육리郁李이고, 편偏은 《진서晉書》에 '편翩'으로 되어 있다.²⁾ [《詩經》〈小雅·角弓〉에 "펄럭이며 뒤집힌다"라고 하였다.]
○보충: 이 시의 뜻은 비록 상세하지 않으나, 요컨대 이는 형제 사이가 괴반乖反되었거나 부부 사이에 반목이 있어, 당체唐棣가 펄럭이며 뒤집히는 형상에다 비유한 것이다.
○보충: 생각함이 깊으면 천리도 내 호정戶庭처럼 가깝고, 정이 소원해지면 한 집안도 산하山河처럼 멀게 느껴진다. 그러므로 "생각하지 않은 것이지 (생각했다면) 어찌 먼 것이 있겠는가?"라고 한 것이다. 배우는 사람이 생각하고 또 생각하면 어떤 견고한 것이라도 뚫지 못할 것이 없으며, 아무리 깊은 곳이라도 도달하지 못할 법이 없다. 공자는 이 시를 인용하여 (배우는 사람들에게) 그것을 경계한 것이다. [이것은 (원래의 뜻과는 좀 다르나) 곧 斷章取義의 법이다.]
○살펴보건대, 이 장章을 구주舊註³⁾에서는 위의 장章과 합해서 한 장으로 하여 '경에는 반하되 도에 합한다(反經合道)'는 (한유漢儒들 주장의) 증거로 삼았으나, 그 주장은 매우 잘못되었으므로 주자朱子가 나누어 이를 두 장으로 하였다.
○하안: (당체唐棣의) 꽃은 피어서 꽃잎이 뒤집힌 뒤에 합친다. 이는 이 시를 지은 자가 권도權道는 (경도經道에) 반反한 뒤에 대순大順에 이른다는 것을 말한 것이다.▶

◂思其人而不自見者, 其室遠也, 以言思權而不得見者, 其道遠也."【夫思者, 當思其反, 反是不思, 所以爲遠. 能思其反, 何遠之有? 言權可知, 唯不知思耳. 思之有次序, 斯可知①矣】

○毛曰: "唐棣偏反, 有似行權."

○駁曰 非也. 何晏之說, 傅會拘曲, 全不成文. 朱子撥亂②反正, 氛翳廓淸, 蕭山欲還立舊說, 其心術之不公如是矣.

質疑《集注》云: "反亦當與翻同, 言華之搖動也."【讀反爲翻, 則遠字亦叶於圓反】

○案〈角弓〉詩云: "騂騂角弓, 翩其反矣. 兄弟婚姻, 無胥遠矣." 上下叶韻, 正與此詩同. 反當如字讀, 恐不必讀作翻.

侃曰: "夫樹木之花, 皆先合而後開, 唐棣之花則先開而後合. 言偏者明其道偏, 與常反也."

○駁曰 非也. 偏, 當讀作翩.

---

① 知: 新朝本·奎章本에는 '見'으로 되어 있으나《論語注疏》卷9〈子罕〉에 따라 바로잡는다.
② 亂: 新朝本·奎章本에는 '難'으로 되어 있으나 '撥亂'이 옳으므로 바로잡는다.
4)《正義》9. 여기의 이 주석은 何晏의 말이다.
5) 毛奇齡,《論語稽求篇》'唐棣之華'章에 나온다.
6)《論語集註大全》卷9〈子罕〉제9 小註에 나온다. 朱子의 註이다.
7)《義疏》5-129.

◀그 사람을 생각하였으나 직접 만나지 못한 것은 그 집이 멀기 때문이다. 이는 권도를 생각하였으나 터득할 수 없는 것은 그 도道가 멀기 때문임을 말한 것이다. [대저 생각한다는 것은 당연히 (經에) 反하는 것을 생각해야 한다. 反하는 것을 생각하지 않으면 이 때문에 멀어지는 것이다. 능히 그 反하는 것을 생각한다면 어찌 먼 것이 있겠는가? 이는 權道가 알 수 있는 것인데 오직 그 생각하는 것을 알지 못할 뿐임을 말한 것이다. 생각하는 데에 次序가 있으면 이를 알 수 있다.[4]]

○모기령: 당체의 꽃이 펄럭이며 뒤집히는 것은 권도를 행하는 것과 비슷한 면이 있다.[5]

○반박: 아니다. 하안의 설은 견강부회하고 왜곡되어 전혀 문리文理를 이루지 못한 것이다. 주자가 그 어지러웠던 것을 정리하여 바른 데로 돌려놓아 마치 안개가 그쳐 청명하게 환해진 것과 같았는데, 모소산이 구설舊說을 또다시 세우려고 하니, 그 심술의 공정하지 못함이 이와 같다.

【질의】《논어집주》: '번反'은 또한 당연히 '번翻'과 같아야 할 것이니, 이는 꽃이 흔들려 움직이는 것을 말한다. ['反'을 翻으로 읽으면 '遠'字도 또한 叶韻으로 於와 圓의 半切音이다.[6]]

○살펴보건대, 《시경》〈각궁角弓〉에 "조화로운 각궁이여, 펄럭이며 뒤집힌다. 형제들과 인척들은 서로 멀리하지 말지어다(騂騂角弓, 翩其反矣. 兄弟婚姻, 無胥遠矣)"라고 하였으니, 이는 상하가 협운叶韻으로 바로 이 시와 같다. '반反' 자는 마땅히 글자대로 읽어야 하며 '번翻' 자로 읽을 필요는 없을 듯하다.

○황간: 대저 수목의 꽃은 모두 먼저 꽃잎이 합친 뒤에 피는데, 당체의 꽃은 먼저 피어 꽃잎이 뒤집힌 뒤에 합친다. (편기반이偏其反而에서) '편偏'이라고 말한 것은 그 도道가 편벽되어 상도常道에 상반됨을 밝힌 것이다.[7]

○반박: 아니다. '편偏'은 마땅히 '편翩'으로 읽어야 한다.

鄉黨 第十

鄕黨 第十
【凡三十四節】

孔子於鄕黨, 恂恂如也, 似不能言者. 其在宗廟朝廷, 便便言, 唯謹爾.

補曰 鄕黨者, 鄕黨之會也.【鄕飮·鄕射類】古制, 國城之內, 九分之.【如井田】中爲王宮, 面朝後市.【廟社在王宮之內】左右各三鄕相嚮.【共六鄕】鄕者, 嚮也. 黨者, 於鄕之中, 別以五百家爲黨.
○王曰: "恂恂, 溫恭貌."
○補曰 古者發號施令, 皆於宗廟.【若受命於先君者然】宗廟朝廷, 論道議政之地.
○鄭曰: "便便, 辯也, 雖辯而敬謹."【案,〈堯典〉'便秩', 或作'辯秩', 便·辯本通字】
邢曰: "鄕黨與故舊相接, 謙恭之甚也. 宗廟行禮之處, 朝廷布政之所, 當詳問極言, 故辯治也."

---

1) '便秩'이 혹 '辯秩'로 되어 있으니:《尙書》〈堯典〉에 '便秩'이라는 말은 없고 '平章百姓'과 '平秩南訛'라는 말이 있는데, 이것이《史記》〈五帝紀〉에서는 '便章百姓' '便程南譌'로 기록이 되어 있다. 그래서 '平'과 '便'은 뜻이 통하는 것으로 註가 나와 있다. 또《史記》의 註釋書인《索隱》에는 古文에는 '平章'으로 되어 있으나 今文에는 '辯章'으로 되어 있다고 하고,《後漢書》〈劉愷傳〉에 나오는 '職在辯章百姓'이라는 말에 대한 李賢의 註에 "《尙書》曰: 九族旣睦, 辯章百姓"이라고 했다. 이런 것을 참작할 때 茶山의 이 小註는 약간의 착각이 있는 듯하다.
2)《正義》10.

향당 제십
【모두 34절이다.】

공자가 향당鄕黨에서는 신실한 모습을 하고 말을 잘하지 못하는 듯하였다. 종묘宗廟나 조정에 있을 때는 분명하게 말하되 다만 삼갔다.

○보충: 향당이란 향당의 모임을 말한다. [鄕飮·鄕射 같은 것이다.] 옛 제도에 국도國都의 도성 안을 아홉 등분하여 [井田制와 같이 한다.] 중앙은 왕궁을 만들고, 앞은 조정 뒤는 저자 [宗廟와 社稷은 왕궁의 안에 있다.] 좌우에는 각각 3향鄕이 서로 마주보게 하였다. [모두 6鄕이다.] 향鄕이란 향한다는 뜻이고, 당黨이란 향鄕 가운데를 구분하여 500가家를 당黨으로 한다.
○왕숙: 순순恂恂은 온유하고 공손한 모습이다.
○보충: 옛날에는 호령을 내어 시행하는 것을 모두 종묘에서 하였다. [先君에게 命을 받는 것처럼 그렇게 하였다.] 종묘와 조정은 도의와 정사를 논의하는 곳이다.
○정현: 변변便便은 분명하게 말하는 것이다. 비록 분명하게 말하되 공경하고 삼갔다. [살펴보건대, 《尚書》〈堯典〉의 '便秩'이 혹 '辯秩'로 되어 있으니,[1] 便과 辯은 본래 통하는 글자이다.]
○형병: (공자가) 향당鄕黨에 있을 때는 고구故舊들과 서로 접촉하는 자리이므로 겸손하고 공손함이 심하였으며, 종묘는 예禮를 행하는 곳이며 조정은 정사를 펴는 장소이므로 마땅히 상세히 묻고 극진히 말해야 하기 때문에 여기서는 분명하게 말하여 처리하였던 것이다.[2]

○案 鄕黨之禮尙齒, 耆舊所集, 其貌宜恭, 雖非耆舊, 凡衆人之會, 宜主溫恭.【即入里必式之義】

○又案 孔子所以便便於宗廟者, 爲論道議政也. 邢必以行禮言之, 豈不疎哉? 子入太廟每事問, 故邢以 '詳問' 二字當之. 然 '詳問' 者, 安詳柔聲以問也, 豈可曰辯辯乎? 古禮聽朔於太廟, 視朝於路寢, 故〈玉藻〉曰: "諸侯皮弁, 聽朔於太廟; 裨冕, 視朝於路寢."〈祭統〉曰: "古者明君, 爵有德而祿有功, 必賜爵祿於太廟, 示不敢專也." 春秋二百四十年之間, 惟魯 文公四不視朔. 視朔者, 朝享太廟而後爲之, 故《春秋》書之曰 '四不視朔', 猶朝于廟. 廟者, 論道議政之地, 豈但行禮而止?

---

3) '辯辯': 邢昺은 鄭玄의 "便便, 辨(辯)也"라는 주석을 그대로 따라 "便便, 辨也"라고 하였는데, 《論語古今註》에서는 이를 그만 邢昺이 '辯辯'이라고 한 것처럼 했다.
4) 聽朔: 매월 초하루에 天子 또는 제후가 그 달의 月曆을 듣는 행사이다.
5) 路寢: 天子・諸侯가 政事를 듣던 正殿. 이를 正寢이라고도 한다.
6) 裨冕: 周代 天子 六服 가운데 하나인 裨衣를 입고 여기에 冕旒冠을 쓴 것.
7) 《春秋》文公 16년조에 나오는데, 이에 대한 구체적인 내용은 拙譯《譯註 論語古今註》의〈八佾〉下 "子貢欲去告朔之餼羊, … 我愛其禮"에 나와 있다.

○살펴보건대, 향당의 예禮는 나이를 높이니, 기구耆舊들이 모이는 곳에서는 그 모습을 마땅히 공손하게 해야 한다. 비록 기구가 아니더라도 무릇 대중이 모인 곳에서는 마땅히 온유하고 공손해야 한다. [마을에 들어갈 때는 반드시 허리를 구부리는 법이다.]

○또 살펴보건대, 공자가 종묘에서 분명하게 말한 것은 도의와 정사를 논의하였기 때문이다. 그런데 형병은 필시 이것을 예禮의 시행을 말한 것으로 여겼으니, 어찌 실상에 먼 것이 아니겠는가? 공자는 태묘太廟에 들어가 매사를 물었다. 그러므로 형병은 '상문詳問' 두 글자를 여기에 해당시킨 것이다. 그러나 '상세히 물었다(詳問)'는 것은 편안히 자상하고도 부드러운 소리로 물은 것이니, 어찌 이것을 '변변辯辯'[3)이라고 말할 수 있겠는가? 옛 예禮에서는 태묘에서 청삭聽朔[4)을 하고, 노침路寢[5)에서 시조視朝를 한다. 그러므로 《예기》〈옥조玉藻〉에 말하기를 "제후는 피변皮弁으로 태묘에서 청삭聽朔하고 비면裨冕[6)으로 노침路寢에서 시조視朝한다"라 하였고, 〈제통祭統〉에 말하기를 "옛날 명철한 임금은 덕이 있는 사람에게 벼슬을 주고 공이 있는 사람에게 녹을 주되, 태묘에서 작록爵祿을 하사함은 감히 천단擅斷하지 않음을 보이려는 것이다"라고 하였다. 춘추시대 240년 동안 오직 노魯나라 문공文公은 네 차례 시삭례視朔禮를 행하지 않았다. '시삭視朔'이란 초하루 아침에 태묘에 제향을 드린 뒤에 이를 행하는 것이다. 그러므로 《춘추》에는 이를 기록하여 "네 차례 시삭의 예를 행하지 않았다(四不視朔)"[7)라고 하였으나, 그래도 오히려 종묘에서 조회朝會는 하였던 것이다. 종묘란 도의와 정사를 논의하는 자리이다. 어찌 다만 예禮만 행하고 그치겠는가?

朝, 與下大夫言, 侃侃如也; 與上大夫言, 誾誾如也. 君在, 踧踖如也, 與與如也.

朱子曰: "〈王制〉, 諸侯上大夫, 卿;【〈王制〉云: "大國三卿."】下大夫, 五人."
○孔曰: "侃侃, 和樂之貌. 誾誾, 中正之貌."【邢云: "下大夫稍卑, 故與之言, 可以和樂; 上大夫爵位旣尊, 故與之言, 常執中正, 不敢和樂也."】
○馬曰: "君在, 君出視朝也."【見皇疏 ○朱子以上節爲君未視朝時】
○朱子曰: "踧踖, 恭敬不寧之貌."【按, 踧與蹙通.〈小雅〉云: "踧踧周道." 又〈小雅〉云: "執爨踖踖."】
○補曰 與與, 敬愼猶豫之貌.【《老子》云: "與兮若冬涉川."】
質疑《集注》云: "侃侃, 剛直也.【許氏《說文》云】誾誾, 和悅而諍[①]也."
○荻曰: "下大夫位卑, 與之言, 宜和樂也. 剛直非待卑者之道, 且〈先進〉篇云, '子路, 行行如也; 冉有·子貢, 侃侃如也.' 注家皆云 '行行, 剛強之貌', 若以侃侃爲剛直, 則冉有·子貢, 與子路何異?"

---

① 諍: 新朝本·奎章本에는 '詳'으로 되어 있으나《論語集註》〈鄉黨〉에 따라 바로잡는다.
1) 大國:《禮記》〈王制〉에 나오는 大國은 五爵 가운데 公·侯의 나라를 지칭함.
2)《正義》10.
3) 上節: "朝, 與下大夫言, … 誾誾如也"까지를 가리킴.
4) 踧踧周道:《詩經》〈小雅·小弁〉에 나오는 詩句인데,《論語古今註》에서는 이를 '蹙蹙周道'로 잘못 轉寫하였다. '踧踧周道'를 朱子는 '평탄한 큰길'이라 해석하고, 茶山은 '평탄한 周나라의 길'이라고 해석하였다.
5) 執爨踖踖:《詩經》〈小雅·楚茨〉에 나오는 詩句인데, '부엌일 맡아 공경히 하다'라는 뜻이다.
6)《老子》제15장에 나온다.
7) 太宰純,《論語古訓外傳》10-2ab.

조정에서 하대부下大夫와 더불어 말할 때는 강직하게 하고, 상대부上大夫와 더불어 말할 때는 온화하게 하였다. 임금이 조회를 볼 때는 공경하여 마음을 편안히 하지 않고, 조심하며 망설이는 모습을 취하였다.

○주자: 《예기》〈왕제王制〉에 "제후의 상대부는 경卿이고, [〈王制〉에 이르기를 "大國은 三卿이다"라고 하였다.] 하대부는 5인이다"라고 하였다.

○공안국: '간간侃侃'은 화락和樂한 모습이고, '은은誾誾'은 중정中正의 모습이다. [邢昺은 이르기를 "下大夫는 지위가 조금 낮기 때문에 그들과 더불어 말할 때는 和樂할 수 있으나, 上大夫는 爵位가 이미 높기 때문에 그들과 더불어 말할 때는 항상 中正을 잡아야 하며 감히 화락할 수 없다"라고 하였다.[2)]]

○마융: '군재君在'는 임금이 나와서 조회를 보는 것이다. [皇侃의 疏에 보인다. ○朱子는 上節[3)]을 가지고 임금이 아직 朝會를 보지 않았을 때라고 여겼다.]

○주자: '축척踧踖'은 공경하여 마음을 편안히 하지 못하는 모습이다. [살펴보건대, '踧'은 '蹙'과 통한다. 《詩經》〈小雅〉에 "踧踧周道"[4)]라 하였고, 또 〈小雅〉에 "執爨踖踖"[5)]이라 하였다.]

○보충: '여여與與'는 공경하고 조심하여 망설이는 모습이다. [《老子》에 "망설이기를 겨울에 시내를 건너는 것처럼 하다"[6)]라고 하였다.]

【질의】《논어집주》: '간간侃侃'은 강직한 것이며, '은은誾誾'은 온화하되 시비를 따지는 것이다. [許愼의 《說文》에 그렇게 말하였다.]

○적생쌍송: 하대부는 지위가 낮으니 그들과 더불어 말을 할 때는 마땅히 화락하게 해야 하며, 강직하게 하는 것은 낮은 사람을 대하는 도가 아니다. 또 〈선진先進〉편에 이르기를 "자로子路는 굳센 모습(行行如)이었고, 염유冉有·자공子貢은 강직한 모습(侃侃如)이었다"라고 하였는데, 주석가들은 모두 "행행行行은 굳세고 강한 모습이다"라고 하였으니, 여기에서 만약 '간간侃侃'을 강직한 것으로 한다면 염유·자공은 자로와 무엇이 다르겠는가?[7)]

鄕黨 第十

○又曰: "上大夫位尊, 與之言, 宜以中正也. 若與之和悅, 恐近於面諛, 故不可也."

馬曰: "與與, 威儀中適之貌."

○駁曰 非也. 《莊子》注以 '容與', 謂從容閑適之貌, 馬云 '中適' 者, 亦此意也. 然君出視朝, 方踧踖齊遬之不暇, 其敢容與回翔以自適乎? '與與' 者, 若疑焉若懼焉若顧焉, 不敢專斷之意也.

張南士曰: "〈王制〉注 '列國三卿者, 司徒·司馬·司空也'. 然而六官備具, 謂之下大夫; 有小宰·小司徒·小司馬·小司寇·小司空共五人, 謂之下大夫." 【獨闕小宗伯】

○毛曰: "不然. 魯之三官, 則季孫爲司徒, 叔孫爲司馬, 孟孫爲司空, 此卿也. 乃有公子翬求太宰, 臧孫紇爲司寇, 夏父弗忌爲宗伯, 皆是上大夫. 皆不稱小, 是下大夫中, 原有上大夫在其間."

○案〈牧誓〉, 戒眾惟擧司徒·司馬·司空, 〈立政〉亦惟司徒·司馬·司空是擧, 故鄭玄遂謂 '大國三卿, 即此三官'. ▶

---

8) 太宰純, 《論語古訓外傳》 10-2b.
9) 容與: 《莊子》〈人間世〉에 "案人之所感, 以求容與其心" 이라는 구절에 나오는 '容與'를 가리킴.
10) 張南士: 毛奇齡의 《論語稽求篇》·《仲氏易》 등에 張南士의 말이 많이 인용되어 있으나 出身 관계는 未詳.
11) 公子翬: 春秋時代 魯나라 사람. 魯隱公 때의 大夫. 公子羽父.
12) 臧孫紇: 春秋時代 魯나라 大夫. 諡는 武仲. 臧爲의 異母弟. 뒤에 季孫에게 쫓겨 邾에 出奔하였음.
13) 夏父弗忌: 春秋時代 魯나라 사람. 魯 文公 때의 大夫. 夏父展의 後孫.

○또 적생쌍송: 상대부는 지위가 높으니 그들과 더불어 말을 할 때는 마땅히 중정中正의 도로써 해야 한다. 만약 그들에게 화열和悅로써 대한다면 면전에서 아첨할까 두려우므로 불가不可한 것이다.[8]

○마융: '여여與與'는 위의威儀의 중적中適한 모습이다.

○반박: 아니다. 《장자莊子》에서 '용여容與'[9]를 주注하여 종용한적從容閑適의 모습이라 하였고, 마융이 (여여與與를 주注하여) '중적中適'이라 한 것도 또한 이러한 (범주에 속하는) 뜻이다. 그러나 임금이 나와서 조회를 보면 바야흐로 몸을 공손히 하고 조심하느라 겨를이 없는데, 감히 한가하게 빙빙 돌면서 자적自適하겠는가? '여여與與'란 망설이듯 두려워하듯 돌아보듯 하면서 감히 전단專斷해 버리지 않는 태도를 의미한다.

○장남시:[10] 《예기》〈왕제〉에 열국列國의 삼경三卿이란 것을 주注하여 사도司徒·사마司馬·사공司空이라 하였다. 그러나 육관六官에 모두 갖추어져 있는 것은 하대부下大夫이다. 소재小宰·소사도小司徒·소사마小司馬·소사구小司寇·소사공小司空 등 모두 5인이 있는데, 이들을 하대부라고 하였다. [여기에 홀로 小宗伯만 빠져 있다.]

○모기령: 그렇지 않다. 노魯나라의 삼관三官은 곧 계손季孫이 사도, 숙손叔孫이 사마, 맹손孟孫이 사공이었으니, 이것이 경卿이다. 또 이에 공자公子 휘翬[11]가 있어 태재太宰를 요구하였고, 장손흘臧孫紇[12]은 사구司寇가 되고 하보불기夏父弗忌[13]는 종백宗伯이 되었으니, 이는 모두 상대부上大夫이다. 이들에게 모두 (소재小宰니 소사구小司寇니 소종백小宗伯이니 하는) 소小를 칭하지는 않았으니, 이는 하대부下大夫 가운데 원래 상대부가 거기에 들어 있는 것이다.

○살펴보건대, 《상서尚書》〈목서牧誓〉에서 군중을 훈계하면서 거기에 오직 사도·사마·사공을 들었고, 〈입정立政〉에서도 또한 오직 사도·사마·사공을 들었기 때문에 정현은 드디어 대국大國의 삼경三卿이 곧 이 삼관三官이라고 말한 것이다.

◂然〈立政〉竝擧文王·武王而言之, 則武王不當守諸侯之制.〈堯典〉命官, 亦惟司徒·司空·秩宗而已. 冢宰·司馬·司寇, 未有明文, 將謂堯·舜亦三卿乎?《周禮》仕者本是六等, 大夫三等, 士三等, 其上大夫謂之卿. 天子諸侯, 宜無差等, 六官之長, 皆上大夫爲之, 其中得天子之命, 爲之卿者三人而已, 故謂之三卿.

○總之,《周禮》'大夫有三等',〈王制〉'卿有三等, 大夫有二等,' 不相合也. 此經云下大夫者, 當是中下二等, 通謂之下大夫也.

君召使擯, 色勃如也, 足躩如也. 揖所與立, 左右手, 衣前後, 襜如也. 趨進, 翼如也. 賓退, 必復命曰: "賓不顧矣."
【皇氏本, 作左右其手】

---

14) 秩宗: 禮官.《周禮》의 六卿의 하나인 大宗伯에 해당함.

◀그러나〈입정〉에서 문왕·무왕이 세운 (사도·사마·사공을) 함께 들어서 말한 것을 보면, 무왕이 (세운 사도·사마·사공이) 지방을 지키는 제후의 제도에 해당되는 것은 아닌 것이다. 《상서》〈요전堯典〉에서 관직을 임명한 것을 보면 또한 오직 사도·사공·질종秩宗14)뿐이었고, 총재家宰·사마司馬·사구司寇에 관해서는 언급한 명문이 없는데, 요·순이 또한 삼경을 두었다고 이를 수 있겠는가? 《주례周禮》에 보면 벼슬이 본래 6등급으로서 대부大夫가 3등급이며 사士가 3등급이었다. 그 가운데 상대부를 경卿이라 하며, 이는 천자天子에서나 제후諸侯에서나 마땅히 차등이 없어야 한다. 육관六官의 장長은 모두 상대부로써 그 자리에 보직補職하는데, 그 가운데 천자의 명을 얻어 경卿이 되는 자는 셋뿐이다. 그러므로 이를 삼경三卿이라고 한다. ○종합하건대, 《주례》에는 대부가 3등급이 있고, 《예기》〈왕제王制〉에는 경卿이 3등급이 있고 대부가 2등급이 있어 서로 부합하지 않는다. 이 경문經文에서 '하대부下大夫'라고 말하는 것은 당연히 이 중하中下의 2등급이니, 통틀어 이를 하대부라고 이르는 것이다.

鄕黨 第十

임금이 불러 국빈國賓을 접대하는 일을 시키면 얼굴빛은 변하여 긴장하고, 발걸음은 머뭇머뭇 조심하였다. 함께 서 있는 사람과 읍할 때는 그 손을 좌左로 향해 하기도 하고 우右로 향해 하기도 하였는데, 옷의 앞뒤 자락이 가지런하였다. 빠른 걸음으로 추창하여 나갈 때는 (그 단아함이) 새가 날개를 편 듯하였다. 손님이 물러갔을 때는 반드시 복명하기를 "손님이 뒤돌아보지 않았습니다."라고 하였다. [皇侃 本에는 '左右其手'로 되어 있다.]

邢曰: "擯, 接賓者也.【主國之君所使出接賓者】勃, 變色也."

○包曰: "躩, 盤辟貌."【朱子云: "盤辟, 乃盤旋曲折之意."】

○朱子曰: "所與立, 謂同爲擯者也. 擯, 用命數之半."【如上公九命, 則用五人, 以次傳命】

○鄭曰: "揖左人, 左其手; 揖右人, 右其手."【朱子云: "揖左人, 傳命出; 揖右人, 傳命入也."】

○朱子曰: "襜, 整貌."【鄭云: "一俛一仰, 衣前後襜如也."】

○邢曰: "疾趨而進, 張拱端好, 如鳥之張翼也."

○朱子曰: "復命曰'賓不顧', 紓君敬也."【陳云: "賓雖退, 主君敬猶存, 擯告賓去不顧, 則主君之敬, 可緩解也."】

《周禮》〈大行人〉: "上公九介, 侯伯七介, 子男五介, 各隨其命數. 賓次於大門之外, 主人使擯者出而請事, 卿爲上擯, 大夫爲承擯, 士爲紹擯. 主國之君, 公則擯者五人, 侯伯四人, 子男三人."

---

1) 主國: 聘禮를 받는 나라를 指稱함.
2)《正義》10.
3) 命數: 命은 官吏 任命의 辭令을 말함. 처음 官職에 임명하는 것을 一命이라 하고, 관직의 등급이 一級 오르면 再命이라 하며, 이렇게 하여 三命 四命 등 九命까지의 辭令이 있다. 곧 九命은 最上官이며, 그 數를 命數라고 한다.
4) 上公九命:《周禮》〈春官·典命〉에 "上公은 九命하여 伯이 된다. 그 國家의 宮室·車旗·衣服·禮儀를 모두 九로써 等節을 삼는다(上公九命爲伯. 其國家宮室車旗衣服禮儀, 皆以九爲節)"라는 말이 있다.
5) 陳: 新安 陳氏 陳櫟이다.
6) 主君: 聘禮를 받는 主國의 君主.
7)《論語集註大全》卷10〈鄕黨〉제10 小註에 나온다.
8) 介: 介는 돕는다는 뜻인데, 使臣을 돕는 副使에 해당하며, 이에 대한 聘禮를 받는 主君 쪽의 접대역을 擯이라 한다.
9) 上擯: 主國의 卿이 上擯이 되어 外國의 賓客을 접대한다. 擯者의 最上級.
10) 承擯: 上擯 다음 등급의 擯을 말함.
11) 紹擯: 紹는 잇는다는 뜻이다. 承擯 다음 등급의 擯.
12) 이 글은《論語集註大全》卷10〈鄕黨〉제10 小註에 나와 있는 것을 그대로 인용한 것인데, 지금의《周禮》〈秋官·大行人〉에는 이대로 나와 있지 않다.《周禮》〈秋官·大行人〉의 글과《儀禮》〈聘禮〉·《禮記》〈聘義〉에 나오는 글을 참고하여 朱子가 '擯'에 대한 것을 주석한 듯하다.

○형병: '빈擯'은 빈객을 접대하는 자이고, [主國[1]의 君主가 시켜서 나가 빈객을 접대하는 자이다.] '발勃'은 얼굴빛을 고치는 것이다.[2]
○포함: '확躩'은 발걸음을 머뭇거리면서 조심하는 모양(盤辟貌)이다. [朱子는 이르기를 "盤辟은 곧 盤旋曲折의 뜻이다"라고 하였다.]
○주자: '소여립所與立'은 함께 빈擯이 된 자를 이른다. 빈은 명수命數[3]의 반을 쓴다. [예를 들어 上公九命[4]일 경우에는 擯者 다섯 사람을 써서 차례로 命을 전달한다.]
○정현: 왼쪽 사람에게 읍揖할 때는 그 손을 왼쪽으로 하고, 오른쪽 사람에게 읍할 때는 그 손을 오른쪽으로 한다. [朱子는 이르기를 "왼쪽 사람에게 揖하는 것은 命이 나가는 것을 전하는 것이고, 오른쪽 사람에게 揖하는 것은 命이 들어오는 것을 전하는 것이다"라고 하였다.]
○주자: '첨襜'은 가지런한 모양이다. [鄭玄은 이르기를 "한 번 머리를 숙이고 들고 할 때 옷의 앞뒤 자락이 가지런한 것이다"라고 하였다.]
○형병: 빠른 걸음으로 추창하여 나갈 때 팔을 편 모습이 단아하여 마치 새가 날개를 편 듯한 것이다.
○주자: 복명復命하기를 "손님이 뒤돌아보지 않았습니다"라고 한 것은 임금의 공경하는 마음을 풀어주기 위한 것이다. [陳[5]은 이르기를 "賓客이 비록 물러갔더라도 主君[6]의 공경하는 마음은 오히려 남아 있으므로, 擯이 된 자가 빈객이 떠나고 뒤돌아보지 않는다고 고하면 主君의 공경하는 마음이 천천히 풀어질 수 있다"라고 하였다.[7]]
○《주례》〈대행인〉: 상공上公은 개介[8]가 9인人, 후백侯伯은 개가 7인, 자남子男은 개가 5인이니, 이는 각각 그 명수命數에 따른 것이다. 빈賓이 대문 밖에 차례로 서 있으면 주군主君은 빈자擯者로 하여금 밖에 나가게 하여 일을 청하는데, 이때 경卿은 상빈上擯[9]이 되고, 대부大夫는 승빈承擯[10]이 되며, 사士는 소빈紹擯[11]이 된다. 주국主國의 군공君公은 빈자가 5인이고, 후백侯伯은 4인이며, 자남子男은 3인이다.[12]

○朱子曰: "擯, 各用其命數之強半, 下於賓以示謙也."
○又曰: "古者相見之禮, 主人有擯, 賓有介. 賓傳命於上介, 上介傳之次介, 次介傳之末介, 末介傳之末擯, 末擯傳之次擯, 次擯傳之上擯, 上擯傳之主人, 然後賓主方相見."【邢云: "賓主各有副, 賓副曰介, 主副曰擯."】
○《陸稼書》云: "孔子是時, 蓋爲次擯, 揖者揖而傳之以命也, 故云'揖所與立'. 所與立者, 皆本國之臣僚, 同爲擯者也. 若末擯傳之末介, 則不可以左右言."
金曰: "'賓不顧矣', 此當時禮辭也. 〈聘禮〉, 賓出, 公再拜送, 賓不顧; 賓私面於大夫, 大夫送之再拜, 賓不顧. 〈公食大夫禮〉, 賓出, 公送于大門內再拜, 賓不顧. 古者賓禮畢而出, 即不回顧; 主人送拜之, 亦不回顧, 示易退之義, 故皆曰賓不顧. 當時辭令, 遂謂賓出爲不顧也."【見《通義》】

---

13) 《論語集註大全》卷10〈鄕黨〉제10 小註에 나온다.
14) 同上.
15) 副: 돕는 이를 말함.
16) 《正義》10.
17) 金履祥의《論語集註考證》卷5〈鄕黨〉에도 그대로 나온다.

○주자: 빈擯은 각각 그 명수命數의 반이 조금 넘게 쓰는데, 이는 빈에게 낮추어 겸손을 보이는 것이다.[13]

○또 주자: 옛날의 상견례相見禮에는 주인에게 빈擯이 있고, 빈賓에게 개介가 있었다. 빈賓이 상개上介에게 명령을 전하면, 상개는 차개次介에 전하고, 차개는 말개末介에게 전하고, 말개는 말빈末擯에게 전하고, 말빈은 차빈次擯에게 전하고, 차빈은 상빈上擯에게 전하고, 상빈은 주인에게 전한다. 그런 뒤에라야 빈객과 주인이 바야흐로 상견相見하는 것이다.[14] [邢昺은 이르기를 "賓客과 主人에 각각 副[15]가 있는데, 賓의 副를 介라 하고, 主의 부를 擯이라 한다"라고 하였다.[16]]

○《육가서》: 공자는 이 당시에 아마도 차빈次擯이었던 듯하다. 읍揖을 하는 자는 읍하여 명령을 전하는 것이다. 그러므로 "함께 서 있는 사람과 읍한다(揖所與立)"라고 한 것이다. '함께 서 있었던(所與立)' 자는 모두 본국의 신료臣僚로서 함께 빈擯이 된 자들이다. 만약 말빈末擯이 말개末介에게 전하였다면, 손을 왼쪽으로 하기도 하고 오른쪽으로 하기도 하였다고 말할 수 없다.

○김이상: '손님이 뒤돌아보지 않았습니다(客不顧矣)'라고 한 것은 이 당시의 예사禮辭이다. 《의례》〈빙례聘禮〉에 보면, 빈賓이 나갈 때는 공公이 재배하여 전송하면 빈은 뒤돌아보지 않고, 빈이 사사로이 대부에게 향할 때는 대부가 재배하여 이를 전송하면 빈은 뒤돌아보지 않는 법이다. 또〈공사대부례公食大夫禮〉에 보면, 빈賓이 나갈 때는 공公이 대문 안에서 재배하여 전송하면 빈은 뒤돌아보지 않는 법이다. 옛날에 빈이 예禮를 마치고 떠나갈 때 뒤돌아보지 않고, 주인이 전송하며 절할 때도 뒤돌아보지 않았던 것은 쉬이 물러감을 보이는 뜻이다. 그러므로 모두 "빈이 뒤돌아보지 않았다(賓不顧)"고 말한 것이다. 그래서 당시의 사령辭令에 드디어 빈賓이 떠나가는 것을 '불고不顧'라고 한 것이다. [《通義》에 보인다.[17]]

孔曰: "翼如, 言端好." 【皇本作端正】
○鄭曰: "復命, 白君賓已去矣." 【皇本, 作'孔曰'】
○案 復命者, 承命作擯, 其事已畢, 故復命也.

入公門, 鞠躬如也, 如不容. 立不中門, 行不履閾. 過位, 色勃如也, 足躩如也①, 其言似不足者. 攝齊升堂, 鞠躬如也, 屏氣, 似不息者. 出,【句】降一等, 逞顏色, 怡怡如也. 沒階, 趨進, 翼如也. 復其位, 踧踖如也. 【陸氏本趨下無進字】

邢曰: "鞠, 曲斂也. 君門雖大, 斂身如狹小, 不容其身也."

---

① 足躩如也: 新朝本·奎章本에는 빠져 있으나 《論語》〈鄕黨〉의 經文에 따라 보충한다.
1) 公門: 여기서는 君主가 聽政하는 朝廷의 門을 말함.
2) 陸氏本: 陸德明의 本을 말함. 《經典釋文》卷第24 〈論語音義〉를 가리킴.
3) 《正義》10.

○공안국: '익여翼如'는 단호端好한 것을 말한다. [皇侃 本에는 '端正'으로 되어 있다.]

○정현: 복명復命하여 빈賓은 이미 떠나갔다고 임금에게 아뢴 것이다. [皇侃 本에는 (이 鄭玄의 말이) 孔安國의 말로 되어 있다.]

○살펴보건대, 복명復命은 명령을 받들어 빈擯이 되어 그 일을 이미 마쳤기 때문에 복명인 것이다.

공문公門¹⁾에 들어갈 때는 문이 좁아 자신을 들여놓지 못하는 것처럼 여겨 몸을 굽혀 공경하는 모습을 하였고, (문에 들어가며) 설 때는 문의 한가운데에 서지 않았으며, 통행할 때는 문지방을 밟지 않았다. (조정의 지정된 사대부의) 자리를 지날 때는 얼굴빛은 변하여 긴장하고, 발걸음은 머뭇머뭇 조심하며, 말은 잘 못하는 듯이 하였다. 옷자락을 걷어잡고 당堂에 오를 때는 몸을 굽히고, 기氣를 거두어 숨을 쉬지 않는 듯이 하였다. 나와서 (섬돌) 한 층계를 내려서는 얼굴빛을 펴서 화락한 모습이었고, 층계를 다 내려와서는 빠른 걸음으로 걸어가는 것이 마치 새가 날개를 편 듯하며, (대부 반열의) 제자리로 돌아와서는 공경하여 마음을 편안히 하지 못하는 듯하였다. [陸氏本²⁾에는 '趨' 字 아래에 '進' 字가 없다.]

○형병: '국鞠'은 몸을 굽혀 움츠리는 것이다. 군주君主가 있는 군문君門이 비록 크더라도 몸을 움츠려, 마치 문이 좁고 작아 그 들어갈 몸을 용납하지(받아들이지) 못하는 것처럼 하였다.³⁾

○朱子曰: "中門, 中於門也. 謂當棖闑之間.【按, 棖, 謂東棖也. 闑在兩扉之中央】君出入處也.【按, 君出入, 亦由闑右, 爲與賓分左右】禮, '士大夫出入君門, 由闑右, 不踐閾.'"【〈曲禮〉文】

○孔曰: "閾, 門限."

○補曰 不中門者, 爲據尊也;【君所出入處】不履閾者, 嫌踐危也.【邢云: "一則自高, 二則不淨."】

○補曰 位大夫士所立之定地, 在公庭之左右,【即朝廷之位】過位則彌近君, 故彌敬.

○補曰 立乎其位, 或與大夫言, 不敢出聲, 似不足者.【孔子位尊, 故過下位而得立乎上位】

○孔曰: "攝齊, 摳衣也."【邢云: "將升堂時, 以兩手當裳前, 提挈②裳使起, 恐衣長轉足履之." ○朱子云: "摳衣去地尺."】

○補曰 屛, 斂也.【〈金縢〉云: "屛璧與珪③."】

○④朱子曰: "息, 鼻息出入也. 近至尊, 氣容肅也."

○補曰 出, 退朝而出也.

---

② 挈: 新朝本·奎章本에는 빠져 있으나 《正義》에 따라 보충한다.
③ 珪: 新朝本·奎章本에는 '圭'로 되어 있으나 《尙書》〈金縢〉의 經文에 따라 바로잡는다.
④ ○: 新朝本·奎章本에는 빠져 있으나 단락을 구분하기 위해 보충한다. 다음 세 번째의 '○'도 이와 같다.
4) 《正義》 10.
5) 同上.
6) 氣容: 九容 가운데 하나로 숨 쉬는 모습을 말함.

○주자: '중문中門'은 문의 한가운데이다. 이는 문설주(根)와 문지방(闑)의 사이에 해당됨을 이르니, [살펴보건대, 根은 동쪽 문설주를 말하고, 闑은 두 문짝의 중앙에 있다.] 임금이 출입하는 곳이다. [살펴보건대. 임금이 출입할 때도 또한 문지방의 오른쪽으로 따라서 가는데, 이는 賓客과 左右로 나누어 가기 위한 것이다.] 예禮에 "사대부士大夫가 군문君門을 출입할 때는 문지방의 오른쪽으로 따라서 가며, 문지방을 밟지 않는다"는 말이 있다. [《禮記》〈曲禮〉의 글이다.]

○공안국: '역閾'은 문지방(門限)이다.

○보충: '문의 한가운데로 하지 않는다(不中門)'는 것은 높은 이가 출입하는 곳을 근거로 하였기 때문이고, [임금이 출입하는 곳이다.] '문지방을 밟지 않는다(不履閾)'는 것은 높은 곳을 밟기를 피하는 것이다. [邢昺은 이르기를 "한편으로는 스스로 높은 체하고, 한편으로는 淨하지 못하기 때문이다"라고 하였다.4)]

○보충: '위位'는 대부大夫·사士가 서는 일정한 지위이니, 공정公庭의 좌우에 위치해 있다. [곧 조정 반열의 지위이다.] 이 자리를 지날 때면 더욱 임금에게 가까워진다. 그러므로 더욱 공경하는 것이다.

○보충: 그 지위에 서서 혹 대부와 더불어 말할 때는 감히 소리 내지 않고 말을 잘 못하는 듯이 하는 것이다. [孔子는 지위가 높기 때문에 아랫자리를 지나서 윗자리에 서게 된다.]

○공안국: '섭자攝齊'는 옷을 잡는다는 뜻이다. [邢昺은 이르기를 "장차 堂에 오르려고 할 때는 두 손을 치마의 앞자락에 대어 치마를 잡아 올리는 것이니, 이렇게 하는 것은 옷이 길어서 발에 밟힐까 두려웠기 때문이다"라고 하였다.5) ○朱子는 이르기를 "옷을 잡아 땅에서 한 자 떨어지게 한다"라고 하였다.]

○보충: '병屛'은 거둔다는 뜻이다. [《尙書》〈金縢〉에 이르기를 "璧과 珪를 거둘 것이다"라고 하였다.] '식息'은 코로 숨 쉬는 것이다. 지존至尊을 가까이 하게 되므로 기용氣容6)을 정숙하게 한 것이다.

○보충: '출出'은 퇴조退朝하여 나가는 것이다.

○朱子曰: "等, 階之級也."【補云: "諸侯之階七等."】
○補曰 逞, 解也.【《左傳》隱九年云: "乃可以逞."】
○朱子曰: "漸遠所尊, 舒氣解顏."
○孔曰: "沒, 盡也. 下盡階."
○朱子曰: "趨, 走就位也."【無進字】
○補曰 復其位, 反庭中大夫之位.

邢曰: "中門, 謂棖闑之中央, 君門中央有闑, 兩旁有棖.【棖, 謂之門楔】棖闑之中, 是尊者所立處, 故人臣不得當之以立."

○案 公門之制, 兩旁有棖, 中央有闑, 闑之左右, 各爲一路, 以達兩階.【東西階】君出入由闑右者, 鄰國之君來聘, 則賓由闑西,【即闑左】主君由闑東【即闑右】故也. 人臣由闑右者, 不敢自居以賓禮也, 則所謂立不中門者, 不中於闑右之中央, 非謂兩扉之中央也.〈曲禮〉'由闑右'之註,〈玉藻〉'介拂闑'之註, 宜詳檢也.【〈玉藻〉云 '賓入, 不中門, 不履閾', 則此經亦或是入不中門, 立入聲相近而致誤也】

---

7) 陸德明의《經典釋文》卷第24〈論語音義〉에 보면 "어떤 한 本에는 '沒階, 趨進'으로 되어 있는데 이는 잘못이다"라고 陸德明이 말하였다. 그런데 朱子는 이 說을 따라 "沒階, 趨, 翼如也"가 바르다고 인정한 것이 아닌가 한다.
8)《正義》10.
9) 由闑右:《禮記》〈曲禮〉上篇에 나오는 구절인데, 문지방 오른쪽을 따라 출입한다는 말이다.
10) 介拂闑: 介가 옷자락으로 문지방을 스치고 들어간다는 말인데, 介는 上介로서 諸侯가 천자를 방문할 때 수행하는 수행원 가운데 最上級者인 卿에 해당한다.

○주자: '등等'은 계단의 층계이다. [補充하여 말한다. 諸侯의 계단은 일곱 계단이다.]

○보충: '영逞'은 풀린다는 뜻이다. [《左傳》隱公 9년조에 이르기를 "그래서 풀릴 수 있다(乃可以逞)"라고 하였다.]

○주자: 점점 지존을 멀리하게 되므로 기를 펴고 얼굴을 푸는 것이다.

○공안국: '몰沒'은 다한다는 뜻이니, 계단을 다 내려온 것을 말한다.

○주자: '추趨'는 빠른 걸음으로 자리에 나아가는 것이다. ['進' 字가 없다.7)]

○보충: '그 자리로 돌아오다(復其位)'란 조정朝廷의 공정公庭에 있는 대부大夫의 자리에 되돌아오는 것이다.

○형병: '문의 한가운데(中門)'란 문설주(棖)와 문지방(闑)의 중앙을 이르는데, 군주의 군문君門 한가운데에는 얼闑이 있고, 양쪽 가에는 정棖이 있으며, [棖은 門楗를 이름이다.] 정棖과 얼闑의 한가운데는 지존至尊이 서는 곳이기 때문에 신하는 이곳에 설 수 없다.8)

○살펴보건대, 공문公門의 제도는 양쪽 가에 정棖이 있고, 중앙에 얼闑이 있으며, 얼의 좌우에는 각각 하나의 길을 만들어 양쪽 계단 [東西의 계단이다.] 으로 통하게 되어 있다. 군주가 출입할 때 얼闑의 오른쪽으로 통행하는 것은 이웃 나라의 군주가 내빙來聘하면 빈객賓客으로서 얼의 서쪽 [곧 闑의 왼쪽이다.] 으로 통행하고, 주군主君은 얼의 동쪽 [곧 闑의 오른쪽이다.] 으로 통행하기 때문이다. 신하가 얼闑의 오른쪽으로 통행하는 것은 감히 스스로를 빈례賓禮에 적용시킬 수 없기 때문이니, 여기 이른바 '입부중문立不中門'이란 얼闑의 오른쪽 중앙에 해당하는 곳에 서지 않는다는 것이지 두 문짝의 중앙을 가리키는 것이 아니다. 《예기》〈곡례曲禮〉의 '유얼우由闑右'9)의 주석과 〈옥조玉藻〉의 '개불얼介拂闑'10)의 주석을 마땅히 자세히 검토해야 할 것이다. [《禮記》〈玉藻〉에 이르기를 "賓客이 들어갈 때 門의 한가운데로 들어가지 않으며 문지방을 밟지 않는다"라고 하였으니, 이 經文도 또한 혹시 '入不中門'에서 '立'과 '入'이 소리가 서로 가까워서 (立不中門으로) 잘못될 수도 있는 것이다.]

包曰: "過君之空位."

○邢曰: "空位, 謂門屛之間, 人君宁立之處. 君雖不在此位, 人臣過之宜敬."【《爾雅》云: "門屛之間, 謂之宁."】

○案 宁者, 門之內屛之外也. 人君聽治, 或於門, 或於寢. 於門則負屛而立, 此之謂宁也. 然過位·復位, 上下照應, 宁則皆宁, 廷則皆廷, 不得異釋. 孔安國以復位爲來時所過之位, 【侃云: "初時所過君之位."】來時所過若是宁位, 則書之曰 '復其位', 有是理乎?《陸稼書》云: "復其位, 是朝班之位." 《孟子》曰: "朝廷不歷位而相與言, 卽此位." 過位者, 過士大夫之位也.

孔曰: "衣下曰齊."

○邢曰: "〈曲禮〉'摳衣', 鄭注云, '齊, 謂裳下緝也.' 然則衣謂裳也. 對文⑤則上曰衣, 下曰裳, 散則可通."

○案 邢說, 是也.

陸曰: "趨下本無進字, 俗本有之, 誤也."【見《釋文》】

---

⑤ 文: 新朝本·奎章本에는 '衣'로 되어 있으나 《正義》卷10에 따라 바로잡는다.
11) 屛: 門의 안쪽 또는 바깥쪽에 설치하여 병풍처럼 가리개 역할을 하는 담장 같은 것.
12) 《正義》10.
13) 《義疏》5-132.
14) 《孟子》〈離婁〉下에 나온다.

○포함: ('과위過位'란) 임금의 비어 있는 그 자리를 지나가는 것이다.
○형병: 빈자리는 문門과 병屛[11] 사이 임금이 조회를 받을 때 서는 곳인데(人君宁立之處), 임금이 비록 이 자리에 있지 않더라도 신하가 거기를 지날 때는 마땅히 공경하는 태도를 취해야 한다.[12] [《爾雅》에 이르기를 "門과 屛 사이를 宁라고 한다"라고 하였다.]
○살펴보건대, 저宁란 문門의 안쪽과 병屛의 바깥쪽이다. 임금이 청정聽政을 할 때 어떤 때는 문에서, 어떤 때는 정침正寢에서 한다. 문에서 할 때는 병屛을 등지고 서는데, 이를 가리켜 저宁라고 한다. 그러나 (경문에서) '과위過位'와 '복위復位'는 상하가 서로 조응照應해 있는 것으로서 (위의 뜻이 같은 것이니), 이것이 저宁이면 모두가 저이고 정廷이면 모두가 정이지 달리 해석할 수 없다. 그런데 공안국은 '복위復位'를 '올 때 지나는 자리'라고 하였는데, [皇侃은 "처음 조회를 시작할 때 임금의 자리를 지나는 것이다"[13]라고 하였다.] '올 때 지나는 자리'가 만약 저위宁位이면, 이를 '그 자리에 돌아가다(復其位)'라고 쓸 리가 있겠는가? [《陸家書》에 이르기를 "'復其位'는 朝廷 班列의 자리이다. 孟子가 말하기를 '조정에서는 남의 자리를 지나서 남과 더불어 서로 말하지 않는다'[14]고 하였으니, (맹자가 말한) 바로 이 자리이다"라고 하였다.] '자리를 지나다(過位)'란 사대부士大夫의 자리를 지나는 것이다.
○공안국: 옷의 아랫자락을 '자齊'라고 한다.
○형병: 《예기》〈곡례曲禮〉의 '옷을 잡아 올리다(摳衣)'라는 말에 대한 정현의 주注에는 "자齊는 치마의 아랫단이다"라고 하였다. 그러니 '의衣'는 치마(裳)이다. 대對가 되는 문자로 말하면 옷의 상上을 의衣라 하고 하下를 상裳이라 하는데, 이를 (서로 대對가 되는 것으로 말하지 않고) 흩어 버리면 (상裳까지도 의衣로써) 통용할 수 있다.
○살펴보건대, 형병의 설이 옳다.
○육덕명: '추趨' 아래에 본래 '진進'자가 없었는데, 속본俗本에 ('진進'자를) 둔 것은 잘못이다. [《經典釋文》에 보인다.]

鄕黨 第十

○案 鄭玄〈聘禮〉注, 引沒階趨進, 有進字.【漢本有進字可知】然其經文云 '下階發氣, 舉足又趨',【即沒階而趨】無進字.

執圭, 鞠躬如也, 如不勝. 上如揖, 下如授. 勃如戰色, 足蹜蹜如有循. 享禮, 有容色. 私覿, 愉愉如也.

補曰 圭, 瑞玉. 朱子曰: "諸侯命圭. 聘問鄰國, 則使大夫執以通信.【〈考工記〉桓圭公守之, 信圭侯守之, 躬圭伯守之, 朝覲執焉, 居則守之】'執主器, 執輕如不克',【〈曲禮〉文】敬謹之至也."

---

1) 享禮: 使臣이 聘禮를 마친 뒤 그 다음에 使臣이 가지고 온 禮物을 獻上하는 儀式.
2) 命圭: 중국 古代에 諸侯가 卽位하였을 때 天子로부터 下賜된 爵命을 표해 놓은 圭.
3)《禮記》〈曲禮〉下에 나온다.

○살펴보건대, 정현의 《의례儀禮》〈빙례聘禮〉 주注에 '몰계추진沒階趨進'이란 구절을 인용하여 거기에 '진進' 자를 두었다. [漢나라 本에는 '進' 字가 있었다는 것을 알 수 있다.] 그러나 (〈빙례〉의) 그 경문經文에는 "계단을 내려가서는 기氣를 펴고, 발을 들어서 또 추장해 나아가다(下階發氣, 擧足又趨)"라고 하여, [이것이 곧 '沒階而趨'이다.] 여기에 '진進' 자가 없다.

규圭를 손에 잡고 있을 때는 그 무게를 이기지 못하는 듯이 하여 몸을 굽혀 공경하였다. (그 규를 잡고 있는 위치는) 위로는 읍을 할 때의 높이와 같게 하고, 아래로는 (남에게 물건을) 줄 때의 높이와 같게 하였다. 얼굴은 조심스럽게 두려운 빛을 하고, 발걸음은 촘촘하면서 발꿈치를 끄는 듯하였다. 향례享禮[1)]에서는 얼굴빛이 화하였고, 사사로운 회견會見에서는 더욱 화기가 있었다.

○보충: '규圭'는 서옥瑞玉이다. 주자는 말하기를 "(규圭는) 제후의 명규命圭[2)]이다. 이웃나라를 빙문聘問할 때는 대부大夫에게 이것을 가지고 가서 서로의 신信을 통하게 한다. [《周禮》〈考工記〉에 보면, 桓圭는 公이 지녀 지키며, 信圭는 侯가 지녀 지키며, 躬圭는 伯이 지녀 지키는 瑞玉인데, 朝覲 때에는 이것을 가지고 가며 (그 爵位의) 자리에 있을 때에는 이것을 지녀 지킨다고 하였다.] ('여불승如不勝'은) 임금의 기물器物을 가질 때, 가벼운 것을 가졌더라도 (무거워서) 이기지 못하는 것처럼 한다는 것이니, [《禮記》〈曲禮〉의 글이다.[3)]] 이는 지극히 공경하고 삼가는 것이다"라고 하였다.

○朱子曰: "'上如揖, 下如授', 謂執圭平衡, 手與心齊, 高不過揖, 卑不過授."【步趨之間, 其手微有上下, 但高不過揖, 卑不過授】

○補曰 戰色, 猶戰慄之色.

○朱子曰: "踧踖, 舉足促狹也."

○鄭曰: "如有循, 舉前曳踵."

○①朱子曰: "行不離地, 如緣物也."

○鄭曰: "享, 獻也. 〈聘禮〉, '旣聘而享, 用圭璧, 有庭實.'"

○補曰 有容色, 其容舒也.【〈聘禮〉云: "及享發氣盈容."】

○鄭曰: "覿, 見也. 旣享乃以私禮見."

○邢曰, "愉愉, 和悅也."

鄭曰: "上如揖, 授玉宜敬.【侃云: "上如揖, 就下取玉, 上授與人時也. 俯身爲敬, 故如揖時也."】下如授, 不敢忘禮."【邢云: "授玉而降, 雖不執玉, 猶如授時, 不敢忘禮也."】

---

① ○: 新朝本·奎章本에는 빠져 있으나 단락을 구분하기 위해 보충한다.
4) 圭璧: 享禮 때 선물로 바치는 圭와 璧의 玉.
5) 庭實: 가죽과 車馬 등 여러 가지 貢物들은 이것을 朝廷의 뜰에 가득히 陳列해 놓기 때문에 이를 庭實이라 한다.
6) 《正義》10.
7) 《義疏》5-133.
8) 《正義》10.

○주자: '상여읍上如揖, 하여수下如授'라는 말은 규圭를 손에 잡고 있는 것이 평형平衡을 이루어 손과 가슴이 가지런할 정도로, 높아도 읍揖할 때의 위치를 넘지 않고, 낮아도 남에게 물건을 줄 때의 위치를 넘지 않는 것이다. [걸음을 추창하여 가는 사이에 그 손이 약간 올라갔다가 내려갔다가 하는 차이가 있으나, 다만 높아도 揖할 때의 높이를 넘지 않고, 낮아도 남에게 물건을 줄 때의 높이보다 낮지 않는다는 것이다.]

○보충: '전색戰色'은 두려워하는 얼굴빛이라는 뜻과 같다.

○주자: '축축蹜蹜'은 발을 들어 걷는데, 발과 땅의 거리가 매우 가까운 것이다.

○정현: '여유순如有循'은 발의 앞쪽을 들고 발꿈치를 끄는 것이다.

○주자: ('여유순'은) 걸어갈 때 발이 땅에서 떨어지지 않아 마치 물건에 끌리는 듯한 것이다.

○정현: '향享'은 드린다(獻)는 뜻이다.《의례》〈빙례聘禮〉에 보면, 이미 빙문聘問을 한 뒤에는 향례享禮를 행하는데, 거기에는 규벽圭璧[4)]을 쓰고 정실庭實[5)]이 있다.

○보충: '유용색有容色'은 그 얼굴이 확 펴져 있는 것이다. [《儀禮》〈聘禮〉에 이르기를 "享禮에 미쳐서는 氣를 發하여 얼굴에 和氣를 가득 차게 한다"라고 하였다.]

○정현: '적覿'은 본다는 뜻이니, 이미 향례享禮를 끝내고 이에 사사로운 예禮로 보는 것이다.

○형병: '유유愉愉'는 화열和悅하는 것이다.[6)]

○정현: '상여읍上如揖'이란 옥을 줄 때 마땅히 공경해야 하는 예이고, [皇侃은 이르기를 "'上如揖'이란 아래에 내려가서 玉을 가지고 올라와 (主君이 되는) 사람에게 줄 때를 이른다. 이때 몸을 굽혀 공경하기 때문에 揖할 때의 자세와 같은 것이다"라고 하였다.[7)]] '하여수下如授'란 감히 예를 잊지 아니하는 태도이다. [邢昺은 이르기를 "玉을 주고 내려갈 때도 비록 옥을 잡고 있지는 않으나, 그래도 오히려 옥을 줄 때처럼 감히 예를 잊지 아니하는 것이다"라고 하였다.[8)]]

○侃曰: "下如授, 謂奠玉置地時也."
○駁曰 非也. 案,〈聘禮〉執圭之法曰: "授如爭承,【如相爭奪然, 猶恐失之】下如送,【賈云: "敬如君送然."】君還而後退, 下階發氣."【還者, 回旋也】與此上如揖下如授, 其文相似, 而義不合也.
顧麟士曰: "〈曲禮〉, '執天子之器則上衡, 國君則平② 衡, 大夫則綏之, 士則提之', 此如揖如授者, 亦以魯諸侯也."
晁曰: "孔子, 定公九年仕魯, 絕無朝聘往來之事, 疑 '使擯'·'執圭' 兩條, 但孔子嘗言其禮當如此."
○馮曰: "《左氏》·史遷所載, 恐不無軼事, 是書出於門人之親記, 烏得而疑之?"
引證〈聘禮〉曰: "執圭入門鞠躬焉, 及享發氣焉盈容, 私覿愉愉焉."
○案 記〈鄕黨〉者, 記夫子動容中禮也.

---

② 平: 新朝本·奎章本에는 '半'으로 되어 있으나《禮記》〈曲禮〉에 따라 바로잡는다.
9) 衡: 여기서는 가슴과 水平의 높이를 말함.
10) 晁說之: 앞에 나왔음.
11) 馮椅: 南宋 때의 理學者. 江西省 都昌人. 字는 奇之, 號는 厚齋. 官은 江西運司幹辦公事·上高縣令 등을 역임. 朱子에게 수학하고, 역학에 조예가 깊었음. 저술로는《厚齋易學》·《周易輯說明解》·《經說》·《孝經章句》·《孔子弟子傳》·《續史記》·《詩文志錄》등이 있다.
12)《論語集註大全》卷10〈鄕黨〉제10 小註에 나온다.

○황간: '하여수下如授'란 옥玉 놓아둘 자리를 정할 때를 이른다.
○반박: 아니다. 살펴보건대, 〈빙례聘禮〉의 집옥執玉하는 법에 "옥을 주면 서로 다투어 받드는 듯이 하고, [서로 다투어 빼앗는 듯이 함은 오히려 이를 잃을까 두려워하는 것이다.] 몸을 낮추기를 (임금을) 전송하듯이 하여, [賈公彦은 "공경하기를 임금을 전송하듯이 한다"라고 하였다.] 임금이 돌아선 뒤에야 물러나서 계단을 내려와 기氣를 편다(君還而後退, 下階發氣)"라고 하였으니, [還이란 돌아서는 것이다.] 이는 '상여읍上如揖, 하여수下如授'와 그 글이 서로 비슷하나 뜻은 일치하지 않는다.
○고린사:《예기》〈곡례曲禮〉에 보면, 천자의 옥기玉器를 잡을 때는 형衡⁹⁾보다 위로 하고, 국군國君의 옥기는 형衡에 수평으로 하고, 대부大夫의 옥기는 형衡보다 아래로 하고, 사士의 기물器物은 (띠 아래로 하여) 손에 든다고 되어 있으니, 이 '여읍여수如揖如授'라고 하는 것은 또한 노魯나라 제후에게 해당되는 예禮이다.
○조설지:¹⁰⁾ 공자는 정공定公 9년(B.C. 501)에 노나라에서 벼슬을 하였으나 전혀 조빙朝聘으로 왕래한 일이 없다. 아마도 빈객을 접대하고(使擯) 규를 잡는(執圭) 이 두 가지는, 다만 공자가 그 예禮는 마땅히 이렇게 행해야 한다고 일찍이 말한 듯하다.
○풍의:¹¹⁾ 좌씨左氏의《춘추좌전》과 사마천의《사기》에 기록된 것에는 아마도 빠진 사실이 없지 않을 것이나, 여기의 이 글은 문인이 친히 기록한 것에서 나왔으니 어찌 이를 의심할 수 있겠는가?¹²⁾
【인증】《의례》〈빙례〉: 규圭를 손에 잡고 문에 들어갈 때는 (그 무게를 이기지 못하는 것처럼 하여) 몸을 굽히고, 향례享禮에 미쳐서는 기氣를 발하여 얼굴에 화기를 가득 차게 하며, 사사로이 회견할 때는 화하고 기쁜 모습을 하는 것이다.
○살펴보건대, 〈향당鄕黨〉편에 기록된 것은 공자의 동용動容이 예禮에 적중했다는 것을 기록한 것이다.

鄕黨 第十

君子不以紺緅飾, 紅紫不以爲褻服. 當暑, 袗絺綌, 必表而出之.【皇本無之字】

朱子曰: "紺, 深靑揚赤色."【《說文》云】
○補曰 緅, 深赤淺黑色.〈考工記〉曰: "五入爲緅."【〈考工〉鄭注云: "染纁者, 三入而成, 又再染以黑則爲緅. 今禮俗文作爵, 言如爵頭色也."】
○孔曰: "飾者, 領袖緣也."
○補曰 紅, 赤白色;【《說文》云】紫, 赤黑色.【《說文》云: "靑赤色."】
○王曰: "褻服, 私居服.【非公會之服】褻尚不衣, 正服無所施."
○邢曰: "袗, 單也. 絺綌, 葛也. 精曰絺, 麤曰綌."
○孔曰: "表而出,【皇本孔注亦無'之'字】加上衣."【補云: "如裘之有裼."】
○①補曰 出, 謂出門而適他所也.

---

① ○: 新朝本·奎章本에는 빠져 있으나 단락을 구분하기 위해 보충한다.
1) 緅色: 朱子는 絳色(淡紅色)이라고 하였으나, 茶山은 짙은 붉은색(深赤)과 옅은 검은색(淺黑色)의 間色이라고 하였다.
2) 絺綌: 絺는 올이 가는 葛布이며, 綌은 올이 거친 葛布이다.
3)《正義》10.
4) 赤白色: 赤과 白의 間色.
5) 赤黑色: 赤과 黑의 間色.
6)《正義》10.
7)《禮記》〈玉藻〉편에 보면 "裘之裼也, 見美也"라는 구절이 있다.

군자君子는 감색紺色과 추색緅色[1]으로 옷깃에 선을 두르지 않고, 홍색紅色과 자색紫色으로 평상복을 만들어 입지 않았다. 더울 때를 당해서는 홑겹으로 된 치격絺綌[2]에 반드시 겉에다 웃옷을 덮어 입고 나갔다. [皇侃 本에는 '之' 字가 없다.]

○주자: '감紺'은 짙게 푸르러 붉은색을 띠는 것이다. [《說文》에 그렇게 말하였다.]

○보충: '추緅'는 짙은 붉은색과 옅은 검은색의 간색間色이다. 《주례周禮》〈고공기考工記〉에 "다섯 번 넣어 염색함으로써 추색緅色이 된다"라고 하였다. [〈考工記〉의 鄭玄의 注에 이르기를 "纁(붉은색)을 염색할 때는 세 차례 넣어 염색함으로써 이루어지고, 여기에 또 두 차례 더 염색하여 검어지면 緅色이 된다. (緅가) 지금의 禮俗文에는 '爵'으로 되어 있으니, 爵頭色과 같은 것을 말한다"라고 하였다.[3]]

○공안국: '식飾'이란 옷의 깃이나 소매에 선을 두르는 것이다.

○보충: '홍紅'은 적백색赤白色[4]이고, [《說文》에 그렇게 말하였다.] '자紫'는 적흑색赤黑色[5]이다. [《說文》에는 "靑赤色이다"라고 하였다.]

○왕숙: '설복褻服'은 사사로이 연거燕居할 때 입는 옷이다. [公會 때 입는 의복이 아니다.] 설복도 오히려 홍색이나 자색으로 만들어 입지 않는데, 정복正服에 이러한 색을 쓸 수 없는 것이다.

○형병: '진袗'은 홑겹이다. '치격絺綌'은 갈포葛布이니, 올이 가는 것을 치絺라 하고 거친 것을 격綌이라 한다.[6]

○공안국: '표이출表而出'은 [皇侃 本의 孔安國 注에는 또한 '之' 字가 없다.] (속옷을 입고 그 위에) 상의上衣를 더하는 것이다. [補充하여 말한다. 갖옷 위에 입는 裼衣가 있는 것과 같다.[7]]

○보충: '출出'은 문을 나가서 다른 곳으로 가는 것이다.

鄕黨 第十

○案 紺緅紅紫, 皆鮮艷之色, 【朱子曰: "紅紫近於婦女服."】故君子不用.
孔曰: "一入曰緅.【邢云: "〈考工記〉, '三入爲纁, 五入爲緅, 七入②爲緇', 《爾雅》曰 '一染謂之縓, 再染謂之窺', 孔氏云 '一入曰緅', 未知出何書."】紺者, 齊服盛色, 以爲飾衣, 似衣齊服.【謂齊居之服】緅者, 三年練, 以緅飾衣, 爲其似衣喪服, 故皆不以爲飾衣."【邢云: "〈檀弓〉云, '練衣黃裏縓緣.' 注云, '練中衣, 以黃爲內, 縓爲飾.'"】

○侃曰: "孔意言紺是玄色也, 緅是淺絳色也, 而禮家 '三年練, 以縓爲深衣領緣', 不云用緅. 且檢〈考工記〉'三入爲纁, 五入爲緅, 七入爲緇', 則緅非復淺絳, 明矣. 故解者相承, 皆云孔註誤也."

---

② 入: 新朝本에는 '人'으로 되어 있으나 奎章本에 따라 바로잡는다.
8)《正義》10.
9) 練服: 練祭 때부터 三年喪을 마칠 때까지 입는 喪服.
10) 練衣: 練服을 말함. 喪主가 누인 무명이나 명주의 中衣를 입는 것이다.
11)《正義》10.
12)《義疏》5-134,136.

○살펴보건대, '감紺' '추緅' '홍紅' '자紫'는 모두 곱고 아리따운 색이다. [朱子는 이르기를 "紅色과 紫色은 婦女子의 옷에 가깝다"고 하였다.] 그러므로 군자는 이 색을 사용하지 않는 것이다.

○공안국: 한 번 넣어 염색한 것을 '추緅'라 한다. [邢昺은 이르기를 "《周禮》〈考工記〉에는 세 번 넣어 염색하면 纁이 되고, 다섯 번 넣으면 緅가 되고, 일곱 번 넣으면 緇가 된다고 하였다.《爾雅》에는 한 번 염색한 것을 縓이라 하고, 두 번 염색한 것을 竀이라 한다고 하였다. 그런데 孔安國이 한 번 넣어 염색한 것을 緅라고 하니, 이는 어느 책에서 나왔는지 알지 못하겠다"라고 하였다.[8)] '감紺'이란 재복齊服에 가장 좋은 색인데, 이 색으로 옷에 선을 두르면 마치 재복을 입은 듯하다. [(齊服은) 齊戒할 때 입는 옷이다.] '추緅'란 삼년상에서 (연제練祭 때) 연복練服[9)]에 선을 두르는 색인데, 이 추색緅色으로 옷에 선을 두르면 마치 상복을 입은 듯하기 때문에 모두 이것으로는 옷에 선을 두르지 않는다. [邢昺은 이르기를 "《禮記》〈檀弓〉에 '(練祭 때부터는) 練衣[10)]를 입는데, 속은 황색으로 하고 단으로 선두르는 것은 縓(연한 붉은 색)으로 한다'고 하였는데, 이에 대한 注에 '누인 中衣는 황색을 속으로 하고, 縓을 飾(단 또는 선을 두르는 것)으로 하였다'고 했다"라 하였다.[11)]]

○황간: 공안국의 의견은 '감紺'을 현색玄色, '추緅'를 옅은 강색絳色(붉은색)이라고 말한 것인데, 예가禮家의 말에 따르면 삼년상에서 (연제練祭 때) 연복練服에는 전縓의 빛깔로써 심의深衣의 깃 단을 한다고 하였지 추緅의 빛깔을 쓴다고 말하지는 않았다. 또《주례》〈고공기考工記〉를 검토하니, 세 번 넣어 염색하면 훈纁이 되고, 다섯 번 넣으면 추緅가 되고, 일곱 번 넣으면 치緇가 된다고 하였다. 그러니 추緅는 더욱 옅은 강색絳色이 아님이 분명하다. 그러므로 해석자들이 서로 계승하여 모두 공안국의 주석은 잘못되었다고 말한다.[12)]

鄕黨 第十

○案 古人齊居, 必用玄冠, 故〈玉藻〉曰: "玄冠丹組, 諸侯之齊冠也. 玄冠綦組, 士之齊冠也." 此所謂玄而齊也. 孔氏疑紺玄同色, 故以紺爲齊服, 其實三禮五經, 都無證驗, 況緅之與縓, 深淺絶殊, 而誤以爲緅是練服. 孔子方以鮮艷異常之故, 不以爲飾, 孔乃云 '疑於齊喪', 故不以爲飾, 不亦謬乎?

○王應麟曰: "《石林》云, '孔氏誤以緅爲縓, 則緅不近喪服. 《集注》謂 '緅絳色以飾練服', 亦用孔注." 【蔡淸云: "莫說非正色, 旣非正色, 如何齊喪用之?"】

鄭曰: "紺緅紫, 玄之類也. 紅, 纁之類也. 玄纁所以爲祭服, 等③其類也. 紺緅木染, 不可爲衣飾; 紅紫草染, 不可爲褻服而已." 【見皇④疏】

○邢曰: "紺, 玄色. 緅, 淺絳色."

---

③ 等: 新朝本·奎章本에는 '乃'로 되어 있으나 《論語集解義疏》卷5에 따라 바로잡는다.
④ 皇: 新朝本에는 '皆'로 되어 있으나 奎章本에 따라 바로잡는다.
13) 玄冠: 周代의 冠 이름. 검은 비단으로 만들며 주름이 있다.
14) 玄冠丹組: 玄冠에다 연한 붉은색으로 꼰 끈을 갓끈으로 한 것을 말함.
15) 玄冠綦組: 玄冠에다 靑黑色으로 꼰 끈을 갓끈으로 한 것을 말함.
16) 三禮: 《儀禮》·《周禮》·《禮記》를 말함.
17) 王應麟, 《困學紀聞》卷7〈論語〉에 나온다.
18) 蔡淸, 《四書蒙引》卷6〈鄕黨〉제10에 나온다.
19) 木染: 그 색감의 原料가 나무라는 뜻인 듯하나 未詳.
20) 草染: 그 색감의 原料가 풀인 듯하나 未詳.
21) 《義疏》5-134.
22) 《正義》10.

○살펴보건대, 옛 사람들은 재계할 때 반드시 현관玄冠[13]을 썼던 것이다. 그러므로 《예기》〈옥조玉藻〉에 말하기를 "현관단조玄冠丹組[14]는 제후의 재관齊冠이며, 현관기조玄冠綦組[15]는 사士의 재관齊冠이다"라고 하였으니, 이것이 이른바 '현이재玄而齊'이다. 그런데 공안국은 아마도 감紺과 현玄을 같은 색으로 여겼기 때문에 감색紺色으로써 재복齊服을 만든다고 하였을 것이다. 그러나 기실은 삼례三禮[16]와 오경五經에는 모두 이를 징험할 수 없으며, 더구나 추緅와 전縓은 짙고 옅음이 전혀 다른데, 추緅의 빛깔로써 연복練服의 선을 두른다고 잘못 알았다. 그리고 공자는 바야흐로 곱고 아리따운 색이 이상하였기 때문에 옷깃에 선을 두르지 아니하였는데, 공안국은 이에 "(감색紺色과 추색緅色으로 선을 두르면) 재복齊服과 상복喪服을 입는 것 같다고 의심하였기 때문에 이것으로 옷에 선을 두르지 않는다"고 하였으니, 또한 그릇된 것이 아니겠는가?

○왕응린:《석림石林》에서 이르기를 "공안국은 잘못하여 추색緅色을 전색縓色으로 여겼는데, 추색은 상복에 가깝지 않다. (주자의)《논어집주》에서 '추緅는 강색絳色으로 연복練服에 선을 두르는 것이다'라고 한 것도 또한 공안국의 주注를 끌어 쓴 것이다"라고 하였다.[17] [蔡淸은 이르기를 "(紺과 緅는) 말할 것도 없이 正色이 아니다. 이미 正色이 아닌데 어떻게 齊服과 喪服에 이를 사용할 수 있겠는가?"라고 하였다.[18]]

○정현: '감紺' '추緅' '자紫'는 현玄에 속하는 유이며, '홍紅'은 훈纁에 속하는 유이다. 현玄과 훈纁의 색이 제복祭服을 할 수 있는 것은 그 유를 같이 하기 때문이다. 감紺과 추緅는 목염木染[19]이니 이 색으로 옷깃에 선을 두른 것을 만들 수 없고, 홍紅과 자紫는 초염草染[20]이니 이 색으로 평상복을 만들어 입을 수 없다. [皇侃의 疏에 나타나 있다.[21]]

○형병: '감紺'은 현색玄色이며, '추緅'는 옅은 강색絳色이다.[22]

鄕黨 第十

○駁曰 非也. 木染·草染何傷焉?【《淮南子》〈俶眞訓〉: "以涅染緇則黑于涅."】

荻曰: "朝·祭之服, 皆有先王之制, 故不須言, 獨褻服有從俗者焉, 孔子所行廼爾."

○案 此說亦好.

邢曰: "但言紅紫, 則五方間色, 皆不用也."

○穎子嚴曰: "木克土, 以靑加黃, 故綠爲東方間色; 火克金, 以赤加白, 故紅爲南方間色."【見皇疏】

○駁曰 非也. 孔子有 '惡紫之奪朱' 一語, 故緯書嚴黜間色, 然朱是赤黃色, 未嘗非間色. 絞者, 蒼黃之色, 君子以爲裼衣;【見〈玉藻〉】綦者, 蒼白之色, 朝士以爲組纓;【見〈玉藻〉】朱綠無非間色, 天子以爲冕藻, 人君以爲雜帶.【見〈玉藻〉】何先王之惡間色, 不及漢儒乎?《禮》曰: "夫人繅繭, 朱綠之, 玄黃之, 以成君服, 以祀先王."【《祭義》文】朱綠非間色乎?

---

23) 太宰純,《論語古訓外傳》10-7b.
24) 五方의 間色: 五方의 正色은 靑(東方)·赤(南方)·黃(中央)·白(西方)·黑(北方)이며, 五方의 間色은 綠·紅·碧·紫·駵黃色이다. 駵黃은 留黃으로도 쓰고 流黃으로도 쓴다. 皇侃의《義疏》에는 五方 間色을 綠(靑의 간색)·紅(赤의 간색)·碧(白의 간색)·紫(黑의 간색)·緇(黃의 간색)라고 하였다.
25)《正義》10.
26) 穎子嚴: 南北朝時代 南朝 梁나라 사람인 듯하나 未詳. 겨우 皇侃의《論語義疏》에 그의 說이 인용되어 있을 정도이며, 저술로는《論語穎氏注》가 있었는데 散佚.
27) 茶山이 皇侃의 疏를 縮約하여 인용해 놓았는데, 理解를 돕기 위해 省略된 부분을 살려서 번역하였다.
28)《義疏》5-135.
29)《論語》〈陽貨〉편에 나온다.
30) 冕藻: 冕冠 앞뒤에 드리워진 끈인데, 그 끈에는 玉을 꿰어 놓는다. 天子는 앞뒤 각각 12줄이며, 이를 冕旒冠이라 한다.
31) 雜帶: 여러 채색으로 장식한 帶(띠)를 말함.
32) 夫人: 天子·諸侯의 夫人을 가리킴.

○반박: 아니다. 목염木染이든 초염草染이든 무슨 상관이 있겠는가? [《淮南子》〈俶眞訓〉에 "날涅(검은색)로써 緇色에다 염색하면 涅보다 더 검다"라고 하였다.]

○적생쌍송: 조복朝服과 제복祭服은 모두 선왕先王의 제도가 있기 때문에 말할 필요가 없었고, 오직 설복褻服(평상복)만은 세속을 따르는 의복이니, 공자가 그렇게 행하였던 것이다.[23]

○살펴보건대, 이 설은 역시 좋다.

○형병: 다만 홍색과 자색만 말하였지만 오방五方의 간색間色[24]은 모두 쓰지 않는다.[25]

○영자엄:[26] (동방은 목이니, 목색木色은 그 색이 청靑이다.) 목은 토에 이기며 (토색土色은 그 색이 황黃이니,) 청에 황을 더하게 되므로 (녹綠이 되며) 녹은 동방의 간색이 된다. (또 남방은 화이니, 화색火色은 그 색이 적赤이다.) 화는 금을 이기며 (금색金色은 그 색이 백白이니,) 적에 백을 더하게 되므로 (홍紅이 되며) 홍은 남방의 간색이 된다.[27] [皇侃의 疏에 보인다.[28]]

○반박: 아니다. 공자에게 "자주색이 주색朱色을 빼앗는 것을 싫어한다"[29]고 하는 한마디 말이 있기 때문에, 위서緯書에서는 간색을 엄하게 내친 것이다. 그러나 주색은 바로 적황색赤黃色이니, 간색이다. 교絞란 창황색蒼黃色인데 군자가 이 색으로써 (갖옷 위에) 석의裼衣를 만들어 입고, [《禮記》〈玉藻〉에 보인다.] 기綦란 창백색蒼白色인데 조정의 대부大夫·사士들이 이 색으로써 갓끈을 꼬아 매며, [〈玉藻〉에 보인다.] 주朱·녹綠은 모두 간색인데 천자는 이것으로써 면조冕藻[30]를 만들어 쓰고, 군주는 이것으로써 잡대雜帶[31]를 만들어 매었다. [〈玉藻〉에 보인다.] 어찌하여 선왕의 간색을 미워하는 것이 한유漢儒에게 미치지 아니하였겠는가? 《예기》에 말하기를 "부인夫人[32]은 누에고치를 켜서 실을 뽑아 그 실을 주색朱色과 녹색綠色으로 물들이고 또 현색玄色과 황색으로 물들여, 이것으로써 임금의 옷을 만들면 임금은 이를 입고 선왕에게 제사지낸다"라고 하였으니, [〈祭義〉의 글이다.] 주색과 녹색이 간색이 아니겠는가?▶

鄕黨 第十

◁《春秋傳》云: "渾良夫紫衣狐裘, 數其罪而殺之."【哀十七】以紫衣爲君服也.【見杜注】《管子》云: "齊 桓公好服紫衣, 齊人尚之, 五素易一紫." 魯 桓公冠必紫綾.【見〈玉藻〉】誠若間色可賤, 是二君者, 何苦爲此? 人苦不讀書耳.《禮》曰: "衣正色裳間色, 非列采不入公門."【〈玉藻〉文】明正色間色皆在列采之中,【〈邶風〉云: "綠衣黃裳." 傷上下倒置, 非全不用綠也】'木克土'·'火克金', 有何實理, 而禁綠禁紅, 若是其嚴峻乎? 先王無此法也. 孔子之不飾紺緅, 不服紅紫者, 以其鮮艷太過也, 豈以間色之故乎?

邢曰: "必加上表衣然後出之, 爲其形褻故也."

○朱子曰: "'表而出之', 謂先著裏衣, 表絺綌而出之於外, 欲其不見體也.《詩》所謂'蒙彼縐絺', 是也."

---

33) 渾良夫: 春秋時代 衛나라 사람.
34) 冕服: 貴人이 禮服으로 입는 冠과 衣服.
35) 列采: 正服.
36) 《詩經》〈邶風·綠衣〉에 나온다.
37) 表衣: 겉에 입는 옷. 웃옷.
38) 《詩經》〈鄘風·君子偕老〉에 나온다.

◀《춘추전春秋傳》에 이르기를 "혼양부渾良夫[33]가 자의紫衣에 여우 갖옷(狐裘)을 입었으므로 그 죄를 들추어내어 죽였다"라고 하였으니, [哀公 17년조에 있다.] 이는 자의紫衣가 군복君服(君主의 복장)이 되기 때문이다. [杜預의 注에 나타나 있다.] 《관자管子》에 "제齊 환공桓公이 자의紫衣 입기를 좋아하자 제나라 사람들이 이 색을 숭상하여 소의素衣 다섯 벌로써 자의紫衣 한 벌과 맞바꾸었다"라 하였고, 노魯 환공桓公은 관冠에 반드시 자색의 갓끈을 하였다. [〈玉藻〉에 보인다.] 진실로 만약에 간색이 천할 정도였다면, 이 두 군주가 어찌하여 굳이 이렇게 하였겠는가? (간색을 미워한 것으로 여긴) 사람은 애써 독서를 하지 않았던 데서 온 것일 뿐이다. 《예기》에 "(면복冕服[34]의) 상의上衣는 정색正色이며 하상下裳은 간색이다. 열채列采[35]를 입었을 때가 아니면 공문公門에 들어가지 못한다"라고 하였으니, [〈玉藻〉에 보인다.] 정색과 간색이 모두 열채列采의 차림 가운데 들어 있음이 분명하다. [《詩經》〈邶風〉에 "綠色이 웃옷이며 黃色이 치마로다"[36]라고 한 것은 上下의 色이 顚倒되어 있음을 서글퍼 한 것이지, 이것이 綠色을 전혀 쓰지 아니한다고 한 말은 아니다.] '목극토木克土'니 '화극금火克金'이니 하는 것이 무슨 실리가 있다고 녹색과 홍색을 금지하는 것이 이처럼 준엄한가? 선왕에게는 이런 법이 없다. 공자가 감색紺色과 추색緅色으로 옷깃에 선을 두르지 않고, 홍색과 자색으로 평상복을 만들어 입지 않음은 그 색이 곱고 아리따움이 너무 지나치기 때문이다. 어찌 간색이라는 이유 때문이겠는가?

○형병: ('필표이출지必表而出之'는) 반드시 표의表衣[37]를 위에 덮어 입은 뒤에 나간다는 것인데, 이렇게 하는 것은 드러나고 천한 옷차림이기 때문이다.

○주자: '표이출지表而出之'는 먼저 속옷을 입고 치絺와 격綌을 겉에 입어 이를 밖에 내놓는 것을 이르니, 이는 그 몸살을 보이지 않고자 함이다. 《시경》에 이른바 "저 가는 갈포 옷(絺)을 위에 입는다"[38]라고 한 것이 그것이다.

鄕黨 第十

○案 皇氏本作'表而出', 本無'之'字,【其孔注亦無'之'字】〈檀弓〉云'絰而出', 文例正相同也.

侃曰:"表, 謂加上衣也. 古人冬則衣裘, 夏則衣葛. 若在家則裘葛之上, 亦無加衣. 若出行接賓, 皆加上衣, 故云'必表而出'也. 然裘亦加衣, 而獨云'絺綌'者, 嫌暑熱不加, 故特明之也."【又云:"衣裏之裘, 必隨上衣之色, 使衣裘相稱, 葛之爲衣, 未必隨上服色也."】

○純曰:"按〈玉藻〉云,'振絺綌, 不入公門, 表裘不入公門.'鄭注,'振讀爲袗. 袗, 襌也. 表裘, 外衣也. 二者形且褻, 皆表之乃出, 亦足以證此章之義."

○案 此義不可易.

考異 皇氏本, 袗作縝.

○陸氏本, 袗作紾.【幷訓'單'】

---

39)《禮記》〈檀弓〉上에 나온다. "孔子之喪, 二三子皆絰而出."
40) 문장의 그 文例가 서로 같은 것이다: 皇侃의 본과 같이 '之' 字가 없이 '表而出'로 되어 있으면 '出' 字가 외출한다는 뜻임을 말한 것이다.
41)《義疏》5-135.
42) 同上.
43) 太宰純,《論語古訓外傳》10-8a.
44) 茶山은 皇侃 本에 나오는 '之'가 없는 '必表而出'을 따른 듯하다. 또 해석도 朱子는 홑겹인 絺綌을 겉에 입어 이를 밖에 내놓는 것이라고 한 것에 대해, 茶山은 홑겹인 絺綌에다 그 위에 다른 웃옷을 덮어 입고 바깥에 나가는 것으로 하였다.

○살펴보건대, 황간의 본본本에는 '표이출表而出'로 되어 있어 본래 '지之' 자가 없으니, [(皇侃 本에 나오는) 孔安國의 注에도 역시 '之' 字가 없다.] 이는 《예기》〈단궁檀弓〉에 "수질을 하고 외출하다(絰而出)"39)라고 한 것과 바로 문장의 그 문례文例가 서로 같은 것이다.40)

○황간: '표表'란 웃옷을 그 위에 더하는 것이다. 옛사람들은 겨울에는 갖옷을 입고, 여름에는 갈포 옷을 입었다. 그러나 만약 집에 있을 때는 갖옷과 갈포 옷 위에 또한 다른 옷을 더 덮어 입지 않았지만, 만약 밖에 나가 다니거나 손님을 접대할 때면 모두 그 위에 옷을 더 덮어 입었기 때문에 "반드시 웃옷을 그 위에 더 덮어 입고 나간다(必表而出)"라고 한 것이다. 그러나 갖옷에도 밖에 나갈 때는 또한 그 위에 옷을 더 덮어 입었는데, 유독 (여름 더위를 당해) 치격絺綌만은 더위를 꺼려 위에 옷을 더 덮어 입지 않았기 때문에 특별히 이를 밝혀 놓은 것이다.41) [또 이르기를 "속에 입는 갖옷은 반드시 (그 위에 입는) 上衣의 색에 따라서 (빛깔을 같이하여) 위에 입는 옷과 갖옷의 색이 서로 맞게 하여야 하나, 갈포 옷은 꼭 웃옷의 색을 따라야 할 필요는 없다"라고 하였다.42)]

○태재순: 《예기》〈옥조玉藻〉를 살펴보니 "홑겹(振)의 치격絺綌을 입고는 공문公門에 들어가지 않고, 갖옷을 겉에 입고는 공문에 들어가지 않는다"라고 하였는데, 정현의 주注에 "'진振'은 진袗의 뜻으로 읽는다. '진袗'은 홑옷(襌)이란 뜻이다. 갖옷을 겉에 입는다는 것은 바깥에 입는다는 말이다. (홑겹의 치격을 입는 것과 갖옷을 겉에 입는 것) 이 두 가지는 드러나고 또한 천한 옷차림인데, 이런 것들을 겉에 입고 밖에 나간다"라고 하였으니, 이는 또한 족히 이 장章의 뜻을 증명할 수 있는 내용이다.43)

○살펴보건대, 이 (해석의) 뜻은 바꿀 수 없다.44)

【고이】황간의 본本에는 '진袗'이 진縝으로 되어 있다.

○육덕명陸德明의 본本에는 '진袗'이 진裖으로 되어 있다. [모두 뜻풀이는 單(홑 것)으로 하였다.]

緇衣, 羔裘; 素衣, 麑裘; 黃衣, 狐裘. 褻裘長, 短右袂.

補曰 羊子曰羔, 鹿子曰麑.

○補曰 羔裘白, 故緇衣以裼之;【易其色】麑裘深黃, 故素衣以裼之;【易其色】狐裘雜白, 故黃衣以裼之.【易其色】裼也者, 易也.【中外之色, 相變易】

○補曰 褻裘, 襯身之服.【如所云褻服】長, 欲拚腰也. 短右袂, 便作事也.【孔亦云】褻裘無袼.【侃云: "上無加衣, 故不云衣."】

邢曰: "羔裘黑, 故緇衣以裼之, 麑裘鹿子皮, 素衣以裼之,【朱子云: "麑色白."】狐裘黃, 故黃衣以裼之. 凡服必中外之色相稱."

○駁曰 非也. 羊羔之色, 無不純白, 其黑者倖耳. 鹿色深黃, 惟斑點微白, 仙家稱有白鹿, 其絕無可知.▶

---

1)《義疏》5-135.
2)《正義》10.

치의緇衣에는 고구羔裘를 입고, 소의素衣에는 예구麑裘를 입고, 황의黃衣에는 호구狐裘를 입었다. 설구褻裘는 길게 하였으나 오른쪽 소매를 짧게 하였다.

○보충: 양의 새끼를 '고羔'라 하고, 사슴의 새끼를 '예麑'라 한다.
○보충: 고구(양의 새끼 가죽으로 만든 갖옷)는 희기 때문에 치의緇衣(검은 옷)로써 그 위를 덮는 웃옷을 하고, [그 色을 바꾸는 것이다.] 예구(사슴의 새끼 가죽으로 만든 갖옷)는 짙은 황색이기 때문에 소의素衣(흰 옷)로써 웃옷을 하고, [그 色을 바꾸는 것이다.] 호구(여우 갖옷)는 흰색이 뒤섞여 있기 때문에 황의黃衣로써 웃옷을 하였던 것이다. [그 色을 바꾼 것이다.] ('웃옷을 한다'고 할 때의) '석裼'이란 바꾸는 것이다. [안팎의 색을 서로 다르게 바꾸는 것이다.]
○보충: 설구는 몸에 (늘 가까이하는) 친근한 옷이다. [이른바 褻服과 같다.] 길게 하는 것은 허리를 가리고자 함이고, 오른쪽 소매를 짧게 하는 것은 일할 때 편리하게 하고자 함이다. [孔安國도 또한 그렇게 말하였다.] 설구는 위에 덮어 입는 웃옷이 없다. [皇侃은 이르기를 "위에 옷을 더 덮어 입을 필요가 없기 때문에 衣를 말하지 않았다"라고 하였다.¹⁾]
○형병: 고구羔裘가 검기 때문에 치의緇衣로써 그 위에 덮는 웃옷을 하고, 예구麑裘는 사슴 새끼 가죽으로 만든 갖옷이기 때문에 소의素衣로써 웃옷을 하고, [朱子는 "麑의 色은 희다"고 하였다.] 호구狐裘는 황색이기 때문에 황의黃衣로써 웃옷을 하였다. 무릇 옷은 반드시 안팎의 색이 서로 맞아야 한다.²⁾
○반박: 아니다. 양고羊羔의 털색은 대부분 순백純白이나 그 가운데 검은 것이 간혹 있을 뿐이다. 사슴의 털색은 짙은 황색이나 오직 반점斑點만 약간 희니, 선가仙家에서 말하는 백록白鹿은 전혀 없음을 알 수 있다.▶

鄕黨 第十

◀狐色雖黃, 古人狐裘, 原用狐白, 故〈玉藻〉曰:"君衣狐白裘, 士不衣裘白." 明卿大夫同服狐白, 惟士勿之. 由是言之, 中外之色, 必相變易, 所以濟其色之太偏耳. 邢乃曰:"中外之色相稱." 何其乖反至此?

○〈小雅〉曰:"彼都人士, 狐裘黃黃者."〈玉藻〉云:"士不衣狐白." 彼都人士本服狐黃之裘也.

孔曰:"私家裘長主溫."【侃云:"家中常著之裘."】

○駁曰 非也. 燕居之服, 亦有上衣, 有褻服. 褻也者, 狎也, 昵也, 豈可訓之爲私家乎?

侃曰:"緇衣羔裘, 視朝之服也."【諸侯視朝, 與群臣同服】

○鄭曰:"素衣麑裘, 視朝之服也."【見邢疏】

○邢曰:"黃衣狐裘, 大蜡息民之祭服也. 大蜡則皮弁素服,【搜索群神而祭之】息民則黃衣狐裘."【臘祭先祖, 因令民大飲, 謂之息民】

---

3) 《詩經》〈小雅·都人士〉에 나온다.
4) 《義疏》5-135.
5) 視朝: 朝廷에 나가 政務를 보는 것.
6) 《義疏》5-135.
7) 同上.
8) 《正義》10.
9) 大蜡: 《禮記》〈明堂位〉에 보면 天子의 祭라 하였고, 그 注에 보면 歲末인 12월에 群神을 찾아 모아 祭壇을 만들어 놓고 合祭하는 것이라 하였다. 天子에게 한하여 '大' 字를 붙여 大蜡라 하고 諸侯에게는 蜡라고 한다.
10) 息民: 蜡祭와 臘祭를 마치고 그 끝에 백성들에게 크게 마시게 하면서 농사에서 쉬게 하는 祭典이 있었다고 하는데, 이를 息民之祭라고 함.
11) 皮弁: 鹿皮로 만든 冠인데, 朝廷에 출사할 때 쓰는 常服이다.
12) 臘祭: 12월에 天子의 大蜡나 諸侯의 蜡祭가 끝나고 나면 先祖와 五祀에 祭를 지내는 데, 이 祭를 臘祭라 한다.

◀여우의 털색은 비록 황색이나 옛사람들은 호구에는 원래 호백狐白(흰 여우 털)을 사용하였다. 그러므로《예기》〈옥조玉藻〉에 "군주는 호백구狐白裘를 입고, 사士는 호백구를 입지 않는다"라고 하였으니, 이는 경대부卿大夫는 군주와 같이 호백구를 입지만 오직 사士만은 입지 못함을 밝힌 것이다. 이런 것을 통해 말한다면, 속옷의 색과 겉옷의 색은 반드시 서로 다르게 바꾸는 법인데, 이렇게 하는 것은 그 색이 너무 한쪽으로 치우치는 것을 구제하기 위한 것일 뿐이다. 그런데 형병이 이에 "안팎의 색이 서로 맞아야 한다"고 하였으니, 어쩌면 그 어긋나고 반대됨이 이 지경에까지 이르렀는가?

○《시경》〈소아小雅〉에 "저 왕도王都의 사람 사士여, 호구狐裘가 누렇고 누렇도다"[3]라 하였고,《예기》〈옥조〉에 "사士는 호백구를 입지 않는다"라고 하였으니, 저 왕도의 사람인 사士는 본래 여우의 누런 털 갖옷을 입었던 것이다.

○공안국: 사가私家에서 갖옷을 길게 함은 따뜻하게 함을 주로 하기 때문이다. [皇侃은 이르기를 "(褻裘는) 집 안에서 항상 입는 갖옷이다"라고 하였다.[4]]

○반박: 아니다. 연거燕居의 의복도 또한 (위에 덮어 입는) 상의上衣가 있고 설복褻服이 있다. '설褻'이란 '친압親狎하다' '친닐親昵하다'는 뜻인데, 어떻게 이 설褻을 풀이하여 사가私家라고 할 수 있겠는가?

○황간: 치의緇衣에 고구羔裘를 입는 것은 시조視朝[5] 때의 의복이다.[6] [諸侯가 視朝 때 群臣들과 더불어 함께 입는다.[7]]

○정현: 소의素衣에 예구麑裘를 입는 것은 시조 때의 의복이다. [邢昺의 疏에 보인다.[8]]

○형병: 황의黃衣에 호구狐裘를 입는 것은 대사大蜡[9]와 식민息民[10] 때 입는 제복祭服이다. 대사에는 피변皮弁[11]에 소복素服을 입고, [(大蜡는) 群神을 찾아서 이들을 제사지내는 것이다.] 식민에는 황의에 호구를 입는다. [先祖에게 臘祭[12]를 지내고 이로 인해서 백성들로 하여금 크게 마시며 쉬게 하는 것을 息民이라 한다.]

○邢曰: "其受外國聘享, 亦素衣麑裘.【〈聘禮〉注】〈郊特牲〉云, '黃衣黃冠而祭, 息田夫也.'"

○案 三裘所用, 皆無明文, 諸儒以意言之耳.《詩》云: "羔裘如濡, 洵直且侯."【見〈鄭風〉】羔裘者, 朝見之常服也.《詩》云: "狐裘蒙戎, 匪車不東."【見〈邶風〉】則使於隣國, 猶服狐裘, 何必息民之祭, 乃服狐裘乎? 晏子一狐裘三十年, 將謂晏子一生惟有息民之祭乎? 子路與衣狐貉者竝立, 豈必每與於蜡賓乎? 黃衣·黃冠, 乃是野人之雜服, 豈可以'黃衣'二字之偶同, 據以爲證乎?

引證 〈玉藻〉: "君衣狐白裘, 錦衣以裼之. 君子狐靑裘, 玄綃衣以裼之; 麑裘, 絞衣以裼之;【絞者, 蒼黃色】羔裘, 緇衣以裼之; 狐裘, 黃衣以裼之."

○案 麑裘者, 麑裘也. 絞衣之色, 要亦淺淡, 與素衣不遠也.

---

13) 三裘: 羔裘·麑裘·狐裘를 가리킴.
14)《詩經》〈鄭風·羔裘〉에 나온다.
15)《詩經》〈邶風·旄丘〉에 나온다.
16)《禮記》〈檀弓〉下에 나온다.
17)《論語》〈子罕〉에 나온다.
18) 蜡賓: 蜡祭의 행사를 돕는 사람.《禮記》〈禮運〉에 보면 孔子가 蜡賓으로 참여한 일이 있는 것을 언급해 놓았다.
19) 麑裘: 사슴 새끼 毛皮로 만든 갖옷.
20) 絞衣: 연두빛 上衣이다. 蒼黃色이 바로 연두빛이다.

○형병: 외국外國에서 빙문聘問하여 향례享禮를 받을 때도 또한 소의素衣에 예구麑裘를 입고, [《儀禮》〈聘禮〉의 注에 나온다.] 《예기》〈교특생郊特牲〉에는 "(납제蠟祭를 지낼 때) 황의黃衣에 황관黃冠을 하고 제사지내는 것은 농부를 휴식시키기 위한 것이다"라고 하였다.

○살펴보건대, 삼구三裘[13]를 사용하게 된 까닭에 대해서는 모두 분명한 글이 없고, 제유諸儒들은 모두 자기 생각대로 말했을 뿐이다. 《시경》에 이르기를 "고구羔裘가 윤택하니, 진실로 순하고도 아름답도다"라고 하였으니, [〈鄭風〉에 보인다.[14]] 여기의 고구란 조정에서 조현朝見할 때의 상복常服이다. 《시경》에 이르기를 "호구狐裘가 해지고 말았네, 수레가 동쪽으로 가지 않은 것이 아니다"라고 하였으니, [〈邶風〉에 보인다.[15]] 여기에는 이웃 나라에 사신으로 갈 때도 오히려 호구를 입었는데, 어찌 반드시 식민息民의 제전에서만 이에 호구狐裘를 입었겠는가? 안자晏子는 한 벌의 호구로 30년을 입었는데,[16] 그렇다고 하여 안자에게는 일생 동안 오직 식민의 제전(息民之祭)만 있었다고 말하려는 것인가? 자로子路는 여우와 담비 가죽으로 만든 갖옷을 입은 자와 같이 서 있던 일이 있는데,[17] 그렇다고 하여 자로가 어찌 반드시 매양 사빈蜡賓[18]에 참여하였겠는가? 황의黃衣에 황관黃冠을 한 것은 곧 이것이 야인野人의 잡복雜服이니, 어찌 '황의'라는 두 글자가 우연히 같다고 해서 이를 근거로 증명하려 하는가?

【인증】《예기》〈옥조玉藻〉에 보면, 임금은 호백구를 입고 비단옷(錦衣)으로 그 위에 웃옷으로 입었고, 군자는 여우의 청구(狐靑裘)에다 그 위에 검은 초의(玄綃衣)를 하였으며, 미구麛裘[19]에는 교의絞衣[20]를, ['絞'란 蒼黃色이다.] 고구羔裘에는 치의緇衣를, 호구狐裘에는 황의黃衣를 그 위에 입는 상의上衣로 하였다.

○살펴보건대, 미구麛裘란 예구麑裘이며, 교의絞衣의 색을 요컨대 또한 연하게 한 것은 소의素衣와의 차이를 멀지 않게 하기 위해서이다.

鄕黨 第十

〈玉藻〉疏云: "裘上有裼衣, 裼衣之上有襲衣, 襲衣之上有正服."【方氏云: "所謂裼者, 未嘗無襲, 由露其裼衣, 故謂之裼耳. 所謂襲者, 未嘗無裼, 由掩以襲衣, 故謂之襲耳."】

○駁曰 非也.《禮》曰: "表裘不入公門,【無裼而裘在外者】襲裘不入公門,【裼之上重著衣者】君在則裼盡其飾也."【竝〈玉藻〉】明裼者見君之服也, 孔疏而可從乎?

必有寢衣, 長一身有半. 狐貉之厚以居.

補曰 寢衣, 寢寐所服之衣也.【其制蓋如褻裘而長】
○朱子曰: "其半蓋以覆足."【謂屈而反折之, 以覆足】
○補曰 言'必有'者, 明他人所無而夫子獨有也, 亦以明冬月之必有也, 故其文在'褻裘''狐貉'之間.

---

21) 裼衣: 갖옷 위에 입는 上衣.
22) 襲衣: 衣服을 위에 겹쳐 껴입는 것.
23) 方氏: 嚴陵 方氏로 字名은 未詳이나,《禮記集說大全》에 그의 注가 많이 실려 있다.
1) 그 글: "必有寢衣, 長一身有半"을 가리킴. 이글이 "褻裘長, 短右袂"와 "狐貉之厚以居" 사이에 끼어 있다는 말이다.

○《예기》〈옥조〉의 소: 갖옷 위에는 석의裼衣[21]가 있고, 석의 위에는 습의襲衣[22]가 있고, 습의 위에는 정복正服이 있다. [方氏[23]는 이르기를 "이른바 '裼'이란 (그 위에 겹쳐 덮고 있는) 襲이 없지 않으나, 그 裼衣를 (어깨를 밖에 드러내듯이) 드러내기 때문에 이를 裼이라 하였을 뿐이다. 이른바 '襲'이란 (그 속에 드러내고 있는) 裼이 없지 않으나, 襲衣로써 가리고 있기 때문에 이를 襲이라 했을 뿐이다"라고 하였다.]
○반박: 아니다. 《예기》에 이르기를 "갖옷을 겉에 입고는 공문公門에 들어가지 않고, [(갖옷을 겉에 입는다는 '表裘'라는 말은) 위에 덮어 입는 裼衣는 없고 갖옷이 밖에 있다는 말이다.] 갖옷을 겉에 껴입고는 공문에 들어가지 않으며, [(갖옷을 겉에 껴입는다는 '襲裘'라는 말은) 裼衣 위에 갖옷을 더 껴입는다는 말이다.] 임금이 있을 때는 석의裼衣를 입은 것을 드러내 옷차림을 아름답게 꾸민다"라고 하였으니, [모두 〈玉藻〉에 나오는 말이다.] 석의裼衣란 임금을 알현하는 의복임이 분명하다. 공안국의 주소注疏를 따를 수 있겠는가?

鄕黨 第十

반드시 잠옷이 있었는데, 길이가 몸길이의 한 배 반이며, 여우와 담비의 두터운 털가죽을 깔고 앉았다.

○보충: '침의寢衣'는 잠잘 때 입는 의복이다. [그 제도는 대개 褻裘와 같은데 이보다 길다.]
○주자: 그 반半은 대개 발을 덮는 것이라 여겨진다. [굽혀 반대로 꺾어서 발을 덮는 것을 이른다.]
○보충: '필유必有'를 언급한 것은 다른 사람에게는 없는데 홀로 공자만 있었음을 밝힌 것이며, 또한 겨울에는 반드시 있었음을 밝히기 위한 것이다. 그러므로 그 글[1]이 설구褻裘와 호락狐貉의 구절 사이에 있는 것이다.

○補曰 '狐貉之厚', 謂茵褥之屬.【厚則溫】居, 坐也.【子謂曾子曰: "居. 吾語女."】

孔曰: "寢衣, 今之被也."
○毛曰: "衣者, 晝之被; 被者, 夜之衣也."
○駁曰 非也. 衾裯之爲文也, 古矣.《詩》云: "抱衾與裯."《禮》曰: "緇衾楨裏, 幠用斂衾."【〈士喪禮〉】〈內則〉曰: "縣衾篋枕." 豈必以寢衣名之乎? 衆人之所同有者, 書之曰 '必有寢衣', 亦無是理.
鄭曰: "狐貉在家, 以接賓客."【邢云: "在家接賓之裘."】
○駁曰 非也. 居一字, 不見有接賓之意.
程子曰: "此錯簡, 當在 '齊必有明衣布' 之下."
○朱子曰: "如此則此條與 '明衣變食', 旣得以類相從, 而 '褻裘狐貉', 亦得以類相從矣."【朱子云: "齊主於敬, 不可解衣而寢, 又不可著明衣而寢, 故別有寢衣."】

---

2) 經文에 이렇게 되어 있는 글은 없고,《論語》〈陽貨〉편에 보면 子路에게 "居, 吾語女"라고 한 말이 있다.
3)《詩經》〈召南·小星〉에 나온다.
4)《正義》10.
5) 明衣: 齋戒할 때 입는 옷.
6) 變食: 齋戒할 때는 반드시 음식을 바꾼다는 것을 말함.

○보충: '여우와 담비의 두터운 것(狐貉之厚)'이란 인욕茵褥(요나 자리) 같은 따위이고, [두터우면 따뜻하다.] '거居'는 앉는다는 뜻이다. [孔子가 曾子에게 말하기를 "앉아라. 내 너에게 말하리라"라고 하였다.²⁾]

○공안국: '침의寢衣'는 지금의 이불이다.

○모기령: '의衣'란 낮에 입는 것이며, '피被'란 밤에 덮는 것이다.

○반박: 아니다. '금衾' '주裯'라는 글자가 형성된 것은 오래되었다. 《시경》에서는 "이불과 홑이불을 안고 간다(抱衾與裯)"³⁾라 하였고, 《의례》에서는 "검은 이불에 붉은 안감으로 하고, 덮는 데는 염금을 사용한다(緇衾赬裏, 幠用斂衾)"라 하였고, [〈士喪禮〉에 나온다.] 〈내칙內則〉에서는 "이불을 묶어서 달아 놓고 베개를 상자에 넣는다(縣衾篋枕)"라고 하였으니, 어찌 (이불을) 반드시 침의寢衣라고 이름을 붙일 수 있겠는가? 뭇사람이 다 같이 가지고 있는 것을 (여기에서) '반드시 침의가 있었다(必有寢衣)'라고 써 놓았을 리가 또한 없다.

○정현: '호락狐貉'은 집에서 빈객을 접대할 때 입는다. [邢昺은 이르기를 "집에서 賓客을 접대할 때 입는 갖옷이다"라고 하였다.⁴⁾]

○반박: 아니다. '거居'라는 한 글자에서 접빈接賓의 뜻이 있음을 찾아볼 수 없다.

○정자: 이는 착간錯簡이니, 마땅히 '재계할 때에는 반드시 명의를 입었으니, 이는 베로 만든 것이었다(齊, 必有明衣, 布)'라는 구절의 아래에 있어야 한다.

○주자: 이와 같이 한다면 이 조항의 글은 '명의明衣'⁵⁾ '변식變食'⁶⁾과 같은 종류끼리 서로 맞게 되고, '설구褻裘' '호락狐貉'도 같은 종류끼리 서로 맞게 된다. [朱子는 이르기를 "齋戒는 공경을 주로 하므로 옷을 벗고 잘 수 없으며, 그렇다고 또 明衣를 입고 잘 수 없으므로 따로 잠옷이 있었다"라고 하였다.]

鄕黨 第十

○純曰: "如程說則齊^①必有明衣, 必有寢衣, 齊必變食, 居必遷坐, 四 '必'字文理貫通."

去喪, 無所不佩.

孔曰: "去, 除也."
○朱子曰: "君子無故, 玉不去身."
○邢曰: "〈玉藻〉云, '古之君子, 必佩玉, 右徵·角, 左宮·羽.^① 凡帶必有佩玉, 唯喪則否.' 佩玉有衝牙, 君子無故, 玉不去身, 君子於玉, 比德焉."
○補曰 無所不佩則璜·琚·瑀·珩·觿·玦之屬, 皆備也.
王逸《楚辭》注云: "行清潔者佩芳, 德光明者佩玉, 能解結者佩觿, 能決疑者佩玦, 故孔子無所不佩."
○駁曰 非也. 孔子自以多德而備佩諸物, 有是理乎?
質疑《集注》云: "觿·礪之屬, 亦皆佩."
○案〈內則〉, 觿·礪是事父母者所宜佩.

---

① 齊: 新朝本·奎章本에는 빠져 있으나 《論語古訓外傳》卷10에 따라 보충한다.
① 右徵左宮羽: 新朝本·奎章本에는 '左徵角右宮羽'로 되어 있으나 《論語注疏》〈鄕黨〉과 《禮記》〈玉藻〉에 따라 바로잡는다.
7) 太宰純, 《論語古訓外傳》 10-9ab.
1) 衝牙: 玉名. 珩·璜과 같이 허리에 차는 玉의 하나인데, 모양이 엄니(牙) 같고 부딪히면 소리가 나기 때문에 衝牙라고 한다는 말이 있다.
2) 《正義》 10.
3) 觿: 허리에 차고 있다가 끈의 매듭을 푸는 데 사용함. 象牙로 만드는데, 끝을 송곳처럼 뾰족하게 角이 나게 함.
4) 觿와 礪는 부모를 섬기는 이들이 당연히 차야 하는 것이다: 《禮記》〈內則〉에 있는 말인데, 觿와 礪(허리에 찰 만한 小礪)는 딸과 며느리가 父母와 시부모를 섬길 때 항상 허리에 차고 있다가 奉養에 필요할 때 쓴다고 되어 있음.

○태재순: 정자程子의 설과 같다면 "재계할 때는 반드시 명의明衣가 있고 반드시 침의寢衣가 있으며, 재계할 때는 반드시 변식變食을 하고, 앉을 때는 반드시 자리를 옮겼다(齊必有明衣, 必有寢衣, 齊必變食, 居必遷坐)"라는 글이 되어, 네 개의 '필必' 자는 문리文理가 관통한다.[7]

상喪을 마친 뒤에는 패물을 차지 아니함이 없었다.

○공안국: '거去'는 제거한다는 뜻이다.
○주자: 군자는 아무 연고가 없으면 옥玉을 몸에서 떼지 않는다.
○형병: 《예기》〈옥조玉藻〉에 이르기를 "옛 군자들은 반드시 옥을 허리에 찬다. 오른쪽에 찬 옥에서는 (서로 부딪혀) 치徵·각角의 소리를 내고, 왼쪽에 찬 옥에서는 궁宮·우羽의 소리를 낸다. 무릇 허리띠를 매면 반드시 옥을 차는데, 오직 상喪을 당할 때에만 이를 차지 않는다. 패옥佩玉에는 충아衝牙[1]가 달려 있다. 군자는 아무 연고가 없으면 옥을 몸에서 떼지 않는다. 이는 군자가 덕을 옥에 비유하기 때문이다"라고 하였다.[2]
○보충: '패물을 차지 아니함이 없다(無所不佩)'란 황璜·우瑀·거居·형珩·휴觿·결玦 따위를 모두 갖추어 놓는 것이다.
○왕일《초사》의 주: 청결함을 행할 경우는 향기 좋은 꽃을 차고, 광명光明함을 덕으로 할 경우는 옥을 차고, 능히 맺음을 풀려고 할 경우는 휴觿[3]를 차고, 능히 의문을 해결하려고 할 경우는 결玦을 찬다. 그러므로 공자는 패물을 차지 아니함이 없었다.
○반박: 아니다. 공자 스스로 덕이 많다 하여 모든 옥을 갖추어 찼다 하니 이럴 리가 있겠는가?
【질의】《초사집주》: 휴觿와 여礪 같은 따위도 또한 모두 차는 패물이다.
○살펴보건대, 《예기》〈내칙內則〉에 보면 휴觿와 여礪는 부모를 섬기는 이들이 당연히 차야 하는 것이다.[4]

索引

ㄱ

가견賈堅 163
賈公彦 469
가규賈逵 17
가의賈誼 107
간씨芉氏 125
감라甘羅 341
강康 163
강씨姜氏 125
강왕康王 73
강희 319
거백옥蘧伯玉 111
격양가擊壤歌 147
경봉慶封 111
《經典釋文》 141 215 305 347 349 393 417 463
계강季姜 125
계강자季康子 31
계력季歷 265 269 271
계찰季札 397
고거미高渠彌 281
고려高麗 395
고린사 313 343 345 469
《고문상서古文尙書》 327
고수瞽瞍 25
高柴 57
고염무 267
고요皐陶 83 323
高中玄 433
고환 241
《곡량전穀梁傳》 125 159 385
곤鯀 25
《곤학기문》 327
孔寧 399
公孟彄 197
孔文子 395
공백료公伯寮 39 357
공산불요公山不擾 37
公山不狃 59
공서화公西華 11 251

공손오公孫敖 387
공숙무인公叔務人 61
공승龔勝 45
공안국 19 27 37 39 55 57 59 63 65 67 85 89
105 113 151 153 175 177 201 203 209 215
219 233 235 237 245 255 257 259 291
303 305 309 313 315 321 323 325 343
345 353 355 363 371 373 375 385 387 411
419 421 425 431 447 457 459 461 463 471
473 475 485 489 491 493
《공양전》 125 193 195 431
《공자가어》 25 41
《공총자》 93 131 159
공화共華 227
공회孔悝 197
과過 375
곽광霍光 293
郭璞 175 417
관기觀起 281
관녕管寧 165
《관자管子》 95 377 479
관자管子 275
관중管仲 95 259 293
괴외蒯聵 109 111 127 189 191 193 195 197
굉요閎夭 323
구등설九等說 83
국서國書 61
《국어國語》 17 23 33 95
국하國夏 197
굴원屈原 185
금뢰琴牢 369
《금조》 361
《급취장急就章》 101
岐山 373 375
箕子 395
김이상 15 29 327 455

ㄴ

낙랑樂浪 395

난왕赧王 73
난조 115 117 249 251
남괴南蒯 37 119
南宮适 267 323
《남사南史》 211
남유南遺 37
南子 63 109 111 113 117 119 127 129 131 189
　　 193 403
노담老聃 141 143
《노론魯論》 429
노사도盧思道 107
《노사路史》 267
노팽老彭 141 145
《논어박》 249
《논어집해論語集解》 255 279 391
《논형論衡》 23 117
《老子》 447
老子 87 143 235
《論語緯》 361
《論語筆解》 79 115 117 165

ㄷ

단旦 155 303 323
《丹鉛餘錄》 117
달항達巷 339
담감천湛甘泉 421
담대멸명澹臺滅明 55 57
담대자우澹臺子羽 59
《당서》 161
《당육전》 161
《대대례》 145 221 347 377 415
대희大姬 183
《道德經》 235
도올檮杌 375
동방삭 83
동중서董仲舒 341
두시杜詩 161
杜預 59 63 125 245 357 359 395 479
뜰 앞의 잣나무 49

ㅁ

《綱目前編》 109 111
마원馬援 161
마음 11 13 41 79 97 105 151 253 273 283 289
　　 323 331 355 389 391 393 395 405 417
　　 447 449
만滿 183
《만록》 161
매방妹邦 241
매색梅賾 131 329
맹강孟康 341
맹경자孟敬子 283
孟武伯 283
맹유자孟孺子 설洩 61
맹의孟儀 287
맹자 39 41 47 71 85 245 247 299 301 303 321
　　 407 421 463
맹장자孟莊子 275
맹지반孟之反 59 61
맹지측孟之側 59 61
모술재 39 71
모용외 159
《모전毛傳》 175 287
목강穆姜 127
무마기巫馬期 243
무왕武王 73 183 201 257 267 269 323 325
　　 329 397
무파 115
무협 269
묵자 25
묵적墨翟 155
문강文姜 127
문모文母 323
문수汶水 35 37
문왕文王 73 115 155 267 269 323 325 329
　　 353 355 357 359 397
문질설文質說 75
미생尾生 433
민자건 23 35 37 39 41

ㅂ

반고班固 83
《방언》 251
방이지 251
백고伯高 15
백금伯禽 35 95
백이伯夷 129 187
백익伯益 323
《백호통》 349
백희伯姬 125 433
번지樊遲 83
범녕 267 269
范無宇 37
범무자范武子 227
범조우 329 391
《法言》 53
보광 15 69 71 421
복국卜國 257
복담伏湛 161
伏羲 373
《북사》 159
북연北燕 251
비롞 363 365
比干 281
費序父 35

ㅅ

《史記》 11 19 41 57 179 203 245 287 361 403
《史記索隱》 19
《사기정의史記正義》 59
사량좌 219
사마랑 211
사마우司馬牛 27 337
사마정 361
사마천司馬遷 311
《四書備考》 181
사성정자司城貞子 361
사조제 427
사진師縉 125

산의생散宜生 323
《삼국지》 165
상균商均 183
《喪禮四箋》 35
상중桑中 241
상홍양桑弘羊 161
서경西京의 관학官學 25
《서대전書大傳》 299
徐奮鵬 165 381
《書說》 375
석액 323
《석림石林》 213 397 475
석만고石曼姑 191 197
설契 323
《說文》 37 43 51 89 107 149 349 447 471
薛畏齋 281
《설원》 187 287
섭공葉公 215
성왕成王 73 187
《세본》 143
소식 201 203 315
《小爾雅》 21
蘇紫溪 207
소진蘇秦 89
손작 153
손혁 119 181
송조宋朝 63 109
《수서》 159
숙손목자叔孫穆子 327
숙제叔齊 129 187
순舜 25 135 169 181 299 317 319 323 325 327 355
《순자》 347
《시경詩經》 43 53
《시보詩譜》 183
《시아편》 119
施愚山 253
신불해申不害 89
심제량沈諸梁 215

심홍야 379
《十一經問對》 395
양상梁商 163
沈尹戌 215

ㅇ
악작鸑鷟 375
악정자樂正子 281 283
顔高 361
안극顔尅 359 361
안로顔路 25
안사고 101 403
안연顔淵 23 173 289 381 383 409 411
안영晏嬰 259
안자顔子 31 47 133 383 409 411
안탁추顔濁鄒 111
안회顔回 25 29 47 49 153 409 411 433
애강哀姜 125 127
애천자 61
《野客叢書》 159 161
楊見宇 41
양구산 143
양상梁商 163
양승암楊升庵 119
양시 57
양신 117 181
양웅 251
양자 53 383 417
양혜왕梁惠王 185
양호陽虎 195 359 361
언언言偃 59
呂大臨 343
여생呂甥 227
《여씨춘추》 155
여왕厲王 73
《역경易經》 131 133 175 203 357 399
《역전易傳》 237
연독 161 163
열수洌水 235

열수裂繻 125
《열자列子》 143
염경冉耕 41 43
염구冉求 31 39 51 61
염백우冉伯牛 23 25
염유冉有 11 15 187 191 447
염자冉子 11 13
《염철론鹽鐵論》 107 161
영郢 109 189 195 387
영공榮公 323
영공靈公 109 191 195
영자엄 477
영파노수 257
예가禮家 473
《예석隷釋》 341
《예운禮韻》 425
오昊 219
오기吳起 281
오맹자吳孟子 243 245
《오월춘추》 271
《五雜組》 427
오정 27
오증 161
오획烏獲 219
龍逢 281
吳棫 369
완完 181
王觀濤 239
王㭉 159 161
王无咎 219 239
왕범王犯 59
왕부王符 117
왕손승王孫勝 215
왕숙 81 85 181 265 351 443 471
王崇簡 413
왕양명 413
왕응린 59 119 143 149 213 233 257 313 327
　　　331 341 347 397 403 475
왕일 493

왕초당 49 55
왕충王充 23 117
왕필 115 143
요堯 75 135 141 299 319 321 325 355
요립방 99
요쌍봉 51 81 343 349
용봉龍逢 281
우禹 25 71 317 319 323 331 433
우사虞思 183
우알보虞閼父 183
《韻會》 23 347
원료범 367
원사原思 17 19
원창유 337
원헌原憲 19 369
위강魏絳 227
韋昭 211 275
《위지魏志》 211
유리羑里 115
유면지 105
유반劉般 163
유식 319 331
유안세 205
유왕幽王 73
유원보劉原父 327
유작劉焯 159 167
유찬劉瓚 159
유현劉炫 167
유효표劉孝標 43
《육가서》 455
陸德明 215 265 305 391 481
육상산陸象山 49
육지 435
윤돈 217 341
《恩誦堂集》 395
읍강邑姜 327
응소 247
의가醫家 89
儀行父 399

李峆峒 421
이굉보 13 85 167
이굉조 423
이남려 31
李尙迪 395
《爾雅》 175 271 285 307 323 463 473
이윤伊尹 47 71
이충 115 119 219 285
李卓吾 241
임공 241

ㅈ

子羔 41
자고子高 131 215
자공子貢 135 187 191 193 199 257 363 365
    367 389 447
자기子期 215
자로子路 15 39 109 115 117 173 193 215 255
    257 383 387 389 421 425 447 487
子牢 369
자범子犯 227
子思 19 159
자서子西 215
자설子洩 59
자어子魚 63
자유子游 55 57
자장子張 93
자하子夏 45 55 185 261
자화子華 11 13
《잠부론》 155
《잡지》 251
장남사 449
장남헌 47 49 79
장수 119
장의張儀 89 281
장이 211
《莊子》 47 141 169 307 315 325
재아宰我 103
적생쌍송 33 157 229 367 379 389 399 425

447 449 477
접여接輿 33
정균鄭均 163
정명도程明道 213
정백鄭伯 391
丁若銓 18
정이천 27 211
정자산鄭子産 33
정자程子 95 433 493
井田制 443
諸葛亮 211
제곡帝嚳 217
祭仲 431
조선자趙宣子 33
조설지 259 469
趙衰 269
趙順孫 372
조앙趙鞅 191 195 197
주紂 325
주공周公 71 93 95 133 153 155 233 257 273
　　　293 303 323 329 355
《주례周禮》 17 19 69 213 281 451 471
주무숙周茂叔 49
周伯耕 219
주생렬 179 279
주생열자 331
《주서周書》 247
《周易》 51 169 261 355
주운朱雲 237
《주자어류朱子語類》 49
중괴仲傀 145
중궁仲弓 19 21 25 45
중손첩仲孫捷 283
仲雍 269
중유仲由 31 37 39
重耳 111
중화경 181
증鄫 365
曾西 189

曾晳 23
증원曾元 387
증자曾子 221 279 283 309 387 415
증점曾點 409
증화曾華 387
지摯 309 311 313
稷 267 323 433
진규 251
진력 37 135 329 411
진백秦伯 227
《진서》 159
陳自明 119
秦他石 203
진함陳咸 409
陳澔 385 423
《集韻》 347
《集註》 17
郗子 51

ㅊ
채공祭公 125
채모 117
채청 57
《千百年眼》 119
《철경록》 407
첩輒 109 127 189 191 193 195 197
《초사楚辭》 153 185 311
《초사변증楚辭辨證》 403
《초사집주》 493
《焦氏筆乘》 163
초횡 163
최자崔杼 111 119
추만보耶曼父 219
祝融 375
축타祝鮀 63 65
《춘추번로》 323

ㅌ
태공太公 93 181 323

泰伯 245 265 329
태사공太史公 199
大叔疾 395
태왕太王 265 267
태재순 21 33 47 101 121 147 251 255 261 297 303 327 369 399 401 481 493
태전太顚 323
《태평어람太平御覽》 257
《통속문通俗文》 99
《통아》 251 407
《通義》 15 29 327 455

ㅍ
팽조彭祖 141 143
평왕平王 73 313
평원군平原君 131
庖丁 307
풍연 163
풍위馮偉 159
풍의 101 183 469
필공畢公 323
필힐佛肹 119

ㅎ
하안 21 23 31 133 155 157 173 203 229 249 251 271 291 315 317 319 337 371 381 403 409 413 419 427 431 437 439
何異孫 395
하휴何休 125
韓康伯 431
한비韓非 89
《한서》 25 45 159 237 319
한선자韓宣子 391
《한시설韓詩說》 97
《한시외전韓詩外傳》 43
한유 25 45 67 71 75 77 79 107 115 117 161 165 181 321 351 389 431 435 437 477
韓獻子 325
항탁項橐 341

허동양 27
許愼 447
현분보縣賁父 257
현자縣子 157
현토玄免 395
형가荊軻 51
호병문 425
호운봉 273
胡寅 345
호향互鄉 239
혼양부渾良夫 479
홍흥조 101 403
환공桓公 479
환범桓範 165
桓魋 123 223 357 361 365
황侁 159
皇侃 55 115 117 119 219 235 261 267 269 285 319 379 399 417 447 463 467 475 477 483 485
황원皇瑗 365
황제黃帝 143 217
《淮南子》 43
《孝經》 279
《효경전》 201
侯仲良 418
후탁后橐 341
《後漢書》 159 163 393 395
휘翬 449

다산번역총서

역주 논어고금주 論語古今註 ❷

초판 1쇄 발행일 2010년 3월 30일
　　2쇄 발행일 2016년 8월 30일

저자 | 정약용
역주자 | 이지형
기획 | 다산학술문화재단
펴낸이 | 정해창
펴낸곳 | 도서출판 사암
신고번호 | 제22-2799호(2005. 8. 30)
주소 | 06647 서울시 서초구 서초대로 248
　　　　(나주정씨 월헌빌딩) 801호
전화 | 02-585-9548
팩스 | 02-585-9549
전자우편 | saambooks@gmail.com
홈페이지 | www.tasan.or.kr
책값 | 40,000원

ⓒ 이지형, 2010

ISBN　978-89-91881-08-2　94140
　　　978-89-91881-06-8　94140(전5권)

ISBN 978-89-91881-08-2
ISBN 978-89-91881-06-8 (전5권)